CENTRAL ASIA AND TIBET

TOWARDS HOLY CITY OF LHASA

穿越亚洲腹地

[上卷]

[瑞典] 斯文·赫定 著　林晓云 译

廣東旅游出版社
GUANGDONG TRAVEL & TOURISM PRESS
中国·广州

前言

在通过本书将我最新一次中亚之旅的成果提供给英语世界之前，我首先要感谢所有通过各种方式帮助过我顺利完成旅程的人。首先，我要对瑞典和挪威国王奥斯卡陛下（King Oscar）致以最真诚、最热烈的感谢。他在我的事业之初给予了慷慨帮助和启发，他宝贵的协助和可观的资金支持对我事业的成功不可或缺。在我致力于对亚洲中部地区鲜为人知的地域进行探险的多年时间里，国王陛下一直热切关怀我的动向，并鼓励我继续努力，同时对我的每一次新成功给予褒奖，使我受宠若惊。因此，我要对他致以最深切、最由衷的感谢。

我还要深深感谢俄国沙皇陛下给予的巨大帮助。他的哥萨克给我提供的服务是用钱买不来的。在我的旅程之中，一点也看不出来瑞典人和俄国人在历史上的种种敌对甚至是刀兵相见的关系。我有幸获得沙皇伟大军队中的这四位哥萨克富有奉献精神的热诚服务，这在过去的三年里是十分难得的。与此同时我还要对俄国战争部长库洛帕特金将军（General Kuropatkin）致以最诚挚的感谢，谢谢他给我的宝贵协助。由于奥斯卡国王最初提供给我的慷慨资助，尽管整个旅程十分漫长，但我在资金方面没有遇到任何困难。我无需向我的同胞之外的人求助，而我同胞之中最为慷慨的当属圣彼得堡的伊曼努尔·诺贝尔（Emanuel Nobel）先生。

本书的瑞典版献给了我最最尊敬的双亲，作为过去他们对我所做的一切的爱的小小回报。在快乐的灵感激发下，我询问了印度副王寇松勋爵阁下（Lord Curzon）[①]

[①] 寇松勋爵（1859—1925），英国政治家，1898—1905年任印度总督、副王，1919—1924年任英国外交大臣。因在任印度总督时分割孟加拉，用兵西藏而出名。——译者

是否可以将本书英文版献给他,并得到了肯定的答复。我要向勋爵阁下及夫人就他们在加尔各答和巴拉克普尔（Barrackpur）的好客表示感谢。是勋爵使我在印度的旅程如此愉快,事实上,我永生难忘。为了表示我对这位能干且成功的总督的敬意,我将本书献给他,以表达我对这位饱学的地理学家的钦佩,同时也向这位当下世界上对亚洲地理和政治最了解的人物致敬。我恭喜大英帝国将印度副王这一职位授予它最尊贵、最卓越的子民。我更恭喜大英帝国能有寇松勋爵这样值得信任的人来统治这片广大的领土,和这片领土比起来,即使是欧洲的大国也不过是巨人身边的侏儒而已。

我还要感谢皇家地理学会一直以来对我的热情接待、给予我的独一无二且十分有价值的荣誉,以及我有幸结识的学会成员的好客、善良、乐于助人,特别是尊敬的学会会长克莱门茨·R.马克海姆爵士（Sir Clements R. Markham）以及秘书J.斯科特·凯尔蒂博士（J. Scott Keltie）。我也同样得到了来自皇家苏格兰地理学会及其成员的帮助和鼓励,在此致以同样衷心的感谢。

本书不过是对我最近一次亚洲之行的日记的整理,再加上对我走过的总共6 000多英里路程所经过的地区的描述。如果本书的叙述有些沉闷、缺乏变化,那么这就是对我经过的地方的真实写照。在亚洲旅行不是轻松愉快的远足。和移动缓慢的旅队一起穿过无际的沙漠、无人涉足的群山,这不可避免地显得单调。然而,我试图努力描述这种生活方式,给大家一个在这种凄凉孤寂的荒野中如何度过每一天的基本印象。希望我的努力能够多多少少对人类的知识有所推进。

本书只零星提到了一点这次旅程的科学成果,对这些成果的全面细致的描述要留到另一本书里。这另一本书要献给那些对亚洲中部地区地理感兴趣的读者,估计要再写三年左右,同时还会附上大量地图。我很乐于回答任何关于《科学成果》的问题,并会登记读者预约,因为写这么一本书不可避免地要有很高的成本,所以,它能否获得成功取决于有多少人要预约订阅。

我不想装作自己是个历史学家或考古学家,因此,关于我有幸在古罗布泊发现的遗迹,我引述了在这一方面很有研究的两位学者的意见。我间接提到了威斯巴登的希姆莱教授（Himly）以及印度政府驻喀什代表麦卡特尼先生（Macartney）。不幸的是，M. A. 斯坦因博士（M. A. Stein）[①]的著作《沙埋和田废墟记》（Sand-buried Ruins of Khotan）出版时间晚了点，我没能在文中提及。但不应忽视这本著作，它的文笔和它的内容一样优秀。事实上，很难想象能有哪次调查比这本书对中亚的历史问题和考古问题有更清晰全面的洞见。这一注定成为经典的作品如何赞誉都不为过。如果下面我关于这本著作的无数美妙话题中的一两个多说了几句，那不过是因为我太欣赏它了。

首先我要感谢斯坦因博士认可我为丹丹乌里克（Dandan Uiliq，尽管我得承认我不知道那个遗迹叫这个名字）和喀拉墩（Kara-dung）的发现人，感谢他的忠诚精神。关于克里雅河（Keriya-daria）向东偏离的问题，我提及了我的一篇文章：Petermann's Mitteilungen，Ergänzungsheft，No. 131，p. 37（1900）。其中提到了大量关于塔里木盆地河道变化的证据。如果斯坦因博士和我一样有机会研究这些河道及它们迅速的改道过程，他事实上会毫不吃惊地发现克里雅河已经向东改道了23.5英里。这一过程不需要成百上千年。一旦塔里木盆地的某条河流淤积，那么只要几年时间就会改道。

关于慕士塔格峰（Mus-tagh-ata）和东帕米尔地区的整体调查我还没有发表，但我相信不久就会出版。我对这一地区绘制的地图此刻正在哥达的制图公司Justus Perthes那里，事实上，我打算在著名的《彼得曼通讯》（Petermannn's Mitteilungen）单独将这些地图全部发表。

恭喜斯坦因博士揭穿了臭名昭著的假古代文书，这东西有一段时间在和田批量出现。很幸运的是，他在这些假货产生更严重、更糟糕的影响之前发现了。

我可能还应该说明一下为什么我极少提到其他前人或同时代人在这同一地区的旅行，这不是因为我忘了或者我不愿意给予他们应有的认可，而仅仅是因为我自己的材料就已经够多的了，不容赘述。

最后，我还要感谢出版商Hurst and Blackett，感谢他们一直以来的认真负责。他们的图书发行实属一流，我相信最终的结果也足以回报他们付出的牺牲。

[①] 斯坦因（1862—1943），英籍匈牙利探险家，敦煌学研究的开创者之一，但也曾盗取大量中国文物。——编者（后文注释，如未单独说明，均为编者注）

本书由 J.T. 贝尔比（J.T. Bealby）先生翻译为英文，同时，他也是《穿越亚洲》（*Through Asia*）的译者。我要向他的辛勤劳动致以我诚挚的谢意。我认为这是非常杰出的译本。

斯文·赫定

斯德哥尔摩

1903 年 8 月 21 日

目录

第一编
从斯德哥尔摩到喀什

01 从斯德哥尔摩到奥什 …… 3
02 翻越群山前往喀什 …… 13
03 从喀什到叶尔羌河 …… 33

第二编
沿孤独的塔里木河漂流：
乘船穿越沙漠之旅

04 在拉吉里克造船 …… 49
05 塔里木河上游的生活 …… 67
06 魔法深林 …… 79
07 芦苇湖与爬山 …… 93
08 蜿蜒的河道、树林和麻扎 …… 105
09 孤独的塔里木河 …… 117
10 冬天来临的迹象 …… 129
11 沿玉马拉克达里雅河穿越沙漠 …… 143

12 对抗浮冰 ·············· 157
13 困在冰里 ·············· 175
14 冬季大本营 ·············· 187
15 沙漠里的相会——博南先生 ·············· 197

第三编
穿过塔克拉玛干沙漠：永久晦暗之地

16 穿过巴依尔 ·············· 209
17 在沙漠的腹地 ·············· 221
18 霜度50度中骑行200英里 ·············· 235
19 在干涸的河床之间 ·············· 245
20 土拉萨尔干乌依——布里亚特哥萨克 ·············· 259

第四编
罗布泊及其姐妹湖泊：沙漠中的芦苇荡

21 库鲁克塔格与库鲁克河 ·············· 271
22 野骆驼 ·············· 289
23 古罗布泊 ·············· 301
24 泛舟喀拉库顺湖上 ·············· 315
25 暴风雨中勘测塔里木河下游湖泊 ·············· 333
26 夜间在塔里木河上顺流而下 ·············· 349
27 罗布人的诗歌 ·············· 363

第五编

在藏北：高海拔的群山、湖泊和泥沼

28	翻越阿斯腾塔格山脉	377
29	出发去西藏	387
30	翻越祁曼塔格、阿拉塔格和卡尔塔阿拉南山	397
31	翻越阿尔卡塔格	409
32	在西藏的高原上	421
33	盐湖上的历险	435
34	西藏的湖区	449
35	阿富汗人阿尔达特的最后时光	459
36	回程中奋力翻越西藏边界群山	473
37	回到铁木里克大本营	483

第一编

从斯德哥尔摩到喀什

01 从斯德哥尔摩到奥什

那是1899年的仲夏。当我第四次离开斯德哥尔摩前往亚洲腹地时，恰逢我们北方夏季里最美丽的时光——丁香花盛开，树叶繁密。为了庆祝那一天，港口里的船只都装饰了旗帜和彩带，它们在清凉的波罗的海微风中欢快地飘舞着。

除了我的父母、兄弟姐妹和几个亲密的朋友外，没有别人到码头上来为我送行。"乌里雅堡"号（Uleaborg）徐徐驶出港口，载着我开始了漫长的探险之旅的第一阶段。无论我在随后的三年内遭受了多少挫折、经受了多少磨难，它们都没有第一天的痛苦更令人难以忍受。在后面的旅途中，我面对过各种意外情况，需要很大的决心，但那一天我需要更大的决心才能强迫自己离开那从孩提时代就一直为之牵挂的地方。不过，分离的愁苦一旦过去，就有一个惊喜在等着我。我在船上的旅客中发现我的老朋友和老师，布洛格（Brögger）教授。有他的陪伴，我的心情大大好转，原本很自然地感到的那种低落情绪顷刻间就云消雾散。

与前一次旅行相比，这次我的设备真称得上是鸟枪换炮了。我的全部行李加起来总重量不少于22cwt[①]，装了二十多个箱子，其中多数是专为在马背上运输而特制的。附注中有一份我携带的仪器清单，以及我的设备中一些较为重要的物件的简介。[②]

[①] cwt是重量单位，在英国称英担，为112磅，约50.8千克；在美国称美担，为100磅，约45.36千克。——译者

[②] 天文仪器包括一个希尔德布兰德公司（Hildebrand）制作的一般旅行用经纬仪和三个伦敦V.库尔伯格（V. Kullberg）公司制作的精密计时器。尽管这些仪器很娇贵，无论何种环境之下都需要最精心地养护、最小心地使用，但整个旅途之中一直毫发无损。我的测绘仪器有带刻度标尺及其他配件的水准管、垂直调平镜、卷尺、罗盘、带屈光的棱镜罗经、带觇孔和支架的平板仪。我有两个一流的斯德哥尔摩制测速计，划船时也能用。我的气象仪器几乎全是柏林菲斯（Fuess）的，有测高计、五个沸点温度计、一个阿斯曼湿度计、一对曝（转下页）

携带这么多行李乘客车穿过俄罗斯、高加索、外里海地区①和中亚地区的3 200

（接前页）光计、一个风速计、一个雨量计以及一大堆普通温度计、湿球温度计、最高最低温度计、土壤温度计等。感谢斯德哥尔摩皇家航海气象局借给我一个带有密封舱和反向螺旋桨的深水温度计。自动记录气压计和自动记录温度计各自能工作14天，是巴黎的J.理查德（J.Richard）为我特制的，两个仪器都工作得十分出色。它们的一大优点是玻璃盒密封得很好，沙暴和尘雾都不会使杂物飘进去造成损害。另一方面，正是因为这个原因，干湿计出了很大麻烦。我有三个斯德哥尔摩制的液体比重计，除了在西藏含盐度极高的湖泊中表现欠佳之外，总体还算是差强人意。尽管我随身带了不下58个护目镜，但只有极少数得以幸存。染了灰色和绿色、用于雪地中保护眼睛的墨镜在我的旅队和当地人之中需求量很大。我还带了1893年到1897年用过的武器，是著名的胡斯科瓦尔纳（Husqvarna）轻武器兵工厂的老板送我的。为这次旅行他还送了我四把瑞典军官制式左轮枪以及一大堆同类的更轻型的武器，这主要是用来当礼物送给当地头人之类的，同时还有很多弹药。四个哥萨克用自己的俄制弹夹式步枪，所以我们加起来有10杆长枪和20多把左轮枪，武力相当可观。

至于其他的装备，我这里仅列举几件，例如马尔默（Malmö）公司的折叠床，这是夏天用的；冬天以及在西藏旅行时我通常睡在地上。我特别要提一提詹姆斯折叠船，这是从伦敦军用物资商店和乌龟帐篷公司（Tortoise Tents Company）弄来的，它让我特别满意。这个船分为两半，使用时拼在一起，一匹马就能轻松拖走。事实上，这船轻到一个人就能扛着走。船的附件有两个桨和桨架、桅杆、帆和两个救生圈。在各种不同场合下，这艘小船不仅提供了无法估量的巨大帮助，还给我带来了很多乐趣。后面的文章会充分说明这一点。

我的照相设备制造商和以前一样，各方面都表现良好。我还带了一个沃森照相机，和在塔克拉玛干沙漠沙子下埋了一年的那个一模一样。但除此之外我还带了一个理查德立体相机，它各方面表现都很出色；一个柯达初级相机、一个日光柯达，两个都来自伊斯特曼（Eastman）。我用的镜头都是能找到的最好的，底版是我行李中最重的一部分，是爱德华反光罩底版。我还带了全套用于洗影、定影的化学药品和设备，我在旅程中把大多数照片（2 500多张）都洗出来了。回家的时候还剩700张没洗。

最后我要提一些小东西，例如小刀、匕首、链条、火柴、指南针、八音盒等等，这些是打算当小礼物送给当地人的。上等的小刀在中亚地区很受重视，远高于其货币价值。很多时候这些礼物比货币更受人喜爱，而且它们的优点之一就是便宜。

我的草稿纸、绘图纸、日记、笔记本、墨等等加起来也相当重，我的地图共1 149页、日记4 500多页，得知这一点就应该能够理解我为什么带那么多书写用品了。

为了携带脆弱易损的物品，我让一家斯德哥尔摩的公司做了六个大箱子，有防水壳和软木框架。这些箱子又轻又结实，一路上完好无损，要是普通的木头或铁箱子肯定早就颠散架了。另一家斯德哥尔摩的公司给我提供了一个特别结实的箱子，里边装了300个试管，用以保存各种自然史样本。

吃的东西方面我带了八箱罐头，以及大量汤料，只要放进罐头盒里在火上热一热就能喝。此外，在给羊肉汤增加滋味和质感方面，没有什么比得上李比希汤料了。

我还带了几本书，一本圣经、一本诗篇、一本名为"Dagens Lösen"（每天好思想）的小书，这些使我和家乡的那些我所爱的人紧密相连。除此之外，还有祖潘（Supan）的《自然地理特征》（*Grundzüge der physischen Erdkunde*）、盖基（Geikie）的《大冰川期》（*Great Ice Age*）、汉恩（Hann）的《气候学》（*Klimatologie*）、科恩（Kern）的《佛教》《*Bhuddismus*》、莱斯－戴维德斯（Rhys-Davids）的《佛教》《*Buddhism*》，以及两三本科学参考书，还有奥德纳（Odhner）的《瑞典史》（*Svenska Historia*），还有一些文学读物。有个单独的文件夹装着到过这些地区的旅行者之前发表过的地图。在这些地图的帮助下我不仅能够避免重走他们走过的路，还能将我的精力集中于开拓全新的领域。——原注

① Trans-Caspia，通常称之为外里海地区，是里海以东地区的旧称，约相当于今天的土库曼斯坦地区。——编者

英里①行程，运费当是不菲。但其实我一分钱也没花。沙皇陛下对我的旅行非常感兴趣，他不但送给我一张能搭乘整个俄国铁路系统并运送行李的免费通票，而且还下令我的行李进入和离开俄国时免征关税。这使我的旅行开支大大减少，而且大大提高了我的舒适度和地位。

6月26日至30日，我在圣彼得堡逗留，受到瑞典驻俄国宫廷代表雷乌特舍尔德先生（Reuterskiöld）的款待和不倦的帮助。因此，一周后获悉他突然意外死亡的噩耗时，我委实感到十分悲痛。在这里我还要对接替他的瑞典公使奥古斯特·于尔登斯托尔佩伯爵（Count August Gyldenstolpe）表示由衷的感谢。他为我提供了热情的帮助，还耐心地在圣彼得堡留心我的事情并为之进行争取，无论是在这次旅行的开始阶段还是在其后的三年中都是如此。我的朋友伊曼努·诺贝尔先生也向我提供了慷慨的协助，而且他还极为好心地做出安排，使我能够在伏尔加—卡玛银行（Volga-Kama Bank）位于塔什干（Tashkend）的支行提取我所需要的任何金额。

在圣彼得堡时与我的长期赞助者兼老朋友阿道夫·诺登舍尔德男爵（Baron Adolf Nordenskiöld）的每日交流大大增加了我在那里逗留的乐趣。他那时恰好在访问俄国首都。我万万没有想到，这竟然是最后一次见到他！他也是我不在国内的那一段时间里辞世的，使所有那些爱戴他和钦佩他的人都感到极度悲伤。那是我们国家的一个损失，对科学事业来说也是一个不可弥补的损失。

这里我就不详细述说穿过俄国的旅行了。关于那个国家，我本人和其他人都已经有过很多描述。还是让我尽快转到我的新体验和新地理发现吧。我在斯德哥尔摩的最后几个月都花在高强度的艰苦工作上，因此，能够在火车上那舒适的车厢里休息休息，伸直身体，免受改稿子、接电话、发电报、读报纸，以及文明社会生活对一个人的时间和思维所提出的上千种要求的打扰，这真是件赏心乐事。我看着一个又一个茅草房组成的村庄从窗外闪过，一个又一个铜绿色葱头形的教堂屋顶从地平线上冒出来，从眼前闪过，然后又从视线中消失，同时我的头脑又可以随心所欲地梦想和编织着未来的计划，这真是太美妙了。与此同时，机车活塞的每一次跳动都

---

① 1英里约为1.6千米。

使我离我的目标越来越近。

在我们的前后左右，俄罗斯草原一望无际，这是一大片略微起伏甚至几乎完全平坦的绿色——所有色调一应俱全。稻草已收割，大地上点缀着无数排草垛。茂盛的玉米地与刚割过的草地互相交错。帝国东部蔓延的饥荒在这里找不到任何迹象。我的路线经过莫斯科、沃罗涅日（Voronezh）和罗斯托夫（Rostoff），跨过壮丽的顿河，直到弗拉季高加索（Vladikavkaz）——这和1885年我第一次前往南方旅行时所走的路线相同。但是这一次我在弗拉季高加索以北的别斯兰（Beslan）转向东方，前往里海，沿着那巨大山脉的北麓山脚下行进。这如同一堵墙一般的大山在南边高耸入云，山坡上露出一条条白色的雪地，峰顶上则围绕着奇形怪状的云彩。大地慢慢地向里海倾斜，铁路也渐渐远离了群山。我们离开别斯兰时是七点（7月3日）刚过，但由于纬度更偏南，太阳已经落下了。须臾间天空便染成深紫色，片刻工夫又变得漆黑一片。我的思绪又飞回家乡那明亮快乐的夏夜。我注定要有许多个月不能享受那种夜晚了。当我们驶向世界上最大的内陆海时，黑暗的夜幕不时被正在高加索山脉顶上跃动的夏日闪电照亮，仿佛那群山的怀抱中藏有火山似的。孤独的小站之间的距离越来越远，有时可以长达18英里。只有偶尔传来的蛐蛐叫声打破草原的寂静。白天温度升高到80华氏度①，这是一个明显的标准，说明我们正在接近更靠南的气候带。但到目前为止，夜晚仍然宜人而美丽。

里海岸边的彼得罗夫斯克（Petrovsk）是一个乏味的小地方，没有什么有趣的东西。尽管从别斯兰修过来的铁路已经完工，这里仍然几乎没有任何发展。这条新路线是通往外里海与中亚地区的最短路线，不必翻过高加索山脉，故而比通过巴库（Baku）和格鲁吉亚的军用铁路更有优势。这个小城里没有任何一座重要的建筑物。它仅有的几个标志就是教堂、军营、火车站、一家旅馆、一座鞑靼清真寺和一个消防瞭望塔。周围没有任何植被，十分凄凉。灰暗与荒芜是这座城的主要特征，环绕着它的山岗也同样是寸草不生。城里倒是有个公园，除此之外还散布着几小片树林。但是这地方光秃秃的，既没有什么可以遮挡太阳，也没有什么可以挡住里海刮过来的风暴。几年前，彼得罗夫斯克还算是一个度假地和浴场，巴库人往往在夏季纷至

---

① 约26.67摄氏度。华氏度＝摄氏度×1.8+32。

沓来。但是过去十八年或二十年来，这座城市蔓延着一种恶性热病，使得居民纷纷离开，搬到其他地方。这里的港口很糟糕，只有一个人造码头，或者不如说是如螃蟹钳子般拥抱着一个小池塘的两条栈桥。一群晒得黝黑、赤着脚、浑身脏兮兮的鞑靼人就在这里装船卸船。

7月5日下午五点，"策扎列维奇·亚历山大"号（*Tzezarevitch Alexander*）启程前往克拉斯诺沃茨克（Krasnovodsk）①，路上一般要走三十二小时。很快海岸与小山岗从我们的视线里消失。一阵刚刮过来的东南风掀起高高的海浪，船上的明轮转动得很费劲，在风吹得最猛的夜间更是如此。船上一等舱只有很少几个旅客，多数是在俄国亚洲地区服役的俄罗斯军官，其中有些带着家眷，有些没有。但是前甲板上挤满了亚洲人——萨尔特人②、鞑靼人和亚美尼亚人。

到了开阔的海面后，海水呈透明的蓝绿色，浪尖上泛着白沫。但是在整个航程中，我们没有看到一条帆船或一艘汽船。随着我们接近亚洲的海岸，风渐渐小了，海面也平静了一些。7月7日早晨，我们看到了克拉斯诺沃茨克的山岗和海岬。但是我们登岸前必须转向南边，以绕过一个在西边保护着海湾的狭长半岛。海水在离岸很远的地方就开始变浅；引航的过程持续了整个下午。

克拉斯诺沃茨克可算是地球上最糟糕的地方。那里一棵树都没有，也没有任何其他植被，更没有饮用水。井里的水像里海里的海水那样咸。每一滴水都得用特制的绑在大车上的大木桶从更位于腹地的地方运过来。这里的那些白色平顶平房完全暴晒在正午的阳光下。我不禁可怜起了那些被送到这个令人焦渴难耐的倒霉地方来的俄国人。

正午时分，树荫下的温度达到98.5华氏度。空气中灼人的干燥并没有因附近有海而得到一丝缓解。1891年我去中亚地区时，外里海铁路是从乌尊纳达（Uzun-ada）开始的。但是一年后那个城遭受了一场毁灭性的地震，地面如海浪一样上下起伏，铁轨扭曲得很厉害，以至于所有的螺钉螺母全都崩开了，所以克拉斯诺沃茨克在1893年再一次成为铁路起点。

---

① 现名土库曼巴希（Türkmenbaşy），为今土库曼斯坦巴尔坎州首府。
② Sart，又译撒尔塔人，泛指中亚地区的定居居民和商人，今已不常用。

库洛帕特金将军对我非常照顾，打电报到克拉斯诺沃茨克，命令铁路当局安排一整节车厢让我一直用到安集延（Andijan）。所有行李放置妥当后，仍有足够的地方让我感到如同在旅馆里一样舒服。

我有一个写字台、几把椅子和沙发。由于我的车厢是火车最后一节，火车后面的原野在我的眼前一览无余。车厢的钥匙在我身上，我与火车上的其他乘客都完全隔开。在沙漠旅行的热天里，这是一个很大的好处。我可以随意脱掉衣服，时而进我的卧室去冲个凉。

我们于下午五点钟离开里海，沿着巴尔坎湾（Balkan Gulf）的海边走了三个小时后，转向东方，插进沙漠。到了半夜，温度降到82.5华氏度，而在白天的炎热中变得懒洋洋的我也随之恢复了精力。8日一大清早，我们抵达克孜勒阿尔瓦特（Kizil-Arvat），下午两点抵达阿什哈巴德（Askabad）。阿什哈巴德车站的站长是斯温胡武德上校（Colonel Svinhufvud），一个聪明友善的芬兰人，我第一次来这里旅行时结识了他。

我们这次见面时发生了下面这个独特的小插曲。我请他下令在梅尔夫（Merv）将我的车厢摘下来，然后将它接上第一趟前往库什克（Kushk）的火车。这是因为，我在研究俄国铁路时间表时突然想到，我为何不接着往下走，去看一看那人们经常提到的库什克要塞和通往赫拉特（Herat）的那个地区呢？我的车票上明确无误地标明："斯文·赫定博士本人及其行李在俄罗斯帝国的所有铁路上，包括欧洲与亚洲，都有权自由通行。"

但是斯温胡武德上校意味深长地笑了一笑，掏出他的小笔记本，从里面抽出一张来自作战部长的电报，然后读给我听："如果斯文·赫定博士计划前往库什克，请告知他那条路线对所有旅客都不开放。"

这倒是直截了当。不过我也知道，俄国军事当局对库什克这样一个战略要地严加防范是很有道理的。有人告诉我，这条线对普通俄国人也不开放，只有库什克要塞的人才能走。

那天下午我们路过卡赫卡（Kahka）。这是1890年我从马什哈德（Meshhed）途经克拉提纳迪里（Kelat-i-Nadiri）骑马过来遇到这条铁路的地方。这些地方都是沿着卡拉库姆沙漠（Kara-kum）南缘展开的一串典型的绿洲，从波斯边境的科佩特山脉（Kopet Dagh）那荒芜的灰褐色风化山坡上流下来的溪水不时滋润着这些地方。

铁路以北，地貌就单调得多了。一条条干草地与沙漠交错着，即使有一点植被也被太阳烤干了。灼热的空气在沙山顶上宛如水波一般跃动，人的眼睛不时地被海市蜃楼（通常看起来就像是平静的夏日海岸上的一片怡人的小树林）迷惑。

正午过后不久，阴影下的温度上升到106.2华氏度。如果我把脑袋伸出车厢的窗户，的确会感到一阵风，但那风热得烫人，犹如烤炉里散发出来的热浪。

我们于7月9日凌晨两点半抵达梅尔夫。然后，穿过卡拉库姆沙漠的另一个分支后，中午抵达查尔朱（Chardjui）[①]这个繁荣的大绿洲，我们的火车抵达这个繁忙的车站显然是当地这一天的头等大事。就在阿姆河（Amu-daria）车站对面，我们的列车慢下来驶过横跨阿姆河的结实木桥[②]。我们用了二十六分钟才过完这座桥。由于这条河正好是水位最高的时候，我们仿佛是在穿过一个大湖。

阿姆河水量极大，河水呈加了奶的咖啡那样的褐色，凝成一大团从桥下翻涌而过。但很容易看出，河里有几股不同的水流；主流两旁各有一股小一些的水流。无论是在桥上看还是在桥下看，河水似乎都烟波浩渺没有尽头。河面上散布着漂木与树根。河水静静地流着，只是在触到桥墩时发出一些咕噜咕噜的声音。

穿过又一个荒凉的沙漠地带（那里的沙山有30英尺[③]高）后，我们抵达新布哈拉（New Bokhara）。我上次来这个地区时这个地方还不存在，但现在它已经称得上是一个地道的俄罗斯城镇。当地的埃米尔[④]是帖木儿（Timerlane）大帝的后裔，曾在这里修建了一个俄罗斯建筑风格的宫殿。在布哈拉与撒马尔罕（Samarkand）之间，我十分有幸与我的老朋友兼同胞费格莱乌斯博士（Dr. Fegraeus）同行。他被任命为巴拉喀尼（Balakhani）和巴库的诺贝尔工厂的地质学家。我很遗憾必须在撒马尔罕与他分手，那里是他的目的地。在我的沙龙车厢里谈了一夜，等温度降到77华氏度后，我们觉得从白天的105.8度降到这个温度真是令人感到清爽。我们用瑞典语交谈，

[①] 也作Charjou、Chardzhev、Charjev、Chadzhou、Charjew，土库曼语为Чәржев，俄语为Чарджоу，现名土库曼纳巴德（Türkmenabad），为土库曼斯坦列巴普州首府，全国第二大城市。
[②] 1902年夏天我回国时，这座桥已被一座新的铁桥取代。——原注
[③] 1英尺约为0.3048米。
[④] Emir，伊斯兰教国家对王公贵族的称号，也译"艾米尔""异密"。

为远在塔什干的朋友祝酒,悠闲地抽着烟斗,聊起斯德哥尔摩和乌普萨拉(Upsala)[①]的旧时光。

我于7月10日早晨离开撒马尔罕以及它周边植被繁茂的地区。现在跨过扎拉夫尚河(Serafshan,也做Zarafshan)的是与旧桥那如画的废墟平行的一座新桥。过了河,火车穿过一条黄土中的深堑,仿佛正穿过一条干涸的溪谷或泥土道一般。在吉扎克(Jizak)的另一边,铁路穿过一个单调平坦的草原。这一段铁路的新车站都以在亚洲这部分地区有卓越功绩的俄罗斯将军命名,如切尔尼亚耶瓦(Chernyayeva)、弗列夫斯卡亚(Vrevskaia)等。最后,火车从一个很好的铁桥上跨过锡尔河(Syr-daria)之后,冒着白烟驶进塔什干那宽敞繁忙的车站。等到奥伦堡(Orenburg)过来的新铁路于1903年开通时,这里的重要性肯定会增加。

我在塔什干逗留了一下,去拜访S. M.杜哈维斯柯伊阁下(S. M. Dukhavskoi,他此后不久即被死神唤走),以及我在帕米尔边界勘定委员会里的老朋友萨莱斯基上校(Colonel Salessky)和绘图员本德斯基(Bendersky)先生。我也利用这个机会在天文台把我的计时器调好。12日晚间,我继续旅行,先回到切尔尼亚耶瓦,在那里用了大半天时间等待来自撒马尔罕的火车。幸亏车站附近有个大帐篷,里面有个澡盆,使旅客们可以从中午的炎热中略有解脱。

下午五点我们再次出发,但是直到三个小时之后才感到天气的炎热略有缓解。不用说,当太阳消失在西方时,我们都衷心地祝愿它快点离开。

那以后,火车穿过富饶的费尔干纳(Ferghana)谷地,在花园与果园、村庄、庄稼地和草原之间绕来绕去。围绕在谷地南边的先是突厥斯坦山脉(Turkestan mountains),然后是阿赖山脉(Alai Mountains)那些白雪覆盖的群峰。我们不时沿着锡尔河行驶。在不同的地方,在村子旁边和铁道路口,我们看到一群群的萨尔特人。他们还不习惯看到这些在"*temir-yoll*"(铁的道路)上以惊人的速度飞驰而过的奇妙"机器"。当晚九点钟,我们抵达安集延,这是俄国中亚铁路的终点。

---

① 瑞典城市。——译者

图1　伊斯拉木·巴依（Islam Bai）①

当列车缓缓进站时，我看到我那忠实的老随从伊斯拉木·巴依正站在那里等着我，像我上次与他分手时一样稳重。他身穿一件蓝色的吉尔吉斯长外衣（khalat），胸前挂着奥斯卡国王授予他的金质奖章。他还是老样子，看上去充满活力，十分结实，但毕竟苍老了一些，胡子更灰白了一些。他说自己现在已经是个老汉了。我热情地同他寒暄一番，把他接到我的车厢里，我们就在那里接连谈了三个小时，部分是关于他在1897年从蒙古乌尔嘎（Urga）②回家的四个月旅行，部分是关于我即将开始的旅行。伊斯拉木立刻就明白了我的计划，并极为感兴趣地投入进去。当我站在那里看着他赶着载有我全部行李的车（arabas）离开前往奥什（Osh）时，我很庆幸自己有这样一个忠实的人可以信任。从那时起，他再次正式成为我的旅队领头人（karavan-bashi），负责照料我的一切需要，预期我的想法，为我的旅队采购能够成功完成任务所需的一切装备和辎重。可怜的伊斯拉木·巴依！谁能想到这个对他来说如此光明地开始的旅行竟会以那样不幸和可怜的方式终结！

---

① 本书中新疆及中亚地区人名尽可能根据英文原文采用突厥语系的译法，如Islam译为伊斯拉木而非伊斯兰，Mohammed译为买买提而非穆罕默德，Ibrahim译为伊不拉音而非易卜拉欣等。
② 乌兰巴托的旧称。

02

翻越群山
前往喀什

在奥什，我在好朋友赛特谢夫上校（Colonel Saitseff）和他那可亲的一家人的陪同下度过了非常愉快的两周。他是帕米尔边界勘定委员会的成员，被任命为奥什地区的地区专员（uyäsdny natyalnik），管辖着175 000人，其中有35 000名萨尔特人、150名俄国人以及800名驻军聚居在首府。专员驻地坐落在一个公园的中心，掩映在一片郁郁葱葱的林木之中。它就在阿克布拉河（Akbura）的右岸上，俯瞰脚下的河谷，景色壮丽。不过，我在奥什的逗留因为眼睛严重发炎而受到影响。这件讨厌的事让我不胜烦恼。其实，这一实非我愿的逗留并没有给我造成多少损失，因为伊斯拉木一刻也没闲着，忙于组织旅队使它准备好出发、招聘随从、盯着两顶帐篷的制作、购置必需品，如白糖、茶叶、硬脂酸蜡烛、汽油、皮箱、马鞍等等。一天，我和赛特谢夫上校去伊斯拉木在萨尔特人聚居区的家看望他。他住在一座简陋的土房里，房子就在他自己拥有的一小块地上，有一个妻子和五个孩子。作为礼物，我给他们留下一些钱和物品，对他们一家的顶梁柱即将离家表示慰问。在我上一次的旅途中，我每月付给伊斯拉木25个卢布（相当于2英镑13先令）；现在我把他的报酬增加到40卢布（4英镑4先令），对一个亚洲人来说，已是一笔很大的薪酬了，尤其是伊斯拉木还有每天的口粮而且其他东西都免费。我把他第一年的薪水先存在赛特谢夫上校那里。他同意每个月向伊斯拉木的家人支付10卢布。

一待我的眼睛略有恢复，万事俱备时，我立刻决定出发。因此7月31日一大早，旅队就出发了，走到马蒂（Madi）。头一天我在赛特谢夫家参加了一场有如过节一般的晚宴，大家举杯祝酒，畅饮香槟。之后，我也在7月31日那天下午离开

图 2　卡迪尔·阿洪、伊斯拉木·巴依和穆萨在纳忽拉查尔迪（Nagara-challdi）

了奥什。我的主人和他的妻子以及一小队骑马的年轻女子和俄国军官都来相送。在马蒂，我们发现我的帐篷之一已经在一个树林里支起来，而这一地区的头人（*minbashi*）提供了一个带桌椅的大吉尔吉斯帐篷（*yurt*）。桌子上摆满了一场盛大中亚酒席（*dastarkhan*）的各色奢华美味，有焖饭（*ash*）、鸡肉、甜点、茶等等。黄昏时，我的那些朋友们骑马回奥什，而我也终于和文明世界切断了联系。那天晚上九点钟我开始第一轮气象观测时，再一次有了"在路上"的感觉。我的思绪又飞回到仅仅几年前在类似的情况下我在这伟大荒凉的亚洲大陆腹地所度过的"一千零一夜"。能够又一次在露天"安营扎寨"，看着这无边无际的广袤大陆展现在我的面前，同时许多新的期望和新的计划开始涌进脑海，这真是一种美好的感觉。

伊斯拉木给我买了两只小狗。其中一个是赛特犬，名叫多夫列特（Doviet）。另一只是亚洲混血种，名叫尤达什（Yolldash）。我把它们拴在我的帐篷上，以便把它们训练成看家狗。没过多少天，它们就学会了应该怎么做。我变得越来越喜欢这两个小家伙，等到后来失去它们时，真是非常想念。

我的旅队人员包括领队伊斯拉木·巴依，来自奥什的两个信使（*jighits*）卡迪尔·阿洪（Kader Ahun）和穆萨（Musa），他们是我以每个月15个卢布的薪酬长期雇佣来的；以及4位马主（*karakesh*），他们将陪着我以每匹8个卢布的价格租来的二十六匹马走完前往喀什的整段路程，一共270英里。这些人有两顶专供他们使用的帐篷，周围堆放着行李，犹如营垒一般，在镇子外面形成一幅很有意思的景象。起初，只要是有新修的马路，我宁愿坐在车上旅行。

真正的旅途在8月1日的早晨开始了，但是当我们最后动身时天已经很晚了。为了确保每匹马两边的两个箱子能够保持平衡、重量一样，就必须把行李过秤分包，这自然会占去许多时间。

当那支由二十六匹马组成的壮观旅队跟在骑于马上的队长后面排成一列走出那个小村庄踏上没有耕种的荒野时，这景象真的是很让人激动。附近的地形起初开阔、荒芜，但很快就变得更多样化，有些地方覆盖着黄颜色的草。随后两边的山岗逐渐收紧，直到它们最终形成一个典型的山谷。我们的"进度"相对不错，但天气热得烤人。这与有着果园和充分水源的奥什迥然不同。我们在马上就要到马蒂的地方遇到一些吉尔吉斯人的营寨（*auls*）。这些帐篷组成的村庄周围有大群的绵羊、山羊、牛、骆驼和马在吃草，给附近的风景增色不少。费尔干纳的吉尔吉斯人在阿赖山脉的群山和山谷中度过夏季。他们那游牧生活中最引人注目的特征是吉尔吉斯妇女，以及她们的红色长袍、身上佩戴的饰物和高高的白色头饰。

第二天，我们翻越了齐格尔齐格（Chigherchigh）小山口，从一个红黄两色黏土的缓坡山谷爬上去，坡上覆盖着薄薄一层细草，吉尔吉斯人在那里放牧他们的羊群。两位吉尔吉斯骑士抓住我的马车前杠上垂下来的长绳子，朝着垭口全速跑去。但是垭口的另一边坡度要陡得多，而且道路每隔几码[①]就拐来拐去。我必须紧紧刹住后车闸，以免这驾轻便马车超过适当和安全的速度。伊利苏（Ileh-su）这条小溪在两岸的石头与灌木丛中欢快地打着漩涡，卷动着乳白色的激流顺着垭口东坡潺潺流下，最后注入古尔恰河（Gulcha）。过了一小会儿，陡峭的下坡走到头，山谷开阔起来，纤细的杨树怀抱中的古尔恰小镇展现在我们面前。它有六七座俄罗斯式房子、军营、电报局（这个方向最后一个俄国电报局）、巴扎[②]和由一个连（sotnia）的哥萨克人驻守的要塞。古尔恰坐落在古尔恰河的右岸。这条河的流量很大，虽然河水只有2.75英尺[③]深，但已经足以在我过河时漫进马车。

从古尔恰出来的道路一直在河的右岸。这条河沿着宽阔的石子河床流淌着，有几条支流。但是去年的降雪不太多，所以河水比往常要少。虽然道路在山岗和山脊上上下下起伏，其质量却是第一流的。这条路得到精心的养护，而且每年春天都得到维修，因为它常常被雪崩和融雪毁坏，尤其是在隘口上。跨越河面的桥梁都是用木头建造的，聪明地用上梁加固，在那些仅有一步之隔的河岸之间架起来。这与九年前我第一次来这里时看到的那种破破烂烂摇摇晃晃的吉尔吉斯桥真有天壤之别！但是从那以后，这条路本身也获得了战略上的重要性，它现在一直沿着阿赖山谷通到博尔德伯（Bordoba，或Borteppeh），然后经过克孜拉特（Kizil-art）山口[④]和阿克白塔尔（Ak-baital）山口一直通往帕米尔要塞（Fort Pamir）。现在从奥什出发可以乘车走完全程。俄国在穆尔加布河（Murghab）上的哨所通过大车得到补给和建筑材料。

---

① 长度单位，1码＝0.914 4米。
② Bazaar，波斯语，意为集市。
③ 长度单位，1英尺＝0.304 8米。
④ 今作Kyzylart。

图 3　古尔恰的桥

如今大炮也可以翻越帕米尔那些荒凉的高原了。在这条路线上的几个地方，如在博尔德伯和喀喇库勒湖（Kara-kul），俄国人用石头建造了兵站，经过泥土伪装，从外面看就像小山岗或土坡，对于不熟悉它们位置的人，很容易视而不见。所有这些兵站都有一个带有壁炉的房间、物资储存室和俄式茶炊等等，这些都是为了让旅行者和信使在暴风雪肆虐的冬天能有一个避风躲雨之处。

我们爬得越高，这条河就越明显地集中在一个边缘清晰的水道里，而且两岸都是陡峭的山崖。我们已经路过了几棵孤零零的杨树（terek）；现在又开始出现了刺柏（archa），散布在山坡上。山鹑很多，而且它们一点也不怕人。在克孜勒库尔干（Kizil-kurgan，意为"红色堡垒"）的小黏土堡垒，一些吉尔吉斯人在等着我喝茶。再往前一点，我停在一座很好的杨树林的阴影里等待旅队，然后睡着了。我睡得很香，就仿佛好几天没有睡觉一样。而我也的确需要休息；旅途最初几天夜里，我睡得非常不好，因为我尚未习惯旅队的动荡生活，尤其是营地里的各种声音，如马嘶与狗叫。但我才睡了一小时，就被喊叫声和口哨声吵醒，旅队从我身边排队走过。最前

图 4 我的第一支旅队

面是一个骑着驴的人牵着三匹马,上面放着我珍贵的仪器箱子。其余的分为三个部分,每一部分有一个人负责,而剩余的人则走在马队旁边,当马蹄打滑或走得不好时调整它们身上的货物。断后的是卡迪尔·阿洪,他牵着我新买的一条狗。马匹铃铛声在山谷里的清脆回响犹如音乐一样悦耳。这一长溜牲口慢慢地经过我,消失在路上的一个下坡中,然后又冒出来,接下来又消失了,然后又冒出来,慢慢爬上一个陡坡。但没用多长时间,我就在山谷里的一处追上了他们,道路在那里沿着一个书架似的山崖伸展着,外边挡着矮护墙,高悬在有几座桥梁跨过的河流之上。

穿过一个名叫基尔高尔(Kirgaul)的遍布杨树的窄谷之后,路面上石头渐多,有一大长段是从近乎垂直的碎石沙砾斜坡中穿过,河水冲刷着这陡坡的底部。从一个叫毕劳力(Billauli)的溪谷(yilga)里流出来的支流为河流主干提供了近一半的流量。从每一个侧谷的入口处,我们都能一瞥群峰中间的如画风光。杨树越来越多,灌木也越来越茂密。小道略微上坡,流瀑也越来越多,溪水的汩汩声越来越响。我们选中河右岸一片极为诱人的杨树林作为第一天的宿营地。这里是一个名叫库伦科托盖(Kulenkeh-tokai)的山谷延伸出来的部分。那真是一个歇脚的好地方,马匹都送到附近的夏季牧场(yeylaus)去啃青了,因此四周一片宁静。天空阴云密布,空气清新,不时飘来一阵细雨,时而又露出太阳。风时而沿着山谷往上刮,时而往下刮,吹过枝叶繁茂的树林发出的声音犹如教堂里的祭坛圣乐。我躺下来,听着那久远而熟悉的低语,梦想着自己又回到了昔日旅途中无数的场景,想象着未来几年将有什么在等待着我——失望与损失、成功与发现。虽然还没有完全习惯旅队生活的孤独,其实我已充分意识到我现在所做的事情与前两年的区别。杨树的忧伤低吟与河水越来越响的呜咽似乎都在要求我拿出耐力来,那是未来成功的最大保障。营地静得像是被人遗弃了,没有袅袅炊烟显示出有篝火的存在,而且周围也不见任何人的踪影。我手下的人都在他们的帐篷里熟睡。除了潺潺的水声和树顶上传来的沙沙风声,四周一片寂静。

午夜刚过,一场大雨来袭,浇在帐篷帆布顶上噼啪作响。经过之前旅途中那令人窒息的酷热之后,听着雨声有一种清新的感觉。到了凌晨时,空气感觉起来无疑非常凉爽。这突如其来的大雨惊醒了整个营地,我的人纷纷冲出帐篷去把箱子和行李拖进能挡雨的地方。

次日早晨拔营后不久，我们跨过河流两三次，但之后主要是沿着右岸行进。在苏菲库尔干（Sufi-kurgan），我们的左边出现了捷列克河（Terek）溪谷，沿着这里翻过捷列克达坂有一条通往喀什的近路，但是路途更为艰难。在那之上，河流的主干水量减少，但河谷本身又变宽了，它那有规律倾斜的灰色河底与河流两边夹峙而立的由红色沙子、碎石以及普通的黏土组成的台地形成鲜明对比。我们在包苏嘎（Bosuga）的开阔山谷里扎下营。那里有很多草场，吉尔吉斯人的帐篷村落更是多如牛毛，而周围的山坡上都长满了刺柏，它们在某些地方非常密集，足以形成森林。这一天和前一天一样，我们行进了26英里。路边仍然有标明俄里（verst）[①]数字的柱子。

我的小狗崽多夫列特和尤达什真是可爱得要死。它们只有几个月大，没法跑远路。所以我把它们放进一个绑在马车后面的篮子里。最初它们对这种奇怪的旅行方式颇感惊奇，一声都不敢出。但很快它们就习惯了。酷爱舒适的多夫列特往往紧盯着尤达什，如果后者胆敢不让它躺在最软的地方，多夫列特就会狠狠地教训它，使那可怜的家伙发出极为凄惨的叫声。但是一旦我们宿营后把它们放出来，它们简直就高兴得没有边了，成了最要好的朋友，一起活蹦乱跳，一起赛跑，从彼此身上翻滚过去，仿佛它们之间从来就没有过任何分歧。到了这个阶段，它们已经完全习惯了营地，夜里总是睡在我床边。事实证明，它们都是一流的看家狗，对任何一点可疑的声音都会报以狂暴的叫声。它们总是和我一起吃饭。但是，它们那胃口真是吓人啊！

8月6日的夜晚非常冷，温度几乎降到华氏零下两度，我必须把毛皮大衣、毡子和冬天的帽子全都拿出来。虽然每一次消耗体力之后的喘气都说明我们正感受到当地人所说的"图特克"（tutek），也就是翻过一个高高的山口时的那种感觉，但缺氧没有给我带来任何不便。

道路沿着塔尔德克河（Talldik）[②]继续上行，有时甚至下到激流涌动的河床里，但最后还是离开了小溪，绕到山坡上。经过更多的侧谷之后（其中有两三个通往翻越阿赖山脉的垭口），我们来到真正的大上坡脚下。这里其实并不太陡，也不危险，

[①] 长度单位，1俄里≈1.0668公里。
[②] 今作 Taldyk。

图5 途中的短暂休息

因为这上坡要经过无数盘旋回转，每一处都有护墙的保护。道路是从黑色的褶皱页岩中凿出来的。在塔尔德克垭口的那个山顶上，在一个围起来的地方竖立着一根柱子，上面有两个铁制的牌子，标明这个垭口有11 500英尺高，距离古尔恰有58英里，是在A. B. 弗列夫斯基（A. B. Vrevsky）为N. J. 科洛尔科夫（N. J. Korolkoff）为当地行政长官时修筑的。这条路是1893年4月24日开工修筑，7月1日完工的，由格龙布切夫斯基少校（Major Grombtshevsky）监造。在垭口的另一面，也就是说，下到阿赖山谷的方向，下坡路并不是很陡，我们仅需再转几个弯就来到通向萨雷塔什（Sarik-tash）①的小溪。但是垭口的另一边一株刺柏也没有，阿赖山谷上面的山坡上也没有任何树木。

在上萨雷塔什，我让我的车夫（*arabachi*）离开，付了他一笔可观的小费和一把匕首，因为他为我赶车赶得非常好，从奥什一路过来车马都没出过一次事故。从

---

① 今作Sary-tash。意为"黄色的石头"。

图 6　驼队涉水穿过克孜勒苏河的一条河汊

这儿开始我要骑马旅行,起初是试用一个来自布达佩斯的匈牙利马鞍。没用多少时间我们就来到萨雷塔什,它的名字恰如其分。从塔尔德克垭口过来的溪谷在那里通向阿赖山谷。那以后我们即转向东方,将俄国道路上最后的岗哨留在我们身后。现在我们的南边是雄伟的外阿赖山系,每一座巨大的山峰都身披洁白的积雪,上面带着一抹淡蓝色,而最高的山峰半山腰都是白云缭绕。西边云朵极多,因此我们无法看到考夫曼峰(Kaufmann)①。当我们走进阿赖山谷时,我们的正对面是克孜拉特的溪谷。沿着它再往上走就是从博尔德伯通往1894年我前次旅行中所翻越的一个山口的小路。往西看,阿赖山脉和外阿赖山脉两大山系之间的山谷在脚下一览无余,它十分宽阔,牧场众多,这一点从许多大羊圈和山坡上繁星点点的羊群就能看出来。

---

① 吉尔吉斯斯坦与塔吉克斯坦边界上的外阿赖山脉最高峰,也是帕米尔高原第二高峰,位于吉尔吉斯斯坦奥什的南方200千米处,1871年被俄国人发现后即以俄国突厥斯坦总督区首任总督考夫曼的名字命名。1928年,苏联政府将其更名为列宁峰,海拔7 134米。——译者

图7 纳尔拉查尔迪

骑马的吉尔吉斯人遇到我们的马队无不翻身下马与我们打招呼。

阿赖山谷的东端被一圈山峰死死围住，然而在平缓的通布伦（Tong-burun）①山口处却有一个豁口，这里既是山谷的东大门，也是那一带的主要分水岭。我们不时要翻过阿赖山的低矮余脉，例如克特萨雷塔什（Kattasarik-tash），它们都伸向南方，也就是伸向山谷的中央。渐渐地，从这些石头侧谷中流下的所有小河小溪都汇成一股，它就是阿赖山谷的主要河流克孜勒苏河（Kizil-su）。②

那一天大部分时间都在下冰雹，有时也下点小雨。但是当我们接近位于阿伊拉玛（Äylämä）的营地时，天气更糟了，雨势渐急。我们刚把帐篷搭起，暴雨就倾盆而下，幸亏我们都已钻进帐篷才没有被浇透。虽然只是8月，但秋意甚浓，空气阴冷，山上乌云密布。据说这里的牧场是远到喀什一路上最好的，所以我们决定让马匹休息一天。骑马的吉尔吉斯人一直伴随着我们，为我们提供燃料，而且总是为我们准备好一顶毡房。他们从最近的帐篷村给我们拿来羊肉和奶。这第二天的宿营与前一天同样糟糕，仍然是倾盆大雨。在费尔干纳的这些山区里，秋天显然已经开始了。但是我们安慰自己，这样的天气与其在马鞍上淋湿浇透，还不如穿着干衣服躲在室内。

接下来的一天是8月9日，天气晴好，碧空如洗。我们慢慢爬上通布伦山口，其实它是一个宽阔的马鞍形缺口，当地称之为贝尔（*bel*），因为吉尔吉斯人觉得它实在算不上一个山口。尽管如此，在它那圆溜溜的小山顶上有一个小石堆，它标志着一个重要的地理事实，即我们站在一个分水岭上，一边是咸海内流区，另一边则是罗布泊内流区。因此同塔尔德克相比，它是一条更重要的分界线。塔尔德克仅仅将锡尔河流域与阿姆河流域隔开。从这个分水岭开始，地表一路倾斜指向罗布泊。

沿着我们右边的舒拉（Shura）溪谷骑行一小段后，我们爬上高悬在它上面的陡坡。对马匹来说这可是很费劲；有些驮包滑到一边，需要耽误时间来调整。我们

---

① 今称Tongmurun。
② 注意名为"克孜勒河"或"克孜勒苏河"的河流非常多。"克孜勒"意为"红"，"苏"是"水"或"河"的意思，因此所谓克孜勒河或克孜勒苏河实际意思完全相同。土耳其境内第一大河也称克孜勒河。我国新疆地区亦有克孜勒苏河，且和文中此处之河相距甚近。文中此处之河沿阿赖山谷西向，在塔吉克斯坦境内汇入瓦赫什河，并最终注入阿姆河。而我国境内的克孜勒苏河向东流，在喀什附近汇入喀什噶尔河，并最终注入塔里木河，在后文亦会提到，并不时以"红河"代称。

图 8 在通向喀什的路上穿过克孜勒苏河

现在离外阿赖山脉东部余脉的那些山峦很近，但是它们都覆盖在白雪之下，山顶则环绕在云朵之中。

我们沿着某种平坦的山脊行进了一段时间，右边是（流向喀什的）克孜勒苏河，最后下到柯伊尔加（Kho-yilga）洼地。这个洼地没有任何明确的泄洪水道，但有大量陡峭的巨坑和窟窿，雨水就在那里积聚，至少它们底部的平面淤泥显示情况似乎如此。刺柏在某些岩缝中扎下了根。这附近到处都有土拨鼠，也叫草原旱獭（*Arctomys Bobac*）。

接下来我们走下一个碎石陡坡或台地，直到我们来到克孜勒苏河与柯克苏河（Kok-su）这两条河的交汇之处，然后走过一些土坡，沿着台地绕来绕去，走过破碎的土地，跨过不同深浅的沟堑。一路上植被越来越少，刺柏彼此之间的距离也越来越大。

我们遇到的下一个重要地标是宽阔的努拉（Nura）河谷，它的河床如深沟一般切入大地，两岸陡峻似悬崖。努拉河比克孜勒苏河更大，但它的河水与红河（即克孜勒苏河）一样也是红色的。这可不是一条容易涉水蹚过的河。由于水流浑浊，水里那些讨厌的石头很不容易被察觉到，几次险些把我们的马匹绊倒。如果我们晚来一个月，河水就会涨满河床，那将使我们无法跨过。即使是现在，我们的旅行箱都处于极度危险之中。幸亏由于过去几天的寒冷天气，河水比平时浅一些。就那么两三天工夫的晴天和暖阳就能使水量发生如此之大的变化，这真令人惊讶。努拉河与克孜勒苏河汇集之后形成一条相当有规模的河流。

我们的道路沿着悬在河岸上的山坡前行，不断地上坡下坡，直到我们从最后一个山口上可以看到脚下很远的地方出现了伊尔克什坦（Irkeshtam）的俄国边防哨所的白墙与塔楼。那里驻守着一队哥萨克兵。伊尔克什坦既是一个边疆兵站，又是一个海关。那里的海关关长萨根（Sagen）先生是我的老相识，我上次去喀什时曾见过他。这位先生是一个动物爱好者，有一个私人的小动物园，里面有一只狼、几只狐狸和一只熊，那只熊拴在院子当中它的窝旁边。我拜访这里不久以后，一点都没被驯服的布伦熊[①]不知用什么法子挣脱了锁链，跑进信使们的房间里去拜访，结果引起不

[①] 布伦熊，法国中世纪寓言故事《列那狐的故事》中的角色，现一般指棕熊。——译者

小的惊恐。但是布伦熊老爷的历险经历以悲剧告终,逃到房顶上的人们从那个有利的角度向它射去密集的子弹,最终杀死了这个可怜的动物。

离开伊尔克什坦半个小时之后,我们又遇到了红河;在这里它已经变成一条湍急浑浊的激流,2英尺7.5英寸深,水温为9.9摄氏度(49.8华氏度)。我们现在已经进入天朝①的领土,它从这里向东一直延伸到太平洋。道路沿着克孜勒苏河的左岸向前,然后经过一个狭窄的峡谷向上通往托尔帕格贝尔(Torpag-bel)山口。那以后,我们穿过遍布沙砾的达什特(Däsht)荒原,上面零星覆盖着草丛和许多水沟,此刻都是干涸的。实际上,这一片四周环绕着群山的土地显得非常干旱。我们周围是帕米尔山脉的余脉,其高度在所有的地方都在降低,直到最后消失在砾石山岗与山脊中,其间纵横着沟堑、隘谷和侵蚀沟。不过,几乎到处都有坚硬的基岩露出地面,这是一种黑色的页岩。

我们从那里翻过喀拉达坂(Kara-davan)的小山口,先是经过一个大下坡,然后又走了一段缓坡,最后来到宽阔的叶金(Yeghin)山谷。蜿蜒在谷底的一条不算小的溪流左岸,耸立着一座中国堡垒。我们在那里看到一个前往喀什的旅队,由150头骆驼组成。下午三点他们再次出发时,那些高大笨重的牲口蹚水跨过克孜勒苏河,犹如众多的明轮汽船一般搅起浪花,景象颇为壮观。

我们的路线顺着山谷继续往下。山谷渐渐变窄,而河流紧贴着右边悬崖的脚下。溪流两侧各有一窄条植被——杨树、柳树、灌木和草。在叶金河与克孜勒苏河交汇之处下游,山谷再次变得开阔起来,它那直上直下的石壁拥抱着一片漂亮的小树林,里面流淌着一条欢快的小河。这个地区称为纳尕拉查尔迪,是通往喀什路上的绿洲中的佼佼者。

我们在纳尕拉查尔迪河与克孜勒苏河交汇处以下数百英尺的一个地方扎下营。8月11日成为又一个休息日。我在这里测量了克孜勒苏河的流量:每秒钟1 492立方英尺。如果一条溪流有这样的流量而且河水集中在一条河道里的激流中,那就非常不容易涉水蹚过了。但幸运的是,水流被分为四股很浅的河道,所以我们的旅队第二天早晨平安渡过。我为克孜勒苏河的水量相对丰沛而感到高兴,因为这

---

① 天朝,指中国。——译者

条河是注入叶尔羌河（Yarkand）①的主要支流之一，我希望从那条河漂流到罗布泊地区。

我们最初沿着右岸骑行，在我们的左边经过了一个土制堡垒，那是喀什的阿古柏②建造的。在接下来的几个小时中我们至少四次涉水过河。早晨第一次过河时我们发现河水的流量一夜间增加了700立方英尺，而且后面每一次过河时流量都在增加。在山谷中的一大片三角形地带里，在一条小河从北面顺着阿拉玉卡（Ala-yukka）溪谷流下来的地方耸立着方形的乌鲁克恰提（Ullug-tshat）土堡，那是中国人在这个方向的要塞中离俄国边界最近的一个。

我们在另一个类似的山谷三角地带——称为塞米兹可敦（Semiz-khatun）——最后一次跨过克孜勒苏河。那里的杨树与灌木丛中耸立着另一个小小的城堡（kurgan）。但是，这一次涉水可没有那么容易，因为那里的水流都集中在一条河道里，而河水暴涨，流量达到每秒3 000～3 500立方英尺。那红色的激流怒涛滚滚，水下隐藏着许多难以发现的深坑。

伊斯拉木·巴依骑马走入河水去看一看是否可以蹚过，但是他立刻就被深深的河水淹没，成了只落汤鸡。卡迪尔·阿洪又试了另一处，结果更糟；他的马踏进一个水下暗坑，踩不着底，和他一起被湍急的水流冲走，人和马都挣扎着才能把头露出水面。我的柯达照相底片一般都放在卡迪尔身上，但幸亏他在进入河水之前把它交给了我。在那之后，一位马主把衣服脱光，骑到一匹光背马上，让它自己选择走哪里，最后终于找到一条斜跨河底的坚实岩架，它另一头连着一小条深入水中的碎石滩，从那里再往上游走。其他人也效仿他的办法，脱光衣服，把旅队的牲口分为几拨，首先是载着我们粮食的三匹马，然后是帐篷、罐头食品和其他行李，最后是所有驮着我的仪器和摄影器材的马匹。每一匹牲口都由三个人护送过河，他们随时准备在牲口绊倒时出手援救。很难坐在一旁看着那些满载货物的马匹在汹涌的激流中挣扎而不感到揪心。我前面提到的那条水下岩架跨越了河面的一大半，所以水在马胸前的位置碎成一片激流。

---

① 叶尔羌河是塔里木河的上游，但在本书中，偶尔会混用叶尔羌河和塔里木河这两个词。
② 阿古柏，即穆罕默德·雅霍甫（Mohammad Yaqub Beg，1820—1877），原中亚浩罕汗国白色清真寺伯克。在沙俄以及英国的幕后支持下，于1865年率军入侵并占领新疆地区，后被清朝击败。——译者

图 9 从莎什到喀什的驼队

图10 涉水穿过克孜勒苏河

　　幸运的是我们都安全地渡过河。马匹下水之前，容易被水弄湿的行李都被绑在较高的地方。接下来，我们把行李重新安放妥当，也休息了些许时间，然后继续前进，在一个柯尔克孜①帐篷村旁边露营过夜。在这里，我们与向南流去的克孜勒苏河分道扬镳。

　　这是一个凉爽美丽的夜晚，天上一轮明月，繁星闪烁；透过宁静的夜，传来远处驼铃的单调回响，那是一个前往喀什的旅队。那声音引起我们的狗儿狂吠，但对我来说，那低沉而肃穆的节奏却十分迷人。这是高贵的骆驼那泰然自若、昂首阔步的姿态的最明显的象征。渐渐地，这回声越来越近，赶驼人的叫喊与歌声也越来越清楚。后来他们在夜幕中从我们附近走过，空中留下一阵纷乱的喧嚣。最后那喧嚣声渐渐消失在群山之中。

---

① 我国境内的吉尔吉斯族称柯尔克孜族。——译者

图 11　尼古拉·费多洛维奇·彼得罗夫斯基（Nicolai Fedorovitch Petrovsky）先生，枢密院成员，俄国驻喀什总领事

　　过去几天的旅途经过了一片风景极为单调的地区，满眼荒芜、寸草不生，而起伏的山岗则一个比一个低矮，直到最后消失为一片平原。

　　8月13日，我们翻过了玛什拉卜达坂（Mäshrab-davan），山口的最高处有一个小堡垒和三个石冢（*masar*），周围挂着碎布。第二天的旅途中，我们穿过了一个又深又窄的溪谷，几乎寸草不生。夹峙两面的都是熟悉的红色褶皱砂岩，各层断面的硬度与连续性变化很大，最坚硬的部分时常探出来形成悬空的石梁和石檐。我们脚下的地面也是同样的材质。就在我们抵达坎久干（Kan-jugan）的客栈（*serai*）之前，一场暴雨倾盆而下，我们赶紧钻进帐篷。但这根本没用。我们全被浑身浇透。雨水积在地上，每走一步都会溅起来；而帐篷里的空气又冷又潮，周围是不断往下滴水的箱子。我毫不犹豫地穿上自己的皮大衣。下午五点三十分，气温12.6摄氏度（54.7华氏度），这在这个地方的这个季节是很不寻常的。

8月15日，我们来到明尤尔（Min-yoll）。16日是去喀什路上的最后一天，动身之前遇到了彼得罗夫斯基总领事、乔治·麦卡特尼先生以及当时生活在喀什的一些俄国绅士们，他们在一群哥萨克兵的陪同下来卡尔塔（Kalta）迎接我们。

03

从喀什到叶尔羌河

我在喀什从8月17日一直逗留到9月5日,组织和装备那支我将带进亚洲最深腹地的旅队。我的故旧挚友彼得罗夫斯基总领事对我热情接待,正如他过去常做的那样,为我提供了无微不至的帮助,这些都不在话下。他把自己丰富和极有价值的经验都毫无保留地介绍给我,并利用他在塔里木压倒一切的影响力来帮助我。的确,如果没有他的宝贵支持,我的许多计划都根本不可能实现,但是有了这些帮助,它们最后都成功了。我们要做的第一件事就是把我的经费(相当于1 200英镑)兑换成中国白银。那时,在喀什的巴扎里,一锭白银①值71卢布(7英镑10先令),但这个市场极小,所以我一次购入160锭白银后,两三天内汇率就抬升到72卢布。

这件事是由一个很狡猾的老捐客伊萨·哈吉(Isa Hadji)安排的。成交后,他似乎顶多从我们手里捞走36卢布(3英镑16先令)。后来发现,我在这笔交易里占了大便宜。没过多久,银锭价格突然大涨,塔什干的伏尔加—卡玛银行慷慨地(!)提出按照一银锭兑换90卢布的汇率把银子卖给我。当然,带着47英石②的钱包旅行是件很不方便的事。但是我没有其他选择。我把钱币分放在不需要每天都打开的若干箱子里,觉得不至于会有人一下子把它们都偷走。但是,这次旅行还没有进行到一

---

① 1银锭=50萨尔(sär)。1萨尔=16腾格(tengeh)=1.48卢布 = 37克银子 = 10 密斯卡尔(miskal)= 3 先令。1腾格=50 普尔(pul)。1密斯卡尔 = 10朋(pung);1朋 = 10厘(li)。中国白银的汇率浮动很大。银锭的重量很少正好与50个萨尔相等,通常在49和51之间不等。由于中国钱币是中亚的标准货币,人们手里必须有一定金额的中国货币,无论你需要兑换多少。最近塔里木地区开始使用一些新银币,其最高价值不超过8个腾格。同这些银币一起流通的还有中国银元宝,这是一种极为不方便的货币形式。——原注
② 英石(stone),英制重量单位(旧),1 英石 = 14 磅。——译者

半时，我的钱包已经空了。我后来不得不再买进更多的白银，而那时市场价格已经真的涨到了一银锭换90卢布。

与此同时，伊斯拉木·巴依正忙着购置各种必需的储备，如更多的硬脂酸蜡烛、火柴、白糖、帕米尔茶叶（这是我手下的人需要的）、面粉、面条和蜂蜜，此外还有平底锅和汤锅、中亚制造的黄铜茶壶、火炉、铁锹、焊接设备、绳索，其他各种设备与工具如斧子、铁锤和铁钉、水桶、毡毯和毛毯、中国纸张、肥皂、萨尔特行李箱，以及其他一些东西。当然，值得一提的还有为了给当地首领送礼用的若干吉尔吉斯外衣（当地人称为 karat）、成卷的布匹、手绢和帽子。在乌帕尔（Upal），伊斯拉木以每头6英镑6先令的价格买了十四头骆驼和一头阿拉伯单峰骆驼。它们个个都身材魁梧、漂亮。可惜，除了两头以外，它们都注定要在旅途中丧命。不过，它们为我提供的服务比它们的价格高出许多倍。每一头牲口我们必须向中国政府支付4先令的市场税。

我任命尼亚孜·哈吉（Niaz Hadji）为驼队的领头人。尽管他曾到过先知的坟墓朝圣，因此具有一定的神圣光环，但其实是一个不折不扣的坏蛋。在临时雇佣的其他人当中，我这里只提两人。一个是奥什的图尔杜·巴依（Turdu Bai）。他是个白胡子老汉，可在耐力上不输给我雇佣的任何一个年轻人。而在忠诚和效率方面，没有任何中亚人能够超过他，就连伊斯拉木·巴依也一样。此人是唯一陪着我完成这次旅途全程的人。另一个是费苏拉（Faisullah）。与图尔杜·巴依一样，他也是俄罗斯臣民。在我前面列举的那些优良素质方面，他与图尔杜·巴依几乎不相上下。但他只是陪了我一年半时间。这两个人都是使唤骆驼的好手，因此总是担任驼队的"参谋"。我还招了一个叫卡迪尔（Kader）的喀什小伙子，因为他会写阿拉伯文。

我的第一个目标就是将整个旅队带到叶尔羌河畔的拉吉里克（Lailik）[①]。我计划在那里兵分两路。我将带着两三个人和很少量的行李沿着叶尔羌河或塔里木河漂流而下。大队人马则沿着连接巴楚（Maral-bashi）、阿克苏（Aksu）和库尔勒（Korla）的商旅大道前进，最终抵达罗布泊地区的某一会合地点。按照现在的安排，我还预期有两位布里亚特（Buriat）哥萨克将在12月加入我们的队伍。

---

① 今麦盖提县希依提墩乡附近。

图 12　两个哥萨克：西尔金和切尔诺夫

图 13　喀什的走钢丝艺人

图 14 喀什的市场

彼得罗夫斯基总领事认为，派遣这样庞大的一支旅队带着大量金钱穿越塔里木盆地而没有任何保护是不明智的。因此他提出派遣领事馆卫队中的两位哥萨克护送我，直到两位布里亚特人加入我时为止。这是个好主意，我满怀感激地欣然接受。在获得批准后，那两位哥萨克立即成了我的属下。这两个人，西尔金（Sirkin）与切尔诺夫（Chernoff），都是一流的扈从，在后面的一年里向我提供了极有价值的帮助。实际上，我没有用过比他们更好的人。我们的安排是他们为我效力期间将得到正常的薪酬，但要骑自己带来的马，自备马鞍、武器和弹药。

我还同彼得罗夫斯基先生安排好，秋冬两季寄到喀什的我的信件都将由四位信使分期给我转送到罗布泊地区。他们陆续出发的日子在我离开之前事先定好，这样我就能明确地知道每个人应该抵达的日期。因为这些信使只有在将我的邮袋送到时才能得到报酬，我觉得这件事应该不成问题。这是一个极好的安排，因为彼得罗夫斯基先生直接过问此事。所以我享受了对一个单独旅行的人而言极为珍贵的好处，能够不时得到家信，并与整个世界保持某种联系。

在准备工作、访友与晚宴的忙乱中，日子过得很快。我又见到许多上次来喀什时结识的朋友，其中包括英国特派员麦卡特尼先生，他的家里现在因有了一位迷人的妻子而满室生辉。另外我很高兴能与我的老朋友亨德里克斯神父（Father Hendriks）相逢；此外还有瑞典传教士赫格贝里（Högberg）先生和他的妻子，以及他们的布道所新来的两位传教士。

中国官员韩道台与曾大老爷是我的老朋友了。而与警察工作有关的曹大老爷则是一位新交。他派来两位警察（durgaz），让他们确保本城的居民为我的旅队提供任何所需物资——当然为此也能得到我的可观回报。

不过，我并不是此时在这个中国最西部的城市里的唯一旅行者。8月21日，麦克斯维尼上校（Colonel McSwiney）来到这里。他正是1895年在帕米尔陪伴我度过许多美好日子的那位英国边界勘定委员会委员。他是在去英国短暂探亲后经过突厥斯坦、喀什与帕米尔返回印度的路上。次日，两位法国旅行家来到这里，他们是圣伊夫斯（St. Yves）先生和一位年轻的中尉，在此地休息了几天后，经帕米尔继续他们的返回故乡之旅。

全部辎重齐备后，我们将货物分好过秤，然后将其绑在木架上，又将每两个木架绑在一起,使其成为一个短短的驮鞍,以方便抬起来捆在跪下来的骆驼背上。然后,我在与喀什的各位朋友道别、感谢彼得罗夫斯基先生为我提供的宝贵帮助、通过一次欢宴庆祝我的旅途开始后,于9月5日下午2点出发,开始我正式旅途的第一段行程。

骆驼排好队,众人纷纷上马,准备出发。彼得罗夫斯基照了几张相,然后是最后一次致意和道别,接下来我们就在单调但响亮的驼铃声中踏上征途。我们的道路贴着城市的西城墙,经过中国城(Chinneh-bagh)、麦卡特尼先生的宅子和库木代尔瓦扎(Kum-därvaseh[①],我在那里与我的同胞瑞典传教士们告别)。我们刚抵达克孜勒苏河的桥边(这河水无论从颜色还是浓度来说都很像番茄汤),西北方的天空就暗了下来,浓密的乌云从山里滚滚而来。那一天又热又闷,预示着一场暴雨的到来。很快我们就遇到第一阵狂风。它扬起路面上细细的黄色尘土,形成一团团厚厚的尘云滚滚向前。接着雨点落下来,须臾间演变成倾盆大雨。实际上,我还没遇到过几次那么大的雨。仅仅几分钟后,道路就变成一片泥潭。整个旅队——人员、牲口、行李——似乎都淹没在一条河流中。但我们别无选择,只能继续前行。因为附近的每一所房子和大车店里都挤满了人。这条路本来就车水马龙,拥挤不堪。暴雨来临时,所有的人都冲进最近的地方避雨。另外,这些地方也没有一个有足够的空间能够容下我们这支庞大的旅队,因此,我们只能原地不动,对那滂沱大雨尽可能处之泰然。暴雨整整下了一个半小时,天空不断被颤动的蓝白色闪电那耀眼的光芒照亮。雷声滚滚,仿佛天上有大炮齐鸣。我从来没有听到过如此让人心颤的雷声,真的是震耳欲聋。但是骆驼与马匹都泰然自若,在两行柳树间稳步地向南走去。而我们这些人则想着我们再怎么淋湿也不会更糟糕了,从中勉强寻找些许安慰。

大雨本身已经够让人讨厌的了,但它带来的后果更糟糕。现在大段的路面都泡在水下,那稀软的黏土变得湿滑不堪。脚掌平坦柔软的骆驼极难站住脚。它们滑来滑去,直到腿支撑不住而摔倒。这使我们不得不经常停下来把它们拉起来。它们经常突然摔倒,溅起大片水花,就像是被什么看不见的巨人给绊倒了。当它们那沉重的驮包砸到地面上时,泥巴可以飞起几码远。四面八方都响起喊声!整个旅队齐刷刷地停下来。众人冲上前去,努力使那摔倒的牲口重新站起来。如果它摔倒的姿势

[①] 意为"沙门",是喀什城门之一。

图 15 从喀什出发,前景由左至右为两个哥萨克、卡迪尔、作者和伊斯拉木·巴依,由彼得罗夫斯基总领事拍摄

很糟糕，那就得先把货物卸下来，然后再重新装到它的背上。这样的后果就是，我们以蜗牛的速度爬行在这恼人的泥潭中。最糟糕的是道路不平、滑向一个谷底然后又变成上坡的地方。在这种地方，我们必须用铁锹挖出槽口和台阶，或挖来干燥的土，把它撒在那稀软的地面上。即使那样，每头骆驼也需要两个人来引导，帮它保持平衡。

所以，虽然我们走出喀什后的第一天路程很短，却并不容易。我从没有在更不吉利的情况下离开过喀什。我不禁想到，老天爷是用这种强调的方式提醒我们，在新疆南部的胡杨林中旅行，沿途充满了艰险。但这是我命中注定在很长一段时间里所能看到或感到的最后一次瓢泼大雨。下一场大雨是两年后我在拉萨附近时降临的。

这时天色已晚，在英吉沙（Yanghi-shahr，或称喀什的"新城"）北城墙边那迷宫一样的巴扎与胡同里，纸灯笼已经亮起来。路从这里转向东方。就在这个中国城的外面，近一小时路程的道路都完全被水淹没。所以当我们在果园与菜园、耕地与土墙之间涉水走过时，仿佛走在一条浅水的河床上。在夜色中只能看到成行的杨树那黑色的剪影；但雨已经停住，天已放晴。路况也有所改善，骆驼们现在总算能站稳了。我们停下来过夜时，天色已经很晚了。我们就在玛苏曼那楚克（Musulman-nachuk）草草扎下营地。小心起见，我觉得最好还是在行李周围布置岗哨。

从这里去拉吉里克的路我基本熟悉，1895年我曾走过。因此这里我无须赘述。

9月6日，我们穿过一片耕作极为良好但居民十分稀少的地区，路况良好干燥，两旁有水渠。我们遇到两三支从罕南力克（Khan-arik）地区运来白色棉产品的驼队。虽然我们的行李仍然潮湿沉重，但它们在阳光下逐渐晒干了。过了罕南力克，我们沿着一条两旁长着桑树、柳树和杨树的大道行进，这些树为我们提供了足以遮蔽阳光的树荫。为了避免杨树长得太高，它们的上端被剪去。被截断的枝丫顶端看上去像一束竖直的棍子。我们经常会走很长一段路都看不到一束阳光穿透浓密的树叶。在这些凉爽的绿色拱门下骑马走过真是十分惬意。在这些地方，这条路就更像一个隧道。而那些骆驼迈着大步，一摇一晃地穿过这条隧道的样子则使我联想起一列货车从绿荫的隧道中穿行而过的景象，十分动人。驮着中国银两的骆驼们负担最重，尤其是一峰个头巨大的骆驼，它背上驮着至少40个银锭。由于现在货物的分量分配得很均匀，我们无须再为停下来调整重量而耽搁时间。只需要偶尔在某一边拉拽一下就可以了。骆驼的胃口大得惊人，我们那些骆驼边走边从柳树和杨树上索取"贡

图 16 涉水穿过喀什附近的一条水渠

品",时常为此而挣断它们的鼻绳。绳子的中间由一根细绳拴着两截绳子；如果绳子拉得太紧，它就会在那里崩断，这样就不至于伤到骆驼的鼻子。道路两边的水渠不仅给树提供水分，还通过较小的灌溉渠为稻田供水。

我的人个个都有自己的职责，在队伍行列中有特定位置。来自喀什的两位警察骑马在前，然后是骑着领头骆驼的费苏拉，尼亚孜·哈吉则骑马走在他的身旁。第六头骆驼上坐着蜷成一团的小卡迪尔，伊斯拉木·巴依骑在第七头背上。第二梯队由图尔杜·巴依带头，后面是骑在马上的穆萨。两位哥萨克守卫在两翼，我通常走在最后。我们就这样穿过果园、菜园和村庄，走在玉米地与小麦地之间。我们还跨过一些灌渠（arik），其中有些有桥，另一些没有。我们走过贫瘠的草地和小片的沙地，旁边耸立着几座荒凉孤寂的沙山，高约10英尺，东坡较陡。当夜我们在岳普湖（Yupoga）镇扎营，我们只有在一些罕南力克的大水渠中挖出来的池塘里才找到了足够的水，这是因为这一年的水比往年要少。

由于旅队的牲口在最初几天总是比后来更容易疲倦，我决定9月8日让大家休

图17 我在喀什以东沙漠里的第一支旅队

息一天。自从我们离开喀什后驮鞍还没有卸下来过，需要看一下骆驼的背上或驼峰是否被磨伤。

现在夜间温度持续下降，但随着我们离开灌溉地区和山区，白天越来越热。在道路拐弯的两三处，村民们为我们准备了西瓜和糖，希望换得一点小费。这种形式的礼节将来很可能会变得令人生厌。我们很快就穿过了镇子。在镇外"丛生"的草地上，我们遇到一些农民，其中有些骑着马，有些骑着驴，还有些骑在牛背上，但都载着他们地里和园子里的农产品去岳普湖赶集。时而，一串荒凉的沙山横贯在荒原上，但它们之间有羊群和玉米地、棉花地，以及荒废的灌渠，除了上一次罕南力克洪水暴发时在一两处留下的些许水分之外，到处都是一片干旱的景象。

在一个沙坑的中间，我们见到了孤寂的哈巴丹·布兹鲁格瓦尔（Habdan Buzrugvar）麻扎①，装点着捆在木棍上的彩旗与牦牛尾。在这片地区，经常会看到圣人的坟墓隐藏在沙坑里。道路的右手边是一片红柳丛，鲜花盛开，这使我想起故乡瑞典树林中的石楠，令人伤怀。大道渐渐收窄为一条小路，这意味着越是靠近沙漠，行人就越少。抵达铁热木（Terem）附近后，我们又开始看见长长的罕南力克灌渠。它那12.5英尺宽的沙质渠底完全干涸了。但几座横跨灌渠的小桥说明，渠里的确曾经有水。灌渠两旁的路边有小树，但它们长得稀稀拉拉的，有时中间还有空当。有些地方的树成排倒下；在另一些地方，灌渠的一边根本就没有树。为了缩短明天那漫长的沙漠之旅（对此我记忆犹新②），我们继续前行，穿过镇子及其巴扎，在沙漠前的最后一座房子边上扎下营地。铁热木的巴扎空旷无人；那里的商贩都去岳普湖了。

9月10日，我开始了后面许多个月里最后一次陆上旅行。那天夜里，温度降到8.3摄氏度（46.9华氏度）。这同白天炎热的30摄氏度（86华氏度）相比是个吓人的变化。早晨我起床时，旅队的大部分人已经准备好出发。旭日将金色的光辉洒在荒原上。跨过这片荒原就是那条河流了。天气炎热，旅途遥远、令人疲劳，我们带上的西瓜真是供不应求。条状草原与沙漠地带交替出现。沙丘有时稀稀拉拉长着一些

---

① 麻扎是中国新疆伊斯兰教知名圣贤的坟墓。为阿拉伯语的音译，原意为陵墓或晋谒之处。——译者
② 此处指赫定1895年在塔克拉玛干沙漠的探险。——译者

图18 塔里木盆地西部路边驿站附近的胡杨和水池

图 19　沙漠里的短暂休息

红柳，有时就完全光秃秃的。人们称前者为卡拉库姆（*kara-kum*），意思是"黑沙"，称后者为阿克库姆（*ak-kum*），意思是"白沙"。周围的小片胡杨林（*tograk*）充分证明我们正在接近那条河流。我观察到，我们离那条大河愈近，这些胡杨树就显得愈加鲜嫩和枝叶丰茂。当我们最终抵达叶尔羌河那宽阔的怀抱中时，天色已近黄昏。我们抵达河边的那个地方，河道分为几股。由于我们沿着其边缘前行的那个左汊里河水太浅，不适于作为我计划中的河上旅行的出发点，我们在黑暗中又往北走了一段距离。矮小灌木的树叶与枝丫在骆驼脚掌下面被踩成碎片，咔咔作响。但是由于路况不见好转，而银色的月牙又躲在树林的后面，我们就原地停下，马马虎虎地扎下营。经过十三个小时的跋涉，大家都已筋疲力尽。不过，我们总算是到了河边，而我即将开始试验用一种对我而言完全陌生的方法来继续旅行。

图 20　铁热木和拉吉里克附近的沙漠

第二编

沿孤独的塔里木河漂流：
　　乘船穿越沙漠之旅

04 在拉吉里克造船

为了我那沿着塔里木河顺流而下的漫长之旅,我只有一个星期来完成一切准备工作,所以一分钟也不能浪费。第二天(9月11日),我做的第一件事就是与长老①们和摆渡船夫(kemichis)开始谈判,首先派伊斯拉木去麦盖提(Merket)试一试他是否能买到一艘渡船。这项工作其实比我预想的要容易一些。首先,我担心中国人会怀疑我的动机。经过1895年我那次灾难性的穿越沙漠之旅后,我也担心这个地区的人们会不愿再为我提供任何协助,因为我那一次也是从麦盖提出发的,而当地的长老为此惹上麻烦,被本省的道台(中国人的司法总管)召去,因没有能为我提供一个可靠的向导而受到责备。但是,现在麦盖提有了一个新长老,他接到道台的命令,不仅要助我一臂之力,而且应该把我当成一个要人来对待。几个小时后,伊斯拉木回来报告说,他已找到一个愿以一个半银锭的价格将船卖给我的人。

伊斯拉木外出期间,我带着哥萨克西尔金去试验我从英国买来的帆布小艇。将它放入我们扎营的那条河汊里。这条河汊得到许多来自河流主干的小溪补充之后,在靠下游一点的地方又重新汇入主干。东南方向刮来一阵微风,于是我装好桅杆,升起船帆,然后就出发了。小船表现非常出色,行驶起来稳如磐石。既然已经试了这么远,我们索性乘着它穿过一条小水道,来到大河上面。在那里它的表现也令人

---

① 长老(beg或bek),也译为"伯克",系突厥语音译,意为"首领""管理者"等。原为突厥汗国的官号,古代维吾尔族中也有"伯克"这一名称的官职。清乾隆二十四年(1759),清政府平定大小和卓之乱后,对"伯克"制度加以改革,废除世袭制,作为对新疆地区统治的基层行政制度。因斯文·赫定的《中亚腹地探险记》一书中译为"长老",故在本书中沿袭。——译者

图 21　配好船帆的帆布小艇

十分满意,尽管我们以相当快的速度顺流漂下。除了几个小漩涡(它们随着水流向前漂移),河面极为平静,没有任何激流的声音或迹象。相对于河水,这条小船似乎根本没有动。两边的河岸却从我们身边飞快地闪过。这样毫不费力地被水流载着往前走真是十分惬意的事!这等于是让我先品尝一下之后我沿着这条重要河流顺流而下几百英里时的乐趣。最后,我开始意识到,我们离那条河汊汇入主干的地方已经有相当的距离了,并醒悟到我们已经漂到离营地很远的地方。是时候回去了。因此我们跳出小船,将它从那条将主干与河汊隔开的烂泥滩上拖过去。这烂泥呈黄色或黑蓝色,黏性极大。

河汊里也有水流,虽然它并不算湍急,却足以使逆流划船成为一项令人疲倦的工作。因此西尔金登上河岸,跑着穿过灌木丛,很快就带着一个人和两匹马回来。我的哥萨克骑在一匹马上,在河水中间走着,用一根绳子拖着小船往前走。有些地方河底很危险,那匹马险些陷入黏性极强的黏土。有时河水也非常深。

有一次,河水到了西尔金的腰部,而那匹马因无法触到河底而被水流冲走,几

图 22　我的人在拉吉里克的帐篷

乎就要被掀翻。哥萨克跳进水中,向船上游过来。我也把船向他的方向划去。但是穿着一身衣服游泳,对他来说真是太费力了,眼看着就要够到我伸出去的船桨,他却突然沉了下去。但很快他又浮起来,终于抓住船帮,爬上来时差一点把船压翻。这一切都发生得极快,我根本没有时间感到焦急;然而如果他抽筋了,或根本不会游泳,那么一场灾难就近在眼前了!皮耶夫索夫将军(General Pievtsoff)①就在这条河下游一点的地方失去了他手下的一位哥萨克。与此同时,那匹马游上了岸,虽然它最后拼命一挣,终于跳了出来,但穿过那泥潭可是费尽了气力。西尔金筋疲力尽,几乎晕过去。但是那水看上去十分诱人,我脱掉衣服,跳进去美美地洗了个澡。

但是这一切并没有使我们离营地更近,若不是我的几个手下人主动沿着河岸来寻找我们,我们也许就会困在这里也未可知。然后,他们套上一根长长的绳索,从岸上往前拖着我的船,同时我用一把船桨当作船舵使小船能待在深水中。

① 沙俄将军,于1889—1990年间来新疆探险。——译者

我们回到营地时，那里正是一片热火朝天的景象。我的帐篷外围了一圈访问者，他们中间有一些是我1895年结识的老朋友，最主要的是昂格特勒克（Anghetlik）的长老、那位十分值得认识的托克塔（Tokta或Togda Khoja）；还有麦盖提的前长老买买提·尼亚孜（Mohammed Niaz）和他的几个儿子；拉吉里克的十夫长（on-bashi）与旅馆老板（örtängchi）；此外还有麦盖提的几位居民，以及穿着红色薄衣料织成的长裙、手中抱着孩子的妇女。

起初谈话围绕着我在1895年那次不幸的沙漠之旅而进行，不断地被"*Ai Khoda*""*Taubeh*""*Ya Allah*"这样的惊呼所打断。那以后，我们又讨论了我计划中的沿着塔里木河顺流而下的旅行，以及通过一只渡船达到那一目的的可能性。为了敲定此事，我来到拉吉里克与麦盖提之间的渡口，后面跟着一大群人。伊斯拉木找到的那条船堪称一流，是用结实的厚木板新造的，木板之间用结实的铁锔固定住，基本不漏水。我唯一不满意的地方是它太大了，过于笨重。虽然在河流的上游时这是一个长处，谁能保证在下游的所有地方水流都能同样的深，同样的强劲呢？如果这庞然大物在隐藏于水下的沙洲上搁浅，要使它漂起来可相当不容易。我与拉吉里克的船夫们从各个角度讨论了这个问题。多数人建议我不要对它改装，但也有些人建议把它沿纵向切断，这样就能改造出两条较轻也较易控制的船。还有些人提出我应该新造两条船，中等尺寸，按照我的目的量身打造。最后这条建议本来应该是最明智的办法，但是那需要从叶尔羌找来木头和其他材料，而这又意味着失去很多宝贵的时间。

我决定，首先把这船挪到下游方向右岸上正对着我们营地的一个地方。这项工作第二天早晨就完成了。但是，在我能使用它之前，这条渡船首先需要改装，而这又得先修一个斜坡或造船台。我们在左岸上露营的那个地方不行，因为在我们与河流主干之间，有那条我前面已经提到的水浅的横向支流，一道稀泥形成的沙洲将它与主流隔开。右岸则有另一种缺点，因为它受到河水严重侵蚀，6英尺高的陡坡直插水面。但是麦盖提的长老哈希姆（Häkim）招来近一百人，他们带着自己的铁锹，在很短的时间内就把河岸变成一个缓坡。接下来他们在地上铺好滚木，在喧哗的喊叫声和号子声中用人力把那条笨重的大船拉出水面。哈希姆长老的血管里流淌更多的是汉人而不是"回人"的血，他站在"舰桥"上指挥着一切。倒不是说他使这条

图 23　我们的造船台

船更轻、更容易移动，而是他的权威给人们带来秩序，尤其是他手里拿着一根长木条，就像马戏团老板在自己的马戏台上一样朝四周挥动着。这些沙漠之子们如特洛伊人一般劳作着，一点一点地把沉重的船从水中拖出来，拉到干地上去，然后在那里把船抬起来放到灌木丛中两三摞交叉叠放的木头上。

这项工作完成后，我们暂时停下来考虑下一步应做什么。需要考虑各种情况。一个人告诉我，流经拉吉里克的大部分河水都被引入一条宽而浅的河道，通过它流入巴楚的那些小湖；从那里河水又通过小型灌渠引入刚才提到的巴楚绿洲的农田里。同时，叶尔羌河本身沿着一条更朝东的河道流向查尔巴赫（Chahr-bagh），据说会缩小为一条狭窄但湍急的水流。所以我们这条大船是否能在上面航行很值得怀疑。根据这些信息，我觉得最好把这条船两侧、船头和船尾的最上面一层木板都拆下来，利用这些木板和我带来的其他木料，造一条较小的船，以备水量太小我们不得已放弃大船时使用。我已下定决心一定要沿着塔里木河顺流而下直到罗布泊。无论怎样我一定要做到。

图 24 造船台和营地之间来来往往的人群

为了方便从我们的营地过河去对岸的造船厂,我们雇了一条在拉吉里克与麦盖提之间往返的普通渡船,一直到我们不需要它时为止。我的时间大多花在河对岸,造船的工作正在那里进行。这部分是为了方便我监督工作,部分是为了保证每一件事都严格按照我的要求来进行。这条新船十分可能将成为接下来几个星期中我的家,我自然希望它尽可能舒适一些。

而我的人的确非常尽职。我很容易想象我是在家乡的翁厄曼河(Ångerman river)畔某个锯木厂打发一个夏日的下午。精明的锯木工来自叶尔羌,聪慧的木匠和胶工来自麦盖提,每个人都带着自己的工具,挣着他们这辈子从没有挣过的那么多工钱。我们还在树丛中建造了一座铁匠炉,它有一个砖砌的火炉和风箱,铁锤欢乐地挥动着,火花欢乐地飞舞,把木构件锔在一起的铁锔子就这样打造出来。我们那位长老朋友则无处不在,带着最充沛的精力和热情指挥着建造我们的方舟的"大军",忙得不亦乐乎。

我从喀什带来两骆驼结实干燥的薄杨木板,为的是建造一个前甲板或平台,上面可以放我的帐篷。在右边,我们把这些板子牢牢地钉在舷墙的边缘上;在左边,则把它们牢牢钉在一根结实的横梁上,横梁本身由两三根短粗结实的木柱支撑。在船的这一侧,我们在刚才提到的那根横梁与外面的舷墙之间留下一条狭窄的通道,从船头一直贯穿到船尾。

在平台后面,接近船腰的位置,我们用立柱与碎木板子筑起一个方形小屋,或者说是船舱。起初我是想用它来做卧室;在寒冷的秋夜,这比我的帐篷保暖得多。但最后它被改为冲洗照片的暗房。我在那里冲洗和放大我沿途拍摄的底片。小屋的地板就是船底,但是这个屋子还占据了帐篷地板(即前甲板)上2英尺宽的一条地方。这一长条空间正好沿着小屋的一边展开,被当作一张桌子来用。另一个类似的桌子靠着右边的舷墙,用来放置瓶瓶罐罐以及其他化学品的容器。在小屋的肋条之间,我们装上了三个又长又窄的窗框,那也是我从喀什带来的现成配件。其中一个装在挨着帐篷的前墙上,它的下端接着前甲板,或者说桌子。我们给这扇窗户配上了深红色的玻璃。当我在夜里或光线暗淡的下午冲洗底片时,我一般会在帐篷里对着这个窗户的地方放一根蜡烛,在那里帐篷本身和一个几乎完全围住蜡烛的木头屏风可以隔绝风的影响。

另外两扇窗框装上了白色玻璃，一个装在外面的墙上，另一个装在后面的墙上。我站起身来就可以透过它们看到外面，即我们后面的河流与它的右岸；但如果我想冲洗底片，我只要把它们的百叶关紧，就不会有一丝光线能够进来。我把冲印照片所需的清水放在四个铁箍大桶里，后者放在沿着后墙放置的一个低矮架子上。至于冲洗玻璃板，我发明了以下这个装置：在船舱外面的左上角，我在一个特别加固的平台上装了一个大澡盆（或大水桶），一根天然橡胶管子从它的底部接出来，然后从船舱屋顶接过来，伸入一个带龙头的俄式茶炊。茶炊满了的时候，我就用一个夹子夹住管子停止供水；澡盆空了时，我只需叫个人就行，他会立即将其灌满。由于泥沙太多，河水总是十分浑浊，因此当然不适于用来冲洗照片。但是那些布满河边的小潟湖中到处都有清澈晶莹的水。另一方面，当我冲洗照片时积在船底的脏水很难抽干，但由于我们这条船的上层建筑不均匀，吃水偏向右边，废水一般会流向那一边，而不会妨碍我。早上会把那脏水舀出去。其实，这很少造成不便，因为我多数时间住在帐篷里，它比船底要高出足足3英尺。

船舱的框架完成后，我们在上面盖了两层黑毡毯，在四个角和边缘处都用钉子紧紧地固定住。门洞正对着左边的狭窄船舷走道，可以用钉在上面的毡帘挡住。

白天，暗房内的炎热让人无法忍受，即使到了9月也仍然如此。但是秋天毕竟已经来临，这种痛苦越来越少。其实，我白天很少有很多事情可做，无非是有洗相玻璃板正在晾干时进去看看，或从实验室里拿些科学仪器之类的东西。

在暗房后面，我们在船的中部堆放了一些我们的物资和两三个马鞍，以便在必须放弃我们这座水上宫殿而骑马前行的情况下使用。此外我们还在那里放置了船夫们的个人物品；而船尾则给我的手下人提供了足够宽裕的住处。他们在那里用砖头砌了一座圆圆的小火炉——那就是我们的厨房了。当秋夜开始变凉，或后来在冬天开始后变得极为寒冷时，人们就在那里点起大堆的熊熊篝火来取暖。

在进行这些工作的过程中，我们还忙着为长途旅行进行其他准备。哥萨克西尔金在铁匠房里忙着制造两个结实的铁锚，其实那是一种六爪的抓钩，后来几次都派上了大用场。其中较小的那一个是专为那只英国帆布小艇而制作的，每次我们乘它出行时，都把这个铁锚从河心放下，测量河水的流速。较小的渡船很快就完成了，它的缝隙被浸过油的旧棉花堵得很严实。

图 25 建造暗房

不过,眼看着河水每二十四小时往下降1英寸左右,我开始焦虑起来。但是我们尽快地往前赶进度,心想只要我们能穿过巴楚的浅滩,就有希望一直航行到罗布泊。

在拉吉里克度过的最后两天都用来进行最后的准备。我们将行李分为两部分,一部分用于塔里木河上的漂流之旅,另一部分用于驼队。对于前者,我只留下绝对不可缺少的东西,但即使这些东西也已经装了满满三个大箱子。其中两个里面是我的科学仪器、写作和素描用具、衣物、书籍等等。而第三只箱子里装满了摄影器材。一切就绪后,我给为我们干活的木匠、胶匠和铁匠们付了报酬;长老则守在一旁,确保没有人的报酬超过其应得的。

9月15日,我们这支小小的船队正式下水。我让大船实验性地转个弯,它表现得非常出色。当地所有人都把那一天当成一个节日而庆祝一番,成群结队地来观看船只下水。他们每个人都自然而然地带来"礼物",如羊、鸡鸭、蛋、面包、瓜类、葡萄和杏。所以我们在接下来的几天里有充足的给养。晚上,我为当地的

图26 拉吉里克的音乐家和舞娘

头面人物和造船的工匠们举行了一场盛宴。食物包括焖饭和羊肉、茶与水果。我们一边吃喝，一边听着一个大八音盒里传出的音乐。那是我专为这种场合而带来的。天黑以后，我们在帐篷之间挂上中国灯笼，纳格拉（*nagara*）[①]、都塔尔（*dutara*）[②]以及其他弦乐器的伤感曲调回响在宁静明亮的月夜里，使我回想起昔日在这里度过的时光。那时也是一次历史性的旅行的前夜，同样以拉吉里克和麦盖提作为出发地点。但情况是多么不同啊！那一次我的目的地是怪异恐怖的沙漠；而这一次我们走上的路线将永远不会缺水。那些为我的沙漠之旅奏响序曲的乐师现在又在庆贺我踏上新的旅程。同时，身披白色长裙，头戴小圆帽，黑色的大辫子垂在身后的舞娘们赤着脚随着乐曲翩翩起舞。节奏很慢，动作忽动忽停，回旋往复。第二天早晨我又给这些塞壬们[③]拍了照，这才发现她们夜里之所以那样迷人，主要是因为中国灯笼的美化作用。

尽管一切已经就绪，可以出发了，我还是牺牲了一天的时间。部分是要进行一些测量工作，部分是我们也需要把某些储备物资搬到船上来，它们以后都会派上大用场。在高出水面8英尺2英寸的河流右岸，我量出一段1 250米（1 367码）的基准线。渡船用26分钟走完这一段距离（当然是在河上）；而小艇（帆布船）则只需23分钟17秒。这一差别是因为我们要费力让那条大船待在河的中流，那条较小的船则很容易掌控。因此渡船走完这段河的速度约为每分钟50米（52.5码），或略高于每小时1.75英里。我发现，按照我通常走路的速度，我需要13分45秒走完这段基准线，平均需要走1 613步。因此，52.5码相当于我64.5步。作为测绘这条河的标准，我假定我们顺流漂下的速度为每分钟50米（52.5码）。相对于这一距离，我在地图上量出1毫米（=0.0394英寸）。当然，毋庸赘言，我们漂流的速度随时间与河段的不同而变化，但是我通过一天几次测量流速来纠正误差。在出发的地方，河水的流量为每秒3 468立方英尺，最大深度（贴近右岸）为9英尺，河床为442英尺宽，最大流速几乎正好等于每小时2英里。

[①] 新疆维吾尔族民间乐器，以木槌敲击演奏的对鼓。——译者
[②] 新疆维吾尔族民间乐器，是一种二弦琴。——译者
[③] Siren，古希腊传说中半人半鸟的女海妖，惯以美妙的歌声引诱水手，使他们的船只或触礁或驶入危险水域。——译者

图 27 拉吉里克女孩

我的大渡船为37英尺9英寸长，船的中段为7英尺9英寸宽，2英尺9英寸高，当船装满了货物与人员时吃水9英寸。因此，如果水的深度不到9英寸，我们就会搁浅，而这种情况我们每天都会遇到。暗房为7英尺宽，7.5英尺长，6英尺3.5英寸高。我的帐篷所在的前甲板（或平台）长为12英尺1.5英寸，宽为7英尺，高于船底2英尺5.5英寸。那条小渡船的尺寸为19英尺8英寸长，3英尺4英寸宽。

最后，9月17日，我们正式出发。一大早旅队的牲口们就都装上了驮包。我的计划是让他们走陆路，在两名哥萨克和尼亚孜·哈吉的率领下，经阿克苏和库尔勒到阿尔干（Arghan）。那是沙漠里塔里木河尽头附近的一处地方。他们应该在两个半月后抵达会合地点。我们将通过信使相互联系。我的这些手下随身带着彼得罗夫斯基总领事写给上述两个城镇的安集延领事代理（aksakals）的介绍信，此外还有一份来自道台的巨大的通行证。这个通行证由几个中国臣民护送从一个城镇带到另一个城镇，他们一般是穆斯林长老或警察。我带来的随从都有俄国护照，并附有中文和突厥语的译文。我还赠给我的两位哥萨克西尔金和切尔诺夫一些钱，此外他们护送旅队时还可以得到免费的口粮。这样他们返回喀什后，就能够得到足额的薪金。

骆驼们状况极佳。我们在拉吉里克逗留期间，它们都在周围树林里采食嫩枝，长了膘。我指示我的手下在前往罗布泊的路上仔细照料它们，不要使用过度，这样当冬天开始时，它们至少能保持离开拉吉里克时的良好状况，可以从容地应付穿越沙漠之旅的艰难困苦。我给了尼亚孜·哈吉四个半银锭（33英镑15先令）以用于整个旅队的开销和购置大量的大米、白面以及其他几种我们以后用得上的物品。西尔金负责每天写一篇短短的日志，并给旅队记账。这些人与我道别后，就纷纷上马。旅队钻进灌木丛就不见了踪影，很快它的驼铃声也消失在远方。

我带上船的人只有作为厨师、贴身仆人和勤杂工的伊斯拉木·巴依和卡迪尔，他的正式职称是穆斯林秘书，但他大部分时间都是作为伊斯拉木的助手来消磨时光。我的船队有四名水手，当地人称他们为"suchis"（水人）或"kemichis"（船人）。他们每人都有一根长长的结实的篙杆，一人站在大船的船头，两人站在船尾。他们的责任是确保大船不撞到陡峭的河岸上，尤其是在河流急转弯时。由于水流强劲，他们的工作可不容易，必须时刻保持高度警惕。第四位船夫负责较小的那条渡船，它一般是在前面开路，部分是为了探明水深，部分是警告我们哪里有浅滩和沙

图 28 叶尔羌河上的普通渡船

洲。这条船里的货物一直装到船帮，如面粉、大米和水果。这些水手的薪酬是每个月10个萨尔(1英镑10先令)和免费口粮。但是我很难说服他们陪我一直走到罗布泊。因为过去从来没有听说过这样遥远的地区，所以他们有一种幼稚的恐惧。

当全部设备和渡船的供给都准备齐全时，行李被运到船上。伊斯拉木本人忙着在后甲板炉子附近逐一安置他的厨房用具——他的盘子、罐头、碟子、瓷杯子等等。帐篷在平台上支起来，下缘被紧紧地钉在下面的木板上。在帐篷里，我放了一席颜色鲜艳的和田（Khotan）地毯。我的折叠床放在左手边（对着下游），床尾放了一个大衣箱。另外两个大箱子放在右手边，我把它们当作桌子来用，上面放着我的各种仪器、地图等，一般都是乱七八糟的。我的工作桌则是放在一个提箱（里面放着我的冬衣）上的另一只大衣箱，它立在平台的前沿，就在帐篷的出口处。我用装照相器材的一只大木箱当座椅。我打开帐篷的背面，就可以到达小屋的顶上。我们在那里放了一些物品，如船帆、船桨、测量水流的仪器等等。它们有一定的重量，因此不会被风刮走。我在那里还放置了我的气象仪器，即自动记录的气压表、自动记录的温度计、最高最低温温度计、阿斯曼湿度计和三个无液气压计，以及罗宾逊风速计。不过，最后一个仪器的记录没有什么价值，因为在整个旅程中，两岸的树林和高高的河岸成了塔里木河谷的挡风屏障。但是我那些自动记录仪器却极为有用。气压表的读数清楚地显示河流向东流去时海拔缓慢地逐渐降低，而温度计的曲线随着秋天来临并最后进入冬天而越降越低。

这条渡船被挪到距离河流左岸最近的地方（在我前面提到的那个沙洲所允许的限度内）。但即便如此，我的人还要在泥浆似的河水中蹚过相当一段距离。一大群当地人和他们的孩子卷起他们的长袍走到水中来与我们道别，并把一些"礼物"强加给我们。我们赶紧付钱，把他们打发走。

船上的景象十分迷人，我几乎为那些站在水里望着我们无声无息地滑进那条大河的水流的人感到遗憾。这些人曾带着一副怀疑的神情看着我们所有的准备工作。现在他们惊讶地发现一切都圆满完成。下午两点整，我做了一个出发的手势。水手们用他们的篙杆用力一撑，我们就上路了。河岸从我们身旁疾驶而过。一旦绕过第一个拐弯，那两个难忘的地方——拉吉里克和麦盖提——就永远消失在视线中了。

几乎从我们动身的那一刻起，我就坐在我的写字桌前，在那里一直待了几个月，仿佛被胶水粘在那里。那既是我的舰桥，又是我的瞭望塔。在我面前摊着一张干净的纸（我要绘制的那张塔里木大地图册的第一页）、航海罗盘、手表、野外双筒望远镜、水平仪、钢笔、小刀、指南针、擦墨水的橡皮、单筒望远镜和其他物品。我立刻开始工作。我的书桌在帐篷出口的最前方，使我能够毫无障碍地将周围的景色一览无余，不仅是前方，也包括两旁在内。多夫列特和尤达什从一开始就把这里当作自己的家。只要天暖和，白天它们就在前甲板下面趴着喘气；但是一到晚上天凉下来，它们就爬出来在帐篷里陪着我。

如果有人问我为什么要在这条河上旅行，以及从地理学的角度我企图从中获得什么，我会这样回答：首先，这是穿越新疆南部塔里木盆地地区的道路中我唯一尚未走过的；其次，塔里木河的河道从来没有被勘查过。皮耶夫索夫、我本人，以及其他一两位旅行家曾经沿着河道旁的商路从巴楚走到叶尔羌；此外，在沙雅（Shahyar）与卡拉乌尔（Karaul）①之间，凯里（Carey）与达格利什（Dalgleish）②以及我本人都曾走过河岸旁的森林；普热瓦利斯基（Przhevalsky）③及其后的奥尔良亲王亨利（Prince Henri of Orléans）④、邦瓦洛（Bonvalot）⑤、皮耶夫索夫、利特代尔（Littledale）⑥和本书作者都曾跨越这条河的下游。但是这条河周围的道路和小径只是偶尔与蜿蜒的河道的外端接触；也就是说，这些地方是描述河道弯曲走向的基点。但很明显，仅凭这些很难确定这条河的实际走向、它的总体特性、它的独特之处和其他特征。因此，关于塔里木河我们所掌握的些许知识都不过是管中窥豹，几乎，甚至是根本不具有任何科学价值。此次旅行使我能够画出的地图将证明真实的塔里木河与此前地图上标出的河道之间有多大的差别。简言之，我这次航行是一次地理发现之旅，在任何一个方面都完全值得它所花费的那几个月的辛苦。

---

① 大致位于今尉犁以南，G218 国道附近塔里木河向东南转向处。
② 英国探险家，于 1885—1887 年间在塔里木盆地、阿尔金山和藏北探险。——译者
③ 俄国军官，著名俄国探险家，从 19 世纪 40 年代到 80 年代的四十多年间四次来中国西部探险，足迹遍布新疆、西藏、青海、甘肃和内蒙古，以普氏野马而闻名于世。——译者
④ 著名法国探险家，于 1889 年从伊犁进入新疆，经罗布泊向南进入藏北和藏东，然后经四川康定和广州回国。——译者
⑤ 法国探险家，于 19 世纪 80 年代多次进入中亚地区探险。
⑥ 著名英国探险家，于 1895 年携妻子及仆从数人经喀什翻越昆仑山进入藏北羌塘草原，在离拉萨不到 50 英里的地方被挡住，无功而返。——译者

图 29 作者正在船上工作

欧洲以外的任何一条河流都没有像塔里木河这样被如此详细或准确地勘探过。我不仅通过连续的每日劳作为编写一本关于亚洲腹地最大河流的专著而收集材料、走过一条前人从未走过的路线，而且发现了一种极富田园风情的旅行方式。对于一个已经习惯骑马旅行，或在一头摇摇晃晃的骆驼背上丈量沙漠的无尽路程的人，让河水带着你平静安宁地向前漂去而没有任何颠簸之苦，这是一种从未体验过的乐趣——对我来说，坐在阴凉的桌前，任由风景迎面而来，如同一幅不停变化着的全景图那样展现在我面前，而我犹如坐在剧院中一个舒服的包厢里看着这一切，这真是一种无与伦比的乐趣。这种感觉就和永远坐在家中自己的书房里、卧室就在一旁、各种仪器就在身边日夜随时供我使用一样美好。

的确，我觉得这比在一条航行于欧洲或美国的河上的蒸汽客船上还要舒服。首先，我只是一个人，除了我自己以外，不需要迁就任何人。天气热了，我只需脱掉衣服，从我的工作台上直接跳进河里——这是我在一条欧洲客轮上不可能做到的。不管什么原因，只要我想停在某个地方，都可以想待多长时间就待多长时间。我的饭菜会随时按照我的要求被端到我的书桌上来。我很少像生活在那条塔里木河渡船上时那样享受我的饭菜。我的床和沙发像在任何一个大城市里那样舒适；而且有取之不尽的干净用水和用之不竭的新鲜空气，而且空气中经常弥漫着胡杨的芬芳。我身边就悬挂着我最亲近的人的肖像。我可以每天望着他们，因感到他们的爱在我漫长与孤独的旅行中始终伴随着我而欣慰。我的临时书桌上一般总会放着几本书，但我很少有时间翻看这些书。我的每一分钟都用在工作上，因为时不我待。我对这工作是如此着迷，即使这段旅程持续两倍长的时间，我也不会抱怨。如果我禁不住对这次沿着塔里木河而下的旅行描得过于琐细的话，那么我只能请求读者理解，我回忆这段旅程时的确是充满欢乐的。谁不愿意多说说他无比幸福的时光？

05 塔里木河上游的生活

我们就这样在安静但一直流淌的塔里木河上漂流。航速与流速保持一致,因为经常有同一块木头一连几小时在我们身旁漂浮着。那是多么宁静怡人啊!四周一片静谧,只有偶尔河水遇到一段从河岸伸出的树枝时发出的漩涡声,或是船夫听到前面小船上的卡西姆(Kasim)发出的警告后为了努力避免大船撞上浅滩或沙洲而用篙杆突然点入水中时发出的"通通"声。

我们没有走多远,就看到河岸上站满成群的当地人,有男有女,但他们的瓜,他们的羊和其他的"好东西"对我们都不再有任何诱惑力。我们此刻已经有充足的给养了。塔里木河蜿蜒曲折,几乎包括了所有的方向。例如,我们曾先后朝着西北、东南、正北、西北、东北方向航行。树木的走向很远就显示出河流将向哪一边弯曲。但起初空气不太透澈,距离越远,胡杨林显得越模糊。在卡尔梅克伊尔嘎兹(Kalmak-yilgazi),有一大群人聚集在右岸上离我们漂浮之处最近的地方。发现我们没有停留后,他们开始追赶我们。最后在河流较浅的一处蹚水过来,爬上船,把他们的东西放在我书桌前面的甲板上。用这种办法战胜我们的这些人原来是我的船夫们的妻子、孩子和其他亲戚。我们别无选择,只得感谢他们带来这些东西——并付钱给他们。

我们出发半个小时后就第一次触底了。但震动是如此之轻,我几乎没有意识到船停了下来,直到我看见河水从我们两旁流过。船夫们毫不犹豫,立即跳进河里把船推开,我们又出发了。每次触底,我都抓住时机来测量河水的流速。在河曲的内侧,河岸往往高达9到10英尺。船夫们(尤其是帕尔塔[Palta],他是大船前部离我最近

图 30　妇女儿童带着补给涉水走向渡船

的）都知道出发后接下来的几天里每一段河岸和每一片树林的名字，所以起初根本不需要任何向导。他们用的术语几乎总是包含着某种意义和指示。例如，某一段林带称作"*Tonkuzlik*"，这是因为那里经常有野猪出没。有一段浅滩叫作"卡尔梅克伊尔嘎兹"（蒙古浅滩），那是因为据说过去蒙古人曾经在那附近生活过。在河流的一处急弯我们与一个商旅大道上的客栈（*lengher*）几乎擦肩而过，它叫"买买提伊利楞格"（Mohammed-Ili-lengher），是以修建者的名字命名的。这家客栈离河边非常近，以至它的又高又细的胡杨像柏树一样立于河岸边的灌木和草丛之上。

两年前，这个地方曾发生小段河道改道的情况，在分叉之处十分明显的旧河床被称为"*eski-daria*"（老河）。日后我们见到过许多同样的例子，每一处都准确地记录在我的地图之上。在每一个这样废弃的支流里几乎总有一些纯淡水的小水池（*köll*，即潟湖）。在阿瓦提（Avvat）地区，这条河变得如此狭窄，水流如此强劲，以至于我们的大船在一个漩涡里兜了一个360度的圈。

当我们向西航行时，下午的阳光在水面上的反光时常给我们带来不便。但当

图 31　河岸扎营

我们朝北或向东航行时，色彩极为绚丽；从我们背后射来的阳光完全改变了周遭的景观。

我们的补给船上绿色菜蔬和瓜果堆成山，就像是一幅呈现农产品大丰收景象的画，尤其是当母鸡咯咯地叫起来或公鸡打鸣时就更是如此。船上这群鸡的任务是为我的早餐提供新鲜鸡蛋。我们的家畜还包括几只绵羊，它们被圈在大船后甲板上。

每天的航程一结束，头一件事就是要把船只系在河岸，以防它们夜里挣脱，向下游飘去。我的人在河边的一堆篝火周围露营，在火上用茶壶烧水，并制作晚饭。他们用毡垫（*kighiz*）做床垫，用羊皮（*pustun*）做被子。我一般会一直坐到深夜，写写日记之类的。当我坐在那里写作时，只有河曲内侧的河岸（那里最易受到河水的侵蚀）滑坡的声音打破一片寂静。有时，脱落的大块淤泥或沙子突然落入水中，就像是鳄鱼突然跳进水里一般，所幸塔里木河里并没有这类动物。月亮升起，在宽阔的河面上留下一条银带。很远的地方，一只狗叫起来。起初蠓虫很讨厌，但很快夜晚凉下来，它们就逃之夭夭了。

船上度过的第一个早晨空气新鲜凉爽。我总是在帐篷里过夜。首先，这样我就无须防着蝎子；岸上蝎子太多，很不舒服。我们靠岸过夜的一个后果就是第二天早晨大船会深深地陷进淤泥和沙子里，大家需要花整整一个小时才能用铁锹和篙杆把它弄出来。我一般会在他们忙着此事时去吃早饭，等我吃完早饭，通常已是九点左右。这条河及其周围的特征始终不变，到处都一样。唯一打破这种雷同的是小杨树、灌木和山楂树丛，它们覆盖着陡峭的河岸，树根穿透泥土伸展到河面之上。当地人称这些陡峭的泥土河岸为"喀什"（*kash*）和"叶尔"（*yar*），这些前缀的意思是"河岸台地"，例如喀什噶尔和叶尔羌（Yarkand）①的名字就是这么来的。

事实证明，我雇佣的都是最出色的船夫，他们干得很漂亮。他们是：卡西姆·阿洪（Kasim Ahun）、纳赛尔·阿洪（Naser Ahun）、阿力姆·阿洪（Alim Ahun）和帕尔塔；第五个人，十夫长卡西姆，在最初几天给我们帮了些忙，后来就回家了。这些人都精通如何驾驭这条摆渡船，并深谙这条河的种种特点。他们几乎总能通过河岸的形态与河面的波纹和漩涡来判断河水的深浅。河上的浮木（胡杨的树干、各种各样的

---

① 今新疆叶城县。——译者

枝丫和成捆的芦苇）有时紧紧地聚集在一起，这往往表明河流中间有浅滩。一般来说，如果水面先是显得极为平滑，而后面又突然加快，就说明两者之间有一个暗藏在水面以下的浅滩。

在这里我要顺便指出河岸的凸岸与凹岸之间有什么区别。在这条蜿蜒的河流中我们经常会遇到它们。凹进部由于直接承受着水流的全部力量及其离心力的侵蚀，一般都会被切割到水边，形成一个6英尺到10英尺的垂直立面；水流的主体持久不衰地冲刷着它的表面，因此这种地方水最深，流最急。凸岸伸出来的岬角被当地人称作"*aral*"或"*aralchi*"；这两个字本来的意思是"岛屿"，无论河流转向右边还是左边都会有这种岬角。这种河岸通常有一个平缓的、月牙形的，但有时呈钝角的淤泥滩，不过总有清晰的边缘。它们是这条河的水流在丰水期缓缓流过这些较浅的地方而沉积形成的。如果我们早出发六个星期，这些淤泥半岛就会处于水面之下，我们的航程也会因此而更短，水流也会更快。但到了我们在这条河上航行的时候，水流已大大减少，只能勉强把河床填满而已。由于在左右两个方向都要绕到河曲凹岸最凹进的部分，我们实际航行的路线就更长了，无法通过抄近路来使其缩短。

另一方面，这种状况十分有利于准确地绘制塔里木河地形图，因为较浅的地方现在都暴露在外了，而且有助于研究河水冲刷力的规则与趋势。除了一小段河道外，河水总是深到能够让渡船浮起来；而河水的缓慢速度——旅程第二天的流速小于每小时1.5英里——也不是一个不利的条件。正相反，这能使我的地图更加详尽完善。按照当时我们行进的速度，我也只是勉强来得及进行自己想要做的记录和观察。在整个旅程中，我的时间都塞得满满的。除了去睡觉，我很少有时间能离开我的工作桌。

在这个地区，塔里木河有几段相对较直的河道。例如，我们时常仅用二十五分钟就能漂流相当于四分之三英里的一段。但很快河道就变得更加蜿蜒起来，较直的河道也很少超过三到四分钟的路程（150到200码）。这使我几乎还没有时间记录下对某一段河道的观察就得赶紧转到下一段。河面不是逐渐下降，而是分为几个台阶；当河流穿过沙洲和淤泥半岛后，就留下被河水严重冲刷剥蚀的河岸。正如我已指出的那样，这种河岸不时崩塌下来，落入水中。但在行进的过程中，我们发现淤泥越来越厚，而河水则越来越退回到主河道里。

让我们回到地形特征与当地人的术语这个话题来吧。凸角被称为"*tumshuk*"，在这种地方的下游方向往往有个暗滩,当水面降得足够低时,就会裸露在外。这是最难对付的地方,必须尽全力使船只避开它们。倘若我的人使尽全力却仍然搁浅了,他们就会立即跳入水中,把船推开,并在船的四周蹚一蹚,看它周围水有多深。但是河底非常软,它与船底的接触又是如此轻微,搁浅发生时我很少意识到,直到听见人们喊起"*laiga tegdi*"(触底了)、"*toktadi*"(停下来了)、或"*turdi*"(陷住了)。脱身之后,他们就会喊"*tyshdi*"(滑出来了,直译即"掉下来"的意思)、"*mangdi*"或"*mangadi*"(它走了)。如果是船头触底了,船就会完全调转过来(*tollanup ghetti*),使我感到头晕。接下来的一刹那,景象完全变了。太阳似乎变得颇为古怪,因为一分钟之前它还在我们背后,此刻又直接晒到我们脸上。

与河流相关的几个常见现象,当地人也有特别的术语。他们把浅滩上方河岸表面的涟漪称之为"*kainagan-su*"(沸腾的河水)或"*kainagan-lai*"(沸腾的泥)。河流分成两个河汊时,他们简单地称其为"右手"和"左手"。当其中一个河汊小于另一个时,就叫"*kitchik-daria*"(小河)或"*parcha-daria*"(河的一部分)。他们称死河汊为"*bikar-daria*",称干涸的河汊为"*eski-daria*"或"*kona-daria*",如果那里面有一个与河道隔开的水塘,则被称为"*köll*"(湖)。每当一条河分为两叉时,大家就会颇感迷惑,究竟该走哪一边呢?我们往往会原地停下,让几人乘小船去前边探查看起来更该走的河汊。河底的深沟被称为"*akin*"或"*chukkur-su*",而浅滩则是"*tais*"。"*ittik akkadi*"和"*asta akkadi*"分别是指水流的快和慢。

船夫帕尔塔坐在大渡船的前面,裸着腿,手里拿着篙杆,紧盯河水,尽可能紧贴着卡西姆的开路小渡船。他嘴里总是哼着一首关于某些国王的传奇事迹的悠扬歌曲,但同其他人一样,他非常热衷于这次航行,以及船上发生的一切。

我们不止一次看到河岸上的牧羊人和他们的羊群。这些人住的棚子是用树枝与树叶在河边的树木之间编织起来的。在一个西向的转弯处,我们又一次与通往巴楚的商路相遇,发现有个人带着来自旅队的问候正在等着我们。

在巴希库勒(Besh-köll,五湖),我对河流又做了一次测量。这是右岸的一个地方,我们第二天就在这里停了一晚。这里河流的宽度为283.5英尺,最大深度为7.25英尺,平均流速为每小时1.625英里,最大流速为每小时2英里,流量为每秒2 992立方英尺。这些数据显示,同上一次测量相比流量显著下降了。

图32 塔里木河地区的当地人

9月19日，我们经历了一系列全新的航行体验。一大早，一阵强风从西北方刮来，我们很快就发现它不仅减慢了船只漂流的速度，而且在河面较宽的地方，由于水流缓慢以及帐篷和黑色棚子所起的兜风作用，这风实际上使船停步不前。另一方面，较小的那艘船现在反倒速度更快。起初我们向东漂流，迎着太阳，但到了八点钟，我们转向正北，总算是能避点风；这一天里的其他时间，天气都很晴朗宜人。

河流朝正北方向走了很长一段时间。而西北风则以超过每小时8英里的风速使我们的速度每分钟减慢16.25码；船只被刮到紧贴右岸的地方，迫使我的人不得不拼命努力来阻止一场撞船事故。一阵突如其来的狂风吹走了我正在制作的一张地图，我们不得不乘小艇追了很远才把它找回来。

接下来我们转向东方和东南方，顺风而行；在此之后，船只航行的速度比水流每小时快了0.75英里。水流本身的流速为每小时1.5英里。但到了下一个拐弯，我们又转向西北，风力是如此之大，以致我们不得不停下来。因此很显然，除非我通过测量河水流速与船只航速之差把风速考虑进来，否则我的地图就会高度扭曲和不准确，无法反映这条河的真实路径。

在我们下一天扎营的沙什喀克（Shäshkak），河岸有7.5英尺高，我们不得不在上面凿出台阶。那里住着四个牧羊人和他们的家人；他们共有两百只绵羊，此外还有山羊与牛。另外，他们还有耕地，种着玉米和小麦，他们的土地是通过一条从巴希库勒以下的河道挖过来的人工运河来浇灌的。在这里，河面还不到139.75码宽，而流量仅为每秒2 372立方英尺；这说明过去的二十四小时里水位下降的幅度大得惊人。这使我很担心。牧羊人告诉我，这条河在沙什喀克的水位最高峰离现在已过去了近两个月，再有十到十一个星期就会退回到冬天的水位；从那时起再有1个星期，河道就会封冻。他们还说，春天时有几个地方可以涉水蹚过这条河流。

次日，当我们在日出之际醒来时，天空看起来不容乐观。那天夜里是我们所经过的最冷的一夜，温度计降到2.9摄氏度（37.2华氏度）。周遭一片昏暗，这既不是雾也不是云，而是沙尘颗粒，它们被一阵"*sarik-buran*"（黄沙暴）扬起，尽管由于渡船在高高的河岸的庇护下，我们看不到沙暴存在的其他标志。这是一幅阴沉沉的景象，河边生长的红柳和芦苇丛在100码以外就看不见了。船夫们正确地断定，在这种情况下继续前行很困难，所以我们决定等待天气变好再说。

在这种情况下，我一般会乘我的帆布小艇航行以消磨等待的枯燥时光，尽管它既没有龙骨也没有舵，不完全适合做这种运动。当然，我只是用它顺风航行，在船尾用一把船桨当作舵来使。但是这一次风太大了，小船像一只鸭子擦着水面疾驶，船头带起很高的水花。我真是很享受，避开河里的主流，向上游疾驶。河岸从我身旁一闪而过，树林在雾气中消失。我想象自己正在滑过家乡的一个宽阔的峡湾，而那些泥土沙洲则是许许多多的峡湾小岛。玩了几个小时这种潇洒的运动之后，我认为应该是回去的时候了。所以，我降下桅杆和帆，驶进主流，指望它能把我带回家。但是我想得太简单了。风势极大，几乎使整个表层水流都停住了。不过，我想出一个法子来抵消它的力量。在水面以下1英尺深的地方水流仍保持着它原有的力量。所以我把一支船桨竖插在水里，然后把它绑在船上，之后我往下漂流就很容易了。

在我企图上岸的一个地方，地面非常具有欺骗性。它在我身下陷了下去，我一直陷到齐腰深；要不是我及时抓住船帮救了自己一命，我肯定会继续陷下去。在那之后，我不得不穿着衣服洗个澡，这才洗掉像一层锁子甲一样裹住我下肢的泥巴。

最后我透过薄薄的迷雾看到渡船上我那顶白色的帐篷。几分钟后我就靠上了大船。一般来说我们是把帆船捆在大渡船的后甲板上；它在登陆时可以派上用场，而无须动用大船。伊斯拉木·巴依经常让另一个人推着这条小船送他上岸，然后在树林里转上几个小时。当他回来时，手里通常会拿着野鸡或野鸭，或两样都有。他从河流的蜿蜒拐弯中间直接插过去，比我们走得快。因此他经常能走到我们前头。所以往往是我们漂着往前走，却突然看见他坐在一个凸出的沙洲上等着我们。我们漂流过去时，一个船夫会乘小艇上岸接他回船。伊斯拉木觉得旅程单调不堪，因此很高兴有这些狩猎之行能够打破这种日复一日的枯燥。

9月21日，天气依然寒冷，秋意甚浓。实际上，碰上这种糟糕的天气，我们都纷纷穿上了冬衣。天空阴沉沉的，似乎布满了雨云。其实那不过是东风带来的沙尘。如果风从西边来，天空就总是晴朗的。那一整天始终在刮东风，风势强劲而持续，把周围的地貌全部遮住，使我们很难继续前进。夜里，河水上涨了6英寸。如果你考虑到水位是随山里的天气而变化的，就不会感到惊讶。山里的天气如果晴朗无尘，就会引起河水上涨，甚至在秋天也是如此。当然这种情况只是短期的，而且很长时间才不定期地发生一次。

在一个急转弯，河道完全掉转方向，来了个180度大转弯。我们测量到近20英尺的深度，而水流却极为缓慢。如果不是因为我的面前永远有张地图，我就会对我们正在行进的方向毫无头绪。河道就是如此盘来盘去。虽然河流总的方向是东北方，但小段距离内，我们经常会驶向西南方。

狗儿们的陪伴和它们的恶作剧与胡闹给人们带来一些乐趣。否则我们会很孤独。到了此时，它们已完全习惯了船上的生活，完全适应了我们的旅行方式。如果岸上有什么让它们产生疑心，它们就冲到前面，爪子把甲板震得乱响。我们刚一停下来准备过夜，它们还没有等上岸的跳板推出去，就立刻跳上岸，开始在树林里相互追逐。但是到了吃晚饭时，它们从来都在我身边，而且它们总是睡在我的帐篷里。

现在河里的水很凉，所以大家都尽可能不跳入水中。蠓虫极为讨厌，尤其是在无风寂静的河流角落（*bulung*）里，而在树林里简直令人完全无法忍受。它们是一种很小的灰色昆虫，不到落下来准备叮人时几乎看不见。但是只要有一小阵微风，它们就逃之夭夭了。因此，有风无风还是各有利弊的。

在另一个地方,我们看到一大群人和马。那些人从马上跳下来,在河岸等着我们。原来他们是阿克萨克玛热勒(Aksak-maral)的长老和他的随从。他们正在去麦盖提的途中。他们已经为我们的到来准备了丰盛的晚宴,我们也只得恭敬从命,上岸去分享他们提供的佳肴。

我们又一次测量了河流。实际上,我们一般会在日落之前停一小会儿,以便在黄昏前完成测量。而且我们总是把露营地选在一个河水集中在一条狭窄的河道中,同时岸上又能找到足够的木柴的地方。我一般是从我那条小艇上进行测量,它是靠西尔金的小锚固定住的。伊斯拉木·巴依和一个船夫一般会协助我。我用一根50码长的卷尺来测量河面的宽度,如果这一长度到不了对岸,我们就会在第50码的地方往河底钉一根柱子,然后从那里开始测量剩下的距离。接下来,我们沿着一条想象的直线上的不同点测量深度,并在同一点的两三个不同深度测量流速。在阿特潘尕孜(Att-pangats)宿营地,河水的流量是每秒2 087.5立方英尺。因此,河水在逐渐减少,虽然这一点肉眼看不出来,因为,尽管河床里有同样多的河水,其流动的速度却减慢了。

9月22日的早晨,一群大雁从头顶飞过,排成整齐的队形朝西南方飞去,其目的地显然是印度。现在空气很平静,尽管还不是完全透明,仍有一种雾气或粼粼的闪光。刚到八点钟,天气就已经变得很暖和,我们很高兴地又换回夏天的衣装。一个狭窄的灌溉渠伸向右方,在离河流不远的地方推转一个磨坊。这说明,即使在目前这种低水位时,这条河流也比周围要高。

出发一小时后,我们看见左岸的树林里有一些人,显然是在等待我们。很快我们就认出了他们。这是西尔金、尼亚孜·哈吉以及阿拉格尔(Ala-ayghir)的十夫长,或者说村长。我们的驼队两天前赶到那里。我们把这三个人领到船上,他们都很欣赏我们这种旅行的新方式。胡杨林现在比以往任何时候都大得多。所以我们就仿佛是一队修道士,穿行在一个由它们的树叶组成的庄严而肃穆的修道院长廊中。这些树在河湾的内侧长得最为茂盛,在那里树根全年都能得到水的滋润。当我们行驶到与阿拉格尔平行的地方时,我们的人回到驼队;从这时起直到与他们在罗布泊地区会师之时,我们同他们的联系会完全中断。但在他们离开之前,我要求他们找到我过去忠实的随从帕尔皮·巴依(Parpi Bai),他曾在上次亚洲之旅中陪伴了我。他住在库车（Kuchar）。我让他们告诉他在塔里木下游的卡拉乌尔与我相会。

在托格鲁克（Togluk），也就是我们过夜的那个地方，河面仅有116英尺宽，最深处为16.33英尺，平均流速为每小时1.25英里，流量为每秒2 105立方英尺，即比上次测量时略多一点。这意味着，过去二十四小时内有更多的水从山里流入河中。

第二天清晨，我们出发进入右边的河汊。它虽然不过30到35英尺宽，而且很浅，却有奔腾的流水。这是因为这条河道比主河道更直。它也许是一条新河道的开始，不久以后主河道的河水就会涌进来也未可知。尽管我们很小心，却还是在这里一个拐弯的内侧卷入一个回流的漩涡，费了很大气力才得以脱身。篙杆虽然有15或16英尺长，却触不到河底。我们唯一可做的就是让一个人划着小船带一根绳子到岸上去，然后大家一起把船拉回到水流中。

此后不久，我们来到河流分叉的地方。左边的河汊叫"*Kona-daria*"（老河），较小，流过巴楚；右边的那道河汊叫"*Yanghi-daria*"（新河），它水流更多，据说是在过去这四年里才形成的。这两条河道在阿克萨克玛热勒相会。这也就是说，叶尔羌河在如此上游的地方就已显示出偏向右方的趋势；继续前行，我们发现同样的现象重复了几次。但这一趋势在罗布泊地区最为显著，我后面会有详细说明。

我们一进入主河道"新河"，就在那里休息了一小时。这条河道也叫科台克力克（Kötteklik，意思是"有干木头的地方"），因为有许多浮木和死树干都漂到那里的沙岸上。我手下人说我们正在接近一些危险的瀑布，我最近听很多人说起过它们。在拉吉里克时就有人告诉我，我们到了这儿时会沿着一个瀑布往下跌落八寻[①]。现在这个落差已经减少到一寻，但人们告诉我仍然需要三十到四十个人来帮我们走过这个瀑布。安全渡过这个地方的唯一办法就是将所有的行李都搬到岸上，然后把渡船拖下瀑布。

于是，我请阿拉格尔的村长招来二十个工人，让他们第二天早晨在瀑布那里等着。同时，我对两条河道里的水量做了测量。这两股水流把一个狭长岛屿夹在中间，而后者即使在水位最高的时候也从未被淹没过。因为时间尚早，四周安静明亮，我决定在渡船里继续前行，看看那个"危险的地方"。于是，我们在浮木形成的岛屿

---

① 英制深度单位，1寻=1.828 8米。

之间穿行。这些水道很窄，船只也就是勉强地穿过，而水流的吸力非常大。大多数时候，我的人必须蹚水用绳子拉船，否则它肯定会被卡住。即使这样，船还是数次撞上水里的树枝和水下的木头。每当这种情况发生时，它都会转过来，船尾朝前。那些蹚水的人不时会一下子没入深水中，让其他人感到很好笑。

经过一段时间，我们听到河水在前面不远的地方沸腾起来。人们告诉我，这就是第一个瀑布（*sha-kurun*）。这瀑布的落差还不到三四英寸，看起来一点也不可怕。我们的船很轻易地过去了，没有一点震荡。接下来又过了另外两个瀑布，也都是很微不足道。其中一个的确有很大的流量，但过了一小段距离后河水又变得很浅。

我们穿过了这个所谓"危险的地方"之后，河流又恢复了它原来的模样，它现在变得又窄又深，而且我们的渡船航行的速度也很快。实际上，我们飞快地冲进一个急弯，船转得太快，我们撞上了河岸，被卡得死死的。放在船上面当作桌子的那个箱子差一点就落到船外，幸亏帕尔塔及时地抓住了它。我们在营地被村长和他那二十个工人赶上。那营地位于这个地区的一棵胡杨树旁。他们很惊讶地发现，我们没有他们的帮助就渡过了瀑布，于是很快就都回家去了。

在这里，阿克萨克玛热勒的长老来看望我们，因为他对这一带很了解，我邀他与我们同行两三天，为我们指路。他对我们的旅行方式极为感兴趣，但认为如果我们到河水最高峰时动身的话，就会遇到很大的困难。我们不可能找到长度能够触到河底的篙杆。由于水流太快，船只根本就无法控制，而我们将会在河流的每一个拐弯与河岸相撞。另外一个不利因素是如果季节尚早，天气就会很热；比这还要糟糕的是蚊虫。对这最后一点我毫不怀疑，因为即使在秋天它们也是一个巨大的麻烦，尤其是在日落时分的草丛和树丛中。他说，事实上我们挑了一个最好的时节来进行漂流。

在"新河"，河水的流量仅有每秒1 303立方英尺，因此，流量减少了802立方英尺，那一部分当然是被流经巴楚的"老河"带走了。如果河流再次分叉，我们是否还能继续前行呢？

06 魔法深林

9月24日，我们早早动身，沿着叶尔羌河新形成的分河道走了很有意思的一大段。我们在这里同十夫长卡西姆道别，他将返回拉吉里克，带走其他船夫的部分工钱，并按他承诺的那样把工钱转交给这些人的家人或父母。河水从一开始就又深又窄，仅有70英尺宽，而且宽度还一直在减少。毫无疑问，我们正在航行的这条分河道是最近才形成的。我们几次在河的中流遇到挺立在小土堆上的绿色红柳和胡杨。不过还有很多小岛只是由树干、枝丫和类似的杂物聚集而成，它们被河底伸出的一截截树干挡住。在某一处，我们看到两棵胡杨的根部其实是在水中，显然河水的到来非常突然。河岸的景象与前些天相比变得面目全非。它不再是我们已经习惯于穿行其中的那些切削深刻的高高台地，而是界限不清晰得多。对于一条新近形成的河道这是很自然的。由于同样的原因，在突出的岬地上，淤泥质的浅滩要么很小，要么根本就看不见。

那天途中，我们来到一段非常难走的狭窄水道，它被浮木阻塞，有些地方连成一片，有些地方则形成了轻微的障碍，我们不得不设法在它们之间穿行。有时这水道窄得使渡船两边都受到刷蹭，在行进中我们不得不极为小心。看得出，这里水流极快，有时形成卷着白色浪尖的波涛。一旦撞船，后果肯定将非常严重。所以船上每个角都站着一个人，手里拿着篙杆，尽量使我们避开那些障碍物；而卡西姆则在前面的小船上领航。不过，我们所遭遇的最大的事故就是卡在两堆浮木中间。这时所有人立刻跳入水中，又拉又推，一起唱着号子。让船挣脱开之后，一两个人会蹚水前行，看看我们前面的水有多深。

到了这里，河流变身为一条小得可怜的小溪，我开始担心我们是否能抵达阿克苏河（Aksu-daria）和塔里木河主干。除了两三小段外，水流在矮树丛林、浓密的芦苇滩和单棵的胡杨树之间蜿蜒地流着。但不久它就缩身为一条渠沟，水流极快，水位比两旁的陆地低6英尺左右。风使我们的航行速度减慢，但是并不严重，因为它的力量被树林和高高的河岸所减弱。河流在有些地方分叉，从一些覆盖着植物的真正岛屿两旁流过。每次这种情况发生时，我们都担心是否有足够的河水使我们这条船浮起来，担心我们不得不把船一直拖回到之前的分叉之处。这些分河道中有一些相对较短，很快就又汇入主河道；另一些则有几英里长；还有一些两头完全截断，这种地方的河水十分清澈，很容易就能看出来。

不过，最后河道又宽敞起来，我们的东北方向出现了一片开阔的视野，极远处有一座流沙形成的孤独沙丘，称作喀拉乌尔墩（Karaul-dung，意思是"瞭望台沙丘"）。但这一宽阔得犹如湖面的河道很快就又变窄了。我们选择了喀拉乌尔墩右边的一条水道，但没有走多远就被卡住，停在横跨河流的一道门槛般的东西上面，那里水深不过两三英尺。河底是细腻结实的蓝色黏土，上面探出腐烂的芦苇（kamish）根。

我们试图把船推过去拉回来，但都没有成功。它被河底死死地吸住了。没有别的办法，只得将所有沉重的行李、箱子和货物都搬到岸上去以减轻它的重量。这以后，我们再次试图一齐使劲将它挪动，但那只不过使它更深地陷入淤泥。于是我请求阿克萨克玛热勒的长老回他村子去找人来帮助我们。他立即登岸上马，他的两个随从整天都一直骑着马跟着我们。几小时后他带了三十来个人回来。这些人一旦明白自己的任务是什么，就立刻认真地干起来。我也用自己作为榜样激励了他们。他们的努力很快就收获了成功。就这样我们一英尺一英尺地把这条大船拉过这个险滩。但是它往下走了一小段就又陷进去了。而且这一次比上次更为严重。

现在怎么办呢？淤泥是如此的滑，如此的黏，我们要费很大的气力才能站住脚，处境非常尴尬。我们不知道驼队此时正在哪里。我们无法挪动笨重的大渡船，而小船又没有大到足以驮运我们所有的行李。看起来我们似乎需要修一个新的造船台，从阿克萨克玛热勒请来木匠和铁匠，建造一条比搁浅的这一条更小更轻的新船。但是这要浪费多少时间啊！而这条河的水位每天都在下降。我不能，真的不能在此地放弃我已经计划好的旅程。不，不管需要付出什么样的代价我们都必须继续前进。

最后，我们使船以它自身为轴心转了两三周，用这个办法使淤泥松动，这才把船推到深水处。那以后，我们很快就来到最后也是最大的一个险滩。它在所有的地方都有18英寸①深，而落差竟深达七八英寸②。这里的水流十分湍急，我们的人担心这条庞然大物会翻。因此，作为防范，我让大家把所有的行李再次搬到干地上面，而我自己则留在了船上——我决心在这条船穿过激流时守在船上。我的人都非常担心我会和船一起在瀑布下面的汹涌波涛中翻过去。不过他们还是引导着船来到瀑布的边缘，然后使船头对着正确的方向，把船放开。它平稳地滑向前方，等船头探出足够远的时候，就像跷跷板一样跌下去，砸在水面上激起一声巨响，而同时船尾高高翘起。船头微微切入水中，再晃晃悠悠走出几码远，我们就一切平安了。这时已是黄昏，我们很快就停下来过夜。我解散了我的协作团队，让他们回家去。他们都以不同的形式度过了这个令人兴奋的下午。每个人都因自己的贡献而得到了可观的报酬。

那个下午，蠓虫简直成了一个真正的灾难。它们像大片的乌云一样飞来，要想躲开它们简直就不可能。当你两只手都被占着，而且为了能随时冲个凉而半裸着的时候，这里的蠓虫可真称得上是折磨人的魔鬼。它们似乎一直在耐心地等待我们的到来，好对我们身体裸露的部分来一次人肉盛宴。我就纳闷了，我们到来之前它们是靠吃什么为生的？

在这个地方，河水的流量只有每秒802立方英尺。这就是说，这条河的各条分河道从它的总流量中分走了近三分之一的水。我的计划能否成功现在看起来非常值得怀疑。

喀拉乌尔墩沙丘大约有35英尺高，覆盖着红柳和草丛。它从河岸陡然升起，沙丘顶上，周围的景象尽收眼底。从那里望去，我们刚刚经过的那些令人疲倦的跌宕流瀑所在之处就像河流大大扩展开的部分，那里现在分成了几个河汊，它们到了洪水季节就会汇合成一条河。

叶尔羌河左边与一个草原相接，它的右边则是一个矮树丛；继续往东，它似乎被一个高高的胡杨树组成的茂密森林吞噬。往南和西南走半英里，经过一个狭窄的

---

① 原文如此，似有误。
② 同上。

植被带，就是沙漠里波浪般起伏的沙丘那金黄色的峰顶。

当我们次日早晨再次出发时，河流再次变成一条沟渠，仅有16到20英尺宽，水流很深而且湍急。因此我们必须时刻警惕，以防我们的船搁浅。当然，我们这一努力并不总是奏效。我们所在的这条水道也是最近形成的。在某些地方，河流直接切入挡着去路的沙丘。沙丘中间的沙子是靠生长在其上的红柳根固定住的。这些立面有时高达12到20英尺，它们那沙墙仿佛正等待着我们走到下面，然后就立即崩塌下来，将我们、渡船和一切都掩埋起来。这周围的地表完全是由沙子组成的，连绵不绝，只是在河边有一窄条淤泥，松软得无法承受人的重量。

这一天，我们不再受到蠓虫的折磨；但另一方面我们又被东风所耽搁。我们几乎总要受到这两者之一的骚扰。只要风一停，蠓虫立刻就来。空气很厚重，带着凉爽的秋意。我们现在主要的愿望就是到达我们目前所航行的这条新河道汇入老河道的那个地方。在那之后，河里应该有更多的水，而且我们也会回到有人烟的地区。此刻新河道经过的则是一片彻彻底底的无人区。

最后风太大了，我们决定投降。当我们抵达右岸一个附近有几棵老胡杨树的诱人的小河湾时（这里称作库姆阿特查尔，Kum-atchal），我们就扎下营来，尽管这地方绝对地荒无人烟。

我们的牲畜中有一只大雁，它是我们从拉吉里克一路带过来的。它与卡西姆一起搭乘补给船，本来是准备宰了吃的。但是它那种一本正经的神气使它逐渐变成"团队的宠物"。它是一只可笑的鸟，经常到大渡船上来转一转，一摇一晃地想去哪儿就去哪儿。它不时会过来看看坐在帐篷里的我，而且极为温顺，只要一叫它，它就过来。它虽然是一只被抓住的大雁，却从没有企图飞走；但是，当然，我们已把它的飞羽剪掉。我们露营时，这只鸟常跳下河，围着渡船戏水。最终，这家伙在某个地方不见了，虽然我记不清这件事是如何或何时发生的了。

我在阿克萨克玛热勒的长老陪同下，乘小艇划了一阵。他对这种旅行方式极感兴趣。然后，我把那个夜晚花在冲洗相片底片上，觉得这工作极有意思，结果一直干到早晨三点钟。然后我去睡觉，决心如果第二天还是逆风就继续干这个工作。所以当伊斯拉木次日早晨七点钟来叫醒我时，我还在昏昏欲睡呢。但是当他告诉我风已经停下来，天也晴了时，我立刻跳起来，下令起锚，然后狼吞虎咽地吃完早饭。

图 33 塔里木河上田园风光的旅程

出发前，我送走了我们的朋友阿克萨克玛热勒的长老，并让他手下的人都随他离去，只留下一个叫买买提·阿洪（Mohammed Ahun）的人。因为这人是猎人（pavan），对附近地区极为熟悉，所以我留下他做向导。

出发不久，我们走的这条河道与另一条汇合；后者两天前从这条河道岔开，现在又带回它的水流，这是很让人高兴的一件事。这以后，叶尔羌河又显露出它原来的特征——水流宽阔、带有很多沉积物、两岸剥蚀严重，形成悬崖。它的河道现在穿过一座茂密的胡杨林，中间不时地夹杂着一小块芦苇滩或一片沙滩。在秋夜的寒冷中，树顶已经开始衰败，树叶正变成黄色和铁锈色。我们刚刚经历的冷风是秋日来临的前兆。接近正午时，东风又吹过来，满地的枯叶跳起一支忧伤的舞蹈。偶尔风又刮起，不过不足以减慢我们的进程，因为水流在这里很强，几乎达到每小时1.75英里。

现在河岸有6到10英尺高，坡度完全直上直下，明显地说明河水在过去曾经有过不同的水位。在右岸，高高的沙丘偶尔出现，直接伸到河水里，沙丘的山脚受到河水的不断冲刷。这是巨大的沙丘瀚海的最外缘，这些沙丘覆盖着南方与东南方向的沙漠。有一次，正当我们驶入一个突如其来的河湾时，激流从我们的船下冲过，我们撞上了一棵腐烂的胡杨，它立于水中，距离右岸约2码远。我的人没有及时发现和避开它，结果我们整个从它的树干上颠簸着蹭了过去，而它的巨大树枝几乎把我的帐篷刮走。那个装着气象仪器的箱子也差一点被毁掉，但我及时地抓住它，避免了这一厄运。

最后我们终于抵达与老河的汇合处，但是除了接近河口的地方有一个明亮的蓝色水池外，它的河床里滴水全无。有两三次我们在淹没于水下的沙洲上搁浅；由于风在水面上吹起涟漪，很难发现这些暗滩。

叶尔羌河在这一段总的来说是流向西北方，尽管有时它也转向北方和东北偏东方向，少数时候也会流向东南偏东方向。每次转弯时都呈现出人所能想象出来的最奇特的蜿蜒曲线。

但这一地区仍然是无人居住的。在9月27日的整整一天里，我们没有看到一个人，也没有看到大型动物的一鳞半爪。打破树林和水面的肃穆与静寂的只有一只孤独的鹰和几只乌鸦。不过，我们在河边的沙滩里经常能看到野猪和鹿的新鲜蹄印；它们是来河边喝水的。

那天下午我进行的测量非常有意思：河面为261英尺宽；平均深度为2.5英尺，最大深度为3.5英尺，平均流速为每小时1.25英里，流量为每小时1 225.5立方英尺，大致是我上一次测量时的一半。水量增加的原因是：河流到了这里，原来分出的河汊又都流回来。在白天，我们测量到的水深为26.25英尺。

我们就这样日复一日地沿着这条静静的但从不停顿的河流往下游漂去。而我画的地图也日复一日地变得越来越多。9月27日夜间，水面下降3英寸。我在任何一个营地都要测量水位，而且为了小心起见，我会使用两种不同的方法来测量。我会找一个完全没有水流、安静无风的地方，把一个分节的杆子伸向水下，直到它触及河底。另一个办法是把杆子横着插进直立的河岸，从它的外端垂下一个铅坠，铅坠挂在一个分节伸缩的臂上。

河岸仍然没有人住，但我们倒是看到两三个牧羊人的小窝棚（söreh），通常都有一个树枝树叶做成的屋顶，撑在四根立柱上面。显然这个地区曾经有人，但当牧草不佳时就被放弃了。河水本身现在都汇集在一个河床里，有些地方达到23英尺深。它仍然以自己通常的方式流经庄严肃穆的树林。这些胡杨树长得不够挺拔，疙疙瘩瘩，却让人敬畏。它们绿色的树冠已开始变成金色和红色，仿佛在为了一个秋日的狂欢节而装饰自己，紧紧贴在一起排列成行，为闪闪发光的河流提供了一个奇妙的边框。拉吉里克的这些船夫从未见过这样的森林；它那秋日的辉煌使他们不时发出惊喜的叫声。他们称其为"Östäng-bagh"，直译过来就是"运河边的果园"的意思。这一般是指塔里木盆地绿洲中受灌溉的公园和花园。而他们表达感受的这一个词真的是一点也不夸张。这些胡杨林的树叶所展现的万紫千红真的令人陶醉无比。不知有多少次，我不禁想象自己正在一架凯旋的战车上穿行在一个被施以魔法的森林，车子是由看不见的精灵拉着的，行走在一条铺着蓝宝石和水晶的小道上。河水与森林都笼罩在沉寂中，神秘而迷人。你几乎不敢张嘴说话，生怕那样会打破法师的魔咒。庄严的胡杨林一排排地彼此紧靠着，它们在这里已经厮守了许多世纪，保护着这条河的疆域；它们金色的秋之王冠倒映在河水里，那是生命之水，森林之源，她的乳汁滋养着野鹿与老虎，她给沙漠里孤独的牧羊人带来生命。这些胡杨树像一堵深色的墙，成为它们身后那贪婪的沙漠的死敌。它们静静地站在那里，充满威仪，仿佛在倾听一支千年的颂歌，这首歌拂过它们的枝丫，表达对造物者的礼赞。这是所有流浪者和旅人都能听到的曲子，只要你的耳朵习惯于伟大的大自然那美妙无比的动人音符。这些胡杨树唯一的存在理由似乎就是向这条美妙的河流致敬。它不仅给这些胡杨的根部带来生存所需的水分，而且使整个塔里木盆地免于沦为地球表面最荒凉的地区之一。这些胡杨林带着神圣的爱礼拜着塔里木河，就如那些一路跋涉来到贝拿勒斯（Benares）①的婆罗门和其他印度教朝圣者一样，唯愿能够死在他们无比景仰的恒河圣水中。

这些胡杨林一直伸到河水的边缘，但是陡峭的河岸被一片厚厚的黄色芦苇遮挡，后面是一道无法逾越的树丛，只有野猪可以通过地道和不见阳光的黑暗甬道穿过。在高高的天际线上，胡杨树的绿色树冠形成一道浓密的帘幕，它使人几乎永远无法看到树干，除了绿色还是绿色——但这是掺有深浅不同的褐色色调的绿色，这种褐色是如此浓烈，如果不是胡杨树后面布满雾气的天空使得它们看起来更为柔和的话，就会过于刺眼。所有这些辉煌的色彩，所有这些大自然的宁静和谐的音符，都倒映在这条平滑的河流那一英里又一英里的柔和水面上。真是让我永远也欣赏不够。

就这样，我们像沿着一条公园大道漂浮一般划着船穿过中亚的腹地，身旁是地球上最大的沙漠之一，我们的头顶是绿色树叶编织的帷幕，而围在我们肩头上的是阴凉树影的披肩。真是一个美妙的旅程！现在船夫们没有必要时时刻刻地守望。这条河载着我们安全地向前驶去。可以把我们的渡船想象成是一艘正漂在威尼斯运河上的贡多拉小船，只不过我们运河旁的府邸是胡杨林组成的。即便是那些粗鲁的拉吉里克船夫也能感到来自这些永远沉寂的森林的魔力，几乎在他们岗位上坠入梦乡。至于我，我觉得任何时刻都有可能看到那些遮住河面的枝丫上出现跳来跳去的森林精灵；他们欢笑着望着自己细小的身影倒映在河面的涟漪中。即使这时我忽然听到透过深林悄然传来牧神吹起排箫的悠扬曲调，我也不会感到惊讶。不过，并没有任何来自精灵世界的东西出来打破我们旅程的寂静。森林所能赠予我们的，除了无尽的诗意之外，就只有那些撒在塔里木河怀中的枯叶，它们犹如虔诚的印度教徒撒在恒河水面上的黄色花朵。

---

① 1957年改称瓦拉纳西（Varanasi）。

图 34　从我的帐篷里看河面。右手边是我的工作台，左手边是我的床铺和船夫帕尔塔

我们的水上公路总的来说非常蜿蜒。在一个地方，按直线我们朝东北只前进了 200 码，但按我们实际走的路线计算起来却有 1 600 码之远。也就是说，我们转了九分之八个圆，只是为了能够走完那其余九分之一的距离。这条河的确很少沿着直线流淌，即使有，也只是很短的一段。它在树林里蜿蜒而过的路径很像一条在草地上扭过的蛇。这就给我绘制地图增加了很多工作。因为为了准确起见，我不能忽略这些细小的河湾。

到了晚上，蠓虫又像往常那样为了它们的晚餐而狂舞，而且它们成功了。我尽量用橄榄油来保护自己，但是那些永远赤脚的船夫被折磨得够呛。从船的两头不停传来啪啪声！还有 "*Annangnisskeh！*" "*Kissingnisskeh！*" "*Kaper！*" 的诅咒，这些字如果我不翻译反而更生动。

在我们过夜的雅尔古兹依格德（Yallguz-yiggdeh），树林变得稀疏一些，穿插着零星的小树与红柳，其间夹杂着芦苇和沙丘带。那天夜里，我们在岸上围着篝火召开了一个作战会议。猎人买买提·阿洪是唯一熟悉这一地区的人，他说这条河还有两个月就会封冻。因此，为了节省时间，我下令每天天蒙蒙亮时我们就得出发，除晚饭外每顿饭都拿到船上来吃，我们每天所需要的面包都在大渡船后甲板烤制。大家都急于赶到麻扎阿勒迪（Masar-alldi）或阿瓦提，因为他们都缺少长外衣（*chapans*）、皮衣和靴子。

猎人买买提·阿洪告诉我，距离叶尔羌河右岸两三英里就可以找到克莱木（Khorem）的干河床。1895年我在那里曾发现过淡水池塘。而它的东南方就是连绵不绝的沙漠。

那天夜里，河水的水量只有1 010立方英尺。由于我们要停下来过夜，这样测量到的水位下降就比如果我们不停顿地昼夜前行所测量到的水位下降更为显著。当然，水位下降的速度也受到蒸发与地表吸收所导致的水量丧失之影响。

那天夜里露水很大，日落后不久就开始了。到了早晨，甲板上湿得仿佛刚刚下了一场大雨。9月29日，我们多数时间是在荒原与生成不久的原始林中行进。过去几天看到的那些令人景仰的胡杨林不见了，现在只有几小丛，或是彼此距离很远的单棵树。到了上午，景象似乎有所好转。河流比以往少了些蜿蜒，而空气则极为平静，一直影响风速计的首要因素是我们平稳前进的速度。但到了中午左右这些良好的状况就消失了。寒风凛冽，而河道又恢复了原来曲曲折折的样子。在拐弯处的内侧，水流有时深达29.5英尺，而这些当地称之为"*koll*"或"*bulung*"的地方水面经常形成回流，有一两次竟使我们停了下来。多数时候我们都用篙子把船拨了出来。但如果恰好又是顶风，就得派一个人上岸把我们拉出来。有时我们必须把小船拴在大船之前，将大船拉出来。

在这里，河道不仅很深，而且很宽，流量相对较大，流速却相对较慢。

在吐孜鲁克喀什（Tuzluk-kash），我们经过一个牧羊人的营地，它位于一个边缘十二分之十一都被河流围绕着的半岛上。我们用48腾格（相当于9先令）买了一只羊。这一段河道十分蜿蜒，使我们的实际航程比直线距离多了一倍。例如，在9月29日，我们仅仅向东北方前行了5英里。可是，我们实际上走了12英里，差不多每小时才走1.5英里。由于流速很慢而水很深，河水更清澈了。我突然想到可以测量它的清澈度。为了达到这个目的，我制作了一个简单的装置，将一个闪亮的金属圆盘固定在一个分节的杆子上。我通过确定圆盘垂直伸进水里还能看到的深度来测定它的清澈度。

我虽然十分享受这次旅行，但从来没有时间离开我的岗位，哪怕是伸伸腿。我们几乎从没有走过十分钟不拐弯的路；总的来说，我们很少走两三分钟而不改变方向。因此，我必须时刻盯着罗盘。实际上，在叶尔羌河的这一段，我简直完全沉浸在我的地图当中，所以在每天一点钟检查气象仪器的时候，我们常常需要靠岸停下来以完成这一工作。我把最初的观测结果用铅笔写进一个普通的笔记本里，它总是摊开在我的面前。当我们停下来过夜时，我会把这些观测结果用钢笔誊入日记。在河道弯曲得最厉害的那一段，我经常忙得连让烟保持不灭的功夫都没有，如果它半截熄灭，我也没有时间去把它点着。伊斯拉木为我泡的茶也经常在我的箱子上放着，直到变凉我也没有时间去喝。

时间一天天过去，我的地图也越来越大。这项工作我越干越享受。它的比例尺如此之大，渡船的每一个拐弯都显示在上面，每一次向左或向右，每一次在河边的停留，每一次从河岸的一边横跨到另一边，都会一一记录在那上面。实际上，它一五一十地记录我们这条船在河面上的所有行动轨迹。边缘清晰的陡峭台地（侵蚀的效果在它的脚下最明显，河底并没有受到多大的影响，仅有的一点影响也被沉积物的累计抵消了）由清晰的黑线表示；那些沉积物形成的半岛则由白色半月形表示；每一个岛屿、沙洲和分支河道都准确标明。胡杨树由小圆圈表示；芦苇由小箭头表示；灌木和树丛由圆点表示；红柳由小弯钩表示；沙丘则由一般用来表示山脉的密集小点来表示。当一座森林变得稀疏时，如在9月29日那天发生的那样，我就标明每一棵胡杨树。我相信，如果我重返那个地区，我将会像一个老相识那样认出它们中的每一个。

那天我们露营的地方称为克依克特勒绰尔（Kiyik-telehcholl，羚羊柳的沙漠）。那是一片开阔的荒原，那里的蠓虫不像往常那样讨厌。河水的流量为每秒982立方英尺。

第二天夜里，叶尔羌河的水位又降低了8.25英寸。因此我们必须尽可能快地前行。9月30日，空气清澈了一些，我们又看到老朋友麻扎塔格山（Masar-tagh）。它高耸在北东北方向。起初我们只能看到山峦的模糊轮廓；但越到下午，这些轮廓就越加清晰，直到我们可以分辨出山脉的凹凸，看到山体的褐色。这给我们单调的视野带来一些变化,也给大家提供了一个新话题。在很长一段航程中,这山脉一直在我们正前方。然后它挪到我们右边,再后来又跑到左边;最后转到正后方,而我们似乎正在离它而去。直到遇见这个非常明显的地标之后,我们才充分地意识到这条河究竟有多么蜿蜒曲折。

到了这个地方,不再能看到树林,原野也变得更加荒芜。草地与芦苇滩从两岸向远方延伸。偶尔有一棵小胡杨从草地上探出头来,显然没有人愿意占据那个地方。我们的猎手发现有鹿和其他野兽存在的迹象。伊斯拉木基本上只猎杀野鸭与大雁;他开始感到年纪不饶人了。我本人则连一只乌鸦都没射杀过,所以问心无愧。在整个旅途中,我从未放过一枪。为了防身,我确实带了一把左轮手枪;但总是把它放在一只箱子里,而且我几乎不知道是哪一只。

在河岸上的一个荒凉地方,驾驭补给船的卡西姆发现了一只形只影单的走失羊羔。我们把它抱上船,带它与我们同行,为的是把它交给我们遇到的下一个牧羊人。如果我们把它留在原地,它很快就会被狼猎杀。

图35 麻扎塔格附近的牧羊人小屋

河道的蜿蜒程度不像前一天那样变化无常；但是东风给我们带来很大的阻力。这一段河道的一个独特之处是河岸比以前高得多，也就是说，高出河面12到16英尺。一支篙杆虽然有近20英尺长，却也很难触到河底，在测量水深时必须将两支绑在一起才行。有时两边的河岸都一样高，没有任何冲积的痕迹。当然这是在较直的河段。尽管这里避风，但我们基本看不见周围的景象。不过，在一处我们看到几个牧羊人，他们有一条造得很笨拙的船，与罗布人所用的那种细长、美观的独木舟真是天壤之别。

第12号营地位于一个从未命名的地段。这里的平均流速超过每小时1.25英里，而流量则为每秒883立方英尺，比前一天少99立方英尺。按直线计算，我们前行了7英里，而我们实际航程为11.25英里，这个记录比前一天要好多了。

随着日子一天天过去，我们是否能在冰封之前顺利走完整个航程也越来越成为一个迫切的问题。

07

芦苇湖与爬山

当夜，水位又下降了半英寸，其透明度为5.5英寸。北面有一个模糊的轮廓，如果不是因为它有锯齿形的边缘，有可能会被当作一道升起的云雾，但实际上这是天山山脉。麻扎塔格山脉也变得清晰多了。每过一小时，它的结构特征和光影变幻都会变得越来越清晰；随着我们缓缓漂向这一山脉，我能够在极为舒适的条件下把一切都画在地图上。在我的地图上，我用罗马数字清晰地标明了这一山脉的每一个山峰。

这里的河床受到严重的侵蚀，但是很狭窄，河岸有10英尺高。但河的深度却小于之前，流速为每小时1.5英里。我们经常搁浅，有时由于河水的压力要很费力才能脱身。两岸主要是草原。在我们观察到的草原动物中，有一种鹰很常见。我们还两三次看到牧羊人和他们的羊群。

不久，我们来到麻扎塔格山最外面的支脉，它们的山脚一直延伸到河边。如果叶尔羌河与山峦相交之处出现瀑布和险滩，那将一点也不稀奇。但其实根本没有出现这种情况。河流没有从山脚下切割过去，而是绕向东南方，完全避开了山脉的最南端，并转到山峦的另一边。就在河流转弯之上一点的地方，有两条湍急的小河经过带有陡峭河岸的深沟汇入。它们从一串湖泊带来明亮、清澈的河水。这些湖泊的水则是从巴楚的老河溢流进来的。

我们刚转过来，开始接近麻扎塔格山脚，就看到岸上有棚子和人群，接着在一个山窝里看到四座坟墓（gumbez），随后又有一个古老的古力斯坦（guristan，即埋葬地）。这以后不久，我们在库鲁克阿斯特（Kurruk-assteh）的一些棚子边停下来。

我刚才提到的埋葬地被称为哈兹列特·阿里麻扎（Hazrett Ali Masar），因处于其中的麻扎（即坟墓）而得名。同一个名字也适用于整个山脉。在这个麻扎的脚下，一条很大的支流从叶尔羌河分出来。这就是我1895年曾经去过的科代达里雅河（Kodai-daria）。不过它在我们到达的十天前就干涸了，因此并没有减少我们这条河道的流量；可是从6月中到9月30日，它分走了一些河水来灌溉阿克苏道路沿途的几个村子。这条伟大的河流在这里一如既往，显示出一种向右改道的趋势。但是巴楚的办事大臣希望能阻止这一趋势以挽救附近的庄稼，因此命令在年前修筑一条河堤，以使河流回到科代达里雅河。所以，我们在库鲁克阿斯特发现有五个人正在守护着堆放在那里的几千根木椽子和其他木料。这些都是从最近的树林里用大车拉过来的。办事大臣的意图是：一旦水位下降到一定程度，就从当地征调民夫修筑水坝。对我们来说，幸运的是还有一个月才到开工期。我希望到那时我们已经离这里很远，这里水流的切断将不会影响我们。

我们决定在库鲁克阿斯特停留至少一天。我把当地的长老召来，请他去图木舒克（Tumshuk）的巴扎为我的船夫们购置皮衣和靴子。我还让他买一些大米、面粉和蔬菜。他承诺将于次日晚上返回。很不幸，我无法派任何我的人和他一起去，因为整个地区只有一匹马。但我信任这个人，把购置这些东西的钱都交给他。

我冲洗相片直到凌晨三点钟，然后甜甜地睡了一觉。那天剩下的时间则成了一个受之无愧，同时也十分必要的假日。总的来说，我每天工作十六个小时，经常因为坐着不动的时间太长而身体僵硬。因此，为了彻底换个样，我痛痛快快地散了个步，爬到哈兹列特·阿里麻扎那座小山的顶上，对周围地势做了一番观察——无边的荒原；黄色的沙漠以及它那诡异高大的沙丘（在这里被称作"塔克拉玛干"）；还有那蜿蜒的河流，从我所站的角度来看，它不过像是一条沟渠，是在广阔的原野上展开的一条闪闪发光的蓝色细丝带。

黄昏时，我测量了河水的流量，非常惊讶地发现，它居然达到每秒1 897立方英尺；这也就是说，比上次测量时增加了一倍还多。之所以会出现这一令人满意的情况，是因为在库鲁克阿斯特之上两条河的汇入。由于它们带来的水极为清澈，叶尔羌河的透明度目前增加到8.33英寸。

但是我们没有得到任何有关那个长老的消息。天色已晚，但他尚未归来。我开始猜想他已经拿着我的钱跑了。如果他真的这样做，我们也没有办法去追他，因为我们没有马。他第二天也没有来。我们也只好等着。我利用这耽误的时间又去了一趟河的左岸，即西北方向。

我一直走到我前面提到的那两条支流，去看卡西姆抓鱼。他选择的地点是三条河汇集之处。它们都发源于硕尔湖（Shor-köll），这是巴楚河水溢出而形成的流域之一。换言之，硕尔湖是一个草原湖，或者你也可以说是一个沼泽，由于周围有大片覆盖丰茂水草与芦苇的松软地面，因此很难进去。这个不规则的水螅虫形状的湖泊，有众多的小溪与小湾，数千个小岛与半岛，是前面提到的两条支流的过滤盆地。正因有了它，那两条河才能像我前面所说的那样给叶尔羌河带来如水晶一样明亮清澈的河水。

在卡西姆捕鱼的那个地方，东边的支流从一个约5英尺高的瀑布跌宕而下，被一个小岛分为两股。奔腾的河水轰鸣着流过这个大下坡，在瀑布的下面惊涛翻卷，浪花滔滔。这里的河岸有6到8英尺高，直接耸立在水边。

瀑布下面浪涛翻滚的水池中常有鱼（当地人称"*balik*"或"*asman*"）。虽然它们经常在水面上出现，企图通过一个灵巧的翻身，犹如鲑鱼那样跃上瀑布。卡西姆捕鱼使用的器具是一种称作"*sapp*"的鳝鱼叉。那是一支16英尺长的木棍，或者说扎枪，包括两个部分：下半截用结实的红柳木制成，上半截则是用有韧性的柳木制成，木棍的尽头有两个倒钩（*satchkak*），尖端朝下，倒刺朝上，松松地固定在木棍上；只要一扎上东西，它们立刻就会与木棍分开，但一根结实的绳子将其拴在木棍往上18到20英寸的地方。

卡西姆仅用了一分钟就捕到两条大鱼，然后又捕了几条。他站在水边，将扎枪像鱼叉一样高高举起。每当他看到一条鱼，扎枪就会像支箭一样投下。你能听到木棍的嗖嗖声，看到它的震动，看到浪花溅起，一刹那后，只见一条大鱼在河岸翻跳，仿佛被巫术钉在鱼叉上。这景象新奇有趣，而我们在接下来的几天里一直有鱼吃。

那天夜里很晚的时候，长老终于出现了，带回所有让他购买的东西。他还给我带来一个新向导——一个猎人。

10月3日夜里，刮来一阵大风，帐篷支柱吱吱地叫着，绳子没完没了地抽打着帆布。次日早晨，又刮起一阵强风；由于它来自东北东方向，所以朝我们迎面刮来。

图 36 在库鲁克阿斯特扎营

图 37　卡西姆在捕鱼

风是如此之烈，河面上一波波白浪掠过，但因为是逆流，所以掀不起大浪。这使导航的任务更为艰巨，因为无法判断水流更靠近河岸的哪一边。波浪拍打渡船的声音十分悦耳。但对我们来说这并没有那么美妙，因为正是波涛阻挡了我们。那顶帐篷也是前行的障碍，因为它像一个帆那样招风，使船歪向背风的那一边。于是我让人把它卸下，把我那些零七八碎的物品搬进小黑屋。这些都使得我们前进的速度极为缓慢。我们能够按正常速度行驶的唯一时候是当高高的河岸能为我们挡风的时候。如果风是从西边来该有多好，哪怕仅仅是一天。但是风总是迎着我们而来。

叶尔羌河的河道现在转向东北东方向。10月4日一整天，它看上去都像一条人工运河。在所有的地方，它的宽度都是150到200英尺；极高的河岸上遍地是茂密的芦苇、灌木丛、小树林和草丛。河湾的曲线很流畅，没有任何急促的拐弯。看不到任何冲积物的痕迹。

不过那一天我们确实有一次几乎转了一个完整的大圆圈。我们先是听到附近树

图38 带着战利品的卡西姆

林里传来一个牧羊人的歌声,歌声清脆悠扬。后来河水流向北方,歌声即消失在远处。转过一个河湾后,我们又听见那人的歌声。它越来越近,直至来到我们身边。唱歌的人一直坐在树林里的同一个地点,根本就没动窝,看着他的羊群在树林里吃草;是河流转了一大圈,使我们又一次能听到这个人欢乐轻快的歌声。

我们东面的地平线上可以看到另外两个探出来的孤立的山岗。这是穹塔格山(Chokka-tagh)和盐山(Tuzluk-tagh)。1895年我就是从那里开始我那灾难性的穿越沙漠之旅的。那一次我们休息所在的那个湖叫永安坝湖(Yugan-balik-köll,即大鱼湖)①。它就在叶尔羌河的左边,因河里流出的小溪而形成。正如它的名字所显示的那样,这个湖里有许多鱼。春天,恰尔瓦克(Charvak)和麻扎阿勒迪的居民会来这里乘着胡杨树根凿成的独木舟捕鱼。这两地居民的另一生计是盐山上的盐矿。他们的产品是用大车在冬季河面封冻时运出去的。

---

① 今巴楚县永安坝水库。

永安坝全年住着三家牧羊人,在那里看管属于前面提到的两个镇里的一千只羊。这些牲口每年剪两次毛,春秋各一次;然后主人来这里把羊毛带走。这与我在和田河(Khotan-daria)与克里雅河边的地区观察到的习俗一样。永安坝这个地方老虎很常见,近年来数目剧增。我们来到这里的那一年(1899),它们已经拖走五匹马和几只羊;但它们对人倒是躲得远远的,而且非常小心,轻易不会走到羊圈附近。

这是一个风和日丽的下午,我们继续前行,直到天黑得看不清河岸。由于空中挂着一层大风带来的浮沙,空气异常温暖,这浮沙像一个低垂的伞盖一样罩在地面上,阻止过多的蒸发,甚至遮住我们头顶上的星星。

10月5日,我们接近穹塔格山,虽然速度很缓慢,因为河道开始以极不寻常的方式绕着圈子。有时穹塔格山就在我们正前方,但有时这个方向又变成了麻扎塔格山,我们前一天刚刚离开它;但还没入夜,后者就被沙尘笼罩,从我们的视线中消失。两旁的河岸各有一排小树林,后面则是一眼望不到边、连绵不断的金色芦苇。由于逆风,我们仅走了平日所走距离的三分之二。风从芦苇的海洋上掠过,吹到正站在抬高的"舰桥"的我身上,几乎带有一种海风的清新味道。

我们在索伦(Sorun)停下来,等待一般下午开始的无风时段。我在那里从一些牧羊人口中得到令人宽慰的消息。他们说下次新月出现时,我们将会有无风的气候,因为每年这个季节都是这样的天气。不过,由于风一直刮到那天夜里很晚的时刻,我决定就在我们所在的地方扎营,并到穹塔格山和索伦湖①走一趟。这个湖与永安坝湖一样,是由叶尔羌河溢出的水形成的。每当河水达到较高的水位时,就自然流进湖中;而每当湖面的水位高于河面时,湖水又流入河中。在这两种情况时,水都是通过同一条水道而流过。我们来时,叶尔羌河水位更高,多余的水都流入湖中。所以,虽然它的流量在库鲁克阿斯特还有1 897立方英尺,现在只剩下989英尺。不过,河水的透明度达到13.33英寸。

幸亏我们停下来了。10月6日,刮起一场真正的黄色风暴,或者说猛烈的沙尘暴。空气里充满了沙尘,距离我们只有咫尺之遥的穹塔格山看上去犹如一堵直立的灰色大墙,分不出任何凹凸。我一直走到盐山,爬上它的两座峰顶,以观察一下周围的

---

① 因地质条件变化,而今穹塔格山附近、塔里木河南岸已经没有湖泊。

地形。1895年，我们沿着这座山的北坡山脚下前行，没有看到索伦湖，而现在它就犹如一张地图展现在我们脚下，湖面一半长满芦苇，岸边有一些孤独的胡杨树。

我看到的景象十分诱人。于是我决定进一步探索这一地区。这里有我上一次来时的太多记忆，此生不太可能再来这里。但是如果要这样做，10月7日也要停留在这儿。尽管我们实在应当抓紧时间，以免在旅程结束之前就被封冻在冰中间，我却无法抵抗这一诱惑。

也是天意，第二天早晨风大得使我们很难继续乘船前行，但又没大到能够阻止我们来一次美好的湖上泛舟。鉴于全程划船来回太远，我让一个人带着一驾牛车早早动身，沿着索伦湖的东岸接应我，把小艇拉回来。

我用同一种交通工具把小艇带到湖边，但是，由于湖岸很浅，主要是烂泥，我们还是得用人抬着它走出很远。一旦它浮在水面上，就轮到我来操作了。纳赛尔·阿洪背着我，伊斯拉木（他十分渴望与我同行）赤脚蹚着水在我们后面走过淤泥。

风力强劲平稳，我们向正南划过湖面，经过一个又一个开阔的水面。芦苇丛都不很厚，当我们贴着一个又一个岬角划过时，小艇轻轻地擦过最外面的芦苇，但从没被挡住。不过，整个湖面都环绕在一道连绵不断的芦苇中，尤其是在湖的西面（尽管芦苇中还有几条小溪、探出的岸和狭窄的水道），它们通往西边紧挨着的那些小湖。东岸则因山坡上滚下来的碎石而显得比较整齐。

湖水完全是淡水，透明度极高，以致我们在任何地方都能看到铺满绿藻和腐烂芦苇的湖底。上午十一点，它的温度是13.7摄氏度（56.7华氏度）。我们测量到的最大深度为6.5英尺，这很可能也是整个湖的最大深度，因为我们多数时候是在湖的中央。

在某一地方，我们看到一幅很美的图景：一群白天鹅，一共14只，一如它们平常那样雍容优雅地浮在水面上；但我们刚一接近，它们就立刻扇动翅膀，飞到更远的地方才落下来。

我们不时能够透过芦苇的空隙看到黏土质的湖岸；长满红柳的小岛、覆盖着青草的低矮沙丘也很常见。在南边，湖面变得更加开阔，周围是密不透风的芦苇。我很自然地以为这就是湖面的尽头了。但两个一直在马背上沿着东岸跟随我们的当地人为我们指出穿过芦苇的一条天然水道，它连接着另一个湖——绰尔库勒湖（Chöllköll，沙漠湖）。

除了一个宽约6到10英尺的狭窄水道，这个通道完全被芦苇覆盖。它们又高又密，在两旁形成一种栅栏或墙壁。不过我们正好顺风，所以我们的小艇穿行自如，芦苇在它前面纷纷弯下腰，发出沙沙的响声。这条水道总的来说很直；不过它开始朝一边歪一点，然后又朝另一边歪一点，使我们看不了多远。所以，有几次我们还以为自己走进一个水的死胡同。但其实不是这样的。每一次都是柳暗花明，另有洞天。我们那勇敢的小艇就这样像一只天鹅一样向前滑动。与此同时，这条湖上长廊的芦苇墙上那些频频点头的芦花比我们的头高出许多，使我们无法看到附近山峰的山顶；但我们与陆地又是如此接近，我们一路都与骑在马背上的向导交谈着，尽管我们始终也没看到他们。

这条水道比湖本身要深得多，达12英尺，水呈深蓝色。它的宽度也逐渐增加；虽然它最窄也不少于30英尺（算上芦苇带），但经常增加到100英尺，甚至有时宽达150英尺。有时让人感到这似乎是一条人工运河，有时则更像一条古河道；不过它显然就是叶尔羌河与绰尔库勒湖之间一条天然的水道。

这里到处都挤满了野鸭。它们一直在我们面前扎猛子、游泳。有时，当我们接近它们时，它们成群地飞起，在水面上掀起无数浪花。然后它们又会像一场雹子一样扎进水中，然后再浮上来，呱呱叫个不停。不幸的是，伊斯拉木忘记把他的枪带来。我们从没有想到过这里会有如此好的打猎机会。最后，我们开始接近没有芦苇的绰尔库勒湖。与此同时，风也停下来。但因为我在1895年已经勘测了它的西岸，横渡这个湖没有什么意义。

当伊斯拉木看到野鸭被我们的白色船帆吓得铺天盖地从水面上腾起，在湖面上飞来飞去时，他实在忍不住了。因此我准许他骑马回营地去取他的枪，我也准许他通过我们刚才走过的那条水道把船划回去。

他离开后，我忽然意识到我可以翻过穹塔格山，即向东走，然后绕过它的北段回营地。当地的一个牧羊人告诉我，不要被表面的距离所欺骗，这山脉其实比看上去要更远，而且即使我们走到这座山，我们也还要再走我们的船过去四个半小时所走过的那一段距离。但是我已做出决定，不会因他的话而放弃。这是完成这一地区的地图测绘的一个好机会，我不能放过。那时是三点三十分，太阳在盐山的山顶附近。

很明显，我们无法在半夜前赶回营地。但我们必须不惜一切代价做到这一点，否则精密计时器就会停下来。

于是，晚饭后我让帕尔塔和刚才提到的那个牧羊人陪着我，出发向东南东方向走去，目标是长长山脊中的一个缺口。虽然我们走得很快，而且是对着那山口径直走去，一小时后我们离目标的距离却似乎一点也没有缩短。不过，第二个小时过去后，我们接近了山脉脚下的小山岗。从我们出发的湖面看，这些小山岗似乎直接连着山的主脉。但现在我们看出，它们与主脉之间还隔着一大片高地。

我们走近后，发现地表的特征发生了变化。我们跨过了一串同心圆形的地带。它们挨着山腰，每一个都有独特的特征。离湖最近的那一环是死气沉沉的低洼土地，当叶尔羌河涨水时会被淹没，但此刻覆盖着星星点点的盐碱。这说明这个没有出口的湖泊其实不是一个完全的淡水湖。接下来是一环芦苇滩地带；再后来是一环更老的盐碱滩地带（shor），现在已经完全干涸晶化，走在上面就能踩碎，嘎吱作响。最后，我们来到这座山脉西麓脚下的斜坡。它向湖边的倾斜十分平缓，只有3度，完全覆盖着碎石，而且布满了大量的小沟壑，现在这个季节是干涸的，但是就像在一个真正的三角洲上的水网那样彼此相连，分叉，再分叉。我们离山峰越近，它们就愈加崎岖，直到最后，破碎的石头尖有几英尺高，我们只能绕过它们前行。

最后山坡越来越陡。我们只得不时停下来喘口气。从碎石坡的顶上，我们身后的湖泊一览无余。它比我在1895年从平地看到的显得更宽阔。它的南缘一点也没有变，还是像我上一次在1895年4月22日看到它时那样被小湖湾和泥沼切割得很不规则。当我的目光又一次落在那荒原上，在那个该诅咒的日子里我们的帐篷所坐落的那个地方，我的心中充满了悲伤与肃穆之情。我们的南边就是那个夺人性命的沙漠之海，我的旅队就在那里全军覆没。而这一刻在我们面前的却是这个宁静祥和的大湖。如果当年我们有足够的预见，多带一些水，这湖足以解救人员与骆驼的生命，而不是在沙漠的空气中白白地蒸发了。

高大的沙丘此刻披上一层紫色和红色的外衣，在落日中犹如一座座火山发着红光。它们是覆盖死者的巨大坟墓。当我的思绪穿透那荒凉的沙漠——我知道我的随从与骆驼就在那下面沉睡着，我的心里十分沉重不安。他们是否能够原谅我，三个逃出那火焰地狱的生还者之一？当我舒服安逸站在这里，眺望着那个他们饱受折磨的灵魂脱离他们正受煎熬的躯体的地方，他们能原谅我吗？那勇敢的买买提·沙（Mohammed Shah），当他在天堂里的棕榈树下润湿他干渴的咽喉时，他是否会大声指责我？因为我的确应该为那次可怕的旅行负责，我们穿过的是整个地球表面上最致命、最凶险的地区。我似乎可以听到从沙漠的心脏悄悄传进耳朵里的死亡之歌，在任何一刹那都可能看到那些死于无可言状的痛苦中的骆驼的阴魂会从沙丘后面悄悄走出来，寻找那个误导和欺骗了它们的人。是他迫使它们面临那疯狂绝望、痛苦无边、毫无希望的生死挣扎。我还清楚地记得硕大的泪珠如何从它们那恋恋不舍的眼睛里滴落下来，被发烫的沙子带着嘲笑吞噬，这一切历历在目，犹如就在昨天。

这时，碎石层变得很不平，时不时有些荒原红柳从里面长出来，它长长坚硬的尖刺使我想起我那北方家乡的松针。我们遇见几只鹿，它们如梦幻一般飞跃着逃上穹塔格山的斜坡，蹄子似乎根本就没有着地。

爬过几个较小的山尖后，我们终于进入一个"*yilga*"，即剥蚀形成的沟谷，我们沿着它到达了山脉的顶峰。我们在那里逗留了一小会儿，测绘我们的位置，并决定应该朝哪个方向继续前行。我们站的那个山口大约比湖面高出650英尺。一道陡峭的沟壑直接通到它脚下的一个平原。后者往东北东方向伸展过去，一眼望不到边。东面是高高的沙丘。太阳落到盐山的后面，黑影似乎像雾气一样从地里升起，夜幕又一次降临在沙漠、山峦和那个湖泊上。

我们下一个任务就是安全地从另一面下山。下坡极陡，大家都怀疑自己能不能做到。但我们的确做到了，主要是靠跌滑、坐着滑和站着滑。在这个连滚带爬的过程中，我发现自己的地质锤极为管用。每次这样的出行我都会带上它。过了一段，下坡容易一些了，我们很快来到谷中；我们匆匆地沿着它往前走，来到那个从左面把它封住的山脊。在它的后方，我们只能模模糊糊地看见一个新的山脊向北方伸展过去。我们要走过这个山脊后才能窥见萨依塔格（Sai-tagh），营地附近的一座孤零零的小山。夜晚来临时，我们的人应该会在那里点燃一堆火。

碎石层也覆盖着山的这一边。斜穿过去后，我们来到覆盖着沙子的平地，这在黑夜中比较好走。因为还不习惯这样的长途跋涉，我感到有些疲倦了。所以我们每走两千步左右就休息五分钟，一头栽倒在凉爽的沙子上。我在计算步数，以便弄清楚所走的距离，并完成从营地开始又结束于营地的圈子。

我们的左边是山峦的黑色剪影；右边则是沙漠，即使在这里它荒芜的沙丘也高耸得很容易让人误以为是山峦本身伸出来的一道山脊。最后我们看到了映在天上的火光，尽管由于沙丘的遮挡，我们还没有看到这堆火本身。你知道在黑夜里走向一堆火是什么样一种感觉吗？当你疲倦时，它犹如一座灯塔那样鼓励着你；但你可以走啊走啊，却仍然离它很远。不过，又走了几千步之后，我们终于绕过那道遮挡在中间的山脊，清楚地看到那堆火和它闪烁的火苗。有时，当火堆暗下来时，距离一下子又显得与刚才一样遥远。但当一把新柴扔进去后，我们就觉得仿佛马上就能抵达那堆我们现在看得那么清楚的火堆了。在这期间，我们不时停下来高喊，但得不到任何回应。最后，一个微弱的回应传来。我们知道距离目标不远了。

我的人一旦确定是我，立刻点起一排干死的胡杨树。一小时后，我们从那火光辉煌的森林中堂皇而归。在那里，我们发现两匹马正等着我们。我过去从未曾带着那样的感激之情跨上马鞍。伊斯拉木和其他人已经为我们长久不归而感到不安，带着火把来迎接我们，照亮我们骑着马穿过泥沼和那些流入河中的小溪回家的路。

如果你不习惯徒步，24英里应该是一个很不错的纪录。等到我坐进我的帐篷，吃上晚餐，已经是半夜了。接着我写完笔记和日记，最后爬上床去。这是我在亚洲腹地度过的第一个苦日子，但绝不是最后一个。

08 蜿蜒的河道、树林和麻扎

10月8日有一个灿烂的早晨,如安息日一般安静,空气明朗宜人。群山轮廓分明,连最小的细节都历历在目。河面上没有一点波纹,像一面镜子一眼展现在我们眼前。它悠闲地绕过长长的河曲。两岸是高高的陡峭河岸,长满在秋天的微风里渐渐变黄的令人赏心悦目的小树林,以及茂密的芦苇丛。

我们这艘庞然大物静悄悄地从水面滑过,我的人简直无事可做,只有当我们绕过河曲时才需要推一下。经过前一天的折腾后,他们多数人也的确累了,船上一片静谧。帕尔塔躺在前甲板上,晒着太阳,把他的篙杆留给年轻的伊不拉音(Ibrahim)。他是我们的新向导(我们就称他"毛拉")的儿子。

萨依塔格这座孤零零的小山就坐落在河边。河水冲刷着它的山脚,河与山如此贴近,除了一条牧羊人的小道和两三株胡杨就再没有任何间隙。它的西坡呈34度角,只有裸露在外的基岩;不过离河更远的地方,它的山坡覆盖着沙子。它的北边连着一串低矮的山岗,与河流平行。我们在其中一个山岗上看到一个小小的墓地,宁静而肃穆。我们的毛拉深谙《古兰经》,在这里背诵了几段经文,其他人则围着他跪下。陵墓的主体是一个四方形的土坯灵堂,上面有一个圆拱。这是为了纪念某个名人而建的,也许是某个极受尊敬的牧羊人或猎人;在它的周围有另外几座坟墓。在山脊的顶峰还有两座坟墓,除了几块木头和石头以外没有任何遮掩。它们呈南北向,而北端基本敞开,所以我们能够看到躺在里面的骷髅。其中一个坟墓一分为二,里面放了两具遗体。这些坟墓看上去都不是十分古旧。

中午,西南方向刮起一阵微风。我们正好朝着东北方向走,因此速度极快。我

图 39　萨依塔格附近的叶尔羌河

们在左岸一个称作莫列（Moreh）的地方露营。这里河水的流量是每秒886.5立方英尺。在这个地方我遭受了一个极大的损失。我最喜欢的狗多夫列特死了。可怜的多夫列特，它是那么好的一个伙伴，又友好，又快乐，充满可笑的冲动。我每天晚上都会同它玩一小会儿。我们离开奥什时，它还是一只可怜兮兮的小狗崽，但是在我的照料下它已经长成一只很帅气的狗。它被埋葬后，我感到十分孤独悲伤，过了几天才缓过劲来。我真想念它啊。

10月10日的早晨寒冷彻骨。六点钟温度计才显示3摄氏度（37.4华氏度）。我们出发时，河面上一片死寂，只有一小群乌鸦发出让人伤感的叫声。河岸十分荒凉；不过，有个地方被烟熏黑的树干和树枝显示牧羊人曾在那里过夜。此刻树林几乎完全变黄；只有个别地方能看见一点绿色。

我发现我的向导毛拉是个宝。他是部地理活字典，对这个几乎无人知晓的地区的地貌了若指掌。他鼻子上挂着眼镜，面前摊开一张大纸，就能画出一张地图，标出每一个地方和每一条道路；而且他还告诉我沙漠在何处离河最近。这以后我有几次机会检验他的地图，从没有发现一次是错的。他在打猎时曾几次走遍这些树林，有三次一直走到沙雅。船夫们都很喜欢他，因为他随身带来两本关于早期伊斯兰教传教士在新疆南部盆地旅行的书，经常在漫长的旅行中读书给船夫们解闷。

我们在另一个小河湾惊动了一群野猪。那些已成年的长得漆黑，那四只幼崽则是褐色的。它们惊讶地望着这个巨大的怪物从河上向它们漂来，过了一会儿它们就都转过身来，挤成一团颠颠地跑去，消失在芦苇中。

日近黄昏时，我们接近了阿克萨特玛（Ak-sattma）地区，那里有一个名叫库尔班（Kurban）的财主（*bai*，巴依），他拥有两千只羊和一大群牛，在沙丘脚下几棵孤独的胡杨树旁建造了两座棚子。他也种了些小麦和瓜，使我们能够充分补充给养。

虽然天色已晚，但我们决定再绕一个圈（*chugulup*）。暮色降临到闪闪发光的河水上，除了几处轻微的涟漪外，河面水平如镜。夜晚极为寂静，你能听到自己的心跳。我拿出八音盒，让伊斯拉木照管。我觉得这会给船夫们带来些快乐。而他们安静肃穆地听着。领航船上的卡西姆也放慢速度，以便能尽量与我们近一些。《乡村骑士》的忧伤曲调在河流上那些沉睡的角落里回响；《卡门》欢庆的音调和节奏响彻森林；接下来是沉重的民歌。好奇的树林与河水在静静地倾听着。但是当一支响亮的进行曲惊醒了周围时，我们这只不起眼的渡船在想象中就变成一条凯旋的大平底船，在小号的喧嚣声和军乐的锵锵声中庄严地驶进某个沙漠都城。那是一个令人陶醉的夜晚，迷人而静谧。空气中弥漫着森林的气味和草地与芦苇滩的香味。而一种深不可测的寂静，犹如在一个圣殿中那样，笼罩着整个河流、森林、草地和原野。在这汪洋大海一般的沉寂中，任何一个极为微弱的声音都会在耳朵里放大。鸟儿与野兽的任何轻微动作都似乎使空气中充满嗡嗡的回声。僻静的河湾里一只鸭子在游动；高耸陡峭的河岸下漆黑的阴影里一条鱼跳出水面；一只狐狸穿行在芦苇中，发出沙沙声响；甚至能听见一把沙粒从高悬河面的沙坡上落入水中，所有这一切都会打破那个迷人的秋日夜晚的肃穆。夜的黑影匆匆落在我们身上，而我们，就像另一个世界的幽灵，越来越深地漂进这片诡异孤独的土地的心脏。在它那沉睡的深林里，它的居民无疑正在心怀敬畏地倾听着我们这台机器变换的曲调。对人的耳朵来说，八音盒的音乐并不是最高尚悦耳的音乐。但当时的氛围——时间、地点以及其他有关的一切——赋予这音乐以一种魔法般的魅力和效果，使人很难抵御。周围深沉的寂静在人的脑海里激励着人们去取得更宏伟大胆的业绩。

但是，当我们在岸上叶子正在变黄的胡杨树旁过夜时，不眠的河流正把那白天载着我们前行的水流带向更远的地方，使它比我们提前一天。我测量河水时夜色已经很浓，不得不借助手电筒。水量是每秒943立方英尺。

次日早晨（10月11日）七点，当我们出发时，叶尔羌河上笼罩着一层轻薄潮湿的露水。我们最初的方向是南方。所以旭日的光辉透过迷雾，使站在领航船和渡船上的人们在朦胧的河流前面投下黑色的剪影。这条河仍然保持着它的特征，其蜿蜒程度丝毫不减。这个因素以及正迎着我们刮来的强风，使我们那一天走不了多远。这些永不中断的拐弯足以使人发疯。阳光与阴影、风和背风不停地交替。这一刻我们冻得要死，下一刻阳光热得足以把我们烤焦；这一刻我们像一只蜗牛在爬，下一刻我们又堪与一匹赛马相比。在绕来绕去的大圈中水流通过与直立的河岸之间产生摩擦和压力而失去不少其内在的力量，但与此形成平衡的是它的力量用在其他的地方，即侵蚀了河岸。实验证明了这一推理。我们经过这种地方之后总会移动得更缓慢一些。

在莫列，也就是我失去多夫列特的那个地方，我的人没有鼻烟（naz）了，所以派年轻的伊不拉音去其干绰尔（Chiggan-chöll）再买一些来。这小伙子需要走15英里才能到达那个地方，两天后在一个叫杜加亚依麻扎（Duga-jayi-masar）的地方与我们会合。除了带来一堆西瓜、胡萝卜、红菜头、洋葱和馕外，他还把自己的母亲和弟弟带来了。所以接下来几天我们船上有了新的旅客。在我们刚刚离开的那个营地，河岸比河面高出7英尺，而树林里的地上还没有从夏天的洪水中干透。这也就是说，从那时起河水下落了6英尺多。我们越往前走，这条河就变得越窄越深，水流得越慢。河面的宽度很少超过50英尺。因为我急于到达阿克苏河（Aksu-daria）——毛拉向我保证，在那里我们应该有三倍于此刻的水量，我们一般每天要漂流十一个小时。我每天弯腰在桌前坐那么多小时，身体自然而然变得僵硬麻木。为了稍微改变一下这种状况，我发明了一种在小艇上铺上毡垫和软垫而造出来的客厅，把必要的仪器放在我身旁，靠在那里，在我的膝盖上舒服地工作。因为与大渡船保持了一定距离，我摆脱了一切干扰的声音，嘴上叼着烟斗，手里拿着笔，膝盖上放着地图，在恬静的自然风光中悠然自得。我无法想象还有什么比这更舒适的穿

图 40　萨依塔格附近的墓地

越无人所知的地区的方式。

10月12日的夜里，我们第一次遇到霜降；温度计显示降到零下1.1摄氏度（30华氏度）。那天晚上河水的流量为每秒867立方英尺。次日，叶尔羌河的蜿蜒程度超过了它在这次旅途中的任何时候。出发三个半小时后，我们发现自己还在早晨看见的那些胡杨树旁边。天气阴冷，我们赶紧钻进皮衣。伊斯拉木和毛拉宁愿步行穿过树林，沿着各个河曲的底部直插过去，其他的人则裹在皮袄里缩在船上，提防着搁浅。他们可不愿在这样的天气跳进水里。七个小时后，我们接上了伊斯拉木和他的伙伴；他们在一个快熄灭的火堆旁睡得正香呢。在离开我们后的七个小时中，他们等了至少五个小时。若不是有那堆火，我们根本就不会看见他们，而会从他们身旁经过，让他们在那里继续熟睡。

霜降后的头几天给树林留下了痕迹；所有的树叶现在都很快变黄了。风把无数的树叶吹到河面上来，河面上一片斑斓。我们的船现在地地道道地漂在一条悬挂着黄金的大道上。浮叶的流动清楚地显示出空气中的任何一点点风是如何影响我们漂流的速度的。有时树叶漂得比我们快；有时我们更快；但是如果一点风都没有，我们就会和树叶以同样的速度漂动。

10月14日晚，我们在伊格得里克（Yiggdelik）地区露营。那以上的河段异常地直，再加上背后有点微风，那一天我们赶了不少路。我们在停泊处的右岸发现一片树林。在一个栽着红柳的沙丘顶上，有人竖起一根木杆，这说明附近有个麻扎，即圣人的陵墓。我们的毛拉曾几次到过那里去寻找红宝石。他声称在沙漠与树林之间有一片开阔的原野，上面覆盖着被沙子打磨光滑的燧石，那里面就能找到红宝石。他说他曾在坟墓附近过夜，看见那上面有一个微弱、闪耀的火苗。但别人说他从未发现过什么红宝石。在东南偏南方向，我们可以看到"瀚海"的最外缘，那是一座高大的双峰沙丘。如果不是毛拉告诉我那的确是沙子构成的，我会把它当成一片山峦。

10月15日，我们的行程前半截就像一段打结的绳子，但后半截就正常了。总的来说，当河流有大拐弯时，它同时也会又窄又深，水流缓慢。但到了笔直的河段，河道就会又浅又宽，水流湍急。这也就是说，这里的落差相对大一些。有时，这条河似乎不知道该往哪边拐，于是暂时停下来，考虑是否应该就留在这里不往前走了。此时温度计上显示最低气温为零下4.1摄氏度（24.6华氏度）。

图41　一个牧羊人给我们带来一只羊

这时我的船夫们有点胆怯了，因为我们一天又一天远离他们在拉吉里克的家乡，越来越深入那无人所知的沙漠和树林。但当我们到达库伊鲁什宁巴希（Kuilushning-bashi）时，他们又找回勇气，因为那里有位叫玉素甫·多长老（Yussup Do）的好人在附近放羊，他安慰他们说，当他们完成任务后，沿着阿克苏商旅大道回家将是一件轻而易举的事。此时，应该从喀什给我带来信件的第一个信使也该在去杜拉尔（Dural）的路上了。因此，我与玉素甫安排好，让他叫信使在阿克苏停下，然后从那里沿河而下去与我们会合，或更恰当地说是在那里等待我们。他一一照办了。

10月17日，我们来到柯代达里雅河的一个三角洲支流，但是它仅仅为我们增加了些许流量。这当然一点也不奇怪，我们发现它在与主河道分开时就已经干枯了。尽管如此，更下游的地方或许还有一些水。叶尔羌河朝正北方流去。我们没有因为在它的蜿蜒河道里拐来拐去而浪费更多的时间。不过，即便如此，我们还是碰到一个可能形成的最完美的大圆圈，它的弦长只有40码。下一次河道再被河水填满时，它势必穿过那条狭窄的地峡，截断这个圆圈。这里的河岸为11到13英尺高，而且两端都受到严重侵蚀，所以那个地峡已经在迅速变窄。在河流的这一段，同样有很多被遗弃的河曲，或者说死水池（*boljemal*）。那里几乎总是残存着一个小小的月牙形的清水池（*köll*）。

右岸上有个地方，遍地是草丛和死树。我们看到树丛后一缕炊烟袅袅升起，接下来又看到跳跃的火舌。毛拉说这是牧羊人点的火，目的是吓唬老虎与狼不要接近他们的羊群。过去几天里，我们在河岸几次看到老虎的痕迹。果然，当我们的船漂到那里时，我们看到两三个牧羊人；但是他们一看到我们的渡船及那白色幽灵一般的帐篷和漆黑的棚子，拔腿就跑，仿佛后面有恶魔在追赶，把那羊群、狗儿和火堆都丢下不管。我们大声喊叫，还派人去找他们；但是，不，他们全都无影无踪了。我们再也没见到过他们。这实在令我遗憾；我本希望能了解一些这个地区的情况。

河流在这一河段截弯取直向前流去的趋势是因为地表使然。这里到处是松散的沙子，所以河水毫不费力就可以完成侵蚀的工作。而河道变幻不定的必然后果则是这里的树林都很稀疏，很少长成大树。胡杨树站在水边是常见的景象，一旦河水冲垮它们脚下的沙土，这些树就会倒下。此时河水的流量减少到每秒716立方英尺。透明度则从附近上游的15.5英尺降到8英尺。这也都是因为这里土壤松散多孔的性质。

10月18日，我们又遭逆风。当我们的船对着正北方时，它从那个方向刮来；当我们转向东北方时，风向也变了，仍然迎着我们刮来，但最终保持东风不变了。河道还算平阔，所以我们基本得不到河岸及其植被的遮挡。在迎风的一面帐篷的帆布如一面鼓一般绷得紧紧的。我们把手放在上面就可以知道风在用多大的力量把我们的船推向背风的一面。我的人费了很大气力才使我们避开河岸。为此他们全力以赴，几乎没有时间去吃他们那简单的早饭（馕与瓜）。河道中比平日堵了更多的浮木、树枝、树根和各种杂物，这些都是从它们本来所在的浅滩和河岸被河水拔起，然后冲过来的。天空阴云密布，风在纤细的半截胡杨树中吱吱地呼啸。流量再次增加到每秒788立方英尺。我完成测量工作后，立即到树林里走了一遭，尤达什跟在我身后。但我没走多远，树林就消失了，或者更确切地说，它过渡为一片灌木与草地，最终与沙漠的外缘相接。

次日，风又成了我们的严重障碍，最糟糕的是它演变成一个小型风暴。大气中充满沙尘，我们头顶上的太阳也变成一抹模糊的橙色，根本看不清前进的方向；即使在我们附近，河岸也被尘雾吞噬。而风则呼啸着穿过小树林，把耳朵一般支棱在树枝上的干树叶吹得满天飞舞，犹如一头冲进稻草地里的公牛。在急拐弯的内侧，回流形成某种漩涡，积了许多落叶，使我觉得它们成了一个微型的马尾藻海，它们裹成一团旋转着，在最外缘甩出一个长长的尾巴，渐渐地回到主流，在那里树叶接着随波而舞，直到它们被下一个漩涡截住。

我们同大风搏斗了几个小时，正准备停下来，毛拉说，如果有耐心再走一小时，这条河就会转向南方。他一点没错。河的确转向南方。那真是截然不同啊！我们顺风疾驶，两旁的河岸像火车一样从身边飞过，船头溅起浪花。然而，好景不长，河流又转向了，再次流向它最钟爱的东北方。在一个有遮挡的小湾里，我们靠岸休息了若干小时。

等到风势略减，我们又继续前行。黄昏时，风已完全停下。月亮升起，把平静的河流变成一条银色的公路，向东方径直而去。我们决定借着月光再往前走一段。我打开冲洗胶卷的灯，以便既能看到罗盘、计时仪和地图，又不至于太晃眼，使我能看到我面前月光下的景物。船夫们在身后红光的轻微反光与他们面前的微弱蓝光之间，显得十分奇异，他们的黑色剪影以几乎不属于这个世界的清晰度投映在波光粼粼的幽暗河水上，月光在那里戏耍着。在我们的两旁，高耸的河岸在天空衬托下显得黑暗肃穆，仿佛它们是用最黑的铅笔蚀刻在周围的原野上。极为偶然地，一束颤抖的月光勉强穿透胡杨树林的深黑空间。在孤独的亚细亚腹地，这一美丽的夜景是我那些必须跳进河里把船推开的人无法全部欣赏到的。我们有一两次猛烈地撞到河岸上。每当这种情况发生时，他们都必须这样下船去推。

当我们终于在依坎里克库勒（Yekkenlik-köll）停下来时，夜已经很深了。那里有很多木柴。我们把火点燃后，扔进四株整段的胡杨树干。它们劈劈啪啪地燃烧着，窜动的火苗照亮了周围很大一片寂静的树林，穿透了它们最深处的角落，暴露了它们神秘的秘密，把它们都置于夜晚那冰冷的眼睛之下。当我们第二天一大早离开时，这些巨大的树干全部消失，只留下一堆还在冒烟的灰色烟灰。

10月20日，叶尔羌河的河道仍然保持它那一成不变得令人惊叹的特征——同样的构造、同样的曲线与拐弯、同样的急弯、漩涡和沙洲，每一个都仿佛与我们前面经过的那些用一个模子刻出来似的。哪怕一幅织物也不可能显示出如此的一贯性。河岸或河边台地的高度为16到20英尺，我们那20英尺的篙杆经常不够长，触不到河底。毫不夸张地说，现在落叶在河面上编织出图案来，它们是如此之厚，堪与瓦隆布罗萨（Vallombrosa）的林中修道院地上的落叶相比。在河道拐弯处的漩涡上面，芦苇秆就像蛇一样在旋转的落叶堆中翻滚。

来到离河一小段距离的霍占木麻扎（Masar Khojam）时，我们留下卡迪尔来照看船只，其余的人都去参观。这个陵墓纪念的是一个名叫哈兹列特·阿克赫塔姆·列兹·阿拉胡·安胡（Hazrett-i-Akhtam Rezi Allahu Anhu）的圣人。他在先知的那个时代曾生活在这些地区。这个麻扎包括几个灰黄色的干土堆，上面插着顶部带有彩旗和羚羊头骨的木棍，外面围了一圈灌木丛，以阻挡羊群和牛群破坏这个神圣的地方。它的南边有一个很简陋的诵经房（khanekah），它有几根立柱，上面覆盖着一个简单的棚顶；它的东边有一个凉台（ayvan），支撑在两根柱子上。整个建筑约10英尺高，35英尺长，周围环绕着一个带围栏的院子，通过一个大门进入。附近生长着几棵长满树瘤的老胡杨树。

穆斯林在这个圣地举行一个长长的仪式来表示他们的虔诚。其间毛拉用他那低沉有力的嗓音念诵着"真主至大"。这声音在宁静肃穆的森林里回响着。无法否认，他们的礼拜中有一种令人感动的庄严。我们陷入一种犹如宽阔的海洋一样的肃穆之中。没有一点动静，只有几片懒洋洋的落叶，颤巍巍地悬在已经干枯的叶梗上，被透过森林的嘴唇传过来的一丝小风吹得微微颤动。找不到比这更安静的一个地方来建造圣殿了——它远离盗墓贼的骚扰，挨近一条孤独的河，这条河只是现在才第一次有人进行详细勘探。没有任何声音打破林间午时的寂静，只是偶尔有一只野兔在我们接近时匆忙跑走。"世无他主，唯有真主"，毛拉深沉的诵经声在回响，它带着真诚的信念；这声音在一动不动的胡杨林里传到很远的地方。阿瓦提的居民是在11月底的某一天祭奠这位圣人的，他们成群结队地来到这个圣殿，在这里逗留三天，带着食物在森林里露营。霍占木麻扎是一个极为适合隐居的地方。

我们露营的下一个地方叫卡尔梅克库姆（Kalmak-kum），意思是卡尔梅克人或蒙古人的沙地。这说明，在很遥远的过去，蒙古人一度居住在这条河边。我们在那里遇到三个牧羊人和他们的家人，以及约三百只羊。我对他们用来捕捉鹰类的特殊装置（*lor*）十分好奇。它有四根有弹性的木棍，在一个正方形的四角上插进地面，上面朝里弯，撑住一张口袋一样的网，网的中间有一个窟窿。一只母鸡或鸽子被绑在窟窿的下面作为诱饵。一旦鹰企图带着它的猎物飞走，带有弹性的木棍就会张开，把口袋收紧，就这样把鹰捕获。

河水的流量再次大幅度下降，每秒只有593英尺。我们获得成功的前景再一次显得暗淡起来。

09 孤独的塔里木河

10月22日在我们的旅途中是一个值得庆幸的日子,因为那一天我们驶过了到那时为止最直的一段河道。只有一个地方让我们遇到一点麻烦,那就是水流分叉的地方。我们选择了较短的那个河汊,尽管它比另外一个小得多。河道里塞满了浮木和树干,但结果我们发现某些地方太浅了,不得不下来拖着我们的船前行。河水的温度已降到10摄氏度(50华氏度),所以我没有任何游泳的愿望。卡西姆却对洗澡另有看法,他站在补给船的船尾,像往常那样推着它,结果用力过度,倒在河里。其他船夫看着这一幕都乐不可支。

我们这条宽阔的公路现在向前伸展得很远,直到它消失在远方。在我们的眼里,它就像一条条黑白两色的带子,黑的是沙洲与沉积滩,白的则是视觉缩短效果中的开阔水面。

次日的旅程尽管很短,却带来很多变化,迫使我的人一直把眼睛睁得大大的。当我们接近阿瓦提时,出现了越来越多的牧羊人,他们建在河两岸的小屋彼此挨得很近。在那一天,我们经过了喀什噶尔河(即我们的老朋友克孜勒苏河)从两个狭窄的河口汇入叶尔羌河的地方。这两处大部分都被泥沙和植被塞满。这两股水流仅使流量略为增加。

我们早晨动身后不久就看到河岸上有一个骑马的人。他一看到我们这个船队就立刻跑走,消失在灌木丛后面。他显然是一个侦察员,被派来看看我们是否到来。这以后不久,我们看到一群骑马的人来到河边。他们翻身下马,在地上铺上地毯,给我们带来葡萄、瓜果和馕的盛宴。原来这是英吉阿瓦提的护路官(*yoll-beghi*)派

图 42　猎鹰

来专门迎接我们的。经过短暂的休息，我们继续前行，把护路官带上我们的船，而他的部下则沿着左岸陪我们行进。

大约一小时后，看，那边又来了一队骑马的人，他们身穿颜色鲜艳的外衣，其中两三个人显然是有地位的人。于是我们又一次停下来，加入宴席。其中有阿瓦提的中亚商人（Andijanliks，直译为安集延人）中的首富。我们也在船上接待了他，而他的随从则在右岸骑行。于是，两岸各有一个马队陪同着我们。伊斯拉木·巴依则在船尾的火炉上沏茶上茶。

再往前走了一小段，第三支马队在一个凸出的半岛上等待着我们。那上面已经铺满了各种水果、鸡蛋、面包和一只屠宰好的整羊。这正是阿瓦提的长老，有劳他的大驾来亲自欢迎我们。他也来到后甲板，那里已经变得很拥挤。这种景象，再加上接踵而来沿着河岸骑马前行的那些人，我敢保证叶尔羌河那浑浊的河水从来就没有见证过如此辉煌排场的场面。骑士中有八个驯鹰者，其中两个还架着鹰，其余的带着隼，它们头上都戴着头套。在这个地区，驯鹰者是任何正式的游行中不可或缺的一部分。那天晚些时候，他们为我们展示（*tamashah*）了他们的鸟儿是多么强健有力。他们让这些鸟捕杀了四只野兔和一头鹿，然后把这些猎物都送给了我。

当我们来到玛坦（Mattan）这个村子时，我们发现所有的村民都聚集在河岸边，我们就在离那不远的地方停下过夜。河岸非常陡峭，我们必须在上面凿出台阶才能爬上陆地。我们在那里休息了一整天。但这并没有浪费任何时间。我利用那一天冲洗了相片，确定了当地的天文位置，测量了河的流量（657立方英尺），收集那一地区的基本情况，尤其是阿克苏河与这条河汇合处以下的情况。我被告知，从这里直到那个汇合处都没有任何障碍。而到了那里以后我们会遇到洪水。它将以非常令人满意的速度带我们向前流去。

酬报了每一个提供服务的人之后，我们于10月25日再次投入荒野的怀抱。长老为我们找了一位十分熟悉当地地形的猎人，还有一条叫哈姆拉（Hamrah）的狗。河道又宽又平，但是界限分明，被9英尺高的河岸夹在中间。河岸有被冲刷的陡坡，说明当水势最大时河流的最高点达到那里。但是现在水流退缩成细细的一条，从河岸的一边蜿蜒到另一边，穿过河床里无数的沙洲和冲积滩。由于水浅，水流很缓慢，而且经常被淤泥形成的小岛分为两股。有一次我们错走了一个河汊，然后被迫返回，结果浪费了几个小时的宝贵时间。流量现在降为可怜的每秒505立方英尺。但是河岸显示这条河的水面在同年夏天曾经比现在高出4.5到5英尺。换言之，当时的洪水一定达到前所未有的程度。

不过，有一个因素对我们是有利的，即这条河在10月一般会再次短时间地涨一次水。我们在玛坦时曾有人告诉我们这一点，后来事实证明这个消息是准确的。产生这一表面上看来不正常的现象的原因是当上游不再需要河水来灌溉时，无数的灌溉干渠与水渠开始通过泉水把它们原来从河流分走的水再送回去。结果就是河面慢慢地上升。到了10月26日，流量增加了近100立方英尺，也就是说，达到601英尺。

10月27日是一个值得记住的日子；我们知道在那一天结束之前我们应该能够抵达那个我们一直盼望的阿克苏河河口。那是一个美丽的秋日早晨，风平浪静，河面像一面镜子闪闪发光，所有的灌木和树木都清晰地倒映在它的表面，我们必须把目光移向河岸才能将倒影与现实区分开来。

这附近的树林老树很少；所有的胡杨都是小树。另一方面，这里有许多红柳和其他灌木丛。现在我们全都迫不及待地等着看到那条大河支流。拉吉里克的人从未见到过它，只是听说过。所以他们带着某种好奇。"看！过了那些胡杨树后，就能看到它了！"毛拉宣布。当事实证明他错了时，他就会重复他的说法，即过了下一个拐弯就到了。很明显，他对这一段河道也不是那么熟悉，因为他住在更上游的地方。

与此同时，河水的流速在降低，最后它的水流慢到我们必须使用篙杆的程度。我的人在撑船时齐声唱起歌来。有一次阿力姆的篙杆插进河底拔不出来，而船继续前行，把篙杆甩在身后。但这点小事儿难不倒他。他脱掉衣服，跳入水中，游向篙杆，把它拔出来，然后带着它游回船上。但河水的温度只有9摄氏度（48.2华氏度）。

下午非常寂静，天气热得像夏天。于是我脱去外衣坐下来，穿着衬衫工作，闻着从一个个盘子里传来的杏、葡萄和梨子的香味，它们就放在我脚边的地毯上。又过了两小时，我们面前的河岸开阔起来，那条令人尊敬的大河阿克苏河辉煌登场。"*Voi！ Voi！*"①拉吉里克的人们喊着。他们目不转睛地盯着那雄壮的大河。"我们真要在那滚滚洪流上漂流吗？"他们问道。

很奇怪的是，就在两条河汇合之处上游一点的地方，叶尔羌河忽然改变方向，向西北流去。然后，从西北偏北方向流过来的阿克苏河汇入其中，两条河汇合之后向东流去。从这一处开始，这条河开始用塔里木河这个名字，虽然直到罗布泊地区它有时也被称为叶尔羌河。如果从汇合到一起的这条河的方向来看，还是阿克苏河起了主导作用。根据当地人告诉我的情况，阿克苏河在一年四季里都是两条河中更为浩荡的一条。

我们离开右方叶尔羌河最后一个岬角后，跨越到河的左岸。在过去几百年左右，由于阿克苏河的强大推力，叶尔羌河的水流不仅停止移动过，在某些地方甚至往回流过。我们差一点点就被卷入一股这样的回流；但就在那关键的一刻，我的人登上河岸，把船固定住，否则我们肯定会被卷入漩涡。我有意在这两条河汇合的地方（叶尔羌达里雅宁库伊里希，Yarkand-darianing-kuilyshi）逗留一下，以便在继续行进前能够更仔细地考察一下这条水道。

---

① 维吾尔语感叹词，相当于"哎呀哎呀"。

图 43 在阿克苏河汇流处登陆

我利用这个"假日"做了几件事：除了其他事情以外，我确定了两河交汇处的天文位置；冲洗和复制了胶卷底片并另拍了一些照片；乘坐小艇出去寻找一个方便我们这条庞然大物般的船体通过的水道，这项任务使我一直忙到半夜。与一路徐徐下坡走来河水逐渐变清的叶尔羌河相比，大河里的水极为浑浊。大群的大雁从我们头顶飞过，几只前哨在密集的队列之间单独飞行。它们排成整齐的楔形，其整齐划一真令人惊叹。这些判断力极强的动物要从罗布泊通过叶尔羌河一直飞到印度，它们的长途跋涉永远能在我心中激发起极大的赞赏和惊叹。它们在地球上空600到700英尺的高度飞翔，一边飞一边不停地鸣叫着。那一天似乎有无数的大雁飞过。一个大队还没有在天边变成一个小点，另一队又接了上来。它们都来自东方，都亢奋地叫着。也许它们就像山里落下的雨水，被大自然赋予它们的武断力量所推动，必须绝对服从。但是我宁愿相信，它们那永无休止的呱呱叫声是它们正在讨论应该走哪一条路，下一个休息地点应该在哪里，前面又有什么威胁它们的危险。总之，我总是用渴望的眼睛望着它们，看着它们驾驭着永不疲劳的翅膀一直向上飞翔，远离尘世。

29日那天早晨我们离开陆地时，船夫们"*Bismillah*"的呼叫声比以往更大。每个人都站在自己的岗位上，绷紧肌肉，紧握篙杆，手指关节都因此发白。但是，实际上并没有他们想象的那样危险。我们的船的确被卷入某种漩涡，着实打了几个转。但在那之后，它仍然像过去那样懒洋洋地往前漂着。起初流速高达每小时21英里，但后来速度减小了。不过，河床在地面上切割出如此宽阔的一道沟，而它那陡峭的河岸又相距如此之远，沿河生长的树林看上去就像地平线上的两道黑线。

出发不久后，我们来到和田与阿克苏之间的大道横跨塔里木河的渡口。这里的渡船可以一次载运六头骆驼。

到了晚上，一群大雁落在我们营地附近的河面上。它们呱呱叫着，时而潜水、时而溅起水花，直到空气中充满它们的喧闹声。但次日早晨我们起床时，它们已经飞走，只有一只孤独的大雁也许是因为旅途的疲倦落在后面。但是它也升到空中，一边低飞，一边紧张地叫着，按照它的伙伴的路线挣扎着向西飞去。

沿着被冲刷得十分陡峭的河岸，我们在好几个地方都看到捕鱼的篓子。它们由一个口袋状的网子或者说一个大篮子构成。鱼是沿着一个用插进河底的木桩形成的长长的围栏或水道游进鱼篓的。

第二天，河道直得令人惊喜；没有一个弯超过90度，都是拉长的钝角。因此河道只比沿着它左岸的沙雅小路稍长一点。那条小道在路上穿过一条狭窄的沙地，称作克孜勒库木（Kizil-kum），其沙丘从河里就能看到。

黄昏之前，我开始紧盯着我的右面（也就是南面）以免错过和田河的河口。最后，小树林里面出现一个宽阔的口子，一条宽阔的河床从中穿过，这河床比阿克苏河的河床高5到6英尺，现在已经完全干涸废弃了。据说在有水的那个短短的季节里，和田河涨水后可以变成一条真正的大河。看来这也确有其事，因为塔里木河在与它的交汇处下游一点要宽得多，而且也有大得多的冲积滩。不过主河的方向似乎一点也没有被它的支流影响。这条支流又一次使我想起1895年我那次不祥的穿越沙漠之旅，但是我还是把和田河视为曾经救我一命的朋友。

那周围的地区平坦开阔，没有任何变化。它所有的特征都体现在非常宏大的尺度上。水面浩渺，冲积滩极为宽阔，两边的河岸之间有半英里多宽，而树林距离塔里木河的中间如此之远，以至于我们听到午间的微风吹过那里的胡杨树时感到极为惊讶。河岸附近是芦苇滩，中间夹杂着红柳、荆棘和灌木，偶尔也有一小片老胡杨树。

船夫们心情愉快，对展现在他们眼前的这个新世界充满好奇。坐在我帐篷前的护路官向我讲述了有关这里的许多有价值的情况，如地貌特征的术语、牧羊人、村庄，以及不同季节河水流量的变化等等。我们新养的那只狗哈姆拉，逐渐接受了它的命运，开始习惯了这里的生活。它屈尊接受尤达什作为进餐时的伴侣，但仍不愿屈尊与它一起玩耍。公鸡里面有一只学会了到我的帐篷支柱的顶上坐下来打鸣，而母鸡们则经常来大渡船上探访，它们在这里随意走动，叼起任何能够叼起来的东西。

我们的船沿着这条大河形成的宽阔公路快速向下游滑去，停下来时夜已经很深了。不过我们在一处陡立的河岸停下来时可费了不少劲。当船夫们围坐在火边时，他们那喧闹与激动的谈话声与森林里传来的特殊声音混合在一起。我问发生了什么，他们说是一只雌狐的几只幼崽与母亲走失，这会儿正在寻找她。

仪器显示，这里的流量为2 797立方英尺，但是比叶尔羌河的下游还浅，即略高于6.5英尺。

10月31日早晨，河面略有涟漪，但我们还是出发了，又一次沿着伟大和孤独的塔里木河顺流而下。但是我们离开过夜的那个淤泥芦苇滩后还没有走多远,风就刮起来了。很快它就变成一阵异常凶猛的大风。我身穿适时的冬衣——皮衣、毡子和毡靴——但还是被那邪风吹得冷到骨头里。它径直刮进帐篷,几乎要把帆布撕下,像一只气球那样卷走。我的手指变得僵硬麻木,也握不好钢笔了;我必须每隔一会儿就站起身来搓手跺脚以保持浑身暖和。由于河面开阔,风纵情横扫。昨天河水还像一块玻璃一样平滑,今天它就白浪滔天,波浪猛烈地拍打着我们这只大船的船头,使它的船壳从头到尾都颤动起来。两岸都被裹在一片灰黄色的雾气中,这是风从地面上扬起的浮尘颗粒,像烟一样。由于帐篷似乎马上就要被刮走,而水流虽然强有力,却无法克服风力,我下令停下来,尽管我们才走了几个小时。

我们刚一登陆,众人就开始点火取暖,我则在那只英国小艇上升起船帆,掉头向我们来的方向驶去。那些拉吉里克的船夫们都看呆了。而这小艇真是个勇敢的小家伙,它简直就像鸟一样在飞翔。最糟糕的阵风似乎把它抬起来,使它的船底擦着水面。我从一处水下沙滩上驶过,似乎它根本就不存在。桅杆发出吱吱的响声,舵桨承受了巨大的压力,但在那肆虐的狂风前驶过亚细亚的壮丽旷野真是再美妙不过的一件事了。渡船很快就消失在一个岬角之后。没有人给我做伴,只有嘶嘶作响的波浪、黄色的树林、风的怒吼。我浸透在一种极度惬意的感觉中。我觉得那无边的沙漠似乎都属于我,尽管有中国的官员和中亚地区的长老们,但似乎我才是能够随心所欲支配一切的人。风对我的耳朵悄悄地说,这条势不可当的大河流淌了几千年,一个世纪又一个世纪,就等着你来挖出它最深的秘密。是天意让塔里木河在沙漠中蜿蜒而过,为我提供了一个通往这个巨大的大陆深藏的腹地的便利。这里有谁能同我争夺这条迷人的河流的所有权?也许那些牧羊人能够这样做,他们一辈子沿着它的河岸放牧羊群,但当我们从一个岬角后面无声地浮现在他们面前时,他们立刻像吓坏了的羚羊一样跑走了。这里有谁能阻挡我们,向我们索要过路钱?也许那些老虎能够这样做,它们那碧绿的眼睛在夜里透过黑暗的红柳丛的叶子闪闪发光。没有人对这条河比我更了解。或许那些土著猎人们,半开化的丛林儿女比我知道得更多?可是我们今天找到一个,而明天当他的地貌知识用尽时,我们就会让他离去。也许他们知道得更多?不,绝对不会。他们的知识仅限于他们为了追逐飞跑的野鹿而走过的猎场;一旦走出那些熟知的地标后他们就只能猜测了。他们既不知道这条伟大的河流来自何方，也不知道它那滔滔不绝的洪水流向何处。而我则正相反，我把当地人所知道的一切都记录在我的日记里。我与这条无休无止永远变化的河流生活在一起，一英里又一英里，一码又一码；每天晚上我都感受到它的脉搏，用英尺和英寸测量它的生命之血。我知道这条在这片土地上奔流了数千年的河流永远是同一条河流，我也知道它不时地更换自己的河道匆匆忙忙奔到自己在遥远的罗布泊的那个终点之后，注定要变身再起，重复它在天地之间的间歇循环。可以说我就是塔里木河的档案，它那鲜活的历史通过文字、图片和地图都储存进来。每一天这个档案里的资料都在扩张，它慢慢地演变为关于这条亚洲最伟大的河流之一的一篇专著，而你眼前这些章节只是其中的一小部分。①

当你被这样的风刮着往前走时，你很容易忘记你后面的距离增加得有多快。不过，最终我从梦想中回过神来，把船划向最近的岸边，靠上河岸，将它拴住，然后往森林里走了一小段路，点起一堆火，吃掉我带来的午餐。

随着水流慢慢往回漂时，我的思绪转到最近的将来，前景似乎一片光明。命运将为我准备些什么样的体验呢？我不知道。我只知道，要想使一项事业成功，你就必须谨慎和有预见地规划。当我考虑这些时，一系列问题出现在我的面前。我能在冬天开始前抵达我的目标吗？我应该在哪里设立我的营地？应当把哪个营地作为我想要进行的各项探险的大本营？信使们是否能找到我？他们给我从家乡带来的会是好消息吗？

我回到大船，开始复制底片的工作。小心起见，我拍的每一张照片都要洗两张，我所做的每一套笔记和其他观测结果都要有两份。例如，白天我会用铅笔把我的观察记在小笔记本上，到了晚间再把这些内容用钢笔誊进我的日记。至于我的地图纸，在沿途每次记录坐标之余，我会在行进途中把它们再誊写一份。当然，所有这些都会给我制造很多负担，但同时也给予我一份自信：我的工作成果至少有一份能够安全到家。

使我的耐心受到极大挑战的是风，或者说是经常迎着我们的逆风。11月1日，

---

① 原文如此。本段内容显示了斯文·赫定的欧洲民族主义倾向以及对当地居民的某种歧视性态度，为便于读者全面了解斯文·赫定作为探险者的真实思想状况，此处予以保留，不代表编辑认同此类观点。

河流转向正北，而风向也是正北。一整天我都得到帐篷的遮挡，虽然如果有阳光就更好了。因为即使下午能达到10摄氏度（50华氏度），空气中也绝对有一种凉飕飕的感觉。到了夜间，温度降到零下8摄氏度（16.2华氏度），放在我床边的水和墨水瓶里的墨水都冻住了。啊！这使我爬进冰冷的床单里时冻得直打哆嗦。当然在帐篷里放一个火炉是很简单的一件事，但我尽量推迟这样做的时间。我不愿干扰那些自动记录的仪器。

在一个叫多兰克米孜（Dolan-kemizi）的地方，我们发现一条笨重的小船，它用杨树干制成，用船尾的一个宽叶桨当舵。但是那个住在河边小屋里的船夫一看到我们，就立刻转身飞也似地逃走了。生活在这一片土地的三个巴依共拥有一万只羊，这条渡船就是用来将这些牲畜和它们的毛送到塔里木河的另一边的。

当我们来到喀拉托格拉克（Kara-tograk）地区时，河水变浅了，翻腾着跌下河底的连续台阶，激起白色泡沫。我们在这里的速度令人眩晕，船朝着一个岬角径直冲过去，一场严重的碰撞事故似乎不可避免。而这时水流本身却偏向另一边，使我们幸免于难，只是与伸向河面的一些红柳树枝剐蹭了一下。好险啊！当我们脱身后驶向塔里木河的中流时，我感到十分庆幸。

临近河水的岸上长满芦苇，再后面一点是一排与它们平行的胡杨林带。在喀拉托格拉克以下，塔里木河的河道比之前任何时候都更直。它朝着北东北方向一直伸展过去，形成一个几乎看不出来的曲线，两边各有一条黄色的芦苇滩。在远方，它水天一色，烟波浩渺。

在过去的几天里，我们的观测显示河面上升了一点。正如我前面解释的那样，这是因为灌溉渠重新开放。在两三处地方，沙丘一直推进到河边，然后突然中断，仿佛悬在水面之上。在这里，可以看出那强有力的河水用何种凶猛的力量把它们底下凿空。大块沙子接二连三跌落到下面的滔滔河水中。在那些河岸由黏土形成的地方，河岸不仅陡峭，有时甚至悬在水面之上。有一次，正当我们擦着一块这样的黏土悬崖下面过去时，这庞然大物突然断裂，轰隆隆地落入河里，把我们船上的一边全都溅湿，并掀起一连串的大浪，引起我们这条大船的剧烈晃动。我们一次又一次地听到似乎来自远方堡垒的大炮轰鸣声，其实那都是这些大块的黏土跌落进滚滚波涛的声音。

在我们过夜的莱什里克（Leshlik）[①]，船夫们玩起一种看起来十分好笑的游戏。他们中间两个人各背起一个伙伴。骑在上面的人手脚都被绑住，而背着他的那个人则用一根棍子朝对方的骑士身上乱打。那两个被绑住的骑士一点办法也没有，于是生起气来，互相对骂，并敦促自己胯下的人给对方点颜色瞧瞧。后者则毫不犹豫，积极响应；当其中一人找到好机会，他的棍子就如同闪电一般。这时他的受害者就立刻要求他的坐骑冲上前去，给他（对方的骑士）还以颜色。他们就这样玩下去，直到两个骑士的外衣都被撑得差不多了。帕尔塔与纳赛尔是"马"，而卡西姆与阿力姆充当骑士的角色，因此他们的衣服成了对方关切的对象。帕尔塔与纳赛尔笑得眼泪都出来了，卡西姆与阿力姆则愤怒地大叫着。而我们这些观众笑得都快直不起腰来。卡西姆与阿力姆意图复仇，提议与他们的坐骑交换位置，继续这场游戏。但另外那两个人表示反对，他们已经很积极地扮演了自己的角色，而且显然认为，至少在这种情况下，付出要比接受更好一些。这游戏带来一个好处，它使所有参加的人都暖和起来。在我们那熊熊烈火的光芒下，这些人和他们那令人难以置信的动作看起来极度好笑。

[①] 今托帕克喀其提村附近。

10 冬天来临的迹象

气温与水温都在缓慢但持续地下降。显然，我们不久就会看到在河面上流动的浮冰。早晨，岸上最近被水淹过的潮湿地面已经冻得结结实实了。不过，到了白天这些冰又会消融。但是寒冷丝毫也没有影响到大船后面的水手们。他们会点燃一大堆火，裹在他们的新羊皮大衣里围坐在火堆周围，聊天，讲故事，听卡迪尔朗读一本书，烤他们的馕。船夫们也轮流到那里取暖，但直到我们来到一段又长又直的河道时，我才能离开我的写字桌加入他们。

在早晨安静、清冷的空气中，声音十分清脆，可以在水面上传得很远。我们能听到似乎是整排房子被拉倒的声音。但这只是沙子与淤泥在夜里冻住，现在解冻后变得松散，大块地崩塌，坠入河里。我们行驶的速度很快，把河岸快速地甩在身后，而小型的激流河滩则越来越多。

卡西姆一般会在小船里领航，并经常回头喊话，警告我们注意浅滩、树根、劈头盖脸崩塌下来的沙子或淤泥或黏土，及可能给我们造成麻烦的一切。帕尔塔是另一条渡船上的领航官。他总是十分冷静沉着，从来没丧失过他的幽默感，除非必须迅速转动船只才能避免碰撞时，那时他就会像一只公牛一样对后甲板上他的伙伴怒吼。其他人不言而喻地要依赖他的技能，因为过去几年他一直掌管着拉吉里克与麦盖提之间的渡船。

但是这一天他们谁也没能得到任何休息。塔里木河奔流得如此之快，每个人都必须严守自己的岗位，双眼紧盯着河水，篙杆不离手，随时准备应付紧急情况。他们只有一次失手了。那是在一个急拐弯，在那里水流将诱饵一口咬住，一头扎向陡峭高耸的河岸。在这种情况下，水手们倾向于用他们的篙杆将船头拨开，使船与激流形成一个锐角，然后把船尾转过来，直到它与水流平行。但是这一次他们失败了。水流快得令他们无以应付。我们的航速几乎达到每小时3英里。船一头撞上河岸，把所有的力量都砸上去。不过，除了翻了一两个跟斗和几铲子扬到甲板上的土，没有任何其他的损失。

我们经过巴力克欧勒迪（Balik-öIldi，意思是"死鱼"）的林间沙丘之后，河水的流速进一步增加了。三年前，这条河离开了左边的科纳达里雅（老河）及其树林地带，给自己切割出一条新的水道，长度达两天的旅程。

这条河进入新的水道后完全改变了它的特征。它变得狭窄笔直，看上去似乎还没有完成侵蚀的工作。它切割穿过的土地极为贫瘠，土壤为沙质；唯一能够打破这满眼荒凉的是偶尔出现的几株胡杨树和几堆红柳丛。新水道的边缘极为清晰，形成一个笔直、幽深、狭窄的水槽，被河水填得满满的。一路上不断有沙子从陡峭的斜坡上滚落下来，于是一团团烟尘弥漫在两岸上方。有几次我们差一点被这些沙崩淹没。至少有一次，当一大块沙子落入水中时，后甲板上的人被溅起来的水浇了个透。由于流速比以往任何时候都快，我们必须保持高度警惕才能避免一场灾难。实际上，我们觉得十分无助。

忽然我们听到卡西姆惊叫："停！停！"河面极为狭窄，而在激流中间有一截胡杨树根牢牢地插在河底，它的周围积聚了许多浮木、芦苇和堵在那里的其他漂浮物，形成一个小岛。实际上，总的来说浮木等漂浮物在这些新近形成的河道里会比在老河道里更多。这是因为每一撮从崩塌的河岸上被水冲下来的灌木都被水流带下，而在其他地方情况并不总是这样。滚滚的水流在障碍面前暴怒起来，掀起惊涛骇浪。如果渡船撞上那个障碍物，它一定会被转过来，卡在那里翻过去。我们离那个危险的地方只有五六十码了，一场灾难似乎不可避免。我坐在那儿，心悬在嗓子眼，心想这次远征将在这个滚开的热锅里遭到灭顶之灾。人们喊来喊去，甲板上一片惊慌。但在最后的关头，阿力姆拿着一根绳索跳上岸，不过由于河岸陡峭，他差一点就倒栽进河里。但是他终于站住脚，手脚并用地爬到较为牢靠的地面，开始全身用力地往岸上拉，与此同时其他的人也尽他们最大的努力来帮助他，奋力抵抗激流，狂喊："真主保佑！真主保佑！"这笨重的船在离胡杨树几英尺的地方停下来，当它停在

图 44 在阿拉·孔雷·布兹卢格瓦（Ala Kunglei Buzrugvar）扎营

河中间时，奔腾的河水从它两旁咆哮而过。

当众人努力为大船通过这个危险的障碍做准备时，我登上小艇，在河流中央抛下锚，开始测量流速。但是水流的吸力太大，我很难保持平衡。实际上，我差一点就跌出船外；小船里一半都被水淹没，我的地图纸也被浸透。锚暂时咬住了河底，小船在原地打了个转，侧面对着水流。但是一旦连着锚的绳索被拉着绕过船头，小船就与水流同向，浮在那里，像一个钟摆那样晃来晃去，而翻滚的漩涡在它船头两侧奔涌而过。这里的流速超过每小时3.75英里。而第二天也一直保持着这一流速。

之后我们穿过了这一荒凉地区，没有再发生任何其他的事故。从其河岸的特征来看，这里与南边的大沙漠相隔很近。据说前往那个方向的猎手在离英吉达里雅（新河）不远的地方会偶尔发现野骆驼的足迹。但是这些害羞的沙漠居民们从来不在河边露面。

抵达阿拉·孔雷·布兹卢格瓦麻扎（那里住着一些牧羊人）后，我们决定停下来过夜。主要的原因是众人想去圣殿感谢圣人保佑他们安全地避过今天的灾难。但是，想让我们这条庞然大物般的船停下来也不是一件易事。我乘小艇登岸，然后阿力姆抛给我一根绳索，我用力地拉，直到大船离岸近到他可以跳上来从我手里接过绳子。即使当我们那笨重的船被牢牢地拴在岸上后，它那老旧的木头仍嘎吱嘎吱地响个不停，而河水则哗啦哗啦地拍打着绑在船帮下的小艇。大块河岸轰响着崩塌下来，紧随其后流下来的沙子发出飕飕的响声，河岸上的火堆则噼噼啪啪，嘶嘶作响；除了这些声音以外，附近一片安静，连狗都不叫，这里也实在没有什么值得它们叫的东西。

这里的河岸比实际河面高出15英尺，而高水位线还要再高出5英尺。夜间河水上涨了半英寸；其透明度只有2.125英寸深。

第二天，塔里木河没有前一天那么笔直，但流速仍保持不变。我们需要防范的最大危险是急拐弯里的回流。在其中一个回流中，小艇差一点就被挤碎在两条大点的船之间。但我总算及时把它救了下来。那天一早，我们在河岸上一个避风的小水池里第一次看到冰。

那天结束之前，新河与旧河汇合处出现在我们左面。从那以后，这条河又恢复了它原有的特征。在交汇处下游一点的地方有一个芦苇覆盖的小岛，它陡峭如削的边缘使它看上去很像一个堡垒。我们在台尔培尔（Tellpel）扎营过夜，那里住着九个牧羊人和他们的家庭，放养了8 000只羊。

这里的牧羊人使用一种与我前面描述的那种装置不同的方法捕鱼。他们把以扇形张开的渔网铺在一个木棍编成的轻型三角形框架上，让渔网略微悬在水面之上。连到岸上的一根绳可以使渔网随意升起或放下。当网被放下来时，鱼儿被吓得钻进去，然后周边的木棍就会收紧，然后像搅和糖果的纸棍一样旋转，最后被拖到河岸上去。

护路官已经离开我们。但在台尔培尔，我们又招聘了一个很好的老人。他名叫毛拉·费苏拉（Mollah Faisullah），五十四岁，长着一大把胡子，戴着一副巨大无比的角质眼镜，永远兴高采烈，十分健谈，在后甲板为众人朗读。他真是个无价之宝。

11月4日和5日，这条河又一次改变了它的特征，变成一条狭窄湍急、界限分明的水道。两边的河岸紧挨大片的黄色芦苇，其中有几座孤零零的长着红柳的沙丘像岛屿一样突出。这实际上是老河道与新河道之间的某种中间地带。的确，人们告诉我它已存在八年左右。河流在八年前离弃的老河道是柯克绰尔达里雅西（Kök-chöll-dariasi）。这一切都说明塔里木河的确会改变河道，虽然在这些纬度只有短距离的改变。同样值得注意的是，每一次改道时，河流总是离开北侧的老河道，也就是说向右边转移。

一个有助于打破船上单调生活的因素是我们那几只狗。有时它们会跳出船外，游到岸上去，沿着河岸陪着我们的船队走。但是它们从未掌握河道走向的规律。当渡船沿着一个拐弯的内侧漂流时，它们与船保持着紧密的距离，但是当渡船被水流送到对岸附近另一个拐弯的内侧时，它们总是跳进水中，游到对岸，以便保持与我们的距离。它们一次又一次地重复这一行动；很难使它们懂得其实只要稍等一下，我们就会回到它们身边。有时它们一天要过河二十来次，累得直叫。尤达什都快累死了，它在水上跳来跳去，大口地喘气，为了使喉咙里的水出来使劲地往外喷。

在英尼特什克（Initshkeh），河水流量为每秒2 847立方英尺，河水显然在慢慢上涨，一夜之间水位就升了2英寸。我用了足足三小时才完成这次测量，而且是借着灯笼的光才完成的。河面太宽，无法按往常那样把绳子从河岸的一边拉到另一边，然后再把小艇拴在上面。实际上，水流也太急（每小时3.25英里），根本就无法把绳子送过去。我试图划过去，但最终只得放弃使用绳子，而是扔过去一条细细的帆索，

图 45 塔里木河上的捕鱼用具，如台尔塔尔地区

中间每隔一段就有一个白色的结。我们在每一个打结的地方拴住小艇，进行测量。

11月4日与5日夜里，河水又上涨了1英寸；这里河岸的高度为16.75英尺。塔里木河又一次转向东北。在哈色麦托凯（Hässemet-tokai）的一个沙质冲积滩上，十几只硕大的秃鹫坐在那里，望着我们漂过来，当我们慢慢地绕过它们所聚集的岬角时仅仅像葵花那样把头转过来。这些笨重的大鸟呈灰褐色，实际上接近黑色。把它们吸引到这里的是一匹马的尸体，它在一个河湾处的水面露出半个身体，身上的肉大部分已被那些令人恶心的猛禽吞噬。后者似乎吃得很撑，因为它们只飞出去一点距离，与两三只不知羞耻的乌鸦站在一起，消化着吃进去的食物。再往下游一点，我们又经过了几十只秃鹫身边，它们一动不动地栖在一些死胡杨树光秃秃的树枝上。它们在光秃秃的树林里栖息着，犹如地狱的幽灵或死亡之鹰。它们的怪异倒是很符合周围阴暗的灌木丛和凄凉的气氛。遥望大雁以它们完美的队形飞过天空要比这舒服多了。一只大雁飞在最前列，其他大雁则像一个箭头一样紧随其后，不过队列的一翼一般总会比另一翼更长一些。

这一段塔里木河的另一个特征是河面上漂浮着大量的浮木和像暗桩一样从河底淤泥伸出来的胡杨树根，其中有些最后会沉下去，另一些则马上就要断开漂走。由于一头插在泥里，而另一头漂在河面上，在那里翻来覆去，它们看上去就像一条条正在游向我们的水蛇。但是使我们迷惑的是水流撞上障碍后产生的漩涡。移动的不是胡杨树，而是我们。当我们从它上面漂过时，可以听见它在下面如水下妖魔一般发出咔吧咔吧的声音。

11月6日，我们在博斯坦（Bostan）的羊舍找到一个新向导。不过，我们将把老毛拉·费苏拉留在船上，因为他这个人很有趣，招人喜欢，又能给其他人朗读关于伊玛目及英雄们的事迹和遭遇的故事，还有关于那些奇妙的城市的故事。它们每一个都有一千个城门，每个城门都有一千个卫兵。博斯坦人希望能给我们一些瓜，被我们拒绝了。瓜太嫩，熬不过霜冻的夜晚。

这一天河流只拐了一次弯，但这是一个双重河曲，犹如一个S字母，其中一个弯里有个岛屿，另一个里有沙洲。在墩克坦（Dung-kotan），河岸有一种很奇特的景象，由于河水把零星生长着胡杨树的沙丘冲走或拦腰截断，它们看上去像是许多巨大的歌剧院提词箱。树根沿着陡峭的河岸伸展下去，深深地扎进河底，看上去就像是绷得紧紧的提琴弦或捕鱼的渔网。

那天夜里我们在喀拉达什（Kara-dashi）露营，离这里不远就是1896年我们在克里雅河北边那个穿越沙漠的危险之旅后初次找到水的地方。

第二天，我们看到几座芦苇棚，甚至土房，偶尔还有一只拴在河边的独木舟，显然我们又一次接近有人居住的地区。现在看到的独木舟有点像我记忆中在罗布泊地区见到的那种，又长又窄，是用一株胡杨树凿出来的。但是与罗布泊独木舟不一样的是，它们的前部被延长为带孔的柄，而后部则形成一个小小的平台，可坐一个人。用一把铲子形状的桨作为动力。

我的船夫拿来这种船的一个极小的样品，阿力姆在里面给我们做了一次演示。无论他怎么用桨使劲，这船就是不直着前行。无论他怎么拼命想去保持平衡和控制，这船总是晃来晃去。当我们到达大阿拉尔（Chong-aral）时，我的人用它换了一艘大一点的船。因为我们并无意偷取那条独木舟，也不想给河边的和平居民摊一份捐，所以我们是准备付钱的，而且在下午的确把钱付了。从那以后，伊斯拉木和毛拉开始乘独木舟旅行，我们的船队又增加了一条船。

这附近的地形很开阔。树林往后退得如此之远，看上去不过是地平线上的黑线。只是偶尔才有一株孤独的胡杨树打破无边无际地蔓延在河边的芦苇滩。

发源于汗腾格里峰（Khan-tengri）的沙雅河（Shah-yar-daria）的一条支流穆斯阿特河（Mus-art）在尕迪孜（Gädyiz）地区从左边流入叶尔羌河。它在实际汇合处有95英尺宽，而且显然在我们视线所及的上游保持着同样的宽度。它的河床充满了静止不动的水，清澈幽蓝，透明度达到30.75英寸，而塔里木河本身的透明度只有1.5英寸。两条河的分界线十分清楚，浑浊的水与清澈的水泾渭分明。事实上，沙雅河河口由于水流停滞，几乎变成塔里木河河岸的一部分，塔里木河因此仅仅擦着它的边流过。

我正在从小艇上观察这一支流，一个身着紫色外衣的老人带着几个随从走过来，表示愿意为我效力。他是祁曼（Chimen）的护路官，给我带来尼亚孜·哈吉和哥萨克们的信，他们在信中报告说旅队一切正常。

我们抵达特勒孜（Terez）村时，发现有大量的礼品正等待着我们，如羊、水果、两箱子库尔勒梨、一箱子石榴，还有野兔、山鸡、母鸡、鸡蛋和牛奶——这真是对我们的及时补给。同骑骆驼相比,我们的旅行方式有这样一个优点:无论我们在船上装多少东西,它都不会抱怨;无论装得重还是装得轻,它都能走得同样地稳,同样地远。

那天夜里我们在喀拉达什和昆尕查克贝尔(Kungarchak-bel)到祁曼、沙雅、库车的大道与河流相交之处扎营过夜。实际上这就是1896年我在冰上涉水过河的地方。喀力尔·巴依(Khalil Bai),就是那一次好心在他家里招待我的那位诚实的老人,这时又来探望我,尽管他已经有六十三岁的高龄,走路需要借助一根长长的手杖。我总是很乐意见到我上次旅行中结识的老朋友;因此我在炉火旁与那个老人促膝长谈了好一阵。

我们在祁曼休息了两天,我利用这些时间通过天文测量来确定这个地方的方位,测量河水的流量(2 454.75立方英尺),并完成了各种各样拖延已久的工作。从喀什来的第一个信使阿卜杜拉赫曼(Abdurrahman)也是在这里找到我们的。他的密封邮件包给我带来的都是最好的消息。我让他带着我的信件回喀什,同时又交给他一

图46 塔里木河中游的独木舟

个严严实实地焊死的锡盒，里面放着胶卷底片。我又雇了一个猎人做向导，并买了一些油，以便在需要的时候在夜间借着灯光继续我们的旅行。

11月10日是我们所经历的第一个真正的冬日。早晨寒冷刺骨，潮湿的雾紧贴地面，直到一阵持续的西南风刮来才被吹散。地面上、渡船上及其暗房上都铺满了一层厚厚的霜。空气灰蒙蒙的，一片迷茫，云层遮挡住天空，整个大地覆盖在冬天的蓝白色调里。幸亏我把前一天夜里洗出来的底片放在洗片盘里，所以它们仅仅被冻住了表面。如果我把它们放进框子里晾干，它们早就冻坏了。温度计直到十一点才上升到冰点以上。所以我判断应该给暗房增加点温度来防止底片在晾干时冻住。早晨十点钟，温度计测出的气温是零下2摄氏度（28.4华氏度）；高于冰点的时间总共也不超过五个小时。顺利完成我的计划的前景开始暗淡起来。如果河面现在就开始结冰，我们就不太可能在被冻到冰里之前赶到旅程的目的地。与此同时，我们都盼望着离开祁曼。它不仅暴露在开阔地，处于每一阵风、每一场风暴的路径上，而且周围没有任何植被，所以很难找到柴火。信使阿卜杜拉赫曼坐在一条独木舟上过河，他的马在一旁游着过去。那可怜的家伙，可怜它在这个寒冷的早晨还必须这样做！但我坦白地承认，当我看到那个人手里拿着我那宝贵的包裹安全地登上对岸时，我才松了一口气。

沙雅长老带着一队骑马的随从来看我，送给我一只狗作为礼物。这是一只非常好笑的小狗崽，名叫多夫列特。它长得很像一只狐狸，是个十足的四条腿小丑。从第一天起，它就证明自己是一只优秀的看家狗，而且立刻就成了船上所有两条腿旅客——那只公鸡除外——最宠爱的对象。

我的老朋友喀力尔·巴依为了报答我送给他的礼物，出于礼貌，坚持要骑马陪我们一直到下一个营地。我们说服他坐在后甲板熊熊的炉火边。但即使在那里，他也冻得瑟瑟发抖，渴望晚间的大堆营火。

接下来，我们拉起锚，离开岸边和聚集在那里的人群，轻轻地滑走，很快就被一阵强风刮走，从他们的视线中消失。船队现在有四艘船。既然我们现在基本上有两个向导，我让他们其中一人在独木舟里领队，坐在装得满满的补给船里的卡西姆则紧随其后。借着西南风，我们那天走了很长的路。开阔的河床蜿蜒着流向东方。除了偶尔在某一边擦身而过的一片片树林外，周围是一片连绵不绝的芦苇滩，间杂

图 47 沙雅长老及其随从在祁曼等我们，渡船在左侧

着宽大的高水位漫滩。

11月11日，我们经过了几个牧羊人的营地，羊群属于沙雅的巴依。11月12日，沿着河岸的树林开始多起来，使景色显得好看一些。现在，每天早晨所有避风的小河湾与河汊都结了冰，有时我们看到薄薄的冰碟，它们在靠近河岸的地方形成，顺流而下。

塔里木河的这一段叫"Ughen"或"Öghen"，也被称为"Terem"或"Tarim"。现在点缀着河边的独木舟与罗布泊的独木舟一模一样。每天都有成千上万的大雁从我们头顶向西飞过。它们很可能是这些长途旅行者中的最后一群，知道寒冬的迅速来临而匆匆飞离。胡杨树上现在几乎一片树叶都不剩了，它们已经脱掉秋天的衣裳，赤条条地站在那里，等待冬天的来临。岸上落叶成堆，在旅行者的脚下发出清脆的沙沙声。

次日，我们在一个朝北的急转弯中经过了因赤克达里雅河（Inchikkeh-daria）汇入塔里木河的地方（它在我们的左侧）。帐篷里变得非常冷，为了能够更好地利

图48 祁曼附近我们的领航独木舟

用阳光的温暖，我搬到小艇里。中午的水温比冰点仅仅高出3度。长长的篙杆上也包了一层冰壳。凡是正午阳光无法照射的岸边都覆盖着1英尺宽、0.5英寸厚的冰层。一般来说，它悬在高出水面一点的地方，这是因为河面本身在它形成后又降低了。树林的主要部分都离河有一段距离，只有几棵树接近河边。那天晚上我们必须在黑暗中寻找一段时间才能找到一个合适的营地。伊斯拉木和纳赛尔被放到岸上。他们徒步离去，直到很晚的时候我们才看到他们在远方点起的信号火堆。他们扎营的地方有一个老旧的牧羊人小屋（*sattma*）。他们也顾不上向那个不可思议的小屋主人打个招呼，就用它的材料点起火来。

现在每一天都静静地、平安地度过，十分单调。冬天的来临并没有影响到我们的生活方式。主要的变化是我们现在需要大量的木柴；但我们并不缺少这方面的供应，只要我们用心找到一个合适的露营地点。小树林没有用，我们需要的是干树枝。现在我一般要到六点半才醒来，在霜度[①]达到20度时，从被窝里爬出来，费劲地穿上冰冷的衣服可不是闹着玩的。在这种情形下，穿衣得抓紧时间，如厕的礼节要严格地由温度计上的读数来决定。一旦这个阶段过去，而且等到7点钟第一套气象观测完成后，赶紧来到火边就是一件十分惬意的事情了。炉火在灰暗的早晨欢快地噼噼啪啪响着。每当我登上岸时，从所有的方向都传来"*Salaam aleikum*"的招呼声。那个时辰所有的人都在为早饭而忙着。早饭有羊肉泡馍和茶。当我坐在火边时，我一般也会吃早饭。那以后我会测量河岸。等一切就绪，众人都彻底醒过来后，我喊一声"*Mangeleh*（我们出发了）！"拴船的绳子立刻就被松开，篙杆被插进水中，这条大船又出发了，继续着它沿着塔里木河顺流而下的漫长而孤独的航程。

幸运的是，这条河目前非常深，我们很少会搁浅。即使发生搁浅，大多数时候用篙杆就能使船脱身。大渡船后甲板展示了一幅如画的图景——船夫们、羊群、鸡、麻袋和箱子都凌乱地混在一起。而他们的炉火冒出的烟柱则长长地拖在我们身后的河面上，使我们这条大船看上去像艘汽船一般神气。众人一般在后甲板烤馕，他们在那里拉起来的一根绳子上晾干我的湿衣服，在那里洗盘子，也在那里制造需要的

[①] 霜度（frost degree）指低于冰点多少度，通常为华氏度。华氏度冰点为32度，因此霜度20度即为32−20=12华氏度。

工具与日常用品。纳赛尔忙着把他的斧子改成一个长刃的篙杆，当渡船陷入回流时用它撑出来。卡西姆和卡迪尔不知从什么地方弄到两条独木舟，当他们的篙杆触不到河底时，他们就用这些独木舟来操纵补给船。空闲时，有人会唱起歌来，于是大家都会加入进来，他们的声音在树林间的茫茫沉寂中格外动听。到了晚间，歌声就消失了。众人都期盼着令人振奋的熊熊营火。但是我们一般在日落后仍会继续航行一段时间，借着月光来导航。在这荒凉的河岸上，既没有光也没有火，只有我们船后甲板上的火堆发出的微弱光芒照耀在芦苇滩的边缘。月光下，漩涡在水面上激起一片片涟漪。

当我喊起"*Indi toktamiss*（现在我们停下来吧）"时，船上所有的人都醒过神来。渡船被拴在岸边。一些木柴被搬到岸上来点起营火，然后是做饭所需的那些锅碗瓢盆。接下来需要把焖饭（*ash*）与肉丁和蔬菜丁在一个平底大铁锅里搅和在一起。那以后，另一个人把盛着我的晚餐的盒子拿上岸来。茶、佐料和果酱都在火边摆开。由于焖饭的食材在船上就已准备好，很快伊斯拉木就会宣布："*Ash tayyar*（晚饭好了）！"没有人会拖延。大家都穿上羊皮袄，在火边围成一圈。只要火苗旺盛，唯一需要注意的就是保护好自己的后背；如果太困了，人们就把羊皮袄往身上一裹，朝即将熄灭的火爬得更近一些。他们任凭火堆在夜里自燃自灭，时候到了就呼呼入睡，而我还要用很长时间来完成我当天的笔记和日记，然后才能随着他们进入梦乡。

11 沿玉马拉克达里雅河穿越沙漠

11月14日,我们航行的平均速度为每小时1.75英里。夜间河面封冻,早晨醒来时,船队的所有船只都被冻在河里,不过冰层很薄。只有小艇会受到威胁,它的帆布前舱有可能会被冰的尖锐边缘划破。河岸上的冲积滩像石头一样坚硬,当裹着一层冰的篙杆触到它时,就会发出一种刺耳的刮擦声。不过,白天我们仅看到一块浮冰,有五到六平方英尺大;其实,我们在浑浊的河水里能看到它就很不容易了。到目前为止,霜冻的深度从未超过四分之三英寸;但即使如此,它也足以在河水的边缘形成奇特的形状,如片状或钟形的隆起的冰。这是由于下面松软的淤泥被冲走,而已经冻住的冰层因为冰霜而没有塌下去。但是一旦太阳开始给它们带来哪怕一点点热度,它们就会融化,然后头朝下栽到河里。我们没有再看到过大雁;现在即使留在最后面的落伍者似乎也已经离去。

我们看到,前面不远的地方有四个人站在河岸上,像雕塑一样,一动不动地望着我们;我们刚一接近,他们立刻疾驶而去,把所有的东西都留在原地,包括四条凶猛的狗,它们追了我们好一阵,凶暴地叫着。再以后,我们看到牧羊人的马。它们也跟着我们走了一小段。

天一黑,我就让我们唯一的向导热依木·巴依(Rehim Bai)在独木舟里先行探路,或者说更重要的是提供照明,因为他带了一个巨大的中国灯笼,把它捆在一根斜杆上,灯笼里放了一盏结实的油灯。我指示他在前方与我们保持约200码的距离,我通过他来测定罗盘方向,与我在白天所做的没有什么两样。灯笼的光芒倒映在布满波纹的水面上,使热依木的小舟看上去犹如一条威尼斯贡多拉小船。

下一个营地托甫台希迪（Teppeh-teshdi）的河水流量为每秒2 691立方英尺。这也就是说，它比上一次测量时增加了236立方英尺。

次日早晨我们出发后不久，立刻经过了沙雅和库车这两个行政区（tabesi）的分界线。这分界线的标志是一个由木棍堆成的圆锥。只有库车的牧羊人有权在它的东面放羊。

大群的野鸭在塔里木河过冬，伊斯拉木经常碰上好运气，得以偷袭它们。

我们中午在克勒力克（Källälik）附近休息了片刻，在那儿附近发现一个盖得很不错的小土房，周围有几个羊圈。不过我们能看到的只有一只狗、几只鸡和一群羊。但我们马上意识到，主人一看到我们的渡船就逃走了。屋里正燃着一炉火，火上挂着一把壶，而地上则散布着衣服和其他物件。我们到周围的树丛里找了一遍，但没有发现任何人。不过最终远处出现了一个孤零零的男孩。我们紧追不舍才赶上他。可是这可怜的家伙吓坏了，根本就无法让他开口，更不要说告诉我们什么情况了。他只是站在那里发抖，连眼睛都不敢抬起来。

我很想知道，此时塔里木河周围的森林里关于我们这个庞然大物及其漫长的漂流正流传着什么样的奇怪故事！我们发现了多少主人刚刚丢弃的空房子啊！当这些牧羊人看到一个奇形怪状的怪物正像一只匍匐前行的老虎无声无息地接近他们时，他们脑子里会怎么想？他们会把它想象为一只两栖怪物，长着前后移动的可怕触角吗？许多人立刻逃之夭夭，仿佛身后有魔鬼正在追赶。另一些人则会站在树林边缘，从一个安全的距离外等着看这个无可言状的东西下一步会干什么。我敢说还有些人干脆就被吓傻了，一动不动，仿佛看到森林里的怪物。我毫不怀疑关于我们这不知哪里冒出来的大水怪，已经有大量的神话故事正在流传，经过时间的打磨，它们终会演变成一个奇妙的故事，讲述某个河神、沙漠之王或森林巫师是如何沿着其领地上这条伟大的水上公路展开凯旋游行的。

11月16日，我在哈达墩（Khadeh-dung）——那里有一个26英尺高，悬在河面上的沙丘——遣散了我们从祁曼带来的向导；他们有关当地地貌的知识已经穷尽了。由于我们再次出发时没有找到人来替代他们，所以我们没有任何向导，只能沿着蜿蜒的河流前行。我们的当务之急就是找到一个可以随我们一起走，为我们提供当地情况的人。最终我们看到一个正在放羊的男孩，我们总算是偷偷地接近了他。但他一看到我们，就拼命逃脱。但我们必须追上他。于是我们又组织了一次与往常一样的追捕。这虽然消耗掉许多宝贵的时间，但终于使我们抓到我们的"猎物"。这男孩告诉我们这个地区的名字叫沙里克布雅（Sarik-buya），夜晚降临之前我们会在河的左岸找到一个有人居住的地方。这一信息后来被证明是对的，我们正是在那个地方找到了一位能干的领航员。

阳光已不够强烈，无法消融河边水潭中形成的薄冰。冰越来越厚，直到可以承受得住狗儿们。它们在游向干地的途中经常要奋力穿过覆盖着河岸边缘的薄冰。这些边缘地带的薄冰目前明显变得越来越大。很显然，它们最终要变成横跨河岸的一座桥，彻底把我们的路堵住。现在河面上经常能看见小片的浮冰，它们来自这些潟湖的入口，或紧挨河岸的河冰，而不是来自这些潟湖本身。

现在我们每天都要走整整十二个小时。每天晚上都要用中国灯笼的光线来弥补月光的不足。这天晚上我们在远处看到一处孤零零的火堆。原来那里就是墩克坦（Dung-kotan）。我在1896年曾去过那个地方，并将其在我的地图上作为一个基准点。那里的财主卡迪尔（Kader）告诉我很多关于这条河在不同季节的变化情况。他还说那附近经常有老虎出没。我从他那里买到一张硕大的虎皮。那只老虎是两周以前在那里被射杀的。那以前的一年里，也有人在墩克坦射杀过老虎。

森林里这些淳朴的人使用他们那前膛装弹的原始火枪就能对付和消灭老虎这样的野兽，这实在令人惊讶。当然，他们只有使用诡计才能成功。如果有一只老虎掠走一匹马或一头母牛、一只羊，带着猎物钻进芦苇丛，它会先在那里一饱饥腹，然后把吃剩下的部分留在那里，当它离开时，总是沿着一条已经踩出来的小道走。正是这一特点使老虎在突厥语中被称为"*yollbars*"（即"小径之豹"的意思）。它的脚印暴露了它从何处走进芦苇，又可能从何处出来。而它上次盛宴的残羹又暴露出它准备在饥饿时再回到这里的用心。所以当地人把一个弹簧捕兽夹（称作"*kappgan*"或"*tosak*"）放在小径上，在上面严严实实地盖上树枝和树叶。在那下面，他们会挖一个2英尺深的洞。如果老虎运气不好，它会踩上夹子，被牢牢地夹住。这夹子用铁制成，非常沉重，所以老虎只有倒着走才能拖得动它。因此，它不可能带着夹子跑走，尤其是因为夹子非常紧，又有锋利的尖齿。虽然这野兽的味道很独特，容易跟踪，它的敌人一般会等一个星期过去后才敢去接近它。与此同时，老虎因为没法随心所欲地移动，无法找到食物，饿得体力虚弱，半死不活。最后，牧羊人骑在马上接近它，从鞍子上把它射杀。这样即使老虎困兽犹斗，垂死挣扎，猎人也不至于受到伤害。我买的那张虎皮就来自这样一只老虎，他的敌人距离它还有45码时，它已经奄奄一息了，他们把致命的一枪射入它的左眼。但是消灭它的人对它是如此尊敬，虽然第一枪就使它侧身翻倒，他们还是又补了五枪之后才敢走到它的身旁，翻身下马。他们因杀死自己牲畜的最大天敌而非常自豪，这是自然而然的。

这种捕兽夹是一种非常巧妙的装置，很像英国的野兔夹子或老鼠夹子，犹如一个半圆形的剪刀或羊毛剪子，其两侧靠两根极为有力的钢弹簧拉动而咬合到一起。每一侧里面都有锋利的牙齿，当夹子关闭时它们就会天衣无缝地咬合。那弹簧十分有力，需要一个非常强壮的人用尽气力才能把带齿的两侧拉到布设陷阱时的状态。然后他们把一个圆环推上两个铁爪之间，通过一根绳子和两个别针的简单组合使它保持在正确的位置上。当老虎踩到绳子上时，它的重量使夹子弹起来，紧紧地夹住它的爪子。有一次，夹子仅仅夹住一只老虎的脚趾，结果被它挣脱了，当然这只老虎也因此而残废了。

沿河而下，罗布泊附近老虎很常见，尤其是在左岸。白天它们很少露面，但夜间会出没在牧羊人的小道上。

11月17日，那个猎杀老虎的人与我们相伴而行。河流基本上流向东北东方向，河道狭窄蜿蜒，两旁布满一潭死水的网状旧河道，只有在涨水时才被填满的分河道，以及芦苇和树林环绕的潟湖。左边有一个很大的潟湖，右边则是哈萨纳克达里雅（Hassanak-daria），一条很独特的死胡同河道，只有在高水位时才会有河水流入，而且就在那里停下，不再前行。广义上说，我这张塔里木河地图只是一张快照，因为每年都有新的分支被切割出来，旧的拐弯被废弃；新的边缘潟湖形成，另一些则干涸。简言之，这是一条躁动不安的河流，由于这里地形平坦，它不停地任意改变着河道。

夕阳落下后，月亮出来了，一轮暗红色的圆盘在浅蓝色的天穹上冉冉升起。随着它变得越来越明亮，天空的颜色也越来越深。在这个背景前面，包围着我们的河岸的轮廓就如同黑纸的剪影一样边缘清晰。冬天的大自然那种惨白的颜色使一切都显得非常坚硬和冰冷。塔里木河像一层冰冷的蓝色钢板，只有在卡在河底的死树周围才显露出一丝活动的迹象。月亮低悬在天边，它的运行轨迹时而在河的左边时而

图 49　在喀拉墩看塔里木河

在河的右边，似乎是在河上滚来滚去。

11月18日，我们在勒木帕阿金（Lämpa-akin）初次遇到罗布人。他们共有三人，包括一位老人和他的两个儿子，划着三条独木舟逆流而上，带着渔网和其他捕鱼用具。当我们在一个河曲的中间突然出现在他们眼前时，他们极为吃惊，甚至都没有企图逃走，尽管当时他们乘着轻便快速的小舟可以轻易逃脱。尽管那老人起初十分不乐意，但最终他还是同意与我们一起前行，而他的两个儿子则继续他们的旅程。结果，事实证明这老人非常熟悉当地的地形。

我们在右岸的喀拉墩（Koral-dung，意为"瞭望岗"）①休息了很长时间，库车与罗布泊两个地区的分界线就从那里穿过。那里的河水流量为每秒2 571立方英尺。紧挨着这山岗的南面就是阳光下碧波荡漾的喀拉墩宁库勒湖（Koral-dungning-köll）；

---

① 大致从这一带开始，塔里木河而今的主河道开始向北偏离斯文·赫定时代的河道，故很多居民点和湖泊而今已经不复存在。

图 50 喀拉墩宁库勒湖

它的湖水像水晶那样清澈，湖面上有一半结着冰，周围环绕着极为茂密的红柳丛和芦苇荡。那里面有许多老虎脚印，说明这些身披黑色条纹的野兽习惯于夜间出没在这里。夏天，这些芦苇荡都被水淹没；其实，即使在我们到来时，地面仍然是潮湿的，虽然只有在浅浅的河边潟湖里才有水。从这里开始，塔里木河的下游又被称作"玉马拉克达里雅"（Yumalak-daria），意思是"转圈的河"。它先是伸向东北方，但很快就转向东南方——犹如一条蜿蜒在芦苇旷野中的纤细丝带。

在阿特查尔（Atchal）的另一边，这条河又一次变身，缩小到只有66英尺宽，却有23英尺深，没有任何河流漫滩的构造。把它夹在中间的高台地犹如石头一般坚硬；如果我们的船正巧碰到它们，那就如同撞上了一个大理石筑成的码头。在这一段河道的右侧，是阿克库姆宁于干库勒（Ak-kumning-yugan-köll），意思是"白沙中的大湖"。它坐落在光秃秃的沙丘之间，湖面极为广阔，在湖的这边喊话，另一边竟然无法听到。

11月19日，我们经过了一连串河边的潟湖。塔里木河下游这种向河边潟湖外溢的倾向十分明显，而且离罗布泊越近越为显著。现在又经常见到胡杨树林。除此之外，河道边上是一片长得又高又壮的黄色芦苇，它们如同垂着头的灌木一样向河面上倾斜着，别具一番风情。当我们这庞然大物与它们擦身而过时，那脆弱的芦苇秆在噼噼啪啪声中被折断。

那天晚上日落时彩霞满天，整个芦苇荡都被染上一层金黄色，闪闪发光，犹如什么人在上面放了一把火。玉马拉克达里雅河墨水般的河水在黑暗和沉寂中穿过芦苇丛，那里是兽中之王老虎的家园。覆盖着潟湖的薄薄冰面响起呼哨和呜咽声。我们面前黑沉沉的河面不时被一道闪光照亮，一片原本未露形迹的浮冰被卷入漩涡，冷不丁地伸出一个玻璃般的尖角，落日的光束照射到那里，仿佛穿过棱镜一样被散射开来。那些死去的胡杨树，枝干短粗，光秃秃的，向河面上伸出伤疤累累、已经腐朽的手臂，仿佛死后仍在保佑着那给它带来生命的河水。

河流再一次开始蜿蜒起来，以至于我不得不一天测量两三百次罗盘方位。我们又得到了另一个罗布人向导，在路过的一个河边潟湖里，他为我们抓了一些鱼。他抓鱼的潟湖又长又窄，大致呈菱形。这个湖位于一道沙嘴后面，上面结的冰厚得足以承住一个人。在这种湖里水平静清澈，这个季节就能捕到鱼。这人把他的渔网横在潟湖的口上，把他的独木舟往后退一小段；然后，他站在船尾，用一个宽面桨划着船全力冲向冰的边缘（就在张开的渔网上面那个地方）。脆弱的冰在独木舟的重压和撞击下被弄碎。然后这个罗布人用独木舟把直到潟湖尽头的冰都压碎，并把冰块都推到河面上。他用船桨把鱼儿都赶进渔网后，再过去把网拉进自己的独木舟。如果冰面太厚，无法用这种办法打碎时，罗布人就用他们的船桨敲打冰面，使鱼儿吓得游进他们的渔网。在较大的河边潟湖上，整个冬天都有人捕鱼，甚至当连接潟湖与河流的水道被切断之后也是如此。

11月20日我们的旅程结束时，航行方向是东北偏东。我从望远镜里看到，很远的地方有十来个人正在河岸上等着我们。他们是这附近的两个村子托格拉克马哈拉（Tograk-mähälläh）与喀拉楚马克（Kara-chumak）的长老。他们告诉我，府台，即乌鲁木齐的总督，命令他们来迎接一个沿着叶尔羌河顺流而下的贵客（chong mähman）。这么说来中国人一直在关注我们，尽管是从一定距离之外，而有关我们这次旅行的传言已流传甚广。但即便如此，他们从来不清楚我们从何处来，也不知我们向何处去。他们只知道我们是非常奇怪的人。两年多以后我在拉达克（Ladak）时，曾有印度商人问我，是否知道有个白人曾驾船在一条大河上顺流而下，一直走到遥远的北方。他们声称这样的事情在印度河上是不可能的。

我们这些新朋友中最德高望重的当属玉努兹（Yunuz）长老。他已经等我们好几天了，还曾骑马沿着河向上游走了一段距离去迎接我们，但没有看到任何船只或船帆，于是又回到我们遇见他那个地方。但现在他急于把手里的羊、瓜和鲜鱼交给我们。

我们过夜的那个地方叫柯奇克（Ketchik），很有意思。这个地名是"涉水之处"的意思，因为从卡克特克（Kakteh）通往卡拉乌尔的道路要在这里过河。这类渡口一般位于笔直的河段，河底没有深沟、深坑或深槽。在这里，河流的左岸连着一个宽阔的干河床，里面都是淤泥。我了解到，这是塔里木河原来的河床，它至少曾从那里流过五十年的时间。向我提供信息的那位老人还有儿时的记忆。但我们来这里的四年之前，这条河完全离弃了它的老河道，如今塔里木河即使在水位最高时也不愿再分给它一滴水。新河道只是到了往下游几天航程后才与老河道汇合，它奔向东南方，流经一片完全荒凉的地区。在塔里木河流经此地之前，这里除了一串水浅的潟湖之外一无所有。在这里，我们又一次看到这些地区水文关系中的变化特征，我们离罗布泊地区越近，塔里木河的落差越小，这一特点也就越明显。

因此，我们在接下来的几天里走过的地区对多数当地人来说是一个未知地域。我们在它的怀抱里度过的第一天，新河流的流速约为每小时3.75英里。我们把长老们和他们的礼物都装上船就出发了。最前面是两条罗布独木舟，其中一条由四个人划。这小船行驶得十分出色，它其实就是一个窄木槽，四个人都站着划桨，我们只看得见最后一个人，但四把桨分别插入水面，没有任何协调一致而言。芦苇滩还算茂密，但有些杂乱丛生，而且也不是连绵不绝，而是彼此互不相连的一条条或一片片苇子地。河流无法决定该往哪个方向走。河道没有大拐弯，但却处处有小拐弯，仿佛在寻找最佳的路径。河流经常被横在面前的小岛挡住。如果不是那些独木舟的驾驭者冲到前方，用它们的船桨探明水道的深度，我们在这里很容易走错路。即便有他们的帮助，那些突然变窄的水道、死胡杨树、成堆的芦苇和漂浮的杂物，以及急促的转弯和冒着白沫的跌水台阶仍然无时不使我们把心提在嗓子眼里。另外，我们时而会遇到一棵活着的胡杨树从河道中央升起——这明确地显示，河道是最近才形成的。这些伸展着的树木非常危险。我们有时感到最好在与它们相遇之前把帐篷和气象观测台拆下来。河的右岸紧挨着一串湖泊，其中最后一个，布雅库勒（Buya-köll），通过一条水道与主河道直接相连，水道中有许多弹丸小岛——它简直就是迷你的瑞典群岛（skärgård）。

在那个地方的另一边，我们遇到穹阿克库木（Chong-ak-kum，"白色大沙漠"），那是大沙漠①在当地的名字。在两旁的河岸上，沙丘都直逼河道；同时伴随河道左右的植被带也越来越稀疏。这之间几乎没有什么过渡。我们把最后一棵胡杨树甩到身后，而在我们的右面，芦苇带急速后退，似乎是给寸草不生的沙丘让路，使它们一直伸展到河边。在那里，这些沙丘在水边或河床里的漫滩边戛然而止。

天刚暗下来，我就跳上小艇，紧跟在罗布人的独木舟后面。但是天气很凉，于是我命令手下送过来一个火篮子，把它放在小艇舱底的一块木板之上。由于我们前进的速度极快，船夫们始终处于高度戒备状态。但我们刚一进入沙漠（两岸都是高高的沙丘），天就迅速地黑了下来。于是我们停下来。罗布人颇有远见，在他们的独木舟里塞满在河里捞起来的浮木，所以我们很快就点起几堆熊熊烈火。在这个地区，除了我前面提到的那些名字，这条河又称作"*Tärim*""*Yanghi-daria*""*Chong-daria*"。

11月22日，玉马拉克达里雅河流向东南。它的新河道是从沙漠外缘切削而成，任何恰好挡在它去路上的沙丘都被它那饥饿的、势不可当的洪水冲走。在这万有引力法则所驱使的大自然的威力面前，这些沙丘完全无能为力。

现在我们的两旁都被高达50英尺的沙丘锁住；右岸上的沙丘发育比较成熟，经常是寸草不生。但它尚未变成一个彻底没有希望的荒凉地区，因为我们不时会遇到一棵孤零零的胡杨树，而红柳，那沙漠土生土长的儿女，却相对较多；一窄条芦苇还坚守在每一边的河岸。令人十分惊讶的是，这些沙丘的底部竟然有足够的稠密度，能够保持临水而起的垂直立面。其原因在于沙丘的底层是潮湿的，而沙丘上面的沙子一般来说是松散的，侧面布满细小的沟槽，沙粒顺着这些沟槽一直流到悬崖的边

---

① 即塔克拉玛干沙漠。

图 51 在王马拉克达里雅河上吃早饭

缘。从那里沙粒又形成一连串小小的瀑布，只要上面有新的沙子不断下来，这些沙子形成的溪流就会源源不绝。但当这个沙漏中的沙子用尽时，沙丘就"死亡"了，被风与水流侵蚀殆尽。但即使到了那时，沙子的轨迹仍未结束，它又会被另一种力量驱使去继续它那永无休止的流浪。"瀚海"也有它自己的朝拜者，和那些在条件不那么严酷时在棕榈树荫下悸动的有机生命一样，无机"生命"也同样受到周期运动法则的影响。

在这奇妙的荒凉河岸上，看不到任何有机生命的迹象——没有一个人，没有一只四足动物，甚至没有一只乌鸦或秃鹫这种最适合沙漠的探访者。唯一能够显示曾有生命来到这里的迹象是一棵胡杨树上的"*saldam*"，这是一种用树枝编成的瞭望塔。猎人藏身于其中，等待日出时可能来到河边喝水的羚羊。我们又一次被淹没在那种可怕的亚细亚寂静中，这是死一般的寂静。沙漠腹地没有迎接我们的声音。只有这条河流用它的涟漪向那无动于衷的沙漠唱起歌曲；用不了多久，这支歌就要在唱着它的那两片嘴唇之间凝结。

随着时光的流逝，塔里木河一边唱着歌，一边载着我们越来越深入沙丘的腹地，进入一片绝对无人所知的土地。甚至我们的罗布人过去也从未来过这里。如果说我们有什么时候需要向导指路，那就是此刻了。而这些罗布人就是我们的向导。他们把手中的船桨往水里稍稍一点，瞬间就从我们的视线中消失。但很快他们就会返回，警告我们留意他们发现的某一条重要水道。他们是穿梭于我们这条笨重的战列舰周围的轻型快艇，箭一般地疾驶在我们面前，为我们带路。奇怪啊！走水路穿越地球上最大的沙漠之一，这真是非常奇怪！而不久以前我在这里差一点因缺水而死！

有一次，我们的独木舟船夫来报告，河流在这里分成五个河汊，他们把我们带进他们认为是主河道的那个河汊。那水道夹在两个漂浮物形成的小岛之间——芦苇、树枝、杂物——极为狭窄，河水在我们两边泛着白浪。我们驾驭着这条笨重的船尽可能直着走，滑入水的胡同。船的两边都有剐蹭，但终于挣扎着穿过，来到开阔的水面。但接下来我们却搁浅了。这条河从河岸的一边到另一边都一样浅；可是我们必须前行，无论为此需要付出什么代价。结果我们还真的过来了，幸亏在过去二十四小时河水略微上涨。如果水位又降下来那么多，我们的情况就要糟糕得多。我真不知道我们有多少次从浅滩旁擦边而过却根本没有意识到。我敢说，有几次我们只是勉强过去，简直间不容发。到此时为止，这条河对我们还算客气；希望它继续如此。

我们在一处胡杨小树丛附近登陆，拍了几张照片，这里我们发现了大量老虎的足迹。和之前其他地方一样，我向内陆走了一段，从一个小山丘上眺望过去，却没能有幸得见这在野外徜徉的、凶猛而又迷人的猛兽。

英吉达里雅河，或者说新河，又一次展现出了向右侧偏斜的趋势。如果有向左岸的偏移，水流最终还是会回到主流中去；但在右岸就不是了。新的支流会努力离开干流，沿着同一个方向自己开辟出一条新路。过去很久之前，塔里木河曾经注入罗布泊，而今它注入一个向南很远的新湖，也就是向右侧偏移了很多。

在最后几天里我们没见到很多冰，水流太快了，难以冻结。还是在晚上八点，温度已经降到了零下6摄氏度（21.2华氏度）。每一天我们都在和霜冻赛跑（也就是河面彻底封冻的时候），这变得越来越有趣。现在我们剩下的时间不多了，每个晚上都变得越来越冷。我开始害怕迎接那不得不和我们这漂浮的家说再见，并且将它

图52 独木舟在侦察

遗弃任其自生自灭的日子了。尽管它很笨重,一点也不优雅,我仍然开始喜欢上了它,就像人们喜欢自己度过漫长时光的农场一样。它给我们提供了一个舒适的家,带着我们安全穿过了整个塔里木盆地。它让我们不必每天扎营再拔营、卸货再打包,也不必照料旅队里的牲畜。除此之外,我还有一个随时待命的暗房,仪器始终井然有序地保持工作状态,所有东西都触手可及。当我需要一杯清凉的水时,我只要伸伸手就能得到。

11月29日整天的水量都是2 497立方英尺。这足够了,但是那些浮冰!它们会彻底困住我们吗?

12 对抗浮冰

11月24日，这一天的行程开始时，塔里木河又一次被夹在林带的中间。它转了两个长长的大弯，呈W形，边角处接触到两岸的沙漠，而中间的河段则夹在树林当中。我们不时遇到打鱼的罗布人，看到他们的临时住所外一排排绳子上晾着鱼。我们也会不时看到挂在木杆上的干鱼皮。这是为了表明这里已经有人得到捕鱼权，其他人禁止在这里捕鱼。鱼皮就是主人的公告板。

这一天我们差一点就遭遇翻船事故。河水带着丝毫不会减弱的狂野力量冲过来，以一个极小的角度对着河岸猛击，而就在那里有一棵被河水连根拔起的大胡杨树倾倒在河面上方，悬在水面上1码左右的地方。没有被大树挡住的那部分河面上有一个宽大的漩涡，它慢悠悠地转动，激起一道回流。对一条罗布泊独木舟来说，从这个悬在空中的胡杨树下过去是件简单的事。但是如果我们这艘大船与它相撞，所有的东西肯定都会被扫出船外——帐篷、盒子、箱子、暗房，一切——如果我们是横着漂向它，而甲板上的结构有足够的抗力，那我们很可能就翻船了。那将是甲板上面的结构与这棵树之间的角力，而后者十分巨大，似乎没有什么可以使它移动。

当时的情形是，大船恰好在船队的最前面，没有任何戒备地顺流漂下，根本没有想到会出现任何意外。但是正当我们漂入河岸下面的激流时，帕尔塔绝望地发出了警告。那棵胡杨树就在我们前面20码左右的地方。河水很深，篙杆没有长到可以触到河底。所以，两根新做成的长桨被伸到河水中，因为它们又重又长，每一根都得由两个人来操作。众人高声喊叫着。河水冲进一个险滩，流速极快。再有一瞬间，我们就会遭遇船难。我们顺流漂下，对着那胡杨树直冲过去。难道我们真的束手无策，只能等着灾难降临吗？大家发了疯一般拼命努力。我抓住我的地图和笔记本，决心尽量保住它们。因为一旦它们掉进那浑浊的河水中就别想再找到了。伊斯拉木与长老跑到船头，随时准备抓住那棵胡杨，尽其全力减少撞击的力量。但是，就在那千钧一发的时刻，船夫们成功地将我们这条庞然大物甩到漩涡里。它在那里慢慢地转过身，最后在回流上面滑走。但即使这时我们也并不安全。如果不是阿力姆跳进河水——它只有摄氏1.4度（华氏34.5度），带着一根绳子冲上左岸，这激流将把我们带回那倒霉的胡杨树，河水已经到了他的腋窝。幸亏河岸不高，他没费多大气力就爬了上去，然后用绳子把我们从危险中拖出。

正当我们被漩涡慢慢地转过来时，卡西姆和卡迪尔带着补给船与小艇转着圈从我们身旁漂过，对着那棵胡杨树冲过去。但是他们左右躲避，最终安全地过去了。他们一接到前面危险的警告，立刻松开小艇，在他们疾驶而过时用力一推，把它送到大船附近。我们抓住小艇，死不放手。与此同时，他们的船又卷进胡杨树的枝丫中间，卡西姆拼力抓着船，才没有被扫出船外。他们真的是非常侥幸才幸免于难。

如果这是发生在夜里，使我的大河之旅戛然而止的就不是冰了。但是好运又一次与我们结伴，使我们得以沿着那水上公路再走一程。但我那些拉吉里克船夫心里开始嘀咕起来，不用说，他们有些担心这条河永远不会终止，而会继续绕来绕去，无休无止地向东方蜿蜒。当他们想到离家后已经走了那么遥远的路时，就开始心慌意乱。究竟走了多远，他们心里根本就没有数，只知道自己与拉吉里克的故乡之间有无数的暴风与大雾、沙漠与无法深入的树林。

当我们从这惊险的一幕定下神来时，太阳已开始下山。我打开八音盒来给大家鼓一把劲。伊斯拉木端过来一盘味道极香，刚出锅的鱼；我正因能有可口的热食物暖和身子而庆幸时，突然听到上游传来声嘶力竭的求救声。那时卡西姆和卡迪尔的船正在我们后边。这喊叫声极为刺耳，充满了焦虑，我们都被惊住。我立刻厉声命令将船靠上岸。但是我们正在河流的中间，要想把我们那笨重的怪物引过去需要点时间。我担心他们两人中有一个马上就要被淹死，或已经淹死。

我们刚一靠岸，所有的人都往上游跑去，穿过树丛，跌跌撞撞地跑过芦苇滩。我喊话让他们立刻报告发生了什么事。过了一会儿，一个罗布人回来，说补给船被一个没看见的死树顶翻了。我知道那两个人都无事，就回来接着吃我的鱼，可是这

图 53 倒下的胡杨挡住我们的去路

图 54　塔里木河下游的独木舟

会儿工夫鱼已经凉了。

　　这个意外以一种悲喜剧的形式告终。河面上漂过来补给船上掉出去的各种物品，它们在水上欢快地跳着舞。罗布人划着他们的独木舟在后面紧追不舍，捞出一切值得拯救的东西——水桶、洗澡盆、装满面粉的盒子、装满水果的篮子、犹如某种新品种睡莲一样漂着的馕，以及散布在两岸之间河面上的形形色色东西。有些东西在事故地点被打捞上来，我们那两只羊也自己游到岸上。但有些东西，如一把斧子、一把铁锹、一盏灯等等，都永远找不到了。

　　于是我们在原地露营，伊斯拉木和阿力姆点起两大堆火。等到其他人带着他们能够找到的东西乘船过来时，夜已经很深了。卡西姆非常沮丧，但这个事故真的不能怪他。当他和卡迪尔正努力避开一个从河底下伸出来的死树时，他们被卷入一个漩涡。然后又从那里被甩进一道激流，它夹着他们向事先没有看见因而毫无防备的另一棵死树一头撞去。小艇首先被撞，它的侧面被撕了一条长长的裂缝，不过幸亏那是在吃水线以上。当补给船翻过去时，不会游泳的卡迪尔手脚并用地爬上小艇；

但卡西姆抓住了那棵引起翻船的胡杨树根,从那里发出求救的喊声,直到一条独木舟把他接走。

11月25日,琼托格拉克(Chong-tograk)与阿列力希(Arelish)的长老加入了我们的行列。所以现在我们的船队共有十条船。当我们在塔里木河面上缓缓前行时,队伍看上去浩浩荡荡。两位长老在船头上帕尔塔身旁坐下,轮流执桨——也就是新的扁头篙杆;所以现在我们前进的速度略微超过河水的流速。伊斯拉木正在缝补我那条小艇半边上的裂缝时,一个当地人摆弄着另外半边船体,引起他的同胞们的极大兴趣。我们露营的地点是托库孜库木(Tokkuz-kum),意为"九个沙丘"。我的穆斯林朋友们认为,如果天气平和,我们或许还能继续三周。但如果来一场"*buran*"(黑沙暴),河水也许一夜之间就会冻住。封冻的顺序是先下游,后上游;换言之,与水流的方向正相反。他们告诉我,常年的观察使他们发现,水越冷,流得越快。理论上来说这也许是真的;但是肉眼却很难看出来。

第二天,我们被水流直接带到托库孜库木最高的沙丘面前——这些黄色流沙形成的庞然大物给人一种泰山压顶的感觉。它们同我前面提到的其他沙丘一样,也是大沙漠的散兵游勇,但它们推进到离河边非常近的地方,使其底部受到河水的冲刷,甚至根基也被撼动。这些沙丘是我所见到过最大的一片沙子。我要在这里停留一下,爬到沙丘的最高点,然后环顾这个颇有意思的地方,这种诱惑无法抵抗。

我们把渡船停在左岸,划着独木舟过去,爬上那陡峭的斜坡。但这不是一件易事。沙子很松散,我们每走一步都会深深地陷进去,而且经常滑下来。不过最后我们还是爬到顶上,发现自己站在一道陡峭大墙的尖顶上,它直接扎进河里。展现在我们眼前的景象真是无比壮观。我只能赞叹大自然的鬼斧神工把地球表面雕塑成如此令人惊叹的形态。我深知在那一道道几百英尺高的山脊组成的无边瀚海里面旅行是什么滋味。多少次,我的目光落在那铺天盖地的沙"浪"上;沙子、沙子、还是沙子;沙的波涛一浪接着一浪,涌过浩瀚得不可思议的"沙漠之海"。而此刻我脚下展现的正是这一景象。但是,我站立的这个地方只是那茫茫瀚海的北部边缘,它的边缘宛如海岸或湖边一样明晰。沙漠的最边缘由一道沙墙或高台形成,它像一把由纯粹得不能再纯粹的沙子形成的弯弓,以32度的坡度直接插入河中。河流附近的沙粒比沙漠内部的沙粒有更强的凝聚度和坚实性。这是因为前者能够获得更高的湿度,

图 55 托库孜库木附近塔里木河右岸的巨型沙丘

它部分来自露水，部分则是沙漠机械地从地下吸收上来的水分。也正是因为有这样的坚实度，所以沙子才得以形成各种各样的形状：沙窝、沙台、沙锥等等。从河对面的左岸看，这道大沙墙看上去陡峭如削，如果有人试图从它的表面上下来，他恐怕会触发一场沙崩，被其冲走，必死无疑。这些沙丘约有200英尺高，站在顶上的人似乎极为渺小。

俯视河流的景象也同样令人赞叹。我们脚下的深处，这条河像一条运河一样蜿蜒着，最终消失在东边一个由任意弯曲的河道形成的迷宫里。两个沙丘之间有一个小小的潟湖，但它实在小得可怜。这个巨大沙漠的东边与西边一样，在边缘上戛然而止。胡杨树林没有任何过渡突然又开始了，一丛丛茂密的树木就屹立在沙丘的边沿。

往下游走一小段距离，我们来到阿尔卡提克车克（Al-kattik-chekkeh）。这里住着伊斯塔姆（Istam）长老和十户人家，芦苇与板条筑成的小屋挤在一起，为的是抵挡寒冷、大风和夏季的炎热。这里的全部人口，也就是四十个男女老少，穿着破烂

图 56　托库孜库木

脏污但很有画面感的衣服，永远定格在了我的照片里。这里有一位九十岁的老人，是六十年前从喀拉库勒（Kara-köll）搬到这里来的。他双目失明，半卧在火边，哭着说，他的儿子们都死了，如今没有人来赡养他。他还提到这条大河那任性的改道，但他的记忆有误，我几乎无法依赖他向我提供的信息。

我们测量了河道，其流量为每秒钟2 663立方英尺。随后，伊斯塔姆长老邀我们一起去一个淤泥河岸内侧的池塘里捕鱼。这池塘覆盖着1.5英寸厚的冰，捕鱼的方法如同前面我所描述的那样，只不过这次用的是两张网。第一张网从池塘的口上放入。然后把一段10到11码长的冰打碎，从水面另一头冰的边缘放入第二张网，随后再把两张网一起拉上来。这一流程重复两到三次，直到抵达池塘的另一端，而最后一网将剩下来的鱼捕得一干二净。水只有三四英尺深。通过将石块绑在网底，将干燥的草捆绑在网的上端，渔网得以保持直立状态。这些草也起到"浮漂"的作用，因为如果鱼儿卡在下面的网眼中，它们就会上下浮动。于是立刻就会有人及时地用船桨把那一部分渔网捞出来，然后猛击鱼头将其打死。那天一共捕到二十六条鱼。

我们的日子现在已经屈指可数。这一点已是毫无疑义，因为尽管白天河水的温度略微高于冰点，夜间它总会降到冰点以下。早晨，我们的船队会冻在冰里，需要把冰凿开才能出来。罗布人早就警告过我们，从浮冰最初出现的时候起，再过十天河水就会停止流动。现在我们每天都准备着这一时刻的到来。它的来临是在11月28日。那天早晨，当我走出我的帐篷时，发现整个河面都布满了松软、多孔的冰块，它们是由在河底（或水面以下）生成的晶体和针状碎冰形成的，它们升到河面时就聚集成饼或圆盘，往往与上面的雪一样白。这些冰体被称作"*kömull*"或"*kadeh*"，它们无可置疑地显示河流正在迅速封冻。它们刚一出现，鱼儿就离弃了河流，躲在河汊或河边潟湖中。于是罗布人纷纷为了过冬储备而忙着捕鱼。

那是一个寒冷灰暗的早晨，天空阴云密布。我们用斧子和铁镐凿开冰，把船弄出来。但是船的外面沿着吃水线有一圈粘在那里的冰，一整天也没有化掉，一起都被冻住了。绳子与线像木头一样坚硬，流速测量仪则裹着一层冰，需要先用火把冰化掉才能使用。当地人为了保护他们的独木舟，把它们都拉到岸上来。尽管我们在前后甲板各点起一堆火，但还是冻得直打哆嗦。但众人一整天都唱着歌给自己鼓劲。我猜测，如果我们的船彻底冻住，这些拉吉里克的船夫不会太难过；因为对他们来说，

图 57 阿尔卡提克丰克村

那样的话这次旅行就得结束，他们也就可以解散回家了。

从现在起，剩下的旅途必须在这些浮冰的中间航行。浮冰成了人们关注的一个新玩意儿。他们对这些沿着这条多变的河流任意漂流的浮冰似乎永远看不腻。这些浮冰总是在河流的正中间最多，但也经常被吸进漩涡中。它们互相推挤，直到有些被推回到水流中。它们在露出水面的沙洲上搁浅，像漂浮的小岛一样随波逐流地舞动着。它们彼此相撞，把边缘磨光。它们斜插向我们的船。它们被打成碎片。它们粘在一起。它们被卡在岸边，不停地打转。总之，它们表演着各种你能想象到的奇妙游戏，直到它们消失——多数浮冰到了下午一点就不见了，而到了四点钟，所有的浮冰都无影无踪。但这是给我们的一个警告：再过几天这条河就将无法通行。

那一天塔里木河的河道变化极大。它开始时似乎表现不错，向东北方向伸展而去。但当它到达一个夹在两个沙丘之间的小捕鱼潟湖柯特克图克鲁克（Köttektu-körruk）时，却出乎预料地绕向西边；接着，它遇到左岸的坚硬沙子后，又经过一长串弯弯曲曲的拐弯折回东北偏北方向。

我们遇到了几拨捕鱼的人。有一条独木舟装得满满的，船舷都已贴近水面。

我们在左岸的西瓦（Siva）进行了测量，那里有一些很好的胡杨树林。从各种迹象看，这也许是我最后一次能够按照老办法来进行这项工作了，因为我的小艇——大家称它为"*kagaz-kemi*"，意思是"纸做的船"——经不住浮冰的碰撞。这里的流速是每秒2 559立方英尺。通过观察高水位痕迹和其他迹象，我可以判断，在水量最大时，河在这里的流量可以达到每秒6 110立方英尺或更多。

11月29日，冬天朝我们又迈近了一大步。夜间温度降到零下16摄氏度（3.2华氏度），河水的温度则达到冰点。这条河的外观变得古怪陌生；河面上漂满了白色的浮冰，很容易让人以为它已经被冻住，上面覆盖着一层厚厚的白雪。不过，实际情况还没有那么糟糕。白点斑斑的河面一直在移动，犹如一条蜿蜒的路旁行人便道。每过去一天，都会有更多的浮冰。站在岸上紧紧盯着那匆匆向前白得耀眼的冰带，这使人感到目眩，最终会觉得似乎河是静止的，而我们自己反倒在朝上游漂移。

前一天夜里，我们选了一个很不幸的营地，它在一个挡风的小河沟里。第二天早晨我们醒来时，发现我们的船只被结结实实地冻在冰里，即使围着它走一圈也不会掉到河里。我们费了很多时间才从冰里凿出一条水道，使我们重新回到河里。河

图 58　塔里木河下游的浮冰

水冲刷着冰层的外缘，在上面堆了一座浮冰的堡垒，洁白如雪。大片的浮冰比以往任何时候都要大，也更结实。它们彼此相撞时，发出一种犹如瓷器碰撞的声音。整整一天，我们都能听到犹如遥远的教堂传来的风铃声般的声音。无数冰晶在阳光下宛如钻石般闪闪发光。融化的冰针那无休无止的嘶嘶声和飕飕声，以及它们同时发出的耀眼光芒对人的感官产生一种令人发呆、几乎是催眠的效果。

经过仔细观察，我发现浮冰完全是由细小的薄片和冰针组成的，它们都非常薄，但是大量凝聚在一起。只要它们保持在水面以下，就和水的颜色一样；但一旦露出水面，立刻就会变得像雪一样白。由这一松散地聚集在一起的高度饱和的材质所形成的浮冰圆盘很少有半径超过1码的，而且由于不断地彼此摩擦和与河岸摩擦，一般呈圆形。基于同样的原因，每个圆盘的边缘都有一个凸起的轮缘，约4英寸高。圆盘上面是蓝灰色的光滑表面，轮缘发出白色光芒，与河面的光芒不相上下。

所以我们被包围在无数个雪白的圆环中，它们犹如这条大河的葬礼花圈。过去几个月以来我们一直与它一起生活，现在我们将参加它的葬礼。

图 59 在塔里木河浮冰中间夜行

太阳当然会对这些漂浮的盘子产生很大的影响。但是到了午间,它们仍然覆盖着河面,虽然变薄了一些,却没有完全消失。

整整一天,我们的右边都是光秃秃的高大沙丘,但是在我们与它们之间有一个黄色芦苇地带,里面夹杂着些灰褐色、光秃秃、令人感伤的胡杨树。地面到处都冻得结结实实,大家去沼泽地或最近被水淹过的地方倒是不用担心了。河流在这里显示出叶尔羌河在拉吉里克以下的那些一如既往的特点。我们又遇到同样的宽阔洪积岛屿和岬角,河面很宽,两边是陡峭的河岸,上面有枯树林。

右岸附近有一片高高的沙地,寸草不生,当地人称它为安萨西库木(Ansash-kum),这是一个死去多年的老猎人的名字。他过去常爬上去看看是否能发现附近的羚羊或野骆驼。过去,野骆驼有时会从沙漠里到这里来,但现在却从不到河边来了。不过,喀拉楚马克的卡姆伯(Kamber)长老声称,他在更南边欧普干达里雅河(Opgan-daria)的干涸河床边曾射杀过七头野骆驼。但塔里木河周围森林中的牧羊人从来没见过野骆驼,如果你问他们,他们都会回答说,他们听说过有这样一种动物,但它们只生存在沙漠里面很远、很远的地方。

我们在黑暗中行进了大约一小时,凭借我们那个中国灯笼的光线来导航,但是要在每一个沙洲和浅滩都大喊大叫可真够费劲。不过我们只搁浅了一次,但渡船后面积压了大量浮冰,我们可是用了比平时更多的气力才使它脱身。靠岸过夜时,我们非常小心,避免进入任何避风的河沟;我们不想陷入一个冰的陷阱。正相反,我们把船停在了河的中央,用锚锁住,然后把小艇拖到岸上不会让它受到损害的地方。大渡船抛锚后船尾对着河岸,船头伸向河的中央,因为我喜欢让我的威尼斯凉台悬在流淌的河水之上。但是当我坐在桌前,记录当天的观察时,每一个流过的冰碟都敲打着这老旧的船,每次都使它吱呀呀地叫着,从头到尾地摇晃起来。

到了这时,沿河两岸的冰已经开始冻得很结实了。每一天过去,河边的冰面都变得比原来更宽。不过,霜冻仅出现在河岸下面较近、较为静止的河面上,那里没有水流;或出现在河流中央附近那些被卡住不动的浮木与其他漂浮物聚集的地方。

夜里,浮冰继续撞击、剐蹭和挤压着渡船,但这丝毫没有影响我的睡眠。到了早晨,浮冰不似前一天那么多了。温度计仅仅降到冰点以下两三度的地方。实际上,只有一半的河面上覆盖着浮冰。更奇怪的是,尽管天上多云,阳光无法穿透,大部分的冰最后居然都消失了。到了晚间，留下来的少数浮冰质地极软，而且只是偶尔可见。河道基本上是直的。11月30日，我们走了很长一段路，一整天都能看到右岸上高高的沙地。那种颇具沧桑感、光秃秃、圆圆的地貌很像一道山脊，使我想起藏北的那些山脉。我们没有看到一个人，甚至看不到一缕烟柱。人类存在的唯一迹象是某些木棍搭成的粗糙架子，据说是猎人用来放置猎杀的羚羊，防范野兽去吃所用。我们看到的仅有的鸟儿是一只野雉、一只鹰和几只乌鸦；它们就算是这里所有的生物了。

我一般每天工作十四个小时，从六点钟火篮子送进帐篷时就开始了。直到我们已经出发后，我才去吃我的早饭（煮鱼）。晚餐我也是在船上吃；在那里吃饭上菜很方便，但在岸上和黑暗中就不是这样了。现在时间很宝贵，我不敢浪费一分钟。甚至当我的理发师伊斯拉木给我理发时我仍坐在工作桌前。

第二天是12月1日，塔里木河仍旧保留着原来的特征，绕着大圈朝东北方向蜿蜒而去，沿途岸边是茂密的森林，后面则是沙漠的黄沙，后者的规模显著增大。河面保持同一水位，既没有上升，也没有下降。透明度下降到21英寸，被河水侵蚀的台地有5英尺高。我们在深入沙漠的唯一拐弯处登陆，从沙丘的顶上瞭望四周。现在不同河段之间出现了比以前更多的变化。正在流动的水流是灰色的，里面掺杂着白色的浮冰圆盘；而河边与洪积滩后面的潟湖却呈现为清澈的蓝绿色，覆盖着约4英寸厚的冰，犹如玻璃一般，人在上面走时会出现裂痕，发出嗡嗡的声音。在东南方，极目所至尽是沙丘荒野。西北方向也有一条沙漠带，虽然它不可能太广阔。除了几丛零散的红柳，这两片沙漠之间有植被的地带不超过1.5英里。像往常一样，实际的河床边上都生长着芦苇。

我很早就被敲打在渡船船底的一声巨响惊醒。这是升到水面上的浮冰。夜里看不见这些冰碟，可是太阳刚一升起，它们就冒出来了。如果你在早晨用一根篙杆捅一下河底，就会发现河底又硬又滑，像冰一样。但是晚一些时候，等浮冰不再盖满河底时，河底也变得松软而富有弹性，就像普通的沙子一样。浮冰蹭过渡船的船帮时发出的声音宛如机器在锯糖块的声音。起初这使得狗儿们几近疯狂，对着无辜的冰碟愤怒地叫着。但是它们很快就习惯了。等到浮冰越来越多，挤在一起时，它们甚至把这些浮冰当作通往陆地的落脚点。

图 60 12月1日从右岸俯视塔里木河

这一日天气极佳，非常暖和，由于有火篮子，帐篷里的温度上升到5摄氏度（41华氏度）。我们只搁浅了一次；看着冰碟子是一种很新奇的体验，它们在过去几个小时里一直在我们旁边和前面漂浮，现在当我们停下来不动时，它们突然从我们身旁漂过。如往常一样，冰为我们提供了存在浅滩和沙洲的警告。它本身也与渡船的吃水线一样深，因此也经常搁浅。然后我们就会听到挤压和破碎的声音，这是浮冰堆积在障碍物之上时发出的声音。罗布人坚称浮冰能使流速加快。但我很怀疑。这些反复的撞击应该产生相反的效果。当河道较直时，我们在这些混战中的冰块之间静静地漂浮着。但当我们被卷入一个漩涡时，那里就会有大量的冰碟，要想通过它们就得比平时付出更大的努力。

12月2日，我们一共走了14英里，平均每小时走1.5英里，基本上是沿着直线，即使有曲线也极不明显。夜间河水有所上涨，但仍然很泥泞，显然是因为河底结冰所造成的。沙漠的大沙丘离河岸远了一点，最后彻底消失。河边的潟湖则保留了与过去一样的特点，每一个都通过一个狭窄的喉咙或水道与河道相连，但现在已被切断。所以为了躲避浮冰而逃进去的鱼儿现在都被困在一个陷阱里。这些小小的池塘几乎总是以在那里拥有捕鱼权的人而命名。

现在我们正接近左岸的渭干达里雅河（Ughen-daria）河口[①]，它是塔里木河的一个支流，我前一次旅行中曾到过那里。北边的那一抹沙漠与南边那更大的沙漠都消失了。渭干达里雅河旁边是广阔的森林，因此夹在两条河之间的三角洲形成一片连绵不绝的森林。

哪怕是一点点微风都会使我感到非常冷，因为它把帐篷里的暖气都吹走了，然后我钢笔里的墨水就冻住了。天空层云密布，像一块布一样低垂在地面上，但没有带来一片雪花。不过，到了晚间，太阳从这个阴沉沉的盖子下露出光芒，犹如一团透亮的火球，映射出绚烂的光彩。整个大气层似乎被某种可燃气体点燃，芦苇变成一片紫色的海洋，胡杨树站在那里，伸展着手臂，仿佛还在为离去的太阳送过来那光芒四射的亲吻而陶醉，而天穹下端的边缘则燃烧着无数深浅不同的艳紫色。不过，这辉煌的一幕仅仅持续了几分钟，随之而来的是黄昏，它把一切都染成铁灰色。那巨大的芦苇方才还宛如阅兵队伍中排列整齐的近卫军，饱满的芦花在金色的光芒中点着头，此刻却如同一排再普通不过的栏杆一般单调无趣。

河的两岸荒凉无比，我们十分渴望回到有人居住的地区。难道这个上帝遗弃的地方就没有任何牧羊人吗？我们的向导对周边地区的了解已经穷尽，我们需要对当地更加了解的新向导。然而，在胡杨树之间没有一丝一毫生命或人居的迹象。只是偶尔能看到羚羊、野猪、狐狸和野兔的脚印。

当天黑得什么也看不见时，我命令："停止！"独木舟像鬼火一般沿着河面舞动着，它们的灯笼在木杆顶端晃来晃去，把摇摆不定的灯光投在塞满河面的旋转冰碟上。你的目光不得不投向这些如发光的摇摆香炉一般的东西；眼前的景象中就属它们最引人注目。那天晚上我们又一次选错了露营的地方，但这一次则是因为缺少木柴。为了能借着光线寻找这一不可或缺的东西，也为了照亮附近，众人把覆盖着河岸的茂密芦苇丛用火点着。这些芦苇时而噼啪作响，时而发出嘶嘶的声音，当吞噬一切的火苗迅速地蔓延到它们那干燥的叶子和根部时，它们呼呼地燃烧起来。这是

[①] 大致在这一区域附近，斯文·赫定的路线开始回归现代塔里木河的主河道。

一场令人发呆的焰火表演。那橘红色的光的瀑布无休无止地挥洒在浑浊的河水上，那里有成千上万个旋转的冰碟绕着圈顺流而下，这真是一幅难忘的景象。啊，那些冰碟！我不禁幻想它们是水的精灵，是圣诞老人的儿女。它们在漫长的冬眠斋戒之前被放出来尽情享受一个狂欢之夜。它们也被我想象成一列头缠白布的穆斯林好汉；或是一群荒野的求婚者，头戴脆弱冰块编成的永恒花环。

13

困在冰里

12月3日，河面的四分之三都为冰所覆盖，但是在一天里的不同时辰，覆盖的面积当然也有所不同。河面缩小时，冰就会被推到一起，直到一寸水面也看不到为止，我们的船队似乎被冻结在一个移动的冰原里。但是只要水道再次变宽，那些冰碟立刻会分开，而亮晶晶的水面会又一次出现在它们之间。啊，这些变幻不定的浮冰！它们冲向冰冻的河岸，空气中响彻它们金属般的笑声！我不知疲倦地研究着它们在河面上画出的一条条大理石般的条纹，观察它们闪闪发光的形状：连续的圆圈、阿拉伯花饰、拖成一长条的花环、慢慢转动的旋转吊伞，那些混乱的形状不断地变身为各种越来越奇怪的东西，它们代表了这条河任性多变的狂想。

一整天水流的速度都令人满意，我们顺流而下，畅通无阻，经过茂密的森林和零零散散从大沙漠分支出的高大沙丘，它们接二连三地冒出来，形成一连串出色的画幅。但是我们不再是航行在叶尔羌河那宁静的河面上。空中充满了浮冰互相摩擦产生的低语，它永无休止，而且河面越窄，声音越大。现在每一边河岸边上的冰都迅速变得更宽。再有三四天，整个河面就会全部封冻。即使是现在，在水流减慢的河段，有些地方结了一层薄冰，宛如玻璃一样明亮。

随后，森林逐渐稀疏，河面也再次宽阔起来。周围视野开阔，使我们得以毫无阻碍地环顾四周。河流时常从我们面前笔直地向前伸展，没有任何间断，它如雪一般洁白，像是一条冬天的公路。右边的远处，在稀稀拉拉的胡杨树之间，我们可以看到瀚海沙丘那荒凉、令人畏惧的前沿。在左边，也是在很远的地方，渭干达里雅河的森林形成一道粗粗的黑线。

抵达达西库勒（Dashi-köll）水道的入口时，我们惊讶地遇到两个骑马的人。他们是台孜库勒（Teiz-köll）的哈桑（Hassan）长老派来寻找我们的人。他们说，长老的儿子与其他十个人正在莫木尼欧吐格（Momuni-ottogo）等待我们，那里在下游，离这里还有一大段路。这两个前哨事先约定，找到我们后，他们将点起信号火堆来通知他们的伙伴。于是，我们很快就看到他们点起的火堆，烟柱直上云霄。我们抵达莫木尼欧吐格时，我们的探访者正在等待我们，欢迎晚宴已经摆好，几大堆火正欢快地熊熊燃烧。

哈桑的儿子给我们带来重要的消息。我的旅队三天前曾在台孜库勒停留；我们到达的前一天，他们在英格叩力（Yanghi-köll）[①]；从那里，他们将前往阿尔干，那是我们从拉吉里克出发时约定的会师地点。鉴于我们现在任何时候都可能被封冻在河里，而且那时就需要骆驼在附近，所以我派了一个人骑马去给尼亚孜·哈吉和哥萨克们报信，要他们无论现在何处，都立刻停下来。我还听说，我的老朋友，库尔勒的卡尔梅特领事总代理（Khalmet Aksakal）也跟旅队在一起，而且1896年我的老随从帕尔皮·巴依正在卡拉乌尔等着我。

我被告知，在那个地区，这条河将从12月初一直封冻到3月初，而那以后的二十天里河面将盖满正在融化的冰。要等到8月初河水才会再次涨满，直到9月底或10月初才会涨到最高水位。那以后，河水每天都要下降，但是在结冰之前的一个短暂期它会保持不变。然后，在河面完全封冻之后不久，水位又会上升，将它那冰的毯子抬起。据说这是由于流冰拥挤在河流上形成了一道水坝。但是那水坝刚一崩溃，水位就会再次下降。6月份水位最低，那时有几个地方可以骑马涉水过河。

有一点是不言自明的：即由于塔里木河下游与群山里的源头之间过于遥远，下游高水位与低水位之间的差别就会比叶尔羌的叶尔羌河或阿克苏的阿克苏河的高低水位差要小得多。沿着河越往下走，这一差别就越来越不明显。河水的流量也受到潟湖与河边小湖的调节，它们如同依附在塔里木河身上的寄生虫一般一路吸吮着它的生命之血。沿着叶尔羌河、阿克苏河、和田河以及克孜勒苏河滚滚而下的春汛在沿途逐渐失去了它那奔腾不羁的力量。这无数个潟湖中的每一个在夏天都会干涸，

---

① 意为"新湖"，也译为英吉库勒、英库勒、英库尔。

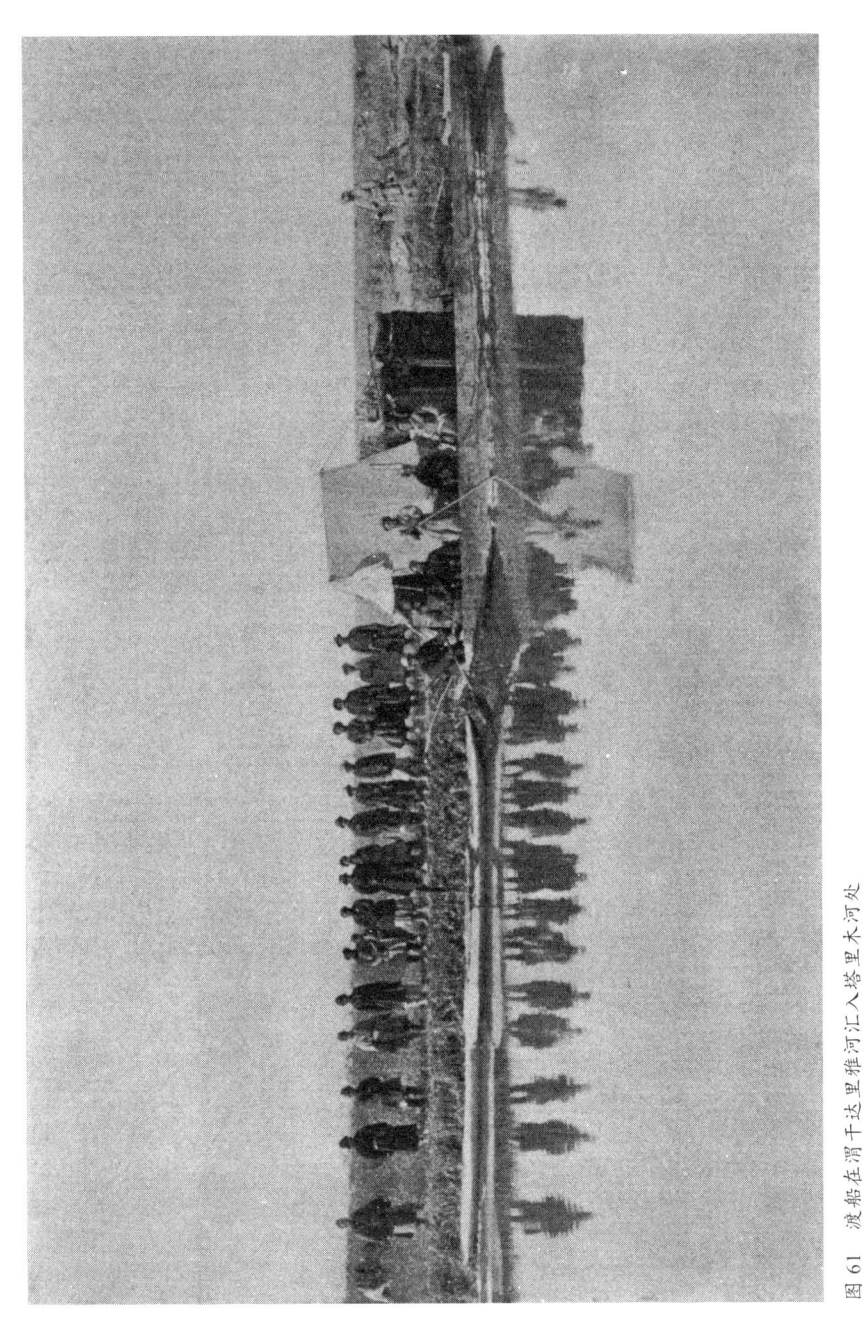

图 61 渡船在渭干达里雅河汇入塔里木河处

都要重新灌满，这就引走了大量的河水。只是在它们全都灌满之后，下游的水位才得以上升。然后，当上游的供水开始减少，最后全部停止时，这无数个水库又变成下游水位的调节者。我们离开拉吉里克时，莫木尼欧吐格与卡拉乌尔这里还是高水位；但现在，到了12月初，这条河已经往塔里木水系的终端湖泊里倾泻浑浊的河水两个月甚至更长的时间了。

在莫木尼欧吐格这里，我们又一次接触到了友善且乐于助人的当地人。那是一个寒冷彻骨的黑夜，浮冰那单调的低语不时被寂静的河面上玻璃一般的冰在冻结时发出的那种独特声音淹没。这一天从各方面来讲都是一个值得纪念的欢乐日子。我们走了很长一段路程，而且有所收益。我们还得到了好消息。但这也是基督降临节的第一个星期日，我们站在"塔里木之墓"的门口，这条河正日益被它白色的不凋花朵编成的花环埋在下面。

过去的三天里，流速增加了。12月4日那一天，我们旅行的平均速度为每小时2.25英里。但即使这种速度有时也太快了，因为当我们的渡船刮蹭和撞上固定冰面时，后者发出愤怒的嘶嘶声和呜呜声。当船卷入一个漩涡时，它会溅起水花冲进冰碟，毫不客气地将它们冲散。胡杨林渐渐消失，在卡拉乌尔，我们来到渭干达里雅河汇入塔里木河的地方，原野上光秃秃的，只有芦苇滩、低矮的沙丘和红柳。

我们在卡拉乌尔停下。帕尔皮·巴依和其他一些当地人正在等着我们。我忠实的老随从急忙上船，抓住我的双手捧到他的前额；他再次见到我是如此激动，以至于很长时间说不出话来。像伊斯拉木·巴依一样，他也老了，胡须斑白，但在其他方面，他还是原来那样一个好人。实际上，他看上去格外好，因为他的衣服穿得很好，是一件深蓝色的袍子与一顶毛皮滚边的蓝色圆顶帽。

第二天，我们在卡拉乌尔度过了一整天。我想做一些天文观察，并测量渭干达里雅河和塔里木河的水量；前者没有任何浮冰，但后者几乎要被浮冰噎死。因此测量它要比平时费更大的气力。塔里木河的流量为1 967立方英尺，渭干达里雅河的流量要小得多。另一方面，渭干达里雅河的透明度为27英寸，而塔里木河只有3英寸；这两条河汇合之后往下游有四分之一英里仍然是泾渭分明。

库尔勒的领事代理人也在这里迎接我。他带来两三箱梨和葡萄（但那些水果都被冰霜糟蹋了）和几百支香烟。那是乌鲁木齐的俄国领事四年前给我送来的，但现

图 62 帕尔皮·巴依和伊斯拉木·巴依在卡拉乌尔相会

在才抵达目的地。

卡拉乌尔的位置正是塔里木河向东南方大转弯的地方，那以后它就直奔罗布泊而去，不再有更多的迂回曲折。这里水流很急；有一次，当我们碰到一根从河底伸出的胡杨树根时，我们的船凭借浮冰的推力冲了过去。但这仍然不是一件令人舒服的事。因为船的一边被抬出水面，从头到尾从障碍物上剐蹭过去后，它轰然一声跌入水中，溅起很多浪花。这一天沙地又开始接近右岸。这条河在最后的这一段又缩身为一条狭窄的水渠，两边被切削很深的河岸挡得严严实实，只有几个小小的洪积滩。

12月7日是我们在塔里木河上的最后一天。对这一点我们一大早就意识到了。旅队正在英格可力等待我们，还有一天的路。而那以下的河面两天前就封冻了。因此我们带着复杂的心理开始了那一天。拉吉里克的船夫们很高兴，他们解放的时刻终于到来。伊斯拉木和卡迪尔急于回到他们的伙伴身边，重过岸上生活。至于我自己，我虽然很高兴旅程到此非常成功，而且在如此方便的一个地方结束，但在最后一天开始时仍颇为感伤，因为我真的很不愿意离开这亲爱的老渡船，它在过去的两个半月为我提供了一个安宁的家。

在岸上陪我们同行的有其他三个长老和一大队来自周围村庄的骑手。但我没有允许任何人登船，只有英格可力的长老例外，这是一个将来我们注定要与其多次打交道的人。

最后一天原来是整个旅程中最有意思的日子之一，因为它把我们带进一个与前边经过的地方截然不同的地区。如前所述，河流向正东南方流去。在东边，草地与芦苇的荒原一眼望不到边，零零星星地点缀着几棵孤零零的胡杨树；西面则是连绵不绝、寸草不生的高大沙丘，它们的底部已经延伸到河边。

尽管如此，沙丘中还是给一连串独特的湖泊留下足够的地方。奇特的是这些湖泊完全被沙子围住，而且水边没有任何植被。皮耶夫索夫曾注意到其中一些，但是他和我都没有意识到这种湖泊的数目是如此众多。我决定要更详细地考察、勘探和测量这些湖泊，但这要留到后面再讨论。

这条河现在基本是狭窄的，只有在它为了绕一个弯而切入沙丘时才又变宽。河道中塞满了浮冰，占了三分之二的河面。只有河的中央，实际的水流之处才没有浮冰。

13 困在冰里

在几处地方我们只是勉强通过，挤断了结冰河面的边缘，那断下来的冰如玻璃一般发出叮叮的声音。冰碟拥挤不堪，没有地方可以漂流，只能彼此磨蹭、擦起来，或在冰面的边缘堆成一条条小垄。尽管如此，这些浮冰继续扫过河面，势不可当。冰碟的中央在几天前还很软，现在已变得十分坚硬。再来一次比平日厉害一点的霜冻，它们就会冻结成一块连续不断、不能移动的大冰。

那一长串沙漠潟湖犹如塔里木河下游右岸的一根藤上的一串葡萄，其中第一个叫吐孜阿尔古特西库勒（Tuz-algutsh-köll），意思是"取盐湖"。虽然我知道以后应该还有很好的机会去考察这些极为有趣的地貌，却仍然无法抗拒现在就上岸大致看一看这个湖的诱惑。它被紧紧地挤在沙丘中，覆盖其上的冰宛如一面镶在金色镜框里的镜子，闪闪发光。将这湖与塔里木河连接起来的小水道被一道树枝与黏土堆积的堤坝所阻挡。两三年之后，这个湖与塔里木河之间的联系就会被切断，因为当地人相信，如果水质变得略带盐分，鱼会长得更肥美。

这个湖群中的第二个是赛特库勒（Seit-köll），它深入沙漠的距离有一天路程之远。三个出口将它与塔里木河连接起来，但现在已全部堵死，以避免洪水在下一个

图 63　渭干达里雅河上独木舟中的奥尔德克（Ördek），以及双体独木舟上的帕尔塔及其他两人

高水位时涌入。其中一个在过去某个时期一定曾有强劲的水流流过，因为出口之上有一个小小的水磨坊。

这些湖泊的出口附近有几个废弃的村庄。其中一个，赛特库勒，居住着二十三家人；吐孜阿尔古特西有九户人；再往上一点，台孜库勒有二十五户人。他们的住宅是胡杨木和芦苇搭建的小棚，现在还屹立在那里，看起来还很新，可以住人。但这里看不到一个活人。犹如飘雪一般堆积在这些棚子旁边的沙子上也看不到一个脚印。我被告知，这些村庄以及更下游的几个村庄都在七年前被废弃，因为当时这里流行天花，死了许多人。中国当局把幸存者转移到河的左岸，分给他们土地。瘟疫爆发之前，当地人几乎完全以打鱼为生；但从那以后他们彻底地改变了生活方式。现在靠耕种土地，播种小麦，畜养牲畜为生。但这里的土质并不是很好。尽管他们可以在河边挖渠引水浇地，却没有这样做，因此收成不足以养活他们，于是他们经常要卖掉绵羊，然后从库尔勒购买面粉。这里最富的人拥有上千只绵羊；但多数人很贫困，每年夏天回到他们过去捕鱼的湖泊去捕鱼。但他们很注意不进他们原来的

图64 卡拉乌尔低矮连绵的沙丘

小屋，那会在他们多数人的心中勾起悲伤的记忆。现在中国引进了疫苗强制性接种，尽管当地人对其效果有所怀疑。

我们在赛特库勒再次登岸，爬上一个高高的沙丘。从那里看湖一览无余。据说赛特库勒湖有24英尺深，向南偏西25度方向延展，像一个夹在直立悬崖之间的峡湾。它已完全封冻，尽管据说只有外缘才结实到可以经得住人。

赛特库勒湖所在的那个河湾已经深入沙漠，形成一个前沿河沟。起初，大沙漠向东北方向延伸得很远。但它逐渐被河水逼退。所以，塔里木河在这里显然又往右边偏移。

当地人对于这些沙漠湖泊的来源给出的解释如神话般令人难以置信。他们声称，这些运河或出口水道是过去挖出来的，当河流在高水位需要找到新的出路时，就会流入这些水道，逼退沙丘，形成这些大湖。不言而喻，如果不是某些必不可少的自然条件已经存在，无论挖多少水道都不会形成这些湖泊。从水力学的角度来看，达西库勒湖也很特别。它虽然离河岸很近，与河之间却隔着一道大沙脊。但最近河水

图 65　赛特库勒湖废弃的棚屋

图 66 英格可力最外的沙丘,帕尔皮·巴依,帕尔塔和伊斯拉木·巴依

将沙脊完全冲走,将湖泊与河流连接起来,而且是在同一水位上。所以当河水上涨时,湖水也上涨,反之亦然。缺口附近有一些胡杨树,没有任何规律或理由地从冰下面冒出来。我们在这里也看到一幅峡湾似的景象,一直深入到沙漠里面。

那一串湖泊并非仅限于这几个,但其他的湖我会留在后面提到。

在一个名叫阿列力希(Arelish)的地方,我们遇到来迎接我们的切尔诺夫和费苏拉。再往下游走一点,尼亚孜·哈吉和来自旅队的其他几个人也来了,他们在岸上陪着我们一起前行,旁边跟了一群他们最近买来的狗。看到我们经过漫长的艰难之旅依然平安无事,他们有一种难以言状的喜悦。他们原本很难相信当他们在那些尘土飞扬的中亚地区大道上迈着无休无止、疲倦不堪的步履时,我能够引导着我们那怪物一般的大船走过这近千英里的路。与旅队会合之后,我们现在可以随意在任何地方露营了。但当切尔诺夫告诉我沿着河往下走两小时,浮冰已经堆积成一个堤坝,冻成一大块冰时,我决定借着我们的灯笼的光走到那里。

然而,等到我们看到旅队的人在左岸燃起的大火堆时,夜已经很深了。那火堆就在冰的堤坝上游一点的地方。于是,我们就在这里最后一次靠岸,去火堆旁温暖我们那冻僵了的四肢。

我们那一路平安的童话之旅就这样结束了。那些漫长与幸福的日子充满了各种体验和惊险,上岸考察和船上的单调生活,威尼斯般的夜晚,那在我们的道路上洒满黄叶、无穷无尽的树林——所有这些,当我回顾时,都仿佛是一场梦。从来没有过如此规模的旅行能够如此舒适地进行,而又如此成功。

没有什么能为我在斯德哥尔摩所度过的安居生活与正在我面前等待的艰苦岁月之间提供比这更好的平稳过渡了。我似乎在一个凯旋的车厢里被送到了亚洲的最中心,无论我转向何方,未知的地域都在用它那具有磁力的手指召唤我。这是一个奇特的偶然:我们居然就停在旅队刚刚抵达的地方。原计划的会师地点是阿尔干,但河冰使我们无法到达那里。但最后才发现,这其实不是一个损失,而正相反,对我们有利。因为就我计划向东西两个方向横跨沙漠所做的漫长危险的远征而言,英格可力是一个最理想的出发点。这里的另外一个巨大优势是:它离库尔勒不远,而那是我们能够为旅队添置更多装备的最近城镇。它离这里骑马仅需三天。

14 冬季大本营

啊，再也不需要赶时间了！第二天早晨，12月8日，终于能安安稳稳而不被打扰地睡个好觉！我用那一天来复制照片底版，而哥萨克们去看一个似乎极为适合做冬季大本营的地方。它坐落在左岸上，在我们停下的地方上游几百码的地方。他们把行李都搬到那里，并支起帐篷。这个被选中的地点有一个优势：它是一个小小的港湾，有着低矮但垂直的河岸。当然，它已封冻，但我们用斧子和铁镐把冰砸开。夜里我们的渡船也牢牢地冻住了，得用同样的方式将它从冰的枷锁中解放出来。然后它被拉到新的河湾，拴在河边。这一预防措施其实是多余的，因为很快这条船就被埋在1英尺厚的结实冰层里。冬天，船下面的水也部分结冰，我们那长途跋涉的住所仿佛架在了一座大理石的基座上。

起初我住在船上，因为那样所有的东西都触手可及；我充分利用了暗房。

在新冬季营地的第一天晚上，我有了一个令人沮丧的发现，这种发现在你过于幼稚或过于好心肠，因此过多地信任一个人的时候会经常发生。在离开拉吉里克之前，我给了尼亚孜·哈吉四个银锭（相当于36英镑）用于旅途中的开销，一是为了购置旅队的给养，二是为了某些其他采购。这笔钱应该足够用的，而且还有剩余。但是，不但这笔钱都没有了，而且我的旅队领头人反倒在路上借了四个银锭，而现在要我来偿还。因此，我坐上了法官高高的审判席（其实是火边的一袋面粉），意图查明真相。在我周围站着被告、原告、证人和观众。这既是一起严重的事件，也是一个悲剧。我宁愿多花两三个银锭，也不愿忍受必须审判我自己的雇员的痛苦。但是这事必须要做，一方面需要给其他的人一个先例和警告，另一方面这也是一个树立我作为探险队长的权威的机会。于是我召唤尼亚孜·哈吉上前，站到火光里，让他叙说他是如何花掉我交给他的金钱的。他的答案不难想象，他试图说明，没有一分钱不是花在正当的用途上，而且他是本着诚信态度尽其责任的。但他这是在撒谎。因为西尔金在我的要求下就各项开销另记了一本账，因此很容易核对旅队领头人的说辞。除此之外，此人还被控对其他人表现粗暴，他瞧不起这些人，对他们一点也不尊重。在阿克苏他偿还了自己的债务，在库尔勒他偿还了他儿子的债务，最后居然还把他儿子带上，用我的钱来支付他的沿途花销。

我不想对他过分严厉，尤其是在一个我一切顺利的日子。另外，我本人也有责任，不该把这么多钱放在他近旁诱惑他。我判决立刻将他开除出我的队伍，次日生效。

这些人真是奇怪！你永远无法搞清楚他们是怎么回事。那些原来指控尼亚孜·哈吉的人现在反倒替他来向我说情，求我留下他，哪怕只是给其他人做饭。那可不成。我已经宣布了判决，不能再更改，尽管我真的很同情这可怜的老人，虽然他曾朝拜过麦加，而且曾追随过普热瓦利斯基。我承诺我将既往不咎，在他离开时给了他半个银锭来止住他的泪水，帮他度过冬天。他的"故事"就这样终结了。无疑他应该感谢自己的运气，能够这样轻易地全身而退。

下面要做的事就是将营地建好，为我计划中的下一次探险组织一个新的旅队。这些事用了三天的时间，即12月9日、10日和11日。我派遣卡尔梅特去库尔勒购置蜡烛和糖，以及可以派上各种用场的帆布，然后又请他去喀喇沙尔（Kara-shahr）①买两顶蒙古帐篷（*kibitkas*）和五头骡子，并将一些碎银换成小额钱币，即换成阿古柏统治时期的腾格，它在库尔勒与若羌（Charkhlik）仍然流通，兑换率为21腾格换1萨尔（合3先令）。我还派穆萨与他一起去拿回卡尔梅特在库尔勒购买的东西，并把我的一大堆信件交给他，让他转送到喀什去。把这些信都写好也让我忙了一阵。

现在是把四位船夫送回他们远在拉吉里克的家园的时候了。因为他们表现极好，而且非常容易打交道，我加倍支付了他们的工资，还付给他们额外的钱，足够支付他们一路的开销。他们非常感动，含泪背诵着感谢的经文；说实话我也很不愿与他们分离，他们真是再好不过的伙伴。根据安排，他们将陪伴那位领事代理步行到库

---

① 今称焉耆。

尔勒，他在那里将给他们买几匹好马，这样他们将骑马完成其余的旅程。我后来没有再听说过他们，但相信他们已经安全回到故乡。

尽管我的雇员大量减少，营地上仍然是一片生机勃勃的景象。伊斯拉木·巴依现在成了旅队领头人；他与两个哥萨克成为我主要的助手。我委派帕尔皮·巴依照管马匹；当马匹不需要他照看时，他就以驯鹰为乐，用活鸡喂他的鹰，那可是震撼人心的一幕。图尔杜·巴依和费苏拉负责照管骆驼，其中一人总是在骆驼吃草时盯着它们。一个来自阿克苏，名叫库尔班（Kurban）的老人负责勤杂；他很招人喜欢，已经六十岁了，但仍像一个孩子那样坦诚快乐。他牵着马匹去水边，给看管骆驼的人送饭。奥尔德克是个罗布人，非常出色；他对那一地区极为了解，被雇来做些营地上的力气活儿，如搬运做饭用水，去附近森林捡干木头（随后由骆驼运回来），为马匹寻找干饲料。虽然我们在小河湾的冰上凿出一个洞，而且总是确保它不被冻上，我们还是从河的中央去运回饮水和做饭用水。附近的长老与他们村里的罗布人安排好，让他们卖给我们牲口需要的饲料。头两天他们就带来至少一千捆三叶草和一千捆稻草，以市场价卖给我们。最后，我还雇了一个铁匠，给他的第一个任务就是帮助西尔金给我做一双冰鞋。我是想用它们来走过我前面提到的那些湖泊；但这双冰鞋不够好，只能让我在家门口转转。

经常有一群群的罗布人来造访营地。我们的邻居刚一知道我们在他们的土地上安了家，在荒野中建立了一个小村庄，就开始一趟又一趟地来探访我们，而且他们从没有空手来过。此外，我从他们那里得到很多有用的信息。所以人来人往从无休止。我从渡船上的帐篷里（我坐在那里工作），可以听到永不间断的人语声，仿佛是一个繁忙的市场。

我的人把他们的帐篷支在营地里唯一的一棵胡杨树下，在那后面，所有的骆驼驮包都在架子上放着，仿佛刚从骆驼背上卸下来。厨师在一个露天炉火上做饭，周围是堆成一圈的木柴，随着冬天的来临，需要不停地添加。营地由五条看家狗守护着，这是我的人从库车和库尔勒买来的，其中有两条灰狗非常出色，很招人喜欢。我给它们取名为玛什卡（Mashka）和泰衮（Taigun）。它们很快就成了大家宠爱的对象。这是两条极为漂亮的狗，骨骼强壮、个头高大。它们身上只有一层白色的短毛，因此非常喜欢待在火边；夜里就睡在我的帐篷里，裹在白色毡布的外衣（或口袋）里，那是我让人给它们定制的。看着它们如何学会在没有任何人的帮助下爬进这些被子里很好笑。当它们依偎着让我把它们的被子掖好时，它们显示出十分感激和非常舒服的样子。但是在狗群之间的打斗中它们是无敌的，使附近所有其他的狗都胆战心惊。我也从来没有看到任何动物在打斗中像玛什卡和泰衮那样狡猾。它们会打着响鼻围着对手转圈，直到它们抓住机会咬到一条后腿，然后它们会把它甩来甩去，拖着它迅速跑着；很快对手就栽倒在地上，等它站起身来，就会哀叫着用三条腿一瘸一拐地逃走。喂狗时，在它们俩吃饱以前，没有其他的狗敢对那肉看一眼。它们真是好旅伴，是已经死去的多夫列特一世的极佳替代。唉，但可惜它们也没能活很久。

我不能说自从它们来到营地以后，尤达什就丢了脸面，而是它退缩到自己的私生活中；当新来者在我的帐篷里时，它就不敢进来了。但它总是忠实地睡在帐篷外面。我走出去拍一拍它，它就会高兴得跳起来叫着。尤尔巴斯（Yollbars，意为"老虎"）是一只暗棕色的大狗。它是罗布泊丛林的儿女，但血管里流淌着狼的血。它被用铁链拴在骆驼驮包附近，极为凶猛，没人敢走进那铁链的范围。它是看家狗的典范，犹如猛犬中的骑士；但即使是它也很快成了我的好朋友。尤尔巴斯是我们旅队的重要成员，后来在通往拉萨的路上一直陪伴着我们。两年后当它无影无踪地消失时，大家都很想念它。我喜欢狗儿，它们对旅队发生的一切都极为感兴趣，而且从不逃避责任。

12月10日的早晨，我走出帐篷后，惊讶地看到一个房子的木框架已经稳稳地站在河边。这个极好的主意来自英格可力的长老，他把活儿摊派给他的百姓，购置了房梁，在天亮时就开始了工作。这框架包括立柱、狭窄的檩子和板条，用柳条与绳子紧紧捆在一起。那天晚些时间，墙也上了架，它是用一捆捆直立的芦苇围成一圈做成的。这种建筑方式在整个罗布泊地区都很普遍。完工后，我发现它真是一个世外桃源般的住宅。它空间不小，足够分成两间相当规模的住所。我们的计划是用其中一间做我的住所，而另一间则用来储存所有的行李。我想起发生在施魏因富特（Schweinfurth）[①]身上的一件事，他把自家积累了许多年的收藏和笔记都存放在一

[①] 施魏因富特（1836—1925），德国植物学家和旅行家，19世纪末在非洲各地进行大量的植物、地理、古植物以及考古学考察活动，著有《非洲的心脏》一书。——译者

图 67 我们在英格可力的冬季大营。左起为卡迪尔、图尔社·巴依、卡西姆、卡西姆、巴依、西尔金、尼亚孜、哈吉、卡尔梅特、伊斯拉木、帕尔塔、帕尔苏拉、穆萨及其他人。后面灵费苏拉, 其中后五人跪坐,

图 68　土拉萨尔干乌依（Tura-sallgan-uy）

个可燃物盖成的小屋，结果丧失殆尽。因此我宁愿把我的物品放在室外。当然我采取了相应措施，用毡子与帆布将它们盖住。如果我的意图是在英格可力度过整个冬天，我当然应该让人建造一个完全用木头筑成的舒适房屋，并把我在船上那个暗房的玻璃装在上面。但我有其他的计划。这个营地是个一流的地方，但我只有三次在那里度过了几天；它在整个罗布泊地区都有一定的名气。罗布泊人称其为土拉萨尔干乌依，意思是"大人物建造的房子"。他们肯定地对我说，这个名字将永世长存，成为当地地理名词的一部分，正如孔雀河—塔里木河沿岸某个地方被称作乌鲁孜萨尔干萨尔（Uruz-sallgan-sal）一样，意思是"俄国人造船的地方"，因为科兹洛夫（Kozloff）[①]曾乘坐一条用胡杨树根做成的筏子在那里渡过河去。

这个棚子最后也没能免于地球上所有易毁事物的命运。第二年夏天洪水来临时，不但把它冲走，而且还摧毁了我们那小河湾、码头，以及站在它旁边的那棵胡杨树。

---

① 科兹洛夫（1863—1935），俄国探险家，曾发现西夏黑水城遗址。

但那时我们早已离去，我们的财产也已转移到更高、更安全的地方。

土拉萨尔干乌依的那些日子是多么平静啊！即使当我作为波斯国王纳赛尔丁（Nasred-Din）①陛下的客人，走在王宫的明镜大厅和大理石沙龙里时，也并不比在罗布泊这个四面透风的住所那芦苇墙里更感到自豪。在这里，风呼啸着从芦苇秆中穿过，仿佛在演奏一首永不停息的悲伤哀乐。

我们还用类似的材料给我们的八匹马建造了一个宽阔的马厩，留下较长的一面向营地敞开着；另一面则放着食槽，其实就是两条独木舟，马在那儿吃玉米和稻草。另外，我们购买了更多的鸡鸭和一些绵羊及母牛，这为我们提供了羊奶和牛奶。我就这样迅速地在我周围建起一个农庄，它虽然算不上什么典范，但无论怎样也是与我有关的最舒适、最美妙的一个农庄。小屋、帐篷、骆驼驮包、"厨房"以及那个小河湾之间的空地形成一个四面围住的院子，它就是我们这个村庄的市场；中央有一堆日夜燃烧的火堆，这是我们的迎宾场所，我们在这里铺上地毯，迎接来宾。这里也是我们的"俱乐部"。但是虽然我们的火堆直到来年的 5 月都不会熄灭，守护它的却并不是维斯塔贞女②，而是一群满脸胡须的粗汉。给火堆添柴的是我们的更夫，他们每两小时换一次班，并且由我们的哥萨克们照顾着。实际上，在寒冷的冬夜，他们如果不是在巡逻，一般都会坐在火边。

自从来到这里，我一直努力收集有关西南边沙漠的信息。但当地人对它的秘密所知甚少。沿着河右岸展开，由荒芜沙丘组成的那道大墙对我产生着一种无法抗拒的诱惑和渴望。我只知道一点，我将冒着生命危险向那些沙丘的堡垒发起进攻，在塔克拉玛干沙漠最宽之处穿越它。但是，正如我前面所说，关于它我只能获得极少有价值的信息。使我惊讶的是人们谈起沙漠时表现出来的那种恐惧。他们一般简单地称它为"Kum"，即沙子的意思，或"Chong-kum"，即大沙地的意思，不过也有人称它为"Shahr-i-Kettek-kum"，即"死亡森林沙漠中的城镇"的意思。这最后一个名字是因为据说一个传说中的城镇被掩埋在大漠深处。他们把孤身一人迷失在沙漠里视为可能发生的最糟糕的厄运。甚至没有人深入过沙漠，无论是往日猎杀野骆

---

① 纳赛尔丁（1848—1896），波斯恺加王朝第四任国王。
② 维斯塔贞女（vestal virgin），指古罗马时守护灶神维斯塔圣火的处女祭司。

驼的人还是当今的淘金者。他们敢到的最远地方离河边不过两天的路程；然后，被那可怕的沙漠吓破了胆，他们总是匆匆返回。如果我们愚蠢到试图穿越这个沙漠那就等于在自杀，因为我们再也回不来。但我驱散了他们的恐惧，告诉他们这并非我第一次从老虎嘴里拔牙。

土拉萨尔干乌依的西南边，那一行沙丘中间有一个缺口。他们告诉我，穿过那个缺口，有一条通往巴什库勒（Bash-köll）盆地的小道。巴什库勒的前面是一个叫英格可力乌依（Yanghi-köll-uy）的地方。那里住着几个卖给我们东西的人和新朋友。我所能获得的关于沙漠的那一点微不足道的信息反而勾起我去考察的愿望。他们告诉我，在湖泊的另一边，沿着它们的主轴线，散布着一些裸露、开阔的洼地，那是些干涸湖泊的湖床。据当地人说，这些洼地是东北风吹走沙子而形成的。他们称这些洼地为"bayir"，巴依尔。但没有人能够告诉我它们延伸到沙漠里有多远。他们唯一能知道的是：他们一直听说，许多年以前，在西南方很远的地方，居住着一个异教徒①的种族，他们的统治者叫阿特里·库什·帕迪沙（Atli Kush Padishah）。神圣的伊玛目曾去那里传播伊斯兰教教义，但那里的人拒绝倾听新的信仰。结果伊玛目们诅咒他们，并唤起真主对他们的国家降下惩罚。连续几天沙子从空中落下，直到他们的国土，连同所有的居民和他们的城市，都被掩埋在黄沙之下。

在正式出发之前，我决定先进行一次侦察性的短途旅行。于是，那天晚上我把我的人召集到火堆前，发布了关于第二天（12月11日）的命令。他们要把我准备带走的骆驼牵过河，准备所需的给养和饲料，尽力保障两岸之间的消息畅通。我不在期间，应把小屋收拾得尽可能舒适，以使它可以住人。他们应把那个临河的大间分为两小间，为了挡风，靠里那一间要围上双层芦苇，里面再衬上毡子。地上要铺芦苇和地毯，但在中央要修一个火塘，在它上方的房顶要挖一个洞，用来排烟。所有这些都必须在我回来之前完成。说实话，我发现我的帐篷太冷了，温度只有零下18到20摄氏度。

但是，把骆驼送过河可不是一件容易的事。首先，我们起初误以为那冰面足够结实。一场大风把已经冻上的裂缝吹开；然后在12月10日夜里又冻上了；但是冰面

---

① 此处指不信仰伊斯兰教的人。——译者

并没有结实得足以承受一头骆驼的重量,如果让这些骆驼游过河去就会让它们丧命。解决这一困难的唯一办法就是用大渡船把它们送过去,但是那条船已被冻得结结实实,无法移动。不过哥萨克们不会放弃。他们召集人群,在厚厚的冰层上为它凿出一条通道来。接下来,在营地上游河面的某一处——那里只有102英尺宽,而且除了右岸有一小条冰外全部是没有结冰的水面——他们把四股绳子送到对岸。这里的深度超过28英尺,流速为每小时2英里,恰好是最后一处永久封冻的地方。众人用绳子把渡船拉了过去,在后甲板上一次运送一头骆驼。等到它们全都安全过河之后,这些骆驼就被牵到最近的草地上去。

那天下午,我们迎来了一个中国秘书(siah)的探访。他是喀喇沙尔的安办,或者说总督派来询问我的健康情况的。但其实他只不过是一个无害的情报人员,被派来看看我到底是怎样一个旅行家。那天很晚的时候,又来了另一位探访者,即我的老朋友和过去做客时的东道主,铁干里克(Tikkenlik)的纳赛尔(Naser)长老。他与我们一起过夜,给我讲了一些有用的情况。其中一件事就是有个"俄国人"①从沙州①到若羌来,再有一个星期就会与我相会。我猜这不是什么俄国人,而是法国旅行家博南(Bonin)②先生。他说,我在上一次旅行中发现的阿伏鲁库勒湖(Avullu-köll)、喀拉库勒湖(Kara-köll)和阿卡库勒湖(Arka-köll)等都还保持着原来的规模。他还告诉我,在他祖先的时代,长老们从吐鲁番到这里来替中央政府向罗布泊的居民收取作为贡品的水獭皮。这些特使们走的路线在巴格拉什库勒湖(Bagrash-köll)③的东面,翻越库鲁克塔格山(Kurruk-tagh),跨过库木达里雅河(Kum-daria),然后在吐鲁番—科布鲁克(Turfan-köbruk)跨过艾列克河(Ilek,即孔雀河,Koncheh-daria④)。从中文文献中我们可以发现,实际情况的确是这样。水獭(当地人叫 kama)的确常常光顾其维里克库勒湖(Chivillik-köll)以及那附近的

---

① 敦煌的旧称。——译者
② 查尔斯·尤德斯·博南(1865—1929),法国探险家、考古学家。——译者
③ 今通称博斯腾湖。
④ 孔雀河(Koncheh-daria)位于新疆巴音郭楞蒙古自治州,是罕见的无支流水系,其唯一源头来自博斯腾湖,从湖的西部溢出,流经库尔勒市、尉犁县,注入罗布泊。今尉犁县在维吾尔文中原名昆其(Koncheh),河从地名,叫昆其河,意即皮匠河,因皮匠常在河中洗皮革之故。清政府平定新疆后将昆其河译为孔雀河。——译者

其他几个湖泊。但是据我了解，它们在喀拉库顺湖（Kara-koshun）从未出现过。这一差别很重要，也很有意义。它说明，北边的湖泊与南边的湖泊无关，而是全新的。捕捉水獭是在雪后的冰面上。虽然这些地方很少下雪，但已有的积雪足以显示它们往哪里去了。当猎人循着脚印找到水獭的洞后，等着它捕鱼归来冒出头来，然后用一种鱼叉（*senjkak*）把它叉住，或在它冒出水面那一刹那用网把它逮住。如果有好几个洞，那就守住每一个洞。但是，除非有雪，否则不会使用这种打猎方式。

大约两年前，纳赛尔长老去过吐逊恰普干（Tuzun-chappgan），从附近一座小山上看到，东北方向大约有一天路程的地方有一团云雾（*hulut*）。他认为那云雾来自喀拉库顺湖北面某个未知湖泊。他的看法是，这是库木达里雅河曾经流入的那个湖；这条如今已经干涸的河沿着库鲁克塔格山脚伸展。这个结论显示了良好的判断力，而根据我后来所能确定的情况，也是完全正确的。

这一信息以及其他许多情况都是这个胖胖的、快乐的长老告诉我的。我把他的话深深地留在我的记忆中；这对我后来的计划也产生了影响。

15 沙漠里的相会——博南先生

12月12日是事先定好的周边考察出发日，天气不佳。从西南方刮来强风，使人刚迈出帐篷或小屋就会感到寒冷彻骨。风从巴什库勒的风口吹过，仿佛是从一个喇叭口里抽过来的，而空中密布的彤云让人感到更加天寒地冻。哥萨克们身穿皮袄，犹如北极的探险者。他们每人手里都拿着一杆猎枪。除了他们以外，费苏拉、奥尔德克、帕万·阿克萨卡尔（Pavan Aksakal，意思是"白胡子猎人"）也加入了我们的旅行。帕万·阿克萨卡尔是一个身材魁梧、好脾气的老人。他来自英格可力村，是我们在这地方最好的朋友之一，总是尽其全力来帮助我们。旅队有四头骆驼，我们轮流骑。在右岸给它们装上货以后，我们出发前往英格可力村和巴什库勒湖的水道。由于这水道与河流的连接在十年前被切断，它的水现在是咸的。所以我们带了一些饮用和做饭用的冰块。

英格可力村有二十户人，原来就在英格可力湖的水道旁边，但八年前有十一个居民患天花而死。那以后幸存者们搬到巴什库勒湖的河口，仍沿用村子的旧名。每当一个人患上天花，周围所有的人都会逃跑，让病人自生自灭。帕万·阿克萨卡尔是这个小村最老的男人，他很明智地管理着湖中的捕鱼活动。

离开那村子后，我们继续沿着巴什库勒湖的东南岸前行，它的湖面在湖岸附近都结冰了，结实得足以承受一个人的重量。离岸远一些的地方冰层就很薄了，比较危险，而在湖的中央则有几大片纯蓝色的开阔水面。这与湖面四周堆积的荒芜黄沙形成鲜明的对比。这个湖之所以没有完全封冻，是因为湖水中含有少量的盐分。未结冰的水面上浮着几只野鸭和天鹅。这个湖只有12英里长，宽度很少超过1英里，在两三处地方甚至仅有0.5英里宽。它伸向西南偏南,犹如一个深入沙丘的峡湾。这些沙丘在湖的另一端最远处只是略微高于地平线。不过,湖泊在那一端并没有完全抵达沙丘的底部,而是中间隔着一条缓缓倾斜的由沙子和淤泥组成的地面,夏天那里十分松软,但我们去的时候却冻得像石头一样硬。如果原来将这湖与河流连接起来的水道再次畅通,这一条稀泥构成的低地就会被淹过五六英尺深。湖泊的边缘围绕着一条茂密的芦苇丛,25码到50码宽,而在沙丘底部附近则有一片片红柳。我们走过的湖泊东岸沙丘陡峭,坡度达33度,但在另一面,它们却犹如一个巨大台阶,沿着一层层台地向下延伸。这一差别是东风造成的。整个罗布泊地区以这种风为主。除了偶尔露面的一棵胡杨树,或更为少见的小树林,眼前的景象异常单调。

鉴于湖的南端有很多木柴,我们就在那里停下。天黑之前,我们收集了一大堆干红柳枝,然后坐在火堆周围,极为幸福地享受一顿美妙的晚餐,包括松鸡、焖饭和哥萨克们准备的茶。然后,我写完当天的笔记,大家就裹在皮袄里很快进入梦乡了,唯一的被子就是头顶上的天空。

次日早晨,地上铺了一层白霜。霜很厚,使沙丘看上去仿佛覆盖着白雪。温度计上显示零下8摄氏度(17.5华氏度)。由于湖东边的高大沙丘挡住了升起的太阳,我们觉得相当冷。

湖的另一端,沙地节节升起,并不陡峭,然后突然就没有任何植被了。爬到顶上,我们看到西南方有一个洼地(或称巴依尔,*bayir*),它大约有半英里长,四分之三英里宽,中央潮湿而荒芜,显示出那里有盐。边缘一圈则长着稀稀拉拉的草丛。总的来说,它形如一口大锅,周围环绕着一圈陡峭的高大沙丘,犹如一个干涸的湖底,流沙则小心地从它身边躲开。看得出这些洼地完全暴露在风中,无论是从哪个方向刮来的,奇怪的是它们居然没有早早就被沙子填满。

南面和西南面皆是一片沙海,有轮廓分明的突出部、高高的沙冠或一个个独立沙丘组成的沙脊。这感觉犹如在远望狂野的大西洋浪涛,只不过这是静止的沙子的波浪,而不是流动的水波。人们很自然会推论,在沙丘之间的谷底隐藏着许多巴依尔。与塔克拉玛干沙漠的西部相比,这附近沙丘上的突出部或沙冠相互之间挨得更近,而且沙丘的两边往往都很陡峭,这说明风的方向是多么的多变。但主要的波浪构造则说明,东风要更强劲一些,也比其他方向的风刮得更频繁一些。

我完成了对这一地区及其轮廓的基本测绘，确定这个地方不太适合做一个出发点，而且我看见巴什库勒的巴依尔虽然有一马平川的谷底，却仅仅延展了很短的距离。所以我决定去找另一个出发点，现在就经英格可力湖返回土拉萨尔干乌依。于是我们转向正东，正对着沙丘的陡峭斜坡。不过，在我们能够抵达这些巨大的台阶前，我们首先需要绕一大圈，以使骆驼能翻过那令人目眩的"波"（即沙脊），它横亘在两个湖泊之间。骆驼在那不平的表面上颇为惶恐。爬上这垭口的顶上后，其中两只跪下来往下滑，这样如果它们跌倒，起码会离地面更近一些。

当旅队继续前行时，帕万·阿克萨卡尔领着我爬上一个很高的沙丘顶上。它的高度约为350英尺，在上面可以看到整个地区的全景，从那里往下看，我们的骆驼似乎与甲壳虫一样大。在英格可力的西南面，我注意到三个大巴依尔，中间隔着大片沙地。它们犹如起伏不定的地表上的几个小坑——瀚海中的岛屿。东北方是那个湖，覆盖着灰蓝色的冰，闪闪发光。它的另一边是英格可力湖与塔里木河右岸之间那道巨大的沙墙。

我们费了很大气力才领着骆驼翻过一道令人心悸的山脊，然后下到一个大大的长形巴依尔边上，它紧挨着英格可力湖的最里边。巴依尔底部完全没有沙子，由不同构造的同心圆环带组成。最外面一圈位于沙丘脚下，由粉状的沙尘形成，骆驼走在上面会陷下去1英尺多深。然后是一圈沼泽土，再里面则是一圈盐。巴依尔的东北部分包括一个大水塘和数个小水塘，里面都有浓度极高的咸水。在这个巴依尔的东北面，有一条6到7英尺高的芦苇带；我们在那里找到一个合适的露营地点，周围有很多干木头。

我们的巴依尔与湖泊隔着一片细长条的沙地，大约100英尺高。它的脚下有一些泉眼，从那里汩汩溢出的泉水是淡水，但等到它积在洼地的底部之后就变成了咸水。从这个沙岬望去，眼前是一幅美轮美奂的景象。英格可力湖很长很直，因此从这里看不见它的北端，那里靠近塔里木河，没有沙丘。这使人感到既像站在一个环绕在巨大沙丘中间的沙漠湖泊岸边，又像是站在一个峡湾的入口，而开阔的海洋就在探出来的岬角后面。但是，当湖的西北角被初升的太阳照亮时，东南角的陡峭沙墙仍处于深深的阴影中，将它们的倒影远远地洒在明亮的灰蓝湖面上。这里植被很少，但正对面的湖岸上植被发育较好。在两边的湖岸上，胡杨树加起来也不过稀稀拉拉的十几棵。水是淡水，应该有五六寻深。这个湖泊与河道的联系已被切断两年左右，而且这种状态还将持续七八年，这都是为了捕鱼的目的。但是东北岸附近的几个开阔地方显示那里有地下泉眼。不过这些泉眼的水并不足以弥补蒸发和其他原因造成的水的减少，于是通过冰面就可以看出这个湖泊在缩小，因为它的边缘高于湖心。

我们的路线沿着湖岸通向东北偏北的方向。前进途中，我们发现湖岸多变，有不少潟湖、半岛和小岛，但在别处看不到这些。就其规模、形状和基本外观而言，英格可力湖与巴什库勒湖一模一样，它也形同一个峡湾。有时一条小道把我们带下来走到冰上。冰面宛如玻璃一样纯洁透明，而下面的湖水则像水晶一样晶莹剔透。在两三寻的深度，湖底的一切都历历在目。这给人一种幻觉，仿佛是在水面上行走。湖底的图景犹如一个水族馆：水藻宛如珊瑚一样一动不动，黑色脊背的大鱼悬在水中，在一缕缕水藻中似睡非睡。当哥萨克们在冰上跺着脚，把它们从半睡状态中吵醒后，这些大鱼就轻轻地摆动着它们的鳍，不慌不忙地向深处滑去。较小的鱼在更靠近湖岸的冰下面成群地游来游去。在那里，冰面至少有4英寸厚，但离岸边百步左右的地方就顶多只有1英寸厚了。我从没有看到过比这更美丽的冰面。我简直想在这湖边待一整个冬天，只是为了在一个自制的冰橇里滑过它那光滑的表面。那将远胜于拿我的生命做赌注在那些可怕的沙丘间冒险。我们沿着那个将英格可力湖与塔里木河连接起来的水道继续前行，来到河边，然后沿着它的右岸（西岸）向前，最终抵达我们出发的地点。在那里遇到我们的船夫，他正在大渡船上等着我们。伊斯拉木·巴依和帕尔皮·巴依也前来接应。

12月15日，我派切尔诺夫、伊斯拉木和奥尔德克骑马去勘察赛特库勒以及它西南方的地区，看看那里是否适合作为我们计划中的沙漠之旅的出发地点。他们的工作完成得既快又好。切尔诺夫和奥尔德克两次勘察都参加了，因此有资格比较哪一条路更好一些。他们出发三十六小时后返回，带回来一张他们穿过的地区的简易路线图。我的侦察兵告诉我，他们一次也没有看到我们在英格可力湖遇到的那种沙丘，而且将洼地彼此隔开的积沙即使马匹都可以走过。从他们到达的南边最远的地方，可以看见一连串巴依尔伸向同一方向，即西南方。这将使旅途的最初几天容易得多。虽然时节还早，但沙丘上已经铺上白白的一层冰霜。奥尔德克说，如果我们

图 69　英吉可力附近的村子阿克塔玛（Aktarma）的本地棚屋

缺水，应当能用冰霜解渴。我却怀疑只有在河流的附近才有如此多的冰霜，而当我们深入沙漠后，冰霜就会越来越少。

我再一次在土拉萨尔干乌依享受了几天快乐的时光。与此同时，帐篷①被改装成一个舒适的住所。之前已经提到，它里面那半间又被隔成两间，用一幅厚厚的红毡毯分开，那毡毯悬挂在一个支撑屋顶的檩子上。虽然我把我的盒子、仪器、写字桌等等都搬进最里面的屋子，我发现那屋子根本不保暖。而我又不敢在那些干稻草中间放一个火炉。一颗火星就足以将它点燃。为了克服这一困难，我在棚子的后墙开了一个门廊，把帐篷放在紧挨着它的地方，然后在帐篷里放了一个火炉。帐篷外面的缝隙都被缝好，然后再把下面一圈用土堆上以挡风。那以后我又搬回帐篷去睡。棚子的外间我们用来储存各类比较占地的物品，如马鞍、我的小艇及其附件，以及

---

① 这显然是斯文·赫定或英译本笔误，因为根据上下文都可以判断他这里所指的应该是一个棚子/小屋。但为了忠于原著，我们不予更正。——译者

其他一些东西。所以，我住在一个三居室的房子里，过得如此舒适，需要下很大的决心才能抛弃这种生活，去进行那寒冷、危险、疲劳的穿越沙漠之旅。

但是据说正在朝我们这里进发的这位"*Oruz Tura*"（意思是"俄罗斯大人"）究竟是谁呢？我知道查尔斯·尤德斯·博南先生已经离开中国内地，意图经过沙州、罗布泊和乌鲁木齐横跨大陆。我猜这位神秘的旅行家有可能是他，就派专人给他送信，邀他来与我同住。我委托帕尔皮·巴依来做这件事，因为我揣度博南先生或许会有兴趣会见一个曾经陪伴奥尔良亲王和邦瓦洛横跨西藏，并目睹了杜特雷伊·德·莱因斯（Dutreuil de Rhins）[①]被杀害的情景的人。

帕尔皮·巴依是16日晚上回来的。他带回一封极尽法兰西客套礼节的回信。那果然是博南先生。他已经抵达简库里（Jan-kuli）的客栈（*ortäng*），那里就在我们这个村庄北面约6英里的地方。于是我借着明亮的月光骑马到那里，在一个满是烟尘的房间里见到了这位尊贵的旅行家。那房间满是来自地上中央一个火堆的烟尘，他的讲法语的安南[②]随从们就围坐在火堆周围。

当你在荒凉的地区长期旅行时，没有什么比遇到一个欧洲人更令人高兴的了。眼下这喜悦更是双重的，因为博南先生是一个安静的人和学者，既有才华又有魅力。能坐下来听他叙述他那不寻常的经历和假说，对我来说真是一大享受。他发现了一条经阿斯腾塔格（Astyn-tagh）抵达西藏的古老的朝圣路和一条从沙州通往罗布泊旧湖所在地的古老大道。对于这个湖盆的多变性，他有与我一致的想法。

博南先生请我吃了一顿丰盛的晚餐。第二天早晨，吃过早餐以后，我们一起骑马去土拉萨尔干乌依。在那里我们一起度过了美好得难以形容的一天。我的法国客人怀着极大的兴趣参观了我们那个小村及小屋、火炉、河湾还有冻在里面的船只。我们一起观看了我制作的每一页塔里木河及其无数河曲的地图。月亮升起后，我们在浮冰中划了一小会儿船。

但是由于晚上很冷，我邀请我的客人到帐篷里来，并在炉中点起熊熊火焰。随后，我的人送上一桌丰盛的宴席，包括我们厨房和库房里所能奉献的一切。主菜为瑞典

---

① 杜特雷伊·德·莱因斯（1846—1894），法国探险家。1894年在青海玉树与当地人发生冲突，被杀。
② 越南的古称。

图70 博南光先生和作者在英格可力

"帝王"汤、烤羊肉串（shisslick）和焖饭，然后是罐头水果等，饮料则是我的酒窖里唯一一瓶葡萄酒。那是赛特谢夫上校趁我没注意时偷偷塞进我箱子里的。这宴会还有音乐助兴，一直持续到次日凌晨；然后，我在透风的"沙龙"里暂做歇息，博南先生则在帐篷里睡了一觉。这是我在亚洲腹地度过的最幸福的日子之一。

第二天（12月18日）早晨，博南先生那久经旅途劳顿的中国大车来到我们的院子里。分手的时刻到了，他需要返回自己的祖国，而我将消失在"瀚海"的无路荒野中。他的任务已经完成——做完了所有要做的事；而我的工作尚未开始——那是无法穿透的迷雾后面的一系列谜题。一切就绪后，博南先生和他的随从站在一个大灯笼下合影，那灯笼悬在一个插在院子当中的柱子顶上。这位法国旅行家身穿一件红色的长斗篷，上面戴着同样颜色的兜帽（bashlik），看上去活像一个喇嘛教的朝圣者。大家热情地握手道别，他爬上他的大车，消失在草丛后面，而我又是孤零零一个人了。但在我的记忆中，我们的相会是我整个旅程中最愉快的时刻之一。

在我们的营地上游方向，河已冻得十分结实，可以经得住一个骑马的人。大量的河水因封冻而集中到河底，因此河面持续下降，而河中心那16英尺宽的水流简直就看不见了。到了春天，这一大堆冬天的冰融化时所造成的第一场洪汛被当地人称作"mus-suyi"，意思是"冰水"。我们来年春天正是利用这个时机乘坐大渡船向东南方继续航行。

12月19日是以后很长时间里我们在土拉萨尔干乌依所度过的最后一天。那一天全被用来为穿越沙漠之旅做准备。以塔纳巴格拉迪库勒（Tana-bagladi-köll）为起点的洼地被当作出发地点。

我任命伊斯拉木·巴依为这次新探险远征的旅队领头人，他是我上一次穿越塔克拉玛干大沙漠之旅的伙伴，既忠实又有经验。参加这次远征的其他人有图尔杜·巴依、奥尔德克和库尔班。我们带了七头骆驼和一匹马。在狗儿中我挑选的是尤达什和多夫列特二世，因为我不愿迫使那两只敏感的灰狗在冬天的寒冷中露天过夜。一支辅助旅队，包括帕尔皮·巴依、费苏拉和罗布人霍代·沃尔第（Khodai Verdi）以及三头骆驼，将随我们走完最初四天，然后返回。

为了确保我的旅行箱子不受火灾之害，我让人把它们拿出帐篷，送回到大渡船上。我的气象观测仪器仍然留在暗房的屋顶上，整个冬天这些仪器将在那里运行。

我已经教会哥萨克西尔金如何使用它们，现在就让他负责我的工作中这一重要方面。除此之外，我还任命他为整个营地的负责人和队长。留下我的两位哥萨克使我心里很难受，但保护营地的任务非他们不可。他们住在自己的帐篷里，把火炉搬了进去。我给了他们两个银锭（15英镑）以用于一切开销，并留下多得过剩的给养。我让他们负责营地的安全，并守护好我留下的所有牲口，包括三头小骡子，那是我最近在库尔勒以极低的价格买下的，三头一共才70萨尔（10英镑10先令），它们活了两年半。一共有七个人留在土拉萨尔干乌依。他们在那里度过了一个平静的冬天。

考虑到我们将要穿越的大沙漠，我让人尽量减轻辎重。为此我们把给养等等削减到不能再少。我们带了十天的米面，两周的可随时烤制的面包，还有两周的即食炒面（talkan）。为了我本人，我还带了几箱罐头食品、茶叶、白糖和咖啡。而其他人则带了中国砖茶。也就是说，我们的给养只够维持到且末（Cherchen）①那么远。在那里我们应该能够补充给养。

除了这些东西，我在我们携带的唯一箱子里装入了地平经纬仪和它的支架、气象仪器、水平镜、柯达胶卷、行程表、卷尺、试管、塔里木盆地及周边地区的地图和一大堆小零碎，以及我的衣服。气压表总是放在我的口袋里。

12月20日早晨七点，我被伊斯拉木叫醒。他告诉我一场暴风正从西南方刮来；我还要按原计划出发吗？我立刻发现他是对的，因为帐篷鼓得像个船帆，而烟从炉子的烟囱下面倒灌进来。但我已经把那一天定为出发日，推迟一件你已经决定要做的事是不明智的。所以，当我吃早饭时，行李就被运送到河的对岸。在那里，附近的长老和他们的百姓都来看我们出发。他们都深信这是一次我们都注定无法生还的旅行。

骆驼通过一条铺了沙子的小道被牵到冰上装货。我那个装着仪器的箱子、被褥和厨房用具装上第一头骆驼；其他人的衣物和大袋的食物装上第二头骆驼。第三头骆驼则被装上了劈成大块的木头；第四头载着牲口自己食用的玉米；另外三头载着装在山羊皮（tulum）里的大冰块。三头备用的骆驼载着沉重的木头和冰块。所有的旅行者都配备了冬衣和厚厚的毛皮。

---

① 维吾尔族称且末为"车尔臣"，此城附近有车尔臣河流过。

图 71 博南先生

第三编

穿过塔克拉玛干沙漠:
永久晦暗之地

16

穿过巴依尔

我们的路线起初在右边的河流与左边的沙山之间,向着正西穿行在开阔的灌木林与稀疏的芦苇滩之间。但是,我们很快就离开塔里木河,转向沙漠,沿着塔纳巴格拉迪湖的东南岸行进。这个湖与我前面已经提到的那些湖泊在构造与总体外观上都很相似,只是它要短得多。抵达湖的南端后,我们停下来,在冰上凿出四个小窟窿,让骆驼开怀畅饮。这将是很长一段时间里它们最后一次能够有水喝。这些聪明的动物似乎也知道什么在等待着它们,所以拼命地喝啊喝啊,仿佛永远不想停止,那匹来自喀什的小白马也是这样。狗儿以及所有的人,大家都痛饮了一番。这是因为,虽然我们携带了不少冰,但以后仍然很容易会出现缺水的情况。我们在湖南侧的沙丘另一面的一个结着冰的咸水塘边扎下第1号营地。

为了尽可能获得更多的遮挡,我们在芦苇丛的中心区域清出一大片地,点燃一堆干草,然后用从一块大木头上砍下的木片一点点地往上续柴。但天空是我们唯一的铺盖。帕尔皮·巴依担任厨师,他先把大米洗好,然后在平底锅里放入一块肥油;当它开始吱吱作响时,再扔入肉丁、洋葱丁和蔬菜丁,最后倒入大米,在上面泼一罐头盒水。这一切做完之后,他就把锅盖上,一直煮到水全烧干:一部分蒸发掉了,另一部分则被大米吸收。这就是烹制标准的中亚地区焖饭的正宗做法。

第二天,由于地面情况较好,一路顺利。我们的路线完全根据那些不寻常的巴依尔而定。它们沿着南偏西35度角一字排开。出发后不久,我们翻过一条横在面前的低矮山脊，或者说是门槛，向下走进第6号巴依尔①。在它的较低那端——即离河流最近的那一端，有几个咸水池，周围有盐结成的硬壳。第2号、第3号巴依尔都较小；但第四个让我们放心了，它与前三个加起来差不多大。

所有这些巴依尔似乎都处于同一个水平面上，而且都极为平坦，彼此之间由短小的沙带或脖子形状的地带连接起来。我们幸运的是，这些沙地并不陡峭。巴依尔的底部很少是坚硬的。在这些最初的巴依尔里，底部是一层潮湿的细粉尘，骆驼在里面走每一步都会陷进去15到16英寸。实际上，我们每两分钟连1码都走不了，所以每小时还走不了2英里。领头的骆驼最受罪，因为它得为后面的骆驼蹚出一条路来。而最后一头骆驼几乎是走在一条踩得结结实实的路上。我骑着我的小白马走在骆驼后面，但其他人都是步行，除了帕尔皮·巴依，他坐在骆驼身上的一堆木头上面。

在形状上，所有的巴依尔都很相似，很快我就看出来，它们的构造来自同样的一些自然因素。除了没有水以外，它们都与塔里木河的河边潟湖完全一样。如同那些潟湖一样，它们也是在沙子的环抱之中。但挡在它们东南面的那些沙丘形成了一个连续的障碍，以33度角直插下来，而它们西北面的斜坡却缓缓升起，显而易见，在那些沙丘的西坡下边存在着另一个巴依尔。

当然，一切都很清楚，我们选择的路线是我们所能走的唯一方向，因为它会带着我们一直走到我们的目标：车尔臣河（Cherchen-daria）畔的塔提让村（Tatran），它位于且末镇下游一天路程的地方。即使对于一个步行的旅行者来说，在那个沙漠里往东西两个方向走都是绝不可能的。每隔一会儿，一条舌头形的沙地就会从平坦的巴依尔底部横穿而过。但这些沙地不高，绕过去也很容易。

我们在第4号巴依尔的另一端附近停下来，设立2号营地。由于周围没有芦苇遮挡，我们暴露在肆无忌惮的流沙旋风面前。我们蜷在两座微弱的火堆周围，唯一的话题就是这些对我们有利的巴依尔还能延伸多远。因为，只要我们能沿着它们往前走，就不会有危险。当我爬到最高的沙丘顶上去看一下周围的地形时，眼前的景象真是触目惊心。你可以想象一下，一个沙的海洋翻滚着巨浪冲着你迎面扑来，就在浪涛飞溅起来把你淹没的那一瞬间却戛然而止。这就是我看到的景象——令人眩

---

① 原文如此，似应为第1号巴依尔。

图 72　旅队在流沙山之间跋涉前行

目的瀚海巨涛——不是水的波涛，而是散沙组成的波涛，高悬着，威胁着，随时可能崩开，滚滚向前，只等着我说出那"芝麻开门"的咒语。根据我上一次旅行时所做的地貌勘察，我们前往塔提让的距离是177英里，几乎两倍于我从麻扎塔格的湖群翻越同一个沙漠前往和田河的路程。而那一段路就远到足以让一支旅队全军覆没。伊斯拉木和我都永远不会忘记那次旅行，我们都清楚地知道我们现在这个计划有多么危险。

劲风从西边刮来，空气中充满尘埃，把白天变成黄昏。气温降到零下11摄氏度（12.2华氏度）。我自然不愿脱下我的毛皮大衣。因此，虽然在这次远征的两个月中（除了在且末）每天夜里都是露天过夜，却没有出现任何不好的结果。即使在如此早期的时候，我们就已经开始对木片和冰块的使用加以控制。

帕尔皮·巴依感觉不适。我应该把他从2号营地送回去。但他穿着沉重的皮大衣无法走路，而且他也无法在一天内走到土拉萨尔干乌依。因此我们给他在一头骆驼背上找了一个位置，让它驮着他跟我们一起走。但这是这个可怜的人最后一次参加我的远征，他已经时日无多了。

第二天我们走了14英里，多数时间是沿着平坦的巴依尔走。不过越往前走，它们之间的沙质地峡就变得越高越宽。这条路线只有一个缺点：它始终沿着南偏西35度那个方向。如果它一直是这样，就会把我们带到那无穷无尽的瀚海的最中心，迫使我们斜穿整个沙漠前往尼雅（Niya）①。哪怕在最有利的情况下这也将超出任何旅队力所能及的范围。另一方面，放弃追随巴依尔将是愚蠢的，因为很难想象有任何比它们更适于旅行的地面了。

在塔里木盆地的腹地，累积的沙子无边无际，呈现为某种网络的格局。而我所说的那些巴依尔就位于网眼里。无论我们从河道的哪一端出发，我们都必然会遇到一连串分布在同一方向的巴依尔，即分布在西南偏南的走向。不过这些洼地即便是现在也经历着重要的变化。我们发现，越往前走，它们的底部越结实，因而也就越适于骆驼行进；同时它们也变得更加干燥，上面覆盖着越来越厚的沙子。接下来，在它们的边缘，黏土开始以长方形的台地或台阶的形态出现，4到5英尺高，有时甚至成为沙子里露出来的形状简单的土梁。不过，这些构造的形成并非源于风的侵蚀力，而是源自水的活动。实际上它们看上去像是古代的沙滩，标志着河湖的不同水位。这一观点，即巴依尔为古老湖盆的标志，可以通过它们盆形的构造、台地的同心圆排列、含有盐分（shor）的土壤的条状地带、周围一圈由纯粹的盐形成的地带等迹象证明。这正是现有的英格可力湖、巴什库勒湖、塔纳巴格拉迪等河边湖泊如果干涸后会形成的地貌。

不过，我倾向于认为，我们是穿行在一个巨大的内陆湖泊或地中海的底部。支持这一观点的事实包括整个塔里木盆地的基本水位，盆地中塔里木河与车尔臣河这两条河的流向以及几条巴依尔链的位置。因为，正如我们将要在下面所看到的那样，所有这些链都有弯弓似的曲线，而且都从老罗布泊与现在的喀拉库顺湖之间的某一点辐射出去。或从整个塔里木盆地中最低洼的那一点辐射出去。但这个问题很复杂，要在本书中加以适当讨论又太长，需要为此专门出一本科学著作。

---

① 尼雅遗址位于新疆维吾尔自治区民丰县南缘喀巴阿斯卡村以北20公里塔克拉玛干沙漠边缘。该古城1901年由英国探险家斯坦因首次发现。尼雅是民丰县的旧称。——译者

尽管前六个巴依尔中间都是松软不定的地面，没有任何地方下脚，只能从它们的边缘走过，但从第7号巴依尔开始地面十分坚硬，我们可以随意选择行进路线。在第5号巴依尔，我们发现一只走散了的羚羊的脚印，大约是两周前留下来的。但这脚印却沿着从河边过来的路原路返回了。在第8号巴依尔，我们有个有趣的发现：一头野骆驼的骨骼，它们已经变得脆弱疏松。在第3号巴依尔，我们为了试验，挖了一口井，在4英尺的深度挖出水来。水很多，温度为4.8摄氏度（40.6华氏度），水的味道极苦。尽管一直到地表都是潮湿的，但由于盐分很高，没有任何地方结冰。

12月23日，我们又一次被一场黑沙暴惊醒，但这一次它来自东北偏北方向。天空彤云密布，大气中充满了尘土，周遭风景——如果这个沉睡在荒芜中的地方也有风景的话——的特征在几百码以外就看不见了。甚至离我们很近的地方都因为一层尘雾而变形，如幽灵一般。我们是到过这个可怕的沙漠的唯一的人类探访者。奇怪的是，那很容易被春天大风刮起来的流沙竟没有在很长时间以前就把这些洼地填满，把它们的底部抬高到沙漠总的水平面上来。但是，其实每一粒沙子都似乎沿着它注定的路线行走，那种毫不偏离的确定性犹如电流在电线中飞速经过时的情形。而贴着地面吹过的风只能顺应沙丘地表的轮廓。因此，这些风暴掀起的沙子不得不避开光秃秃的地面，而堆积在两侧的沙丘斜坡上。

随着那天过去，我们几次穿行在软沙之上，并有两三次在穿过我前面提到过的沙子地峡之后，未能找到下一个巴依尔。但我们很快就发现，自己偏离了正路，在尘雾中误走上两个洼地之间宽阔的沙子地峡或颈部。于是我们停下来，最后找到应该去的那个巴依尔的方向。

第9、第10、第11和第12号巴依尔都形同一口大锅，但因规模太小而对我们没有任何用处，尤其是它们都覆盖着一串串东北—西南走向的低矮沙丘。幸运的是：将这些巴依尔隔开的沙质地峡对我们还算是照顾，每一个山坡都不难走；但通往下一个巴依尔的下坡很陡，斜度达到33度。

走过第12号巴依尔以后，情况变得严重起来。我们用了很长时间才费劲地爬上下一个沙梁或地峡，因为这斜坡极长，骆驼越来越频繁地停下来；但最后我们爬上山顶，在喜悦中看到展现在我们眼前的景象。脚下很深的地方就是第13号洼地，其底部完全没有沙子，而它的另一端则笼罩在尘雾中。这似乎会使很大一段路较为好走。它的中央有一些孤零零的黏土台地，横在那里，从远处看就像房子和墙。在这里的两个黏土堆之间，我们扎营过夜。当饭锅与水壶在火堆上滚沸时，我们都蜷伏在周围。晚饭后，穆斯林们讨论着第二天的前景，我则借着蜡烛光写下我的笔记。为了使我们的木柴能足够两周用的，我们限制自己在每一个营地只用三个木块。两个用于夜晚，一个用于次日早晨。

那天夜里风暴平息下来。破晓时分我从皮袄的缝隙里往外看，还在沉睡中的营地笼罩在一片银白色的月光中，骆驼的沉重呼吸是打破寂静的唯一声音。我突然想到，倘若月亮有人类的视力和思想，她看到这些微不足道的昆虫摸索着穿过这亘古荒漠时也会很吃惊的；它们竟然胆大包天，敢从地球表面上一个从来就不该有人的地方强行穿过。于是，在那个夜晚，更甚于任何其他夜晚，我真的很羡慕月亮在苍穹中那高高在上的位置，那不仅使她得以遥望亚洲腹地这片茫茫瀚海，而且使她得以俯视我在很远的北方的家乡。我的思绪带着格外的温柔被牵向那里。因为今晚是——平安夜！

前一天费力穿过沙漠后我们都很疲劳，但大家都睡得很香。当我最后醒来时，太阳已经从沙丘顶的后面露出脸来。云层与尘土都像变魔术一样无影无踪，而沙漠在我们周围宛如滚滚的岩浆一样闪耀着光芒。骆驼为了保持温暖总是挨得紧紧，它们的清晰剪影远远地投射在荒芜的土地上。这是一片多么奇特的土地啊！简直不像地球上的土壤，而是更像某个外星球的表面。

很快整个营地都醒过来。帕尔皮·巴依、费苏拉和霍代·沃尔第需要离开，所以我们调整了一下行李的摆放，虽然辎重已耗尽，没有多少其他东西可以带走。起初我的意图是让库尔班也同他们一起走，但他是个非常快乐、招人喜欢的家伙，没有他圣诞节的气氛就会非常低沉。所以我允许他留下来。大家都同我一样高兴：仿佛大家都被施了魔法，每个人都想陪我一起穿越沙漠。

我们分给返回的队伍两三小袋冰，一块木块，几块面包——对于圣诞夜来说这算不上什么奢侈！不过他们要做的是把回程分为两段，先去赛特库勒这个最近的水源。知道他们将安全返回对我是个安慰，对整个旅队也有利。由于现在依赖水的储备的人畜加起来少了六个，应能持续更长时间。但另一方面，我们剩下的七头骆驼将要承受更重的负担。不过这些负担会逐天减少，而且在驮包显著减轻之前，任何

16 穿过巴依尔

人也不得骑骆驼。

我们迅速地走完第13号巴依尔的剩余部分,这个巴依尔的存在使路好走多了。地面铺着细石粒,硬实而干燥,在某些地方覆盖着一层冰霜般的盐壳,踩在上面嘎嘎作响。往地下挖掘八九英寸深,我们发现一厚层纯粹的盐,显然它填充了一个干涸盐湖的湖床。洼地的边缘和侧面台地很少高于7英尺,覆盖着一层近乎水平面的橙色黏土,有八九英寸厚,坚硬如石。黏土下面是松散的灰色尘土,向外倾斜。

第14号巴依尔才刚形成,只给了我们大约100码没有沙子的路。但是第15号巴依尔真是不小,在下面一端的旁边有一些台地,很像中国城堡的城墙。它的西南端被一个高高的沙质地峡锁住。当可怜的骆驼费力爬上它时,风又从北边刮过来,很快就在天空中布满阴云。阳光曾使附近地貌的特征都像浮雕一样显露出来。而现在阳光消失后,景象一下子变得极为暗淡,在我们心中产生一种无望的阴郁感。

我徒步走在前面,但没有看见沙质半岛另一边有任何巴依尔。最后,我不但没有找到一个超大的巴依尔——我把它当作一个圣诞节礼物来祈愿,反而发现自己迷了路,走上另一个倒霉的沙岬。我不会轻易忘记,当我站在整整200英尺高的陡峭沙丘顶上朝下望着像张着大嘴的巨大黑色铁锅一般的第16号巴依尔时,我是多么的沮丧。因为它的底部很潮湿,周围环绕着一窄条盐,而且每一面都被高高的沙丘包围着,犹如地狱之门!不过,等到旅队跟上来,我带头走下陡峭的沙坡,进入底部那个令人厌恶的大坑。然后,我们尽力挣扎着继续走下去,尽可能贴着外缘走,不管它会把我们带到哪里。但是走了9英里之后,我们受够了,就在这个可恨的巴依尔南端的沙丘上露营过夜。

但是不管那天行军路上多么艰难,我刚一命令停止前进,大家的士气就立刻高涨起来。随后,当伊斯拉木在火边为我准备床铺时,图尔杜·巴依和奥尔德克卸下骆驼,把驮包放在方便次日早晨装货的地方。然后,我们把骆驼拴在离我们很近的地方,把两份木柴分开,生火,把一些冰块放入锅里,另一些放入水桶里融化。同时奥尔德克开始准备焖饭。洗米的水用完后就拿去给马匹和两只狗喝;我们不能浪费一滴水。如果骆驼不太渴,我们带来的水足够用十五天,木头则可以坚持十一天。

我从没有在比这更加阴沉或凄凉的环境中度过平安夜。这里唯一能与那个快乐的节日对得上号的就是寒冷。但是我们就像冬天的蝙蝠一样蜷缩在微弱的篝火周围,望着最后一点点蓝色的火焰在灰烬上闪动。随后我们紧紧地裹在皮袄里,躲避严冬夜晚的刺骨寒风。但尽管我们好客地敞开所有的大门,圣诞的天使却扬长而去。这是一个沙漠圣诞节。我们即使在北极也不会比这更凄惨。

圣诞节那天,地面还算有利,我们走了不下11.25英里。"圣诞节大坑"之后有三个小巴依尔,然后是一个非常狭长的(第20号)巴依尔,它朝着近乎正南方向一直延伸,直到从我们视线中消失。由于陡峭巍峨的沙墙(近300英尺高)从东边将巴依尔完全挡住,使它置于阴影里,所以它的地貌特征全都轮廓清晰。它的底部松软,略微潮湿,由深褐色的细粉尘形成。这粉尘与盐掺杂在一起,里面一粒沙子都没有。倘若东风是那个地区唯一的主导风向,那就很容易理解为什么情况会是这样的。但是我们的经验将说明,冬季几个月的主导风向是南风与北风;因此可以有把握地推断,它们早晚会使这些洼地都填满的。在1896年上一次旅行中,我们在塔克拉玛干所发现的唯一的坚硬地面是在挨着和田河的那一边,即沙漠中最暴露在东风面前的那些地方。

在第20号巴依尔中的一个坚硬的石膏床里,我们发现一只水鸟的骨骼,它在飞越瀚海的途中倒下了。还有一只死蜉蝣,它本来可以将它短暂的生命用于更美好的目的,而不是迷失在那个沙漠里。

在第20号巴依尔的远端,我们又一次走进深深的沙子,一路上坡都是如此。尽管路旁下面有三个巴依尔,但它们没有给我们带来任何便利。与此同时,我们沿着沙岬的尖顶前进,那里的沙丘呈南北走向,东边斜坡的坡度为16度,西边斜坡的坡度为32度。我们之所以尽量在尖顶上走是因为那里较容易走,因为那里的沙子比较密实。尽管如此,那条道仍有几个地方很难走,我们必须用铁锹给负担沉重的骆驼切出台阶来。尽管我们每个人为了取暖都徒步行军,大家仍然都被那刀子一样的南风冻到骨头缝里。那风正对着我们吹,丝毫不减其威力。我们在这里目睹了风对沙丘顶部所产生的影响,使它们的冠部像羽毛一样卷过来。一切都笼罩在灰黄色的尘雾里。沙子钻进一切地方,落在我们的皮肤上,而当我们把它掸下来时又在我们的牙齿中间嘎吱作响。有些沙子甚至在此刻我写下这些句子时还从我的老笔记本里落下来,而那笔记还是我两年半前写的呢。

众人开始感到沮丧。但我打消了他们的担心,向他们保证不必有任何恐惧。那

图 73　满载的骆驼

天夜里我们就在两个高大的沙丘中间的一个小角落里露营过夜。

12月26日,我们至少穿过了八个巴依尔,但是它们都很小,对我们没有多少帮助。每一次下到其中一个,我们又得从里面爬上来。看到这使我们的骆驼筋疲力尽,我心里很难受。所以多数时间我们都在沙子上步行,只有我在巴依尔土质较硬时骑行了1英里左右。在此时穿过的这些小洼地中,我们观察到一系列同心圆或干涸的水线,就像那些干涸的池塘周边留下来的一样。

将各个巴依尔彼此隔开的沙质地峡变得越来越高,越来越宽,当然也就越来越侵入洼地本身那坚硬平坦的地面。骆驼们在从这些地峡的南坡往下走时,绷紧了双腿,从斜坡上小心地滑下去。松散的沙子在它们脚下塌下来,带着骆驼倾泻而下,犹如瀑布一般。骆驼们很快就习惯了这一套动作,不再恐惧令人目眩的沙丘冠顶,学会了如何保持平衡。无论是从上边还是从下边看,这笨重的动物这样往下滑的景象都难以形容地可笑。

伊斯拉木,我那位经验丰富的沙漠领航员,一般会走在最前面,尽可能在前边很远的地方找到一条使我们能在同一水平线上左右盘旋的道路。在每一个沙冠顶上，我们停下来环顾四周，总是希望能发现一个新的巴依尔；但多数时候我们都会失望，不得不将就着沿着沙冠走。

抵达第7号营地，我总算能够安慰我的人，告诉他们现在离车尔臣河的旧河床只有一半路程了。根据俄国旅行家罗伯洛夫斯基（Roborovsky）[①]的地图，它就在该河现在的河床北面约40英里的地方。我们仍然有两个半驮包的冰，这应该够用了。但问题是我们的柴火会不会耗尽，如果真的耗尽了，估计我们不会有任何融冰取水的机会。我们把一个驼鞍里的稻草给了骆驼做食物。

12月27日，我们很早就出发了。大家都因为这沙漠似乎走不到头而情绪低落。他们觉得最好在我们的补给用尽之前赶到环境不那么恶劣的地区。前一天夜里，温度降到零下20摄氏度（零下4华氏度）。到早晨我们出发时，温度仍然停留在零下18摄氏度（零下0.4华氏度）。但日出很美丽，而且天空晴朗。可是没有等到太阳从地平线上升起多少，云团就像往常一样聚集起来，挡住阳光，使地面寒气逼人。

喝过一杯热茶以后，我就出发了，走在队伍前面。穿过许多沙冠之后，我终于抵达沙质地峡的最高点。我在这里停下观测前面的地形，从我的望远镜里仔细地搜寻。远处，就在我们行军路线的正前方，我看到一个巴依尔。它立刻引起我的注意，因为它看上去很奇特，覆盖着小小的黑色斑点。我很想知道那是什么，于是匆匆赶去。当我发现那是躺在斜坡上的芦苇叶和某种不比老鼠大的小型啮齿动物的脚印时，就更加惊讶了。那些芦苇叶是被风吹过来的。继续往下走，在巴依尔（第30号）附近，我高兴地观察到，那里有芦苇，尽管它已经干枯萎缩了，而且长得稀稀拉拉的。除此之外，过了一小会儿我还发现活着的黄色芦苇。由于这芦苇与斜穿过洼地的高大沙丘同一颜色，起初我没有注意到它。

我为这意想不到的生命迹象而感到欢悦，就在那里等着旅队上来与我会合。就是看到天堂的大门在他们面前打开，他们也不会比现在更加欢欣鼓舞。骆驼们闻到了草地的味道，也张大了鼻孔。我们召开了一个作战会议。图尔杜·巴依建议我们就在这里停下来，让牲口们一饱饥肠。它们已经厌倦只吃玉米，在过去的一两天把

---

① 俄罗斯探险家，曾于1895年在新疆探险。

图 74 走下陡峭的沙丘

它们吃进的东西都吐出来了。但是有人说或许下一个巴依尔更好，我派伊斯拉木·巴依前去侦察，而其他人则慢慢跟着，让骆驼边走边啃草。我们的前哨招呼我们过去。于是我们赶过去在第31号巴依尔设立了营地。其实它并不比前一个好多少。

这是一个意想不到且令人惊讶的发现：在沙漠中间，距离最近的水源70或80英里的地方竟会遇到植被。它不可能是塔里木河植被带的外缘，因为它与那条河隔着许多英里的最干燥的沙子和高度含盐的土壤。它也不会因车尔臣河而存在，因为那条河还在90英里以外。或许喀拉米兰河（Kara-muran）在过去某段时间里曾流经这个方向。不管怎样，我们都很振奋，眼下的前景变得光明起来。

我们现在喂每只骆驼几桶水（或者说大约6加仑），冰是用芦苇朴燃起的火融化的。它们像喝杯茶那般把水吞入。这使我们的冰储备大大减少，但另一方面，它减少了我们必须携带的辎重。

夕阳下，我们放开骆驼让它们吃草。然后，趁还有亮光时，我们收集了几堆干芦苇，这样就能节省我们的木柴。

那天晚上的落日带来极美的彩霞。一整天遮挡着天空的浓云离散开来，露出它们那灰紫色带着闪闪发光的金边的上半部，它们的下半部是沙丘一般的暗黄色，仿佛沙漠倒映在天空之镜上。

17 在沙漠的腹地

糟糕的天气还在持续。12月27日夜里,温度降到零下21摄氏度(零下5.8华氏度)。第二天早晨我们醒来时,风从东边刮来,周遭笼罩在一片尘雾中,天上彤云密布,一整天都没有一缕阳光能够透过来。我们无意中走进永久黄昏的地域。这就使途中使用我的照相器材,或进行天文观测的机会几乎减少到零。就像1896年冬天我在克里雅河上遇到那种尘雾天一样,我猜想这必然是塔克拉玛干沙漠的典型天气。在这种尘雾天,你很容易被距离迷惑。你以为你正在进入的巴依尔是一个长形的巴依尔,因为你无法看到它的另一端,但你还没有走很远,那遮天盖地的沙丘就犹如幽灵一样突然从你面前升起。透过尘埃,你面前的沙岬看似遥远的山脉。实际上,你对距离和方向都有点疑惑,不知道该往哪边走了。风寒冷刺骨,所以骑行就不要想了。牵着马走路要好得多。

沙子的排列还是遵循同样的法则。一种力量横扫沙漠,它以君临一切的能量将塞满沙漠的那奇特多变的材料塑造成各种形态。每一个沙丘的形状都在沙岬上复制着,在其斜坡上无数的波纹中无限重复。"波浪的空心"中最深的部分总是紧挨着陡峭的沙丘挡风一面的底部;对于巴依尔来说也是这样。它是"波浪的空心"最发达的形式。沙漠里的沙子从坚硬的花岗岩山峰里磨出来后,被迫服从高度不稳定的水所必须服从的同一些法则。如同起伏的大海一样,它也形成波浪,如同大海一样,它也无休无止地向前流去,只不过速度极慢。

在第33号巴依尔,我能够远远地骑行在前面,这是因为我看到枯萎的芦苇上面有一个黑色的物体。这芦苇很少高于八九英尺,看似被人割成这个样子。但其实不是这样。芦苇只是在它们的根部无法接触地下水时才开始弯下头去（最终死掉）。那大大激起我的好奇的黑色物体其实是一株红柳，这是几天来我们看到的第一株。它已经奄奄一息，周围地上散布着早已死去的枝丫。不过，这些正好使我们的柴火得到补充。

我又骑了一小时，仍然看不到这个友善的巴依尔和芦苇的尽头。这芦苇还活着，有时甚至带点绿色，尤其是挨近流沙的地方，但是在平平的"尘土地面"上，这些芦苇已基本死掉。似乎沙子对这些芦苇必不可少，或有助于其生存。我没再看见红柳，所以，当我抵达一个芦苇更密，能够多少挡点风的地方，我就翻身下马，把马拴上，然后点起一堆火。

当旅队赶上来时，已近黄昏。我们在这儿失去了第一头骆驼。它是一头出色的公骆驼，在从喀什一路走来的那十五头骆驼中是最好的一头。在过去四天里，它一直状况不佳，因此比平时走得更慢些。自从我们离开塔纳巴格拉迪库勒之后，它就拒绝吃东西。图尔杜·巴依难受得直流眼泪。他非常喜欢骆驼，即使当其他人已经在火边休息了，他也总能找到一些照料骆驼的事。不过这头上好的大骆驼并不是像它的很多后来者一样，死于疲劳或缺食。那些穆斯林们说"*Khoda kasseli värdi*"（真主让它生病了）。毫无疑问，即便它是一直在塔里木河边的草原上吃草，而不是与我们一起走过沙漠，它的死无疑也是不可避免的。其他九头骆驼都状况极佳，而且这是我们出发后第九天。在上次穿越塔克拉玛干沙漠的旅行中，我就是在第九天被迫丢下我的两个人、四头骆驼和所有行李的。但那一次我们受到高温与口渴的极度煎熬。而现在，由于天寒地冻，我们都冷到骨头缝里去了，而且有充足的水。

我们现在已经到了沙漠之旅的一个新阶段，这时困难已被甩到身后，而我们的注意力主要集中于发现和观察是否有生命和水存在的新迹象。我们把那些最早看到的芦苇和红柳甩到身后，继续走在这个长长的巴依尔（第33号）里，那道陡峭的沙墙就在我们左边。不时有一条低矮的舌状沙带从右边探出来，但每过这样一个沙岬之后，巴依尔就又开阔起来，如同高耸的沙丘之间刻出来的一条干河床一般一段一段地向远处伸展。地上四面八方都有野兔的脚印。我们在这里也观察到狐狸的脚印。不久，我们碰到几丛荒原植物：草丛和"*chiggeh*"，后者是一种在罗布泊地区很常见的草。随后又有更多的红柳，其中一些仍然新鲜而有弹性，另一些已经枯死了，但仍靠它们那标志性的土丘状根系挺立不倒。

由于地面平坦，这一段旅程非常顺利。谁能想到我们在那个广袤沙漠的中心得到上天如此眷顾？但是，东边刮过来的风非常强劲，有时我不得不下马步行，以防手脚被冻坏。最终我走到这个帮了我们大忙的巴依尔的尽头，发现它终止于一个极高的沙质地峡。由于它下面的地面是整个巴依尔里最低的水平面，这似乎说明"地下水"应该就在下面不深的地方，我收集了一抱干红柳枝，点燃一堆火，等着其他人跟上来。伊斯拉木和奥尔德克立即开始了掘井的工作，而图尔杜·巴依则去照管骆驼。库尔班找来了更多的木柴。我们在4英尺深的地方挖到水；它几乎是纯粹的淡水，温度为8.2摄氏度（46.8华氏度），但是溢出的速度极慢。那天晚上我们给其中两头骆驼喝了足量的水，即每头六桶。

就这样，我们现在有了所需要的一切：水、木柴以及喂牲口的草地。这真是沙漠中心的一个绿洲。我们整晚都没有熄灭那两大堆火，它们发出的红光闪动在沙丘顶。那上面的流沙似乎被风扬起，像下雨一样朝我们浇下来。沿着我的足迹走过来的其他人遇到另一个令人振奋的迹象，说明我们正走进一个较好的地区。他们看到一只大黑狼，它翻过沙丘向西逃走了。

无论是人还是牲口都对这一天的休息感到由衷的满足。人们多数时间是徒步走过来的，骆驼们则载着沉重的负担。由于没有足够的木柴取暖，我们都因寒冷和风比平日受了更多的苦。我们在情况允许的前提下把自己的营地搞得尽量舒服一些，用通常放在我床下面的白色毡毯改为一顶帐篷，用两三根红柳枝把它支起来。这给我们挡住了终日肆虐的风暴，也使我可以点燃一大堆火。其他人也用同样的方式来保护自己。

早晨，积在井底的水冻成了冰，我们从下面挖出来的土也坚硬得如石头一般。每头骆驼都喝了至少九桶水，其中两头甚至喝了十一桶。当它们把水大口吞下时，你能看到它们的皮肤涨起来。这使它们元气大增，活泼得跳来跳去，互相玩耍，然后在稀薄的芦苇滩上大吃起来。这时很奇怪的是：风暴贴着地皮从东面刮来；而天上的乌云却是从西往东飘去。即使天还没有全亮，19世纪的最后一天，也就是1899年的最后一天，看上去应当不错。我看到头顶上群星照耀我们的营地，而红柳堆站在那里犹如黑色的幻影。不过，当我们准备出发时，天气又变得和以往一样尘土飞扬起来。那个冬天的特点是夜晚晴朗、安静，而白天则风大多云，使得地面变得更冷。

那一天我们的旅队走了15英里，这真值得自豪；这是在整个那次沙漠之旅中走得最远的一天。虽然一头骆驼累垮了，但因为骆驼的负担不重，我们允许大家轮流骑行，这尤其是因为那一个又一个巴依尔底部基本上都是平坦坚实的地面。

在第34、35和36号巴依尔里仍然有植被，但红柳越来越少。从挨着最后一个洼地南端的沙舌开始，一个巴依尔伸向东南。但是由于它与我们想要走的方向并不一致，我们从它右边走过。我看得出来，大家觉得没有沿着它走，而朝西南偏南方向一个高高的垭口走是一个错误。但是，当我们走到垭口或地峡的顶上俯视第37号巴依尔时，我的惊讶绝不亚于他们。它像一片田野那样宽敞开阔，与前面那些盆地型的巴依尔截然不同。挨着它南边的那个垭口看上去像是一个很低的"门槛"或横脊，它的前方竟然望不见任何沙子。我觉得这是距离遥远，大气稠密的缘故。

第38号巴依尔也是同样宽广，也同第37号一样开阔。似乎有一只看不见的手故意在沙漠中刨出一条巨大的沟垄以使我们的旅队能够通过。我们在它的起始处露营过夜，那个地方有很多很好的柴火。伊斯拉木想把最后一驮木头用掉，但图尔杜·巴依，如同谨慎的将军一般，提议再保留一天——这是一个很明智的建议。

就这样，我们在那个安静的新年夜，围着两堆火扎下营地。头顶上是天穹，周围寂静得如同亚洲腹地一条废弃的道路旁边被人遗忘的坟墓。留在土拉萨尔干乌依的那些人肯定会为我们担心，尤其是因为他们的想象力已经被伊斯拉木关于我们1896年穿越沙漠之旅的戏剧性描述所激发起来。现在这种想象力又会因帕尔皮·巴依关于这次旅行最初三四天的描述而加强。哥萨克们在他们参与的侦察行动中亲眼看到等待我们的将是什么样的地方，后来他们承认曾担心我们会发现每一条道路都被沙子挡住，最终因口渴、疲劳和寒冷而丧生。与我同行的四个人也承认，直到那天下午，当我们第一次差不多能看见旅行的圆满结局时，他们心里一直充满了忧虑。但是他们无法理解我是如何这样准确地确定通往塔提让的距离的。我猜想他们以为我的承诺和安慰都只是出于好意来减少他们的恐惧。

如果可以把新的一年（就不要说新的世纪了）的第一天视为预兆，那么我必须老实说，1900年的1月1日充满了最暗淡的征兆。天上乌云低垂，早晨的红色吉兆

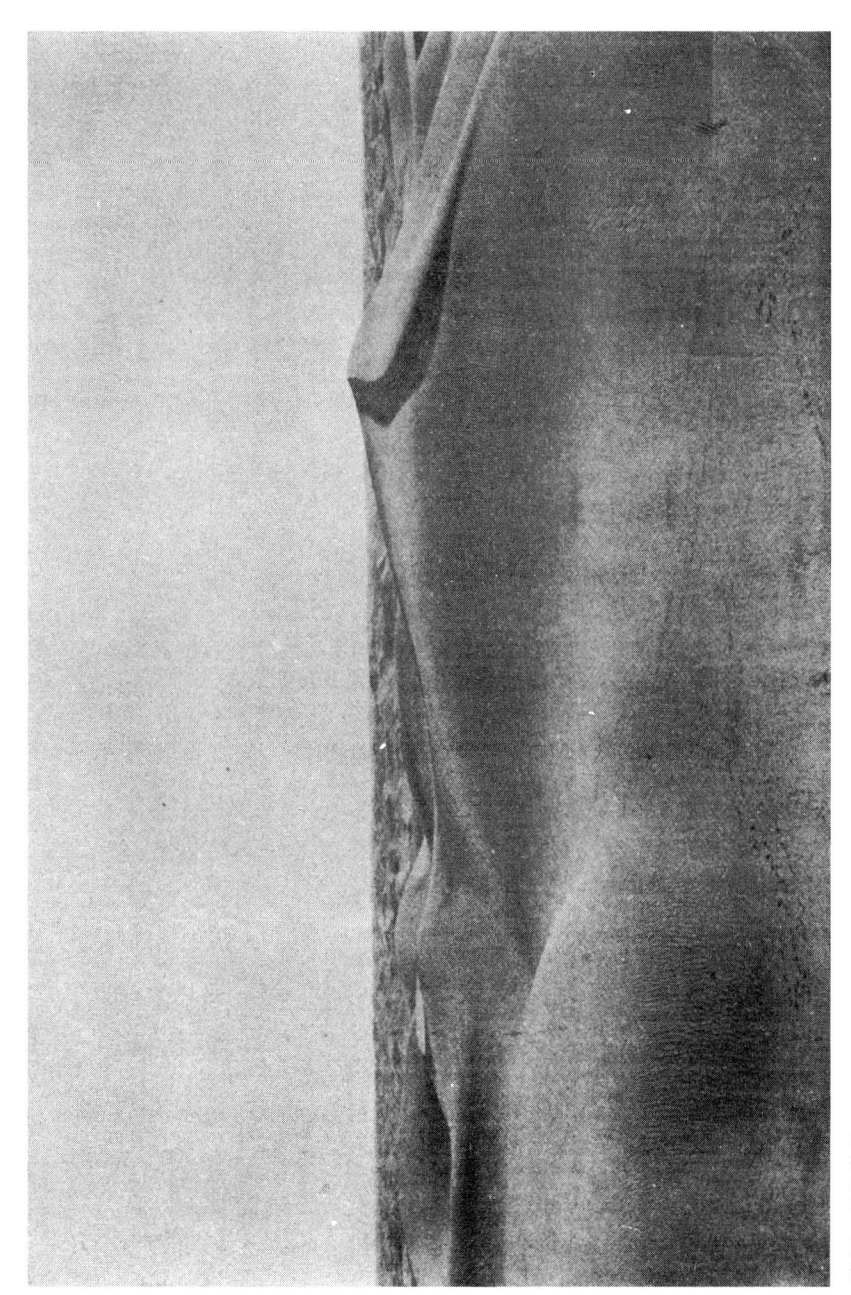

图 75 无尽瀚涛

消失得无影无踪。七点钟时，温度是零下15摄氏度（5华氏度）。我起床穿衣时，大火堆使我感到更暖和了。能够给我们带来一点点新年气氛的唯一情况就是第38号巴依尔似乎延伸很长一段距离，而我们出发时步履轻快。大家甚至愚蠢地希望，这里就是伸展到车尔臣河的草原开始的地方了。植被依然稀疏，偶尔有一小丛草，几根芦苇，或一棵红柳。沙土地上有一些小小的窟窿，那是一种啮齿类动物挖出来的，当地人称这种动物为"*säghisghan*"。

抵达那个从南边封住这个巴依尔的地峡之后，我们开始从它最低的地方横跨它，以为它很窄。但实际上我们这是在欺骗自己。这是我们所遇到过的最宽的地峡，而且我们越往前走，它就变得越高，直到最后它变成一个由许多巨大的沙丘组成的迷宫。

我们爬到这个地方的最高点，并没有找到下一个巴依尔。这种特殊的地貌现在似乎已经结束了。往南边看，极目所至是茫茫的瀚海。到目前为止一直位于我们左边的高大沙墙也结束了，不再有任何洼地。简言之，沙漠的结构发生了骤然的变化，好在这些沙丘仍呈南北走向。

到目前为止，我们的进度值得称赞。我们一直如同在平静的水面上穿过海草和浮冰的船只。现在我们再次来到开阔的海面。这"海洋"的波涛犹如房子一般高，我们以慢得让人发疯的速度向前爬着，在沉重的沙丘上一上一下，一上一下；先是一头骆驼绊倒，然后又是一头。每次这样的事发生时，我们都得先把行李从骆驼身上卸下来，帮它站起来，然后再重新把行李装上去。现在植被完全消失了。我又一次开始怀疑，我们刚刚经过的绿洲是否属于喀拉米兰河最外缘的河床。如果是那样的话，我们就必须做好心理准备，在我们遇到车尔臣河之前，将要走过一个极为艰难的地区。

往东边看，很远的地方似乎有一串洼地，但是它们与我们计划要走的那个方向不一致。往南看，高坡似乎都被铲平，只是偶尔才有一个带有尖顶沙冠的沙丘高居于周围一切之上。也就是说，地平线犹如一排锯齿。沙丘之间，偶尔会有一棵死去的红柳出现在眼前，它盘踞在土丘状根系之上，但它们之间的距离越来越远。因此，我们费力地走了区区8.5英里，来到一棵活着的红柳前，就在那里停了下来。它的脚下散布着零碎的枯树枝和一些芦苇。

17 在沙漠的腹地

1月2日早晨，我在天亮时醒来，发现我们四周环绕着一片冬天的景象。雪花轻柔地飘下来，大地一片洁白，沙丘与令人炫目的雪堆难以区分。任何沙子的迹象都被遮掩得无影无踪。伊斯拉木非常细心地给我的箱子蒙上一块布，因为我前一天夜里按照习惯把我的仪器和笔记本都放在了它的盖子上。当篝火在我的床前燃起时，天还只是蒙蒙亮，空中飘下的雪花在火苗的背景前宛如钻石一样闪闪发光。因为它不是以通常那种松软的薄片形式降下来，而是呈现为精致的晶体，宛若冰霜。那天途中最初几小时，每一个方向的景象都是白得耀眼。这是我第一次看见沙漠里的沙丘披着这不寻常的衣装，犹如葬礼上用的裹尸布，其效果是进一步加强了这些沙丘那尸体一般的赤裸和荒凉。但是随着早晨过去，倾向南边的斜坡渐渐摆脱了那层薄雪。方过正午，另一面的沙坳中也露出平常的黄色。

沙子仍是越来越难走。也没出现任何巴依尔来减轻我们沉重的步履。到处都是沙子、沙子、还是沙子。沙丘的挡风面现在不仅朝西，而且朝南，说明有两个系统的沙丘彼此交叉，形成一个网络，其网眼在很长时间以前就已被沙子填满。很明显，风向在这里比在沙漠的北半部更多变。还好我们没有从南边出发。如果那样的话，我们永远也穿越不过去，而会被迫掉头返回。因为没有火（无论是多大的火）能够穿透那尘雾。这种尘雾在冬天里会与大气交织在一起。

下午四点钟开始下雪。这一次雪下得又密又急。我们肯定不会因缺水而丧命了。这是一场普通的暴风雪，被西南偏南的大风吹过来。这与塔克拉玛干沙漠的沙尘暴真有天壤之别！半个小时内，大地一片白茫茫。云层垂下来的雪帘低得触到了地面。随后黄昏到来，吞噬了搅成一团的沙与雪。我们开始寻找一个过夜时可以拴骆驼的地方。最后我们观察到，在前方约1英里的地方有一个黑点。我们决心不计代价赶到那里。但是，我们用了整整一小时才赶到那里，那时天已经漆黑一片。那个黑点原来是一棵红柳，我们在它附近找到一些柴火。

空中飘下来的雪花并没有吱吱作响地落在我们的篝火上，而是还没有碰到火苗就变成蒸汽了。但雪花在我的笔记本上留下可以看出来的痕迹。走到这里，原来常见的绿洲彻底消失了，无论往哪一个方向看，满眼都是沙子、寸草不生的沙子、黄色的沙子。有几个小时我们跟着两只狐狸的脚印走。旧一点的脚印朝北边去了，新一点的脚印则显示它往回车尔臣河的方向去了。它在沙漠里寻找什么？它在离河边更近的地方肯定能找到一个更能满足它掠食者天性的地盘。

奥尔德克在这个诡异的荒凉海洋中感到很不舒服。他觉得它无边无际，永无休止；这里永远没有阳光；显然我们一天又一天在这个沙丘的无望迷宫里越陷越深。他开始狂热地念叨着塔里木河的河边、它旁边的湖泊、它的独木舟，以及它那些可以捕鱼的地方，仿佛它们是一个他永远无法再返回的天堂。他还谈论天鹅，那些出没在他故乡湖泊上的敏感的天国之鸟。

骆驼们身上现在显露出旅途的影响，我们觉得有必要让它们休息一天。我们再次掘井找水，在3英尺的地方找到。它有点苦味。除了这水以外，当然我们还有雪。这里地面的冻层深达13英尺。雪下了一整天，那是厚厚的、令人睁不开眼的大雪花。它们落在火上嘶嘶作响，冒起水汽。大家在附近稍微转了转，看看有什么可以发现的。晚上图尔杜·巴依带着两头满载柴禾的骆驼回来。那是他在附近收集到的。我简直累坏了，在暴风雪中躺着看了整整一天的书。雪花落在我手中的纸上，我只得不停摇晃着书，以避免雪挡着我正要读的句子。即使在午间，也只有半明半暗的光线。所以，在那暧昧迷蒙的大气中，沙丘、地面和天空全都混合成一团旋转的白色，令人分辨不清方向。这雪一直下到深夜，这时火星向上飞跃着，仿佛要迎接雪花。这些火星把雪花变成水珠，使它们在夜色中犹如铁水飞溅，闪闪发光。

由于温度在夜间降到零下30.1摄氏度（零下22.2华氏度），在露天过夜多少有点冷。早晨七点钟，温度仍然只有零下27摄氏度（零下16.6华氏度）。当我在八点三十分起床时，也不过是零下24摄氏度（零下11.2华氏度）。对于穿衣来说，这绝对是太冷了。我有脱掉衣服，换上睡衣再睡觉的习惯。最糟糕的是洗澡穿衣时，那时你靠近火边的那一面是30摄氏度（86华氏度），而你的另一面只有零下30摄氏度（零下22华氏度）。整个夜间都在下着大雪，早晨我醒来时发现自己完全被雪埋住了。伊斯拉木不得不拿来一把铁锹和一个芦苇做的扫帚把我挖出来。但是这雪有助于保持我的小窝里的热量。所以我并没有感到冷。不过，我挣扎着穿上衣服，肩膀上披件暖和的皮大衣，坐在火边喝上我的茶以后，感到更舒服一些。

仍在下雪，下啊下啊，下了整整一天。温度计没有一次升高到零下13摄氏度（8.6华氏度）以上。当风像刀子一样正对着你的脸吹时，这个温度可真是不舒服。作为一点补偿，地面倒是不太糟糕。我们时常能够绕过最糟的沙丘。那天结束之前，我们又一次遇到了一串小型巴依尔。它们往东南偏南伸展，里面塞满沙子。我们就在其中一个（第43号）露营过夜，尽管那里没有任何形式的柴火。但是我们仍然还有半个驮包的储备，所以，后面会怎么样就随它去吧，反正那天夜里我们必须有一堆火，因为大家都冻僵了。雪在朝南的坡上和沙窝里待不长，因为它很快就蒸发了。但是在朝北的坡上和沙窝里，雪持久不化，在洼地的底部有几英寸厚。因此，如果你往北看，眼前一片黄沙，但如果你往南边看，满眼都是雪。

最后，从我们出发后就一直笼罩着沙漠的乌云终于散开。1月4日夜里，雪下了一整夜，如鹅毛一般轻轻飘下。到了第二天早晨，连火堆所在的地方都被大雪掩埋。我们需要的一切，实际上我们所有的一切，都必须从这柔软洁白的毯子下面找出来。骆驼们也被大雪覆盖。它们戴着那洒满白粉的"假发"，活像古斯塔夫时代的大贵族。背上是小小的白雪花环，小冰柱挂在它们高耸的胡子里和嘴巴周围。九点钟，天气稍晴，但细细的雪针亮晶晶的棱面仍然在阳光下闪烁着。然而，这只是短暂的休息。大约几小时之后，又下起雪来。骆驼移动时，积雪在它们脚下嘎嘎地响着，很有冬天的感觉。

上午，转向西方的陡峭沙坡躺在阴影中，呈现出一幅美丽的景象。它们那铁灰的色调深浅不同，随着坡度而变化。而它们上面的沙丘那白色的圆拱则被阳光照耀得异常明亮。

那些高耸的沙岬看上去很像一座终年白雪覆盖的山脉的尖顶。我想象自己面前展现的是外阿赖山（包括考夫曼峰）的一个微缩风景：那淡蓝的颜色完全一样。雪的饱和度与亮度都很伤眼睛，尽管我戴着双层滑雪镜，其他的人则用烟熏过的玻璃。但是这里的大气可不像山里晴天时那样清澈。大气中充满了雪的晶体，使我们难以辨认半英里外的轮廓与形状。这个距离以外，一切都笼罩在灰蒙蒙的雪幕之下。到目前为止，这倒是对我们有利，因为我们面前的地形不太有利。沙山越来越高，哪怕是一块面积达到1平方码的土地也没有，也没有任何植被，无论是活着的还是死的。

那一天雪呈现为多种形态。虽然它融化和蒸发得很快，但我们越往南，积雪就越深，这是我们接近山区的自然结果。有时雪的上面有一层壳，非常坚硬，完全可以在上面大段地滑冰。谁能想到在沙漠里有这种可能？

总的来说，雪天方便了我们的行军。因为我们沿着雪与沙之间相交的那一条线走,就可以利用重新结冰的作用,它在这里最为明显。沙冠尤其坚硬,如冰一般。只要在更陡峭的斜坡上迈出一步,就足以使20到25平方码大的一片整个滑坡,落到沙窝里。雪对沙子的效果就如同油对波浪的效果一样。沙子上面压着这样的雪,即使是有史以来最狂暴的黑沙暴也无法吹动它。

1月6日,茫茫沙海的特征仍然未变,虽然它的波浪起伏更高了。总的来说,越往南地势越高。不管怎么样,朝着相反的方向看,视野开阔多了。那天夜里我们选择的露营地点是到那时为止最糟糕的一个。它只是沙子里的一个洞,那地方周围看不到一根草,一片树叶,没有任何植被。我床上的温度接近零下20摄氏度(零下4华氏度)。我爬进去时,必须耐心等待一会儿,才能使我的四肢解冻,血液开始循环,然后我才有足够的能量来堵住窟窿和缝隙,以挡住夜里的冷空气。在寒冷与大风中,那天夜里我很难睡着。到了早晨,我们也拿不出任何东西来与其搏斗,只有一把木屑。那时温度计仍显示霜度43度(零下24摄氏度)。人们挤成一团躺着,希望那样可以保持温暖。他们在这昏暗诡异的地方很快就士气低落。我们就如同一群钻进大地母亲船舱上一片沙子船板里的虫子一般。

直到第二天上午十点钟,我们才暖和过来,可以继续穿越这些交织着沙子与雪的奇特山丘。不过,大气异常明澈。我们就是在这里第一次看到伟大的昆仑山系最外面的一道山脉,即托库孜达坂山脉(Tokkuz-davan)。北面碧空如洗,但南面的天上白云缕缕,往往与白雪覆盖的沙丘顶难以区分,使它们看上去仿佛与那些与天相连的雪坡连为一体。

与此同时,我在附近一个沙丘顶上看到一个令人欢欣的迹象。我正在用双筒望远镜观察地平线,忽然看到东南方向有什么东西看上去就像雪地里伸出来的黑色树墩。这只能有一种解释:那是一片死树林。尽管我看到的那个地方有点偏离我们前进的路线,我仍命令大家朝那个方向走。那天夜里,我们就露宿在一片枯朽的胡杨林中。

大家鼓起劲来,恢复勇气,开始工作。他们用铁锹铲走雪,开始挥动斧子。很快就出现了几堆可供燃火的木头。营地附近的一棵大胡杨树太大,无法砍倒。于是我们就原地把它点着,任它自己燃烧,这巨大的火炬将沙漠的白色裹尸布都照亮了。另一棵树干空心的胡杨被横放在我的火堆上,火苗从它的中间呼呼穿过,仿佛它是一个烟道。那火红彤彤的，噼啪作响，火苗照亮了树干的内部，使它像红宝石一样透亮，直到树皮爆裂，在那吞噬一切的火蛇狂舞面前卷曲萎缩起来。巨大的烟柱直冲云霄，仿佛在迎接月亮。而月亮许多天里第一次从云层的帘幕后面露出脸来。那天夜里，我的人用智慧战胜了寒冷。他们在沙子里挖个坑，在里面填上热灰，再盖上沙子，然后人就睡在上面。过去两三天，骆驼一直没有东西吃，除了面包以外也没有什么可以喂狗。可是另一方面，我们不缺水，因为地上到处都覆盖着8到12英寸的雪。

第二天，1月8日，我们从那个可怕的沙漠中解脱出来。出发之前，我安慰我的人说，那天夜里他们就能睡在车尔臣河的岸边。我们没有费心带任何柴火，因为我们看到前面一段距离的地方也有死树。不过，我们越往前走，死树就越少。但是，在完全看不到它们之前，我们收集了一骆驼的木头。我爬到一个制高点的沙丘顶上，看到我们正在接近目标的第一个迹象。地平线上有一条黑线，与天地之间的茫茫白雪形成鲜明的对照。那只能是车尔臣河边的林带。

又走了一小时，我们来到最前面的红柳丛。沙漠与树林之间的分界线极为突然。没有一丛灌木显示过渡。沙丘的最后一道坡就停止在树木的脚下。红柳树彼此之间挨得很紧，我们费了不少力气穿过那狭窄弯曲的甬道，那是穿过这些红柳丛的唯一通道。

我的人想在一片茂盛的胡杨林里停下，那里有我们需要的一切，甚至更多。但我对他们保证，只要他们再耐心一点，我们就能在河岸本身宿营。又走了一刻钟，我们来到且末通往罗布泊的大路，那里牛羊刚走过的脚印在雪地上清晰可见。我们沿着那条路又走了一小段，来到河岸，在那里的一座俯瞰河流的小山上扎下营。车尔臣河在这里有350英尺宽，河面上覆盖着冰。在这些大树下一边休息，一边欣赏眼前的美景，这真是太享受了。群山的轮廓清晰可辨，雪地在月光下闪烁着光芒。但是最好的景象是看到我们的六头骆驼和一匹马在芦苇滩里尽情饱餐。对此它们真是当之无愧。手下人很奇怪我怎么就能精确地计算出距离，几乎准确到一寻（*gulatsh*）。他们宣称他们现在将毫不迟疑地跟我去任何一个地方。

根据我过去的地图（见 *Petermanns Mitteilungen*，Ergänzungsheft No. 131），我们遇到车尔臣河的那个地方与我们在塔纳巴格拉迪离开塔里木河的那个地方有177

英里。根据我这一路的测量,一共是176英里。这是在这样的地形下所能指望的最大精确度了。

就这样,我成功地穿越了且末的宽阔沙漠,唯一的代价就是一头骆驼,而且没有给其他人造成不适当的痛苦。他们全都状况良好。我们所遇到的最高的沙丘在北边,但是最难的沙丘在南边,因为我们无法绕过它们。这次远征的圆满结局与意想不到的巴依尔有关,它们陪伴我们走完三分之二的路程,另外我们在沙漠中间碰到水、燃料和饲料(芦苇)也是重要的因素。我之所以要尝试穿过沙漠进行这次漫长和危险的远征,是因为俄国总参谋部一幅有关西伯利亚边疆以南地区的旧版地图显示有一条道路从塔提让穿越这个沙漠通往卡拉乌尔西边一点的一个地方。我觉得除非有些理由把这条路标在地图上,否则它就不会出现在那里。现在我也认为,过去这个方向曾有这样一条路,这不是不可能的。

骆驼们在这个茂盛的草场上"放一天假"是完全应当的。这对我也非常合适。我正想做一次天文观察,那将用去一整天。由于温度从没有高于零下14摄氏度(6.8华氏度),而且同时还有北方刮来的微风,我必须在每一次观察之后在火上暖一暖手才能使用经纬仪。晚上,当我观测天狼星时,温度计降到零下25.1摄氏度(零下13.2华氏度)。我的指尖都粘在仪器上,感到火辣辣的。

奥尔德克出去侦察,居然遇到一个牧羊人。他从头到脚都蒙在羊皮里。当我们打破他那片树林的宁静时,他看到我们这些不速之客感到十分惊讶。但是我们很快就变成了好朋友。他不仅卖给我们一只绵羊(这给我们的菜单增加了一个受人欢迎的花样),而且当他晚上回来时,还给我们带来一罐子奶。过去几天的大雪给他和他的同伴所看管的四百只绵羊带来一场灾难。有几只被冻死了,其他的也很难找到食物。他说那一片树林叫羌勒克(Kenglaika),意思是"大片的水淹地"。这条河已经封冻了二十天,而且还要封冻两个半月。所以,车尔臣河比塔里木河封冻得要晚得多,但它的落差也大,而且纬度更靠南。

我们距离塔提让只有4英里。根据我的测绘,我预期我们要走一整天。这个差别是因为罗盘的变化,在那些地区能达到6度。也就是说,如果你按照罗盘往正南方向走,你实际上走的方向是南偏西6度。

1月10日和11日,我们继续往且末进发,走的就是我上一次来这里走的路。大约一个月前，一个新的长老被任命管辖且末。我很高兴地发现，他不是别人，正是毛拉·托克塔麦特（Mollah Toktamet）长老，也就是我的老朋友，柯帕（Kopa）的托格达·买买提（Togda Mohammed）长老。因此我直奔他的房子而去，受到他热烈的欢迎。他已经七十二岁，但还是我过去认识的那个可亲的老人，一副贵族相，彬彬有礼。他把自家的房子让给我随便使用。于是我住在里面一间，而我手下的人则被安置在外面一间。这是这次我在亚洲腹地的旅行中第一次（也是仅有的几次之一）睡在一个真正的屋顶之下。

且末的人口已增加到五百户。我们从1月12日到15日就在那里歇息。

18 霜度50度中骑行200英里

不断有人向我重复被埋在沙漠里的城市和宝藏的传说。更具体地说，传说有一个古代的城市位于安迪尔河（Andereh-terem）附近。它就在且末以西100英里的地方。但是尽管我在当地人中问了个遍，仍然无法得到任何确定无疑或值得信赖的信息。他们担心我会找到那个地方，发现在他们的无边想象中埋在沙丘之下的无数黄金。不过，他们有一种传说，认为那个古城闹鬼，而且更奇怪的是，那还是一个会移动的城市。有一个人对我说，他曾去过安迪尔河，看到一个蓝色的琉璃塔，有十寻那么高，但它看起来非常奇怪、神秘，使他不敢接近。后来，他鼓起勇气，下决心回去寻找里面的黄金。但当他赶到那地方，哈，那个塔竟然无影无踪。因此他不能带我去那个地方，因为他确信，那座塔会在沙漠中移动，并且嘲笑我们所有的努力都不过是徒劳无益。

且末与安迪尔之间的那个地区恰好是塔里木盆地我到那时为止尚未去过的几个地区之一。所以，我决心去一趟安迪尔，尽管那意味着骑马往返超过200英里的强行军。除了被长老强迫陪我去的向导外，我还带了三个人，即奥尔德克、库尔班和毛拉·沙（Mollah Shah）。毛拉·沙是且末人，曾陪同利特代尔穿越西藏。我新买了三匹马，又另租了三匹拉行李。我把伊斯拉木·巴依和图尔杜·巴依留下来照看骆驼和我的小白马，以及小狗多夫列特二世。另一只狗尤达什我要带在身旁。

但是，在离开且末之前，我注定要有一个极大的惊喜。13日早晨，彼得罗夫斯基领事派来的一位信使穆萨（Musa）从喀什来到这里。他在1896年曾是我在和田的中文翻译。他带来一个装得满满的邮包。不用说，我满怀欣喜地用了几个小时

图76 通往尼雅的"下道"

读完邮包里那些信件和报纸。这个人怎么就一下子找到我,对我来说这一点直到今天都仍然是一个谜。因为我和彼得罗夫斯基之间的约定是信使将经阿克苏去罗布泊地区,也就是说在大沙漠以北;但是穆萨声称他"心里就知道"我将会在沙漠南面。伊斯拉木·巴依暗示,穆萨在克里雅有一个情人,是与她相见的欲望使他走了这一条路。如果真是这样,那么我愿给那姑娘不带任何邪念的祝福。如果穆萨早到两天,我就只能等回到英格可力附近的土拉萨尔干乌依后才能拿到我的信了,因为无论是长老还是且末的任何人都没有想到我们会从沙漠里冒出来。所以那时穆萨就会骑着马继续往东走。

1月16日,我们开始了200多英里的短途旅行,带着七匹马,它们虽然个头小,但精力旺盛。两匹马用来拉行李和足够持续十二天的补给。于是我们沿着通往尼雅的"*astin-yoll*"(意为"下道")小跑着出发了。皮耶夫索夫将军的远征队的一名成员罗伯洛夫斯基上尉曾经走过这条路。不过,这是这三年中我仅有的一次走已经有人走过的地方。在所有其他地方,我都是第一个走过我所选择的路线的欧洲人。

我们很快就把且末最后几家住宅甩在身后，插入西边的荒野。我们的左边是风的侵蚀雕塑出来的黏土台地与一条沙子地带，右边是红柳和间或看到的胡杨树。第一晚我们在卡拉斯特（Kallassteh，意为"悬挂着的骷髅"）的水井边度过，但水井本身已经冻住。我早上被叫起来时，霜度是40度（零下22摄氏度），太阳与月亮在地平线上的同一高度（大约5度）悬在天上，它们都是同样的橙黄色。不懂得看罗盘的人第一眼望过去会感到疑惑，分不清哪一个是白昼的光源，哪一个是夜晚的女王。

我们翻身上马，再次出发了！可恶的西风刮来，寒冷彻骨。我可以肯定地告诉你，顶风骑马可真不是件容易的事。双手已经冻僵麻木了，要想拿住笔，就得像拿锤子那样把钢笔抓在手里。一大清早就知道一整天都将如同你眼前的景象一般，这不会令人感到鼓舞。每一次骑在马鞍上都不能超过半个小时，然后就必须下马跺脚，跑步，以免四肢冻僵。且末的人们告诉我，他们不记得曾有过这样寒冷的冬天，也没见过这么多雪。

我们的路线是笔直的，只有当它跨过沙漠里探出来的沙舌时，道路才会绕过沙丘。这些沙丘较陡的那一面都朝着西南方。

抵达开特买（Kettmeh）时，我们都已极度疲劳，于是就在那里停留了一刻钟，并点起一堆火取暖。然后我们又出发了，在略微起伏的地面上一路小跑来到央塔克库都克（Yantak-kuduk）。在那里我们又休息了半个小时，暖和一下冻僵了的身体。在阿克巴依（Ak-bai）的水井也是同样。一般来说，这些水井都冻成一个5英尺深的大冰块。我们遇到一个鞑靼人和圣人（*ishans*）组成的小型旅队。他们来自克里雅，前往乌鲁木齐。我们还遇见一个商人。他的二十头驴载着长袍、布匹和头巾赶往且末的巴扎。在那一天旅途的最后一段又下起了雪。我们开始揪心地四处寻找一个柴火多的地方。

第二天早晨我们醒来时，大家全都被盖在雪下面。刚飘下来的雪像鹅毛一样轻柔，落在冻得硬邦邦的积雪上。整个原野单调而阴沉。看不见野兔和乌鸦，只有野兔和几只狼的脚印。刚一过乌斯曼巴依库都克（Osman Bai-kuduk）的水井，沙子又多了起来。然后是一片红柳丛的迷宫，小路就在其中绕来绕去，仿佛在玩捉迷藏。树木下面这些圆锥或金字塔形的树根宛如蜷缩起来的刺猬。有些则像披头散发的巨

图 77　苏塘（Shudang）的牧羊人小屋

大头颅，从地底下伸出来。

喀拉米兰河的河床现在已经干涸。里面一片冰也没有。它有 250 到 350 英尺宽，3 到 6 英尺深，据说能给沙漠带来大量来自南方群山的雨水。这里的土壤是黄色黏土，水平沉积，分为不同硬度的层面，被大自然雕琢成檐口、立方体和台地等形状。

黄昏时，我们在托合台克（Tokktekk）露营，那里有茂密的胡杨林，因为我们发现那里有牧羊人最近在此活动的迹象。在一整天的行军途中我们只遇到一个形单影只的人。这个可怜的家伙步行赶往克里雅，后面跟着一条狗。它可怜兮兮地瘸腿走着，浑身是血，一只耳朵大半都不见了，另一只也只剩下一小块皮耷拉着。这个人告诉我们，他的狗夜里和几只狼打了一架，被咬得不轻。在深冬里不带任何武器，一个人步行从且末到克里雅，这真是一件很古怪的事。但是这个人却非常镇静地说，夜里他用火石和火绳燃起一堆火，狼群就不会走近。在白天，它们一般会保持一定的距离。

1月18日，我们测到霜度50度（零下28摄氏度）。接下来的一天里，我们分小段旅行，不时燃起一堆火。我们现在所到达的地区较多地受到昆仑山北坡下来的溪流的滋润，因此植被较多。虽然如此，我们的左边仍然是连绵不断的荒漠。不过右边倒是有草原和小片的胡杨林。

抵达帕喀尔库都克（Pakka-kuduk）时，我们听到北边传来枪声。毛拉·沙很快发现，枪声来自一个友善的褐色胡须牧羊人。他带我们来到一个透风的棚子，那是巴依（bai，地主、财主的意思，是他的主人）一家的住处。这个人只是冬天住在那里，夏天他的家在安迪尔河边。这是因为夏天这里整个地区都极为炎热，而且蠓虫和蚊子成群。狼群给绵羊的主人带来很大的损失，尤其是它们数目众多，狗儿都无法对付它们。牧羊人们说，即使羊仅仅被一只狼轻轻触了一下，它也会因惊吓而死，而一旦狼群对一群羊发起攻击，除非被人阻拦，它们就会把所有的羊杀死。

在苏塘的水井，我们遇到另一位牧羊人，他正带着十来头驴饮水。这水井位于一个洼地里，有10英尺深，出来的是纯粹的淡水。它的旁边有一座驼队旅店（lengher），是汉人四年前盖起来的。过了苏塘，这条路通向一个台地，上面散布着高大的胡杨树。我们在苏塘牧羊人的黄土小屋里过夜，又暖和又舒服。宰了那天晚上巴依送给我们的两只羊后，感觉就更好了。我们在这里又见到了一个来自且末的行人。他是一个汉人秘书，正前往克里雅向安办汇报区里的工作。他同我们一样，也是在那里休息一天。所以我们互相拜访了一下。但是第二天早晨，当我们出发时，他却头疼欲裂，那是抽鸦片过度的结果。

正如我在我前一本书《穿过亚洲》（Through Asia）中所写的那样，莫勒切河（Mölldya或Möllja）在"上道"跨过它的那个地方是一条大河。但在我们此刻所走的"下道"（astin-yol）这边，你几乎看不出来它是一条河。这是因为，它被分为几条走向任性的岔流，犹如一个网状的三角洲。当然这更有利于灌溉，因此这里的植被更茂盛。但是，喀拉米兰河似乎是这两条河中水流较大的一条，而且无疑它更深入沙漠，或在某一时间曾经如此，因为很肯定是这条河产生了我们最近穿越那些巴依尔时所看到的那些为了生存而挣扎的稀疏植被。

在这个极度偏僻、遗世独立的地方过着孤独且单调的生活的牧羊人是一群心地善良、十分友好的人。他们在最初面对陌生人的时候会自然而然地很害羞，但

图 78　苏塘

一旦他们知道后者没有恶意，就马上变得很好打交道了。他们讲话的声音都很柔和，一点也不刺耳，似乎是很少和其他牧羊人打交道，甚至对自己人都有些畏惧。我们的牧羊人语音很动听，充满了各种各样的变化，他讲话很小心，用很克制的语调说话，几乎让人觉得他根本就是害怕说话。如果你只听到了他的声音而没见到他本人，你会觉得你在听一个比他实际上文化程度要高得多的人讲话。因为他的外貌乍看上去像是一个地地道道的野人。他身着羊皮，头戴毛皮帽子，脚上穿的鞋袜也是羊毛和羊皮制成。他皮肤黑得像个印度人，因为他从不洗澡。他的眼睛窄而无光，鼻子垂下来，极不成形，嘴唇厚厚的，而且没有胡须。但是他的确有某种宗教信仰，因为当我们骑马经过一个麻扎时，他背诵着一段穆罕默德的杜阿（*dua*，意为"祷文"），并用掌心划过脸，正如穆斯林们在念诵"安拉胡阿克巴"（真主至大）时总要做的那样。

　　1月22日早晨，我们又被1英尺深的大雪埋住。这时我们离开了大路，穿过没有路的原野直奔那个"古城"。一场暴风雪正在袭来，前进很困难。我们的路线穿过一些散乱无章的小沙丘,其中夹杂着红柳丛,而一切都被正在落下的雪弄得模模糊糊。马匹每走一步蹄子都会陷进雪中。所有这些都使前进极为困难。所以我们的进度很慢。最终我们来到一座房子的废墟,它有两个方形房间。墙壁是黏土做的,靠一套简陋的立柱与横梁支撑着,现在还立在那里,高度为19英尺。这些墙非常厚且结实,说明这座建筑过去一定是个堡垒。我们在不远的地方扎下营,附近就是一些非常古老的塔的废墟。雪仍然下着。这么深的雪使考察那些废墟成为非常困难的事。

晚上,营地设好之后,我们的且末向导图尔都克(Turduk)就会准备他的烟斗。这是一个非常有创造性的装置。他会砍下两个木片,把它们插在地上,一个直立,另一个以45度角向它倾斜。然后他用潮湿的黏土在其周围拍实,把木片抽出来,他的烟斗就做成了。直立的孔(或碗)里填入一撮当地种植的极酸的烟草。斜着的开口则用来做烟斗的柄。但是,抽这个原始的奢侈品时的姿势可既不太舒服,也不太好看:他必须全身趴在地上。

夜里,暴风雪越来越厉害;我们没有帐篷,觉得为了安全必须采取一定措施。我的床是按照平日的方式所准备的,即先把雪铲走,然后把它放在地上,较高的那一端挨着我的仪器盒子。在它上面绑了一块毡子,往外拉开时正好能遮住我的头,而它的另一端用几根红柳枝支起来。但我的脚和下肢都逐渐被埋在落下来的雪花下面。夜里我觉得似乎有一只冰凉的大手在触我的脸,于是醒来。其实那是毡子。它被雪压得塌了下来。有些雪顺着我的脖子流到床上。在火堆的周围雪化了,把毡子浸湿,似乎刚从稀泥里拿出来。早晨,我们个个外貌古怪,费了不少力才把衣服弄干。

那以后,我们出发去看那个古城(kona-shahr)。它包括一个很好的大厅,几个土堆与古坟。我们还看出有一条运河的迹象,那显然与旁边的博斯坦托格拉克河(Bostan-tograk)的溪流相连。保存得最好的遗迹是一座高34英尺,周长79英尺的塔楼,在它的一边上端有一个开口或窗口,必须有梯子才能上去,因为塔楼的内部是实心的。它的西南边不远处还有两座塔楼。三座建筑在一条线上,也许是沿着一条古时的公路建的。我们在这些建筑旁边发现了大量的红黑色烧制陶器的碎片,但是上面没有任何刻字或装饰。整个地方都十分破败凄凉。不幸的是雪太深,无法做更为细致详尽的考察。①

晚上,我们继续朝博斯坦托格拉克河进发,它的陡峭河岸排列着胡杨林带和芦苇带。这条河冲刷出一个26英尺深,463英尺宽的水槽,其流量在安迪尔达到每秒106立方英尺。

安迪尔和巴巴库勒(Baba-köll)是我们此行的终点。我们从那里掉头赶回且末。路上我们仅仅遇到一支毛驴商队,从藏北载着野牦牛皮和野驴皮前往克里雅。这一路都是天寒地冻。1月24日夜里,温度降到零下29.6摄氏度(零下21.1华氏度),相当于霜度53度。温度最高时也不过是零下14摄氏度(6.8华氏度)。暴露在这样的极寒温度中,尤其是还有风时,你会进入一种麻木状态。但是,因为我们是沿着原路返回,我不需要寻找道路也不需要进行任何测量。所以我把双手袖在我的萨尔特狼皮大衣的袖子里。

26日夜里,我们测到的霜度是56度(相当于零下31.2摄氏度或零下24.2华氏度)。第二天,由于没有风,温度回升到零下16摄氏度(3.2华氏度)。我们觉得相对比较暖和了。我们全力骑行,蜷成一团伏在马鞍上,迎着风向前倾斜着,把双臂搂在胸前,任凭马儿信步跑着。就这样,我们骑了一小时又一小时,马蹄踏在冰冻的地面上传来"的的"的单调声音。

这次旅行的最后一夜,我们测到的霜度为58度(相当于零下32.2摄氏度或零下26华氏度),这是那个冬天温度最低的纪录。第二天我们在马鞍上骑行了十个小时。但是我们出发得太晚,后来只得在漆黑的夜里骑行了几个小时。那真是寒冷刺骨,而且更糟糕的是,风正迎着我们刮过来。虽然风力不是很强,但大到足以把骑在鞍子上的我们完全冻僵。我试图用围巾遮住脸,但是我呼出来的气在上面结了冰,最后嘴唇上下的胡须和鼻子都被冻到一起了。尽管如此,它还是提供了一定的保护。最难保护的是眼睛。风使眼睛流泪,而眼泪又沾到睫毛上,冻成小冰柱,必须不时地融化它,否则什么也看不见。

---

① 拉瓦尔品第的M.A.斯坦因(Stein)博士于1900—1901年间在塔里木盆地进行了一次极为有意思和高度成功的探险考察,其目的主要是考古。在那次考察中,他考察的地方就包括安迪尔河下游。他在那里发现了一座古城的废墟。他最有价值的发现包括几个MSS。我强烈推荐对中亚考古问题有兴趣的人读一读斯坦因博士的杰作。尤其是因为这位学者所做的详尽调查为我在罗布泊地区的发现提供了清晰的背景。我要补充的是,斯坦因博士最近还发表了他在黄沙之下的和田废墟的旅行记(1903)。——原注

我无法描述当我抵达长老的房子后，在他那熊熊的炉火前取暖时，我是多么的高兴。美餐了一顿茶、新鲜鸡蛋、面包和蜂蜜后，我爬上床，在那里躺了几个小时，阅读瑞典报纸，陶醉地望着火苗的光影闪动在那斗室的墙壁与屋顶上。而尤达什则在炉火前伸展着身体，一边打着鼾，就像它每一次完成这样寒冷的长途旅行之后都会做的那样。

这次侦察的成果比我预期的要小一些。实际上，这一趟真不值得我为它牺牲的十三天，尽管它不算是毫无成果。我做了几项重要的地理观测，尤其是关于那一地区的沙漠地带有多大、植被的发育、河流的规模和流向等等。这些河流比罗伯洛夫斯基的地图上标出的位置要更靠东一些，这是由于塔里木盆地向罗布泊微微倾斜造成的。

19 在干涸的河床之间

我们离开且末返回土拉萨尔干乌依那一天（1月30日）从季节上来说倒和那漫长旅程的开端很应景：大风、彤云、暴风雪和冰冷彻骨的湿雾。下午一点钟，温度降到零下15摄氏度（5华氏度）。我们这支由六头骆驼和五匹马组成的旅队看上去十分壮观，尤其是有一大群且末的好心人把我们一直送到河边。骆驼都长了膘，得到了充分的休息。我们又一次满载着我们所需要的一切补给。我把毛拉·沙长期雇佣下来。将来在西藏用得上他。他不动声色地告别了他的故乡、妻子和六个孩子，仿佛他只是出去旅行两三天。如果知道自己将要离开整整两年，任何一个欧洲人都不会如此满不在乎地离开自己的家。

我们没有沿着河左岸的通常道路走，而是跨过河，沿着右岸的荒原走了两天。我们的目标是抵达羌勒克，那是我通过天文观测确定的一个位置。

我的意图是尽可能确定车尔臣河的旧河床的走向。据罗伯洛夫斯基说，它位于现今河床以北40英里的地方，但是他本人并没有看到它。这是我目前要解决的一个问题，也是我原来计划中要寻找答案的一个问题。后来我发现，罗伯洛夫斯基从本地人那里获得的信息并不可信，需要更正。令我吃惊的是，羌勒克的牧羊人说我们在沙漠中穿越的那两个洼地中靠北的那一个就在苏奥斯根（Su-össghen）与车尔臣河相连，那里就在沿着河往下游一天路程的地方；而那地方的北边不存在任何旧河道。对于这个洼地，我们在上次往南穿过沙漠的旅行中已经进行了准确的测绘。

1900年2月3日，我们在一个叫硕尔库勒（Shor-köll）的小盐池离开车尔臣河，走过红柳滩和朽木林，直到我们抵达琼希旁（Chong-shipang），也就是那个更远的

图79 车尔臣河的古河床

旧河床。它的界限很明晰，与现在的河床一样宽，在原野上形成一条几乎笔直的沟渠。它的河岸很高，也是界限分明，散布着一些红柳和稀稀拉拉的胡杨，有些还活着，有些已经死了。这条沟堑的另一边是北面一眼望不到边的沙漠。

继续往前走，这条河床又分成两支，右边的又绕回车尔臣河，而左边的那一支继续向东北偏东伸展，尽管它也渐渐地向车尔臣河靠拢，直到最后在苏奥斯根与它相会。2月2日夜里，营地周围的狼群疯狂地嚎叫着。显然它们非常饥饿，因为天气仍然很冷。总之，我们认为还是小心为好，把马匹拴在我们营火的附近。

证明车尔臣河以北不存在任何旧河道后，我选择沿着它的右岸旅行，那里没有可辨认的道路。我们在那里倒是发现了旧河道。这说明车尔臣河改道时并不总是向右偏移。我们在这个遗弃的旧河道遇到我在塔里木盆地所见到过的最大的胡杨树，孤零零地站在红柳丛中。它们顶多20到24英尺高，但我们测量了一下其中两棵接近地面的部分，发现它们的周长分别达15和22英尺。树的主干本身不超过3到4英尺高，但上面支撑着布满树瘤、毛茸茸的树枝所形成的古怪树冠。这样的树木的存

图 80　车尔臣河边的古树

在说明这条河流经这里已经有几百年了。因为，即使我们不接受当地人计算树龄的说法，即"托格拉克"（胡杨）"活着千年不死，死后千年不倒，倒下千年不朽"，也可以不夸张地认定，这些老树至少已经活了几百年。就在这些古树的后面，我们的向导们把我们带到一个古老的穆斯林墓地，那里有几座坟墓和一些房屋的废墟，其中最大的一座有49英尺长，42英尺宽。附近有明显的迹象显示曾经有人耕种土地，那里有一条灌溉沟渠，现在当然已基本失修毁坏。

那天晚上我们在向导告诉我们的那两三座坟墓附近露营。2月4日，我们又更仔细地考察了一番。这些坟墓是牧羊人大约两三年前挖出来的。他们以为会在里面发现黄金或其他什么值钱的东西。当我们来到那里时，有三个棺材立在一丛红柳形成的圆锥体旁，它们本来是放在那里面的。两具尸体保存得十分完好，其中一个是年纪较大的男人，另一个是位中年妇女。皮肤紧贴骨架，像羊皮纸一样坚硬。那具女尸尤其有意思。头发一点也没腐烂，是红褐色的，在她脑后用一根红色发带束起来。这种发色在可能来这种地方的亚洲人中很少见。此外，亚洲妇女，或至少中亚妇女，都梳着垂在背后的长辫子。这个女人的头颅是印欧型，头盖骨高高的，平直的眼睛，颧骨略微隆起，窄窄的罗马式鼻子，几乎平行的细长鼻孔。毫无疑问，她既不是汉人也不是蒙古人。再者，她的服装也一点不像亚洲人。它包括一件粗亚麻编织的窄袖连衣裙，下摆如普通长裙一般向外张开。亚洲女人的服装一般都是宽松的袖子和肥大的裤腿，但从不穿裙子，那也许妨碍她们骑马，因为她们用与男人同样的姿势骑在鞍子上面。在男人与女人的前额上都曾有一条薄薄的材料制成的头带，不过现在几乎都已腐烂殆尽。那女人脚上穿着红长袜。两具尸体的脚趾甲都被剪过，没有按汉人的习俗那样让它们长长。

那具男尸身上的衣服所剩无几。他没有剃发，也没有辫子。因此他不可能是一个汉人。他的棺材里放了一把普通的木梳。

这两具棺材都很简陋，似乎做得很匆忙，每一具都由六块胡杨木板制成，宽度与高度相等，两侧平行，长度略长于尸体。紧挨着棺材有一座古老的小棚，墙壁由

图81 塔里木河下游的一棵胡杨

灌木枝条编织而成。

所有这些迹象都显示，这些人是俄国人。我这里不妨匆忙下个结论，他们也许属于拉斯科尔尼克教派（Raskolnikis），即东正教里的非正统派。这群人在1820年后不久从西伯利亚逃到罗布泊，他们以后的历史就无从而知了。本来放棺材的红柳锥，一定是当时就与现在一个模样了。

在当今的塔里木盆地居民中，经常可以见到这样一些人，他们通过与雅利安人种的混血，已经失去了许多蒙古人种的特征。但是这些尸体不太可能是穆斯林，因为中亚的穆斯林一般不会用棺材埋葬他们的死者。牧羊人们声称，附近还有其他一些锥形红柳丛被用来当作墓葬的地方。但是他们无法带我去其中任何一个。也许一个拉斯科尔尼克教派的群体曾在世界的这个偏僻角落找到了一个躲避经常降临在他们身上的迫害的避难所。可惜棺材上没有任何刻字。

我们让这些神秘的死者继续长眠在荒野中，队伍又开拔了，有时沿着右岸，有时走在冰冻的河面上。车尔臣河不像塔里木河那样河岸直上直下，它的河床也没有

图82　车尔臣河边

那么深的侵蚀；但是它的两岸与塔里木河很相似，即都挨着胡杨林、红柳和芦苇。不过，右岸上的植被带比左岸上的要宽一些，因为左岸靠沙漠更近一些。从河上我们通常可以看见树林上面探出来的沙丘。

天气仍然很冷。2月5日的夜里，霜度是52度（零下29摄氏度或零下20.2华氏度）。不过，幸运的是我们有上好的燃料的无限供应。在阿克依列克（Ak-ilek）的客栈，我们跨过车尔臣河来到它的左岸，在水流仍然移动的那一侧，冰在骆驼的重压下显出裂缝，令人胆战心惊。不幸的是，到达若羌通往且末的道路与河流交叉的地方（1896年我曾来过这里）时，我们必须与我们的向导道别，因为他们对我们将要穿越的地区一无所知。我们没有任何明确的信息，只有一个且末的托克塔麦特长老告诉我的故事中的推论。有一次，他正坐在自己的房子里，半夜三更忽然被一阵敲门声惊动。他问门外是谁，有人给了他一个熟悉的名字。于是他就把门打开。七个劫匪冲进来。其中一个手里拿着刀，威胁托克塔麦特如果他要抵抗就把他杀了。他们把他绑起来，然后将他家洗劫一空，包括相当于2000腾格（约等于20英镑）的银两。然后他们带着仍被绑着的长老逃跑，以防他叫别人来追赶他们。这个故事中使我最感兴趣的是，这些抢匪在逃跑途中跨过车尔臣河，沿着一条老河道往北赶往塔里木河，这条老河道肯定就是艾特克塔里木河（Ettek-tarim）。显然这不是这条河道第一次被在逃的匪徒用作撤退路线。

2月8日，我们继续沿着车尔臣河往下游行进。我们一直沿着左岸走，这部分是因为我不愿沿着罗伯洛夫斯基的足迹走，部分是因为这使我有可能确定是否有其他河道从主干河道分出去或流回来。因此我们的道路紧紧贴着森林的边缘，穿过夹杂着草丛与芦苇的荒原。在北边，高高的沙丘向前推进到半英里之内。这条河显然经常涨水，因为它那台地或断崖的河岸高出冰面六七英尺。在一个地方，不过只有在那一处，沙丘推进到离河岸很近的地方，以一道沙墙的形式突然中断。这沙墙直下30或35英尺到水边。我们就在遇到的很少几个胡杨树林中的一个里面扎营过夜。

年轻的库尔班最初给人的印象非常好，现在似乎变成一个地道的坏蛋。就说这天晚上吧。天一黑，他就不见了。所有的牲口都在营地上，所以他不可能带任何一匹马出去。而且他连自己的羊皮袄也没有带，尽管当时霜度32度（零下18摄氏度或零下0.5华氏度）。时间一小时又一小时地过去，我们开始担心他是否遇到狼的袭击。于是我派人出去寻找他。最后,尽管已经到了很晚的时候,他们带着他回来了。原来是这小坏蛋在路上丢了一双靴子,靴子从骆驼身上掉下去了。当然,这本身并不算什么过错,但他应该告诉别人他要回去寻找它们。我们担心的是他在什么地方睡着了,那就会在半夜冻死。我让伊斯拉木·巴依给我好好盯着这个小伙子。我还真做对了。这家伙最后变成一个彻底的恶棍。

那天晚上出现了严冬已过的第一个迹象。温度最低也就达到霜度36度(零下20.1摄氏度或零下4.2华氏度)。第二天,2月9日,温度升到零下7.6摄氏度(18.3华氏度)。自12月28日以来,天气还从没有这样暖和过。我们现在走过的地区单调得令人难以忍受,无论如何也找不到人类的痕迹。9日与10日也是同样。但是到了2月11日,我们终于在阿拉尔其(Aralchi)的一个棚子附近河的左岸看到了活人,即一个男人、两个男孩、两位妇女和六百只绵羊、六头母牛、若干匹马与驴子。这些人告诉我们,我们前一天所追随的那条古水道在沙漠的尽头就消失了,而在相反的方向则汇入艾特克塔里木河。

图83 冰冻的车尔臣河上

一个幸运的偶然机会，我在若羌的老朋友，托格达辛（Togdasin）长老，12日晚上在一个叫依格德里克阿吉尔（Yiggdelik-aghil）的地方找到我们。若羌的安办命令他来找我，并随时为我服务。因此他很乐意指给我通往艾特克塔里木的道路。他已经去过那里两次，所以告诉我很多那里的情况，那与阿不旦（Abdall）[①]的昆齐康（Kunchek-kan）长老于1896年告诉我的情况基本一致。他说，艾特克塔里木河被水流遗弃只有大约三十年的时间。在那之前，塔里木河，即叶尔羌河的一半水量都流入那条水道里。

托格达辛长老告诉我，他甚至曾划着一条小船沿着那水道顺流而下，虽然现在那里面没有一滴水。他第二次见到这条河是1877年，当时和田的那个臭名昭著的尼亚孜·哈基姆（Niaz Hakim）长老，即统治喀什的阿古柏的好友和后来杀死他的凶手，从和田逃到库尔勒，带着一队骆驼、驴子、骡子。当时这个逃犯把托格达辛长老招来为他带路走过这个所谓的"盗贼之路"（ogri-yoll），那些有充分的理由不走旅队大路的人经常走这条路。殷勤的长老于是成了我们的向导，他对道路的记忆之好真是令人惊讶，尽管他已23年没到那里去了。但本地人的地貌感觉往往发展到极为精确的水平。例如这位老人会对我们说，如果再多走几段路（yoll），你就会来到一个牧场更好的地方。而他总是对的。

2月是骆驼发情的季节。这时它们非常狂野危险。我们的旅队中只有公骆驼，所以需要高度小心和警惕才能避免它们相互伤害。但是，在克希麦特克里（Koshmet-kölli）的营地，两头骆驼打起架来。它们暴躁地用头敲击着地面，像蛇一样缠绕着彼此的脖子，又拉又扭，又咬又踢，使出全身气力，直到它们浑身上下到处飞舞着肥皂沫般的唾沫。两者之中更强壮的一头用头顶着另一头的两只前腿中间，企图把它顶翻。如果它获胜，它的对手能够不负重伤就得以逃脱已经算是幸运的了。但是在前者把它的对手放倒之前，众人赶忙冲上前去把后者救了下来。当骆驼狂躁得直吐白沫时，去拽它的鼻绳是没有用的。它根本就不予理会。众人用粗大的棍子朝这两

[①] 由于地质条件的变化，而今的塔里木河下游和斯文·赫定时代已经大不相同，包括喀拉库顺湖及阿不旦在内的绝大多数地方而今已经成为荒漠，所以斯文·赫定对塔里木河下游及车尔臣河下游地区的考察中绝大多数地点无法在今日的地图上找到。此外，"阿不旦"的意思是罗布语方言"好地方"，历史上曾经存在过多个被罗布人称为"阿不旦"的地区。

图84 阿拉尔其的牧羊人小屋

头好斗的牲口鼻子上猛击,直到它们放开对方,一边流着血,一边吐着白沫,怒目圆睁,极不情愿地走开,继续吃它们的草。那以后,我们夜里露营时总是将最狂暴的骆驼的前腿拴上,而在行进途中则把它们的嘴套上。

2月14日,我们只走了很小一段路,9.5英里。这是因为我们即将穿越一个无水的地区,需要三天时间,因此必须从最后一个可以找到水的地方巴什阿其孜(Bash-aghiz)出发。从那里开始,车尔臣河靠北的一支绕回西南方,流进罗布克里(Lop-kölli)。那是喀拉布伦湖(Kara-buran)在这里的称呼。

下午一点钟,温度计显示0.4摄氏度(32.7华氏度)。这是圣诞夜之后温度第一次上升到冰点以上。尽管如此,那天夜里温度又降到零下24摄氏度(零下11.2华氏度)。不过,这里的降雪量显然不大,我们仅在一些有遮挡的地方看到雪。

2月15日,我们带着几口袋冰(为我们自己和马匹准备的)向东北方向进发,在玉尔衮鲁克库勒(Yulgunluk-köll,意为"红柳湖")遇到艾特克塔里木河。它从那里继续向南流去,原来就在离现在的罗布渔场不远的地方流入喀拉布伦湖。但我们跟着它朝反方向（北面）走去，一整天都能看到娇嫩的小树林，虽然地面到处都干燥得像引火物。在离西尔格恰普干（Shirgeh-chappgan）正西一天路程的库其麦特（Kutchmet），有一个森林可以同塔里木河沿岸的任何森林媲美。我们发现，从那里往下游走，不远就有地下水，例如玉尔衮鲁克库都克（Yulgunluk-kuduk）的水井就是这样。它正好被沙子埋住了。那水井本身就是在河床里挖掘出来的，在一个大约16英尺的窟窿里，它被一个强大的涡流掏空。它旁边有个马匹与驴子饮水的水槽，用一棵胡杨树干凿空制成。这说明这条"小路"有时也有人使用，尤其是那些采集野莓的人。艾特克塔里木沿河一带的沙丘顶多12到14英尺高，虽然后来它们的高度达到65英尺。

这条旧河道辨认起来极为容易，因为它被遗弃也不过就是30年光景。它不仅是一个两旁长满树林与灌木丛的光秃秃的沟渠，河水最后残留的那一段水道也能清楚地认出，它的河湾处甚至更深。有时还有一些漂木残留在河底。

这里我可以顺带提一下一个物理地理学的三个特征，它们似乎可以说明我关于罗布泊湖泊游移性质的观点。第一，艾特克塔里木河边有茂密的胡杨林，而塔里木河本身与其对应的那一部分却没有任何树林。这证明后者形成得非常晚近，还没有足够的时间使任何树林形成。第二，那天夜里悬在我们营地上方的大量流沙，它有个意义重要的名字"塔格库木"（Tagh-kum，山的沙漠），这说明古时候它的东边还没有塔里木河。因为如果有，这里占优势的东风就不可能在那里推起那么大量的沙子。但是如果我们假定塔里木河曾经流入位于喀拉库顺湖以北现在已经干涸的那个旧罗布泊，这就不再是不可能了，因为当时这里还没有塔里木河阻止东风堆积沙子。第三，我们从塔格库木越往北走，艾特克塔里木河与现在的塔里木河下游之间的沙漠就越来越小。换言之，流沙不可能在罗布泊古湖暴露在风面前的那一面聚集起来。

艾特克塔里木河旁边的植被带约有2英里宽，在东边被又高又陡的沙丘挡住；而在西边，沙丘缓缓升起，形成我们在沙漠腹地遇见的那种巨大沙岬。

2月16日早晨，当我的手下忙着装行李时，我爬到塔格库木的最顶上，在树林的160到200英尺以上，从那里鸟瞰周围的地形视野极佳。东北方向展现着一个通常形态的巴依尔，带有通常那种典型的同心圆水印，或过去的湖面。在东面，这洼地被一道沙子形成的墙挡住，但它只有塔格库木的一半那么高，东边一路斜坡直到

图 85　塔里木河三角洲的胡杨林

塔里木河的右岸，那里从它那林带较黑的颜色就可以辨认出来。再过去又是沙丘，其较为陡峭的一面总是朝着西边。

我们显然可以推论：整个沙漠中都有这些巴依尔，它们都是在沙漠的作用下而形成的。能够在艾特克塔里木河床里形成的那些沙丘是微不足道的，而在河边的森林里沙丘却能达到12英尺之高。从这个意义上来讲，在那缓慢走近，迟早要将其吞噬的茫茫沙海面前，这旧河道仍然是一个屏障。的确，吞噬的过程已经开始，因为塔格库木实际上已经侵入了艾特克塔里木河床的一部分，而更靠北的地方，后者往往被埋在向前推进的沙子下面。那些巴依尔并不是静止的，而是穿过沙漠的平坦地面向西移动，它们的起点就在沙漠的东缘艾特克塔里木河附近，终点则在西边很远的地方，那里风较少，而且产生作用的是其他法则，而不是罗布泊地区的风。因此每一个巴依尔在其存在的整个过程中都保持着自己的特征，尽管形成它的土壤每隔一个世纪左右都要被更新一次——假定沙丘以每年15到16英尺的速度移动的话。所以，虽然沙漠里沙的"波浪"像海浪一样遵循同样的法则，它们之间却存在着一个很大的差别。对于海浪来说,只有浪的运动一直向前,而水则保持原来的位置。对于沙浪来说,不仅波浪在运动,其材料也在移动,被向前抛去,然后又浇到自己身上。如果风没能带来新的材料,原有的沙子就都会被刮走。

当我们继续往北前行时,树林显示出减少的迹象,仿佛它们的根部很难向下扎到有地下水的地方。虽然如此,树林仍然很密,有些树木周长有8英尺。不过右岸的林带远比左岸的要茂盛,因为它有更多防风的屏障;而左岸的林带则渐渐地被沙子窒息了。我们看到六只天鹅,这些春天的报信者正飞向西北。温度升高到4.2摄氏度(39.6华氏度)。我们在这一天路过的一个地方叫库尔查克克里(Kulchak-kölli),这也说明曾经有过一个湖泊,但现在已经消失了。

在我们沿着这条给人启示的河道旅行的最后一天,死树林变得与活树林一样普遍,而荒漠化的进程总的来说推进得更深,因为两岸的沙丘都逼近到350码的距离。在有些地方,它们实际上通过小型沙丘筑起一道连接两岸的桥梁。

最后,在巴什阿尔干(Bash-arghan),我们又一次遇到我们的老朋友塔里木河。

图86　在冰上凿出洞来给马饮水

与那条在秋天曾经令我们大家都十分赞叹的大河相比，它现在显得多么渺小和微不足道啊！封冻而静止的它看上去就像一条狭窄的沟渠，没有任何洪积构造。覆盖河面的冰层像是一个平坦的浅水沟，因为它两面的边缘高于中间，这是河面封冻后水位下降的结果。当河面封冻时，它有141英尺宽，而现在它只有77.5英尺宽。由于骆驼有三天没有喝水了，我们在冰上凿出一个洞来为它们取水，结果发现冰层有20英寸厚。从这里我们穿过树林、高矮灌木丛来到阿尔干或称阿依里尔干（Ayrilghan），并在那里扎营过夜。

2月13日是个星期日，我们休息了一天。此刻我们位于塔里木河主干与孔雀河的交汇处。前者有194英尺宽，后者宽度为79英尺，而两河交汇之后的河流有252英尺宽，最终注入喀拉布伦湖。我们的营地就设在塔里木河主干与汇合的河流之间的夹角上。这个地点我后来又来过两次，因此成为我核对与控制地貌和天文观测的固定点，非常重要。在这里，那个善良的老人托格达辛长老离开我们返回家乡。但是十八个月后他又为我们提供了重要的服务。

20 土拉萨尔干乌依——布里亚特哥萨克

我无意赘述我们返回英格可力路上穿梭其间的那个水网地带。真是很难想象有比它更复杂,更像迷宫的水文系统了。没有哪条河比塔里木河三角洲具有更加纷乱的水道体系。没有一张详细的地图,就很难使它完全让人看明白,而那样的地图要等到将来才能绘制。即使是在那些如今已经完全干涸的河道里,以下边这几个词结尾的地名也会反复出现,如库勒（köll）=湖泊,绰尔（choll）=水潭,达什（dashi）=盐池,阿克辛（akhin）=溪流,柯克阿拉（kok-ala）=河汊。

在谢特拉尔村（Sheitlar）,我们看到一位老年妇女在击打一种草（chiggeh,学名 Asclepias）,直到它的纤维变得像棉花一样细软;然后这种材料又被编织为一种粗糙但结实的材料。她告诉我,她的父母曾经生活在其维里克库勒湖畔,那时它的水面比现在大得多。即使现在它也是本地人所知晓的最大湖泊。

我们的路线现在指向西北,穿过草原、树林、灌木丛和芦苇滩。在阿列力希,孔雀—塔里木河分为两支,靠东边的一支注入上面提到的那个湖,靠西边的那一支是柯克阿拉,我们贴着它的边走了一段路。

虽然温度在夜间降到零下18.8摄氏度或1.8华氏度,但天气变得越来越像春天。2月21日,我们抵达蒲昌（Dural）[①],罗布泊地区安办（即中国人的地方行政长官）的总部。22日,我们在铁干里克遇到了吉尔古依·帕万（Kirgui Pavan）,此人曾在1896年为我带路去东边那些大湖,使我有机会获得那些重大发现。在铁干里克,我

---

① 又名都拉里。

图87 谢特拉尔的芦苇棚

再次留宿在纳赛尔长老家中。

　　我们在图尔杜宁索列希（Turduning-söresi）又一次遇到好运，在森林里发现一个男人带着八头骆驼在露营。他名叫阿不都热依木（Abdu Rehim），来自库鲁克塔格山区的辛格尔（Singher）。我下一步的探险是去库木达里雅河（Kum-daria）的干涸河床，而我正需要一个向导。俄国旅行家科兹洛夫先生和我本人都曾到过这条河的几个地方。而这个阿不都热依木似乎正是带着科兹洛夫先生前往库鲁克塔格山里的六十泉（Altimish-bulak）①水井的向导。那是距离库木达里雅河最近的水井。实际上，他是那整个地区曾经深入到六十泉那么远的仅有的两三个猎人之一。但此人自视甚高，而且听懂他的话也不容易。我提出要买他的骆驼，但是他索要的价钱极不合理，尤其是因为他那些骆驼根本就无法与我们的骆驼相比。伊斯拉木·巴依在与信奉同一宗教的人打交道时一向自大专横，活像个暴君帖木儿。他为了此事与阿不

---

① 也称阿提米西布拉克。

都热依木打起架来。要说阿不都热依木这个人初看起来的确像个恶棍和暴躁的家伙。但是当他脾气大发时，我把他招了回来，最后双方和平地谈拢。我同意以每天每头半个萨尔的价钱从他那里雇用六头骆驼。阿不都热依木同意为我带路沿着库木达里雅直到六十泉。那以后他可以自己返回在辛格尔的家园。他的骆驼并没有负载任何东西，因为他当时正在送他姐姐及其嫁妆给蒲昌的一个长老后回家的路上。伊斯拉木·巴依预告说此人早晚会给我找麻烦。但是他错了，这个人没有给我找过任何麻烦。这是我第一次发现伊斯拉木的错误，但并不是最后一次。

阿不都热依木的牲口中有些是母骆驼。收购它们以后，就很难控制我们自己的骆驼了，尤其是一头大个子双峰公骆驼。它很暴躁不安，总是想咬它的同伴。实际上，它变得非常狂野，白沫从它的嘴里淌下来，犹如被理发师涂在那里一样。它的嘶鸣和呜咽极为哀切忧伤。每次露营时，我们都会把它拴在一棵胡杨树上，不仅是它的鼻绳，而且用结实的绳索捆住它的蹄子。

2月24日，我们在最后一天的行进中遇到来自区内各个地方的一拨又一拨村民、带着随从的长老、前哨和信使。他们都非常高兴甚至惊讶地看到我们活着回来。早先他们默默地看着我们消失在沙漠中，一点踪迹都没有留下。接下来，三个哥萨克骑着黑马奔驰而来。他们个个身着暗绿色军装，头戴高高的黑羊皮帽，脚踏一双闪亮的马靴，马刀挎在肩上。这是西尔金和两个从外贝加尔新来的哥萨克。这后两个人虽然有着鲜明的蒙古人特征，但他们挽住自己那乌黑的马匹时颇有风度，无论是骑乘还是调教这两匹马都像大师一样娴熟。与他们相比，我完全是一个衣衫褴褛的流浪汉。他们在我面前停下来，向我行过军礼后，呈交了他们各自的报告。

西尔金在我离开时掌管整个营地。他报告说一头骆驼逃跑了。一只灰狗在追逐野猪的过程中受了重伤。除此之外，一切正常。

两个新来的哥萨克中年纪较大的一个报告说，他和他的战友接到他们在赤塔（Chita）的上司下达的命令，让他们来罗布泊与我相会。他们都是纯粹的布里亚特蒙古人；所讲的语言与蒙古语相差无几。但他们都可以讲流利的俄语。在为我服务期间，他们也学会了流利的察合台突厥语。他们的名字是尼古拉·沙格杜尔（Nicolai Shagdur）和策仁多仕·切尔东（Tseren Dorshi Cherdon）。两人都是二十四岁。他们属于外贝加尔哥萨克军，那支部队有相当一部分是由布里亚特蒙古人组成的。他们的服役期是四年，他们只完成了一半服役期时，就接到这个令人欢欣的命令，让他们穿过半个亚洲来为我服务，而且是在一个他们从未见过的地方，在从未见过的民族中间。他们已经得到他们剩余两年服役期的薪饷，也就是价值1000卢布（106英镑）的金币，因为沙皇希望这些护送人员不用增加我本人的开销。不过，我负责保管他们的金钱，在他们追随我时为他们提供一切，并在他们离开我时将他们的1000卢布归还给他们，外加其他礼物。所以从金钱的角度来看，他们参加这次探险一点也不吃亏。但是他们完全应该得到他们所收到的一切：他们的服务真的是太有价值了，而他们的操守则怎么夸奖也不过分。

他们从赤塔出来路上走了四个半月时间，乘火车，骑邮马，坐中亚地区的大车。他们携带的护照上标有"赤塔，1899年9月20日（俄历）"的日期。作为现役的哥萨克，他们只要在俄国领土上就可以免费旅行。

他们旅行的路线经过伊尔库茨克（Irkutsk）、克拉斯诺亚尔斯克（Krasnoyarsk）、鄂毕（Ob）、巴尔瑙尔（Barnaul）、阿亚戈兹（Sergiopol）①、柯泊尔（Kopal）、亚尔肯特（Jarkent）、伊宁（Kulja）和乌鲁木齐。但是他们在乌鲁木齐被伟大的汉学家乌斯片斯基（Uspensky）领事（现已去世）留住了两个月，因为后者失去了我的消息，不知应让他们去哪里。

布里亚特哥萨克们服役期间在语言与纪律方面彻底俄罗斯化了，服役期结束后他们就会回到自己的村庄（stanitzas），换上他们本族的服装，恢复原来的生活方式，以养牛为生。我手下这两人的村庄是阿塔曼—尼古拉耶夫斯基（Ataman Nikolaievska），位于特洛斯科萨伏斯克（Troiskosavsk）西北130英里的地方，在贝加尔湖南端的附近。我相信沙格杜尔和切尔东这两人都会为了我而付出他们的生命，而我作为他们的西方战友也与他们密不可分。尤其是沙格杜尔，那是一个男人的典范，一个善良忠实的随从。

按理说，我现在应该把哥萨克西尔金与切尔诺夫遣回他们在喀什的军营，因为我只被授权在他们的布里亚特同事到来之前留着他们。但我已经太喜欢他们了，知道他们是如何忠实和自觉地完成我交给他们的任务的，所以我无法忍受将与他们离

---

① 今称Ayagoz。

别的想法。于是我给彼得罗夫斯基总领事写信，央求他替我向有关当局请求让我保留这两个人。因为我确信我的要求会被批准，所以在听到有关他们的消息之前，我将继续把他们留在身边。

再回到我们返回土拉萨尔干乌依路上最后一天这个话题。我们在一支庞大的队伍陪同之下抵达那里以后，发现"市场"上聚集了一大群我们的邻居，以及留在那里的哥萨克切尔诺夫，因为我们有一条绝对不能变的规矩，这两个哥萨克中总有一个人必须处于戒备状态。我们不在期间，营地扩大了，另一顶帐篷被支起来。为了迎接我们的归来，一切都干干净净、井井有条。我的小屋已经收拾好，帐篷里炉火熊熊。所有的牲口都保持着最佳状态——骡子养肥了，双峰骆驼和单峰骆驼都长了膘。但是骆驼们比原来更狂野了，尤其是那头单峰骆驼。它像幽灵一般吼叫着，听着非常难受。它还磨蹭自己的牙齿，一直磨到白沫如硕大的雪片一样落下来。它翻着白眼，企图咬人，除了费苏拉以外不让任何人接近。我们把它的每一条腿都拴在一个钉入地里的橛子上，使这个可怜的畜牲无法移动。

我的人刚一知道有一头骆驼跑走了，帕尔皮·巴依就出发去追赶。但是尽管他沿着这骆驼的脚印走了两周，跨过孔雀河，沿着库鲁克塔格山一直走到希纳尔尕（Shinalga），又从那里赶到库车，但最后还是没有找到。后来我们听说，这头骆驼跑到玉尔杜孜（Yulduz）去了，在那里被一些蒙古人留下。不管怎样，我们再也没有见到它。这是骆驼从我的旅队真的跑走的唯一的一次。但是图尔杜·巴依和费苏拉这两个人都有数年与骆驼打交道的经验，而且极为了解它们的习性。他们告诉我，骆驼有时会被老虎或野猪吓傻了，在极度惊恐中犹如后面有魔鬼追赶似的疯跑。显然我们的骆驼就遇到了类似这样的事。这个地区的确出现过老虎。我们的一个朋友，米拉比（Mirabi）就在离我们营地不远的地方用陷阱捕到一只，并把这只冻僵得像匹木马一样的老虎带回来，放在我们市场的中央。等春天它解冻以后，我们把它的皮剥了收藏起来。

这时，一只猫和两条新出生的小狗崽加入了我的家畜行列。狗崽是帕万送给我们的。它们一个名叫玛伦基（Malenki），意思是小家伙，另一个叫玛尔其克（Malchik），意思是小男孩，因为它们俩都非常小，非常漂亮。即使到它们长大以后，成了它们那种狗里的真正巨人之后，这些名字也一直没有变。它们最后成了真正的旅队之狗。

图 88 切尔诺夫、丙尔金和沙格壮尔

我与它们一直是最好的朋友。我们的家禽数量也增加了，给我们这田园的繁荣增添了另一种因素。除此之外，我们还有一只鹰，以及那只从拉吉里克开始一直与我们一起在渡船上旅行过来的大雁。这只大雁显然已经完全忘记了它原来的亲戚野生大雁，对它们无动于衷。

2月中旬以来，野雁开始归来。它们就是我们在秋天看到的那些飞往印度的雁群，只不过现在它们飞的是相反的方向，还是沿着同一条路线，飞越同一些河流，同一些湖泊，同一些胡杨树和同一些林带，它们关于这一切的知识是代代相传的。塔里木河就是它们的大道；它们很少抄小路从沙漠飞过。现在我们开始听到它们大群地从土拉萨尔干乌依的上空飞过，听到它们不分昼夜，不分天气地鸣叫。每天都能看到它们，无论是在好天里还是在风暴中，也无论是当太阳被遮掩住还是当它从乌云密布的天空露出闪亮的光芒。我们在夜里一片漆黑、乌云使月亮与星星的光辉无法照到地球表面时也能听到它们的声音。它们总是以最快的速度飞行，从不停下，从不休息。罗布人声称，同一群大雁年复一年地回到同一些地点，它们之中有某种物权法或是所有权，正如罗布人本身那样。它们在最冷的四个月中不在这里，那时塔里木盆地区域所有的河流与湖泊都处于冰雪覆盖之下。

我们从不缺少野味。哥萨克们每天都出去打猎，他们从没有空手回来过。他们猎杀过几头野猪，带回过野雉、野鸭、野雁，偶尔还有一只母鹿。我们一直得到农产品的充分补给，如蛋类、奶、奶油、羊肉、家禽、稻草等等。我们也总是有大量的鱼。在森林里可以捡到大量的柴火，而且我们有很多骆驼可以把它们运回来。

我们在土拉萨尔干乌依的营地成了一个重要的市场，在罗布泊地区颇有名气，在它的周围出现了一圈小型"郊区"，裁缝们、铁匠们和其他匠人来到这里从事他们各自的营生。其中一个小店属于一个来自库车的裁缝阿里·阿洪（Ali Ahun），一个小型缝纫机在那里成天嘎达嘎达地响个不停。帕尔皮·巴依的手艺是制作马鞍，他在马厩附近设立了自己的作坊，成天忙着为骆驼和骡子制造新的驮鞍。商人们从库车和库尔勒纷至沓来，带来他们认为我们可能需要的产品，如白糖、茶砖、中国瓷器、俄罗斯茶杯、布匹等等。其中有一位来自中亚地区安集延的商人，他给自己盖了一座草棚，在它的墙上挂起来自俄国的红色棉织品、在他周围摆上一摞摞的布匹、斗篷、便帽、靴子等等，就像在一个巴扎里的店铺那样。这家店铺极受欢迎，几乎永远有我的人,无论是哥萨克还是穆斯林,在里面聊天、喝茶、抽烟或讨价还价。

还有路过这里的大群路人!商旅大道当然是从简库里穿过,但是土拉萨尔干乌依被证明是那个地方的一个强大的竞争者,渐渐地旅人开始走我们这里。他们到这里以后,就觉得有必要住上一夜,因为对他们来说,看到我们如何生活和做什么是一个很"开眼的体验"。每天都有人骑马走进市场区域,提出要卖他们的马,我们也买了一些。

因此我们的小镇扩大的速度能赶上美国的小镇,人群来来往往,熙熙攘攘,直到深夜。那个市场被一个很大的中国灯笼照亮,直到最后一个参观者离去才会熄灭。那以后,唯一的声音就是我们岗哨的脚步声和狗叫声。

我在外期间,西尔金一丝不苟地维持着气象观测仪的运作。由于最好在一个地方尽量长时间地进行这种观测,我令他在我下一次探险在外时留下来掌管营地,同时继续他的气象观测工作。但是我把切尔诺夫带上了,因为他烹制冷肉片和皮尔曼(*pilmen*,一种肉馅饺子)很有一手。

我们在土拉萨尔干乌依短暂逗留期间,完全是冬日的天气。那一年第一场黑沙暴早在2月25日就降临了。我觉得能坐在自己的屋子里,听着风从我们小棚的芦苇墙壁穿过的呼啸声十分惬意。但那风威胁着我们唯一的胡杨树的生命。流沙与尘土顺着塔里木河刮下来,使空气中充满颗粒物,我们连河对岸正对着我们的陡峭沙丘都看不见了。2月26日下雪了,球状的雪粒又硬又小,犹如气枪子弹打在帐篷的帆布上。大地又一次变得白茫茫一片,而那沙丘,当我们又能看见它时,看上去像一座白雪覆盖的山脉。不过最后天气终于晴朗起来,我开始进行天文观测,另外冲洗底片也让我忙得团团转。土拉萨尔干乌依是控制我地图绘制工作的最重要的中心。

3月4日,温度升到7摄氏度(44.6华氏度)。到目前为止把河流魔咒一般锁住的结实冰层现在开始变软了。融化的河水不仅停在上面,而且像潮汐一样从上面流过。我们那条刚一冻冰就被封住的大渡船歪了,船帮挨着水面,渐渐地水灌满了半个船舱。

现在冰上出现了一条缝,最开始出现在水流最强的地方。我们警告西尔金和其他与他一起留下的人在早春潮汛过来时高度警惕。我特别让他们把我的盒子都搬到渡船上,以防营地遭到水淹。那样的话,如果有严重危险就可以把它们搬到一个更

图 89 在路上拖着独木舟

安全的地方。

这时我打发掉那不幸的小伙子库尔班,他一拿到薪水就立刻消失了。我后来了解到这个小坏蛋在返回喀什的路上"着实折腾了一番"。在库车,他去了一个安集延商人的客栈,对他们说他是代表我去见彼得罗夫斯基领事的信使。结果那些好心的商人们给了我这位年轻的先生他所需要的一切。在阿克苏,他与一个长老的年轻妻子过从甚密,被打了一顿,但得到中国安办的宽大处理,因为后者无疑认为对一个欧洲人的信使客气一些更明智。库尔班在阿克苏偷了一匹马,然后偷偷地骑马逃走。但是在喀什他的厚颜无耻达到登峰造极的地步。他去见彼得罗夫斯基领事,企图用一个编出来的故事使他相信自己遭到抢劫。他假装极度悲伤,声称我曾委托他带给领事一包重要的信件,但是他在路上受到一群抢匪的袭击。他们把那包信件和他的钱财抢走了。但这不是彼得罗夫斯基领事第一次听到这种天方夜谭。所以我这位"行为端正"的先生还没搞清楚怎么回事之前就已经被关在监狱里了,有很多闲暇来反省他将注定要遇到的麻烦。这是他胆大包天所带来的唯一回报。至于那些头脑简单,在路上被他骗的人们,他们只能为自己的不慎而自认倒霉了,除非他们最后能够从年轻的库尔班本人那里得到赔偿。

这一次我把伊斯拉木·巴依留在营地上担任穆斯林们的工头。我让他和西尔金在我离开之后立即到库尔勒去买二十五匹马和一些骡子,此外还有我们以后在夏天要用的物资。我计划那时去西藏走一趟。

第四编

罗布泊及其姐妹湖泊：
沙漠中的芦苇荡

21 库鲁克塔格与库鲁克河

天气刚开始转暖,我就派费苏拉和阿不都热依木先行出发,带着骆驼与辎重去孔雀河上的迪尔帕尔(Dillpar),让他们及时过河,找个适宜放牧的地方,然后等待与我们会合。我自己则于3月5日出发,带着切尔诺夫、奥尔德克和霍代·库鲁(Khodai Kullu),一个为我做了几年事的罗布人,后面跟着一大群不请自来的追随者。除了普通行李,这次我还带了两顶帐篷和一个炉子、满满一箱子科学仪器、两箱子厨具和两杆猎枪。霍代·库鲁是个知名的好猎手,自带武器。奥什来的信使穆萨也与我们同行,这样待我们抵达沙漠边缘的营盘(Ying-pen)后,他就可以把几匹马带回来。

这次新的远征中,我们第一段路是斜穿过塔里木河与孔雀河之间向北延展的草原。就像几乎每次旅队第一天出发时那样,那天直到很晚的时候我们才真正上路。到了最后一刻,总是有那么多事情需要安排和决定,一些细节问题需要解决。三位留下来的哥萨克和所有的穆斯林都站成一排向我道别。我离开时特别叮嘱帕尔皮·巴依不要与当地的女孩纠缠过深,因为他有这方面的名声。他站在那里微笑着,身板挺得直直的、强壮,阳刚。他身穿那件合身的蓝色长袍,回答说我完全不必为此担心。这可怜人没有讲错,他的恋情都已成为过去,因为十二天后他就死于一场急病,在庄严的气氛与他的伙伴和当地人的悲伤及同情中被埋进英格可力宁静的墓地。按照通常的做法,他的墓用一行飘动的小旗和牦牛尾标出。

就这样,帕尔皮·巴依根本就没有机会在这一系列探险中显露出他在上次探险中所显示的超群能力,那时他正年轻力壮。尽管如此,我对他只有愉快的记忆,而且不会轻易忘记他。在不同的时间与我的旅队有关的所有人里,有些我肯定会忘掉,但这从不包括那些为我以身殉职的人。他们忠于职守，为我贡献了一切，包括他们的生命，所以他们将永远在我的心中占有一席温暖的地位。我忠实的帕尔皮·巴依，愿你永享安宁，不受惊扰地长眠在沙丘脚下。

看到费苏拉在孔雀河岸边的胡杨树中点起的火堆熊熊燃起时，天已经很黑了。我们在河的左岸迪尔帕尔的树林中露营，第二天也都在那里度过。这部分是为了使我能够测量水量，尽管它还冻得很结实，部分是为了使我能够进行天文观测。早晨，我送走了给我们带路的各位长老，从这以后我们就得自力更生了。

冰下面涌动的孔雀河水目前有每秒1 353立方英尺的流量，略微高于流过库尔勒桥下的水量（无论是夏季还是冬季）的一半。河面的宽度扩大到118英尺，最大深度为19.5英尺，冰层厚度为11英寸，河水的透明度为11英寸。河的右边沿岸都是茂密的芦苇滩，左岸上则有一片生机勃勃的树林。

3月7日，我们再次动身，方向为东北偏北。我的旅队包括以下人员：阿不都热依木和他的两个弟弟，他们带着八头骆驼，其中六头是我雇用的，另外两头则是给它们的主人骑的；费苏拉带着五头骆驼；切尔诺夫、奥尔德克和霍代·库鲁·穆萨都骑在马上；我本人则骑着那匹载着我穿越了且末沙漠的结实的小马。尤达什与玛什卡也来了，在夜间为我们站岗。

离开迪尔帕尔后不久，我们连续跨过三条废弃的孔雀河水道。在最后一条的旁边，三座小屋仍然屹立在那里，状况保持得很好。

我们离开孔雀河的树林后，骑马穿过一个平原，其坚硬的表面铺着一层盐，上面覆盖着薄薄一层沙子，在我们脚下嘎吱嘎吱地响着。四周零星地分布着一些红柳丛。我们在路上遇到巴什托格拉克（Bash-tograk）的小小绿洲，那里有一些挺拔但正在腐朽的胡杨树，其中有些周长达12英尺。那地方的西边有一个"tora"（意思是"路边的金字塔"），它明显地高于平原之上，在很远就能看到。这古道被罗布泊的居民称为"撒满煤渣的道路"（Kömur-salldi-yoll）。它沿着罗布泊的旧湖北岸，从沙州一直抵达库尔勒。在《穿过亚洲》那本书里，我曾有机会描述这条伟大的公路从营盘往西北直到库尔勒那一段。我此次短途旅行的目的则是探索它在营盘另一边往东的那一段。

我们刚把最后一堆红柳墩甩到身后，地表就出现了中亚山脉脚下典型的地貌特

图 90　胡杨

图 91　红柳丛

图 92 库尔班其克（Kurbanchik）的池塘

征，当地语言称之为"*sai*"。这是一种几乎看不出来的缓坡，但其表面坚硬得如柏油路一般，寸草不生，稀稀拉拉地散布着光滑的碎石。地面被一条干涸的河道切出许多沟槽。那水道从苏盖提布拉克（Sughett-bulak）[①]的一条侧谷中流出。这就是我们要去的地方，因为那里可以为我们提供一个通往群山脚下的方便之路。不过，虽然我们早晨就能清楚地看出它们的轮廓，要真正抵达这片山坡，还得等太阳再次升起落下一次。

荒凉的"*sai*"向四面八方伸展着。我们仍然可以看得出南面孔雀河的轮廓，那是它岸边一条青黑色的植被带。唯一的生命迹象是几只怕人的鹿，我们刚一开枪它们就跑走了。渐渐地可以感觉到是在上坡，虽然地面石头也越来越多了。水道中有一些被当地人称为"*sih*"的雨后山洪冲下来的漂木、红柳与柳树的碎片。我们往前走时，苏盖提布拉克两面的断崖立面彼此之间越贴越近，而溪流的底部也越来越崎

---

① 今奥尔塘地区，也称乌塘。

崎不平。

最后,四周都被群山围住:我们正位于苏盖提布拉克侧谷的谷口。这个词的意思是"柳树泉",名字取自一株孤零零地立在一旁的柳树。从侧谷流下来的小溪发源于山上一天路程远的另一口泉水,它的流量是每秒3立方英尺。我们那天走了20英里,而温度则上升到13.1摄氏度(55.6华氏度)。所以除了晚上以外,我们不必穿大衣或斗篷了。现在我们距离最近的蒙古牧人只有不到两天的路程。据说嵌入库鲁克塔格那些平行山脉中的大山谷里有极好的牧场,所以那里总有一些蒙古人。

这里是一个扎营的绝好地点,整夜都有清新的微风从侧谷上吹过来。这是一年中第一个温度没有降到零下的夜晚;最低温度只有1.3摄氏度(34.3华氏度)。

接下来一天我们的行进路线沿着群山脚下向东,跨过无数干涸的水道,沿途看到野兔、羚羊以及当地人称为"arkharis"的野羊。但是当切尔诺夫试图开枪射击时,它们极为灵巧地消失在一个陡峭的山沟里。在我们的左边,是一连串山峦的全景,一个又一个山峰露出来,接着又消失了,其中最明显的被我记录在地图上,包括在不同的点记录下这些山峰的坐标。不过主脊的顶峰都被两侧山脊遮住,我们只有沿着每个侧谷往上看时才偶尔能见到它们。色彩一直在变化中,从褐色变为紫色,然后又转为红色、灰色和黄色,非常有规律,随着轻柔的云团从太阳前面飘过时所产生的阴影而变化。在右面,地面缓缓地向平原伸展下去。孔雀河就穿过那个平原向喀拉库勒湖流去。但我们已不再能辨认出它的林带。地平线一直在变化中——它在光明中显露出来,然后模糊起来,最后消失在迷雾中,与天空融为一体。几条很浅的小河被起伏的坡地隔开。跨过它们之后,我们来到剥蚀严重的库尔班其克侧谷边缘,它位于我们脚下大约130英尺的地方。北面是宽敞的谷口;在南面,黏土台地冉冉升起,犹如黑色的城墙。山坡上有一个肩状的突出部,后面是一个小湖,清澈的湖水呈墨绿色,非常美丽。湖的中心深不见底。它的水源是一条小溪,每秒流量为3英尺,它从小湖的上沿流入,从其下沿流出。其实,这个小湖就是巴格拉什库勒湖的缩影。那个湖泊在库鲁克塔格山的另一面,位于喀喇沙尔附近。它位于一个剥蚀极深的侧谷最里面,雨后水流必定会如瀑布一般倾入这个小湖,因为上面有一道很高的断崖。不过,在这些"干燥的山峦"(这正是"库鲁克塔格"的意思)里,水需要漫长的岁月才能刨挖出这个小小的聚水盆,尤其是当周围的群山都是由闪长

图93　托格拉克布拉克（Tograk-bulak）

岩所组成时更是这样。

如果走一条通向一个山口的山道的话，据说库尔班其克离主脊的顶峰有两天半的路程。这个山口就叫达坂①，蒙古人则称其为"Többveh"。从山顶上到巴格拉什库勒湖另需要一天半的时间。

3月9日，我们顺着库尔班其克的侧谷向下走了一大段，然后发现了一个可以爬上东山坡的侧谷。那以后，我们接着往东南走，经过散布着零星的草丛的破碎荒原。接着，东拐西拐地穿过一些迷宫般的低矮山岗，我们下到一个干燥的沟谷里，它在小山包之间绕来绕去。后者是由某种松软的材料组成的，不过后来又变成坚硬的石头。就在沟谷向平坦荒凉的"sai"敞开之前，我们在一个叫作托格拉克布拉克的小地方扎下营来。这里有一片胡杨林和一眼泉水。后者上面覆盖着厚厚一层冰，但一

---

① 达坂（Davan），突厥语里山口的意思。——译者

大片芦苇秆透过冰层露出来。这是库鲁克塔格山延伸出来的一道山坡,我们是通过刚走过的这条沟谷从它中间穿过的。

那以后,我们继续往东走了一小时又一小时,群山总是在我们的左边。这个"sai"虽然没有被任何深或大的水道切削出深沟来,但它的表面仍然布满了小沟,一般为1英尺深,里面满是碎石,骆驼的柔软脚掌走在上面可不太舒服。太阳像个红色的大火球一般落下山去;此时已近黄昏,而我们离人们所说的下一个泉眼所在地还有很长一段路。现在的向导是霍代·库鲁,他以前曾来过这里。我们一直遵从他喊叫着发出的指示,直到深夜。最后我们终于来到另一个巨大的沟谷旁边,骆驼沿着它的陡峭边缘跌跌撞撞地向前走去,或者毋宁说多半是滑着过去的。但是,当我们下到沟底,才发现没有一处地方能找到水。我们在黑夜中错进了另一个沟谷,但既然已经走了26英里,只好原地扎下营来。

次日早晨,我们发现自己其实并没有偏离原来的计划太多,因为再往前走半英里就是布坚图布拉克(Bujentu-bulak)。于是牲口立刻被带到那里去。我在日出时被惊醒。切尔诺夫走进来,像往常一样没有叫醒我就去生炉子,但他没有注意到沟上刮下来的微风使帐篷的帆布贴到烧热的火炉烟囱上。我在一种无法忍受的炽热中醒来,一睁眼就看到火苗中的帐篷。就在这时,人们冲过来把帐篷拽走,而切尔诺夫则把散布在其中的旅行箱子、纸张和其他东西搬开。我也没闲着,抓起一张毡子,奋力扑灭火苗,最后终于使它熄灭。这场灾难之后,我那透风的住所看上去极不舒服。不过,我的手下人把烧坏的帆布边缘剪掉,拿来一块麻袋布补在上面。幸运的是,除此之外没有其他的损失。

沿着布坚图布拉克那条山沟下来的小溪分成几个叉,汩汩地流淌在一片宽阔的覆冰之下。

我们再次出发时,把群山抛在身后,向南挺进。远处是营盘古城(kona-shahr),它的剪影在后面的沙漠衬托下显得十分突出。这个古城的废墟分布在一条正北—正南的轴线两旁。因此我不必偏离原来的行军路线就可以对其进行考察、测量和绘图。我们最先遇到的是两个夯土塔楼(tora),它们都高达14英尺,周长49英尺。然后,在一个朝外的立面已被洪水冲走的台地上,有一个墓地(guristan),约有两百年的历史。墓地中有土坯建造的纪念碑,形如烟盒,而尸骨的位置——脚朝南,头朝北,

图 94　去往布坚图布拉克的路上

脸朝麦加天房方向——则说明这是一个穆斯林的墓地。由于台地的立面被冲走，有几个坟墓敞开着，露出死者的骷髅，它们仿佛正从墙上的洞中向外窥视。其中一个大约十五岁的青年的骷髅完全滚了出来。紧挨着这个墓地坐落着一个建筑，这可能是昔日的小型清真寺（*mesjid*）、诵经堂（*khanekah*）或属于某位重要人物的一个坟墓（*gumbez*）。它有三面墙，没有顶，第四面墙显然像台地的立面一样已被洪水冲走。后墙有19英尺宽，13英尺高。在这些废墟边，我们拾到大量的红黑两色的陶瓷瓦罐的碎片，其中有些上面的圆耳还保存完好。那以后，我们来到一个土塔前面，它高达26英尺，周长103英尺，然后是七座规模较小的塔楼，都建在一个孤独的山岗上面。这些如果不是用来标志名人的墓地，就是中国人的"炮台"，或"里程碑"，其目的是用数字来表示通往本区内某个重要的驿站还有多少"里"的距离，较为重要的中亚驿站仍然实行这种做法。

但最有意思的废墟是一堵环形的墙，这与我之前在赛其克（Sai-chekkeh）与麦德克城（Merdek-shahr）考察的那些废墟外表完全一样。它用土坯建造，通过一套横放的椽子组成的框架固定，有四个门。半径为597英尺，墙壁的厚度为36英尺，高度为21英尺，四个门分别开在东南西北四个方向。圆圈的中央是一个黏土的小金字塔。

很难确定这样一堵墙的用途。作为城墙它太小；而且它里面也没有任何建筑物的痕迹。如果它是一个堡垒的话，那么四个宽敞的大门又完全多余。因此，我倾向于认为，它是某种客栈或驿站，其居民住在帐篷或木房子里。罗布泊大道无疑从它中间穿过，因为它的东门和西门正好在大道上。的确，罗布泊的老人中间仍然有一种说法，声称去北京的大道通过营盘，然后继续通向沙州，或称敦煌。

离开这些废墟后，我们转向东南偏东方向前往营盘。我们右边很远的地方有一条很宽的胡杨带，胡杨长得很好。它标志着干涸河床的所在，我们这次探险旅行的主要目的就是探究这个地方。熟悉那里的当地猎人都把那条水道称为库鲁克达里雅（Kurruk-daria），意思是"干涸的河流"，虽然他们有时也称其为库木达里雅（Kum-daria），意思是"沙子的河流"。这也是科兹洛夫所知道的这里的名字。

营盘的客栈是一个汉人的驿站。我们到那里时它已经被废弃空置了整整一年时间。当局在过去一段时间里曾努力恢复这条罗布泊与吐鲁番之间的老路，但收效甚微。这是因为经过库尔勒的那条路状况更好一些，也更方便一些。营盘是个地道的绿洲，因为它四周围都环绕着沙漠。我们让牲口在那里休息两天，不用担心它们跑掉。这地方常来野鸭、野雁和野雉。淡水来自一个水井。客栈坐落在一个明显的台地或高台上，它有六七英尺高，紧贴着一个长满芦苇的盐碱滩北端。

从地理上讲，这是一个极为有意思的地点，因为很容易看出，上面所说的盐碱滩位于一条古河道的河湾内，而河道的两旁各有一排胡杨林带，与如今的塔里木河一样。当地人对这一事实也很清楚。但是从这里往东，河道里没有一滴水。从营盘开始，直到进入罗布泊旧湖的干涸湖盆，这河道就像火绒那样干燥。3月12日，温度上升到21.4摄氏度（70.5华氏度）。苍蝇和蜘蛛开始蠢蠢欲动。这是一个警告，让我们知道将要到来的日子不会舒服，那时我们将受到酷热和成群的虫子的折磨，只有在夜里才能享受到些许凉爽。不过，这些夏季的迹象说明，我们也许因此能减轻我们的行李。现在是穆萨带着所有的马匹——除了我那匹久经考验，具有骑士风度

图 95 营盘附近的废墟

的小灰马之外——和一匹身体不适的骆驼回去的时候了。因此，我借此机会把我的皮毛大衣和我的冬季靴子、火炉以及其他非必需品统统让他带回。但后来我发现这一做法为时过早，考虑不周。

3月13日，我们再次出发。但是在行进中，前一天已经停下来的风演变成十足的飓风。我们向东行进，左边一直是干河床齐刷刷的河岸，一片又一片的胡杨树显示出它的整个走向。这段绕了一大圈的河湾很新，仿佛一年前刚切削出来似的。它有一个新月形的咸水池，完全没有结冰，如同塔里木河废弃的牛轭湖（boljemals）一样。它的左边是一片胡杨，其中有一些根部的周长达到13英尺。不过，这是我们沿着这条干涸的老河道遇到的最后一个水池和最后一片活着的树林，当然我们也看见过死树林，那些树仍然屹立，犹如教堂院子里的墓碑一样。地上覆盖着细细的沙尘，扬起来悬在旅队的后面，犹如一颗彗星的尾巴。众人摇摇晃晃地坐在他们的骆驼上，裹在他们的斗篷里。刚到下午两点，天色已如黄昏一般。由于风暴越来越厉害，阿不都热依木宣布，我们必须停下来，因为让骆驼挣扎着逆风而行无异于要它们的命。

因此我们停下来，开始寻找一个有遮挡的地方扎营。在这个地方，黏土的沙漠显示出独特的造型，它们被风切削成金字塔、平台和平坦的长椅或架子，一般来说它们都是平地拔起，高达六七英尺。四面八方都散布着死杨树枝。

在寻找一个挡风的地方来扎营时，我们几乎走散。我朝着西南方走着，或不如说我是被风推着走，而且速度极快，没有注意到自己与其他人隔了多远。不过，我没有找到一个合适的地方，于是转身往回走。而就在这时我感到风暴迎头而来。它那凶猛异常的力量扑面袭来，沙子和极细的橙色粉尘几乎令我窒息。我连旅队的影子都看不见了，仿佛在流水或流动的泥巴中逆流前行。尽管我用尽全力，却无法前进一步。我原来的脚印都被抹掉了——我刚一抬起脚就看不见了。眼睛、嘴巴、鼻子，一切都被沙尘塞住，我不得不站住脚才能喘得上气。接着我在尘雾中看见一个幽灵，原来是前来找我的切尔诺夫。

我们刚找到其他人，就在原地扎下营来。我的帐篷就搭在一个红柳墩的挡风一面。但是我们只敢搭起一半，即使那样也需要用绳子将它们的上端固定。侧面绳索则被缠绕在巨大的树根上。铺在地上的帆布褶子上横放了沉重的木头。当一切都完成后，帐篷很结实，成功地挺住了这场风暴。不过，扬起的细沙穿透帆布，罩住了里面的一切。

由于我手下人的帐篷支柱都是整根的，他们根本无法把帐篷搭起来，而是干脆就躺在地上，用他们的斗篷蒙住头。骆驼们跪成一长排，把脖子平伸在地面上，对着风暴刮过来的方向。贴近地面的地方，风速是每小时40英里。在附近一个只有六七英尺高的小土包上，风速又增加了18英里，达到每小时58英里。我必须跪下来才能保持平衡。风暴来自东北方向，其暴烈程度有助于我充分认识到，这一强大的力量能够把巨量的沙尘刮向西方和西南方。弯下腰来时，我们几乎被旋风的云团呛死，它像流瀑一样卷地而过，一路形成沙子的小漩涡。树枝、草丛、豌豆一般大小的沙粒全都被卷起来，把我们的脸打得生疼。

日近黄昏，这场沙尘暴似乎减弱了一些。差不多有两三分钟时间，风势渐小，似乎要喘一口气，天空也略微亮了一点。风势的短暂停息使我们学到了不少东西。它说明当我们被一个如此稠密的"沙雾"完全吞噬时，水平与垂直距离的计算是多么容易产生错误。我们原以为自己是在一个洼地或山谷里扎营，现在才发现周围的

图96 沙漠中的沙尘暴

地势其实近乎于一马平川。

但是这次暂时的风平浪静很快就过去了。风暴又卷土重来，呼啸着吹过我们的帆布帐篷。我急忙从那吞噬一切的沙雾中爬出来。做饭当然是想都不要想了。我只好将就吃点面包、水和一个果酱瓶里的东西。我试图借着蜡烛的光写完我的日记，但是由于落在我身上的沙子，钢笔里的墨水都干了，而钢笔划过积在纸上的小堆沙粒时沙沙作响。半个小时之内，一切露天的东西全都从视线中完全消失。在这无孔不入的沙雨中脱衣服是件极为难受的事情，尤其是当我的床铺上也全都是沙子时。那充满沙子令人窒息的空气啊！它足以憋死任何人、所有人。

我很纳闷，这几百万立方英里的空气从哪里来，又飞往何处？是什么力量推动着这空气的滚滚洪流？难道是中亚西部的广袤沙漠已经比东边的沙漠热得多，因此后者被召唤过来填补热空气上升所造成的真空吗？抑或这巨大的骚动只不过是一个区域性的现象，一股空气犹如野性不羁的洪水一般从库鲁克塔格山上席卷而下，仅从地表上擦过，然后升到高空，在一个想象的循环中返回？这很难确定，但有一点是肯定的：在这些地方，风是塑造地表特征的最强有力的物理介质。

3月13日夜里的最低温度是零下7.1摄氏度（19.2华氏度）。虽然第二天风暴减弱了许多，但天气仍然寒冷刺骨——的确，冷得我们不得不点起一堆巨大的营火，然后为了取暖而步行了一大段距离。我把我的毛皮和冬季衣服送回去真是一个严重的错误。

在我们营地的东南方，库鲁克河的河床里仍有两三处地方是潮湿的，那里有几丛红柳，以及仍然挣扎着生存的一片片芦苇。但是沿着河岸的树林已经死掉，一些树已经横卧在地，另一些则仍然屹立。那以后，我们走过一些极为难走的地方，即边缘清晰的黏土"台地"组成的迷宫，当地人称之为雅丹（*yardang*）。鉴于这是一个非常形象的词，我在后面形容这种断崖式构造时将使用它。它们最初是由流水的力量形成，然后又被风雕塑成千奇百怪的形状。因此很难找出蜿蜒在雅丹之间的河床的走向。在雅丹之间行进不仅非常容易使人疲惫，而且也异常缓慢，因为需要不停地爬上爬下。库鲁克河边的这些雅丹似乎往南延伸了很大一段，一直伸展到几个孤零零的沙丘，后者屹立在一马平川的沙地之上。

再往前，我们又路过了两三处保存完好的河床，其底部铺有一层粗糙的沙子和

图 97 沙漠风暴即将来临

碎石。河岸上则覆盖着茂密的死树林。横卧在地的树干一般都比仍然直立的树看上去更加饱经沧桑，但后者更加暴露在风吹日晒之下，而且还直接地置于流沙的剥蚀和破坏力之中。这些没有生命的树根像古树的木乃伊一样屹立着，使这片原野看上去像是一片来自大人国的胡茬。这些死树林只存在于库鲁克河干涸河床的沿岸。它们当然曾被这条河无常的河水滋润过，只是在河水改道，向南流入新近形成的喀拉布伦湖与喀拉库顺湖之后才死去的。

我们走的那条干涸河道沿着库鲁克塔格最外缘的山麓脚下蜿蜒着。这山麓最低一层的台地（即其南面的平原）为我们提供了一条可以行进、平坦方便的道路。这些山峦中一个突出的部分有个奇怪的名字：查尔查克塔格（Charchak-tagh），意思是"疲倦者的山峰"。这里面还有个故事：有一队中国士兵在从吐鲁番前往新近设立的若羌哨所途中曾在这里扎营。他们发现自己的粮草已经用尽，于是便丢下武器和其他辎重，返回吐鲁番。

我们的右边是库鲁克河，而左边紧挨着我们的是一条平行的沟，对面的沟边是齐刷刷的断崖。这也就是说，我们正行进在两道河床之间的一条狭长河岸上。这是因为我们左边的那第二条沟其实就是库鲁克河的一个老河床。阿不都热依木对这一点很清楚，他知道这沟向东面伸展了一段距离。死树林变得越来越稀疏，直到它们那光秃秃的直立树干从远处看简直与电线杆子没有什么两样。此时我们初次看到野骆驼的脚印，它们出现在挡风的洼地中。

大量的"*yiggdeh*"（学名胡颓子，*Elceagnus hortensis*）灌木丛在死树林里出现。当地人声称（一点不假），这些灌木丛明确无误地证明，他们现在所居住的地方过去曾经实行过灌溉。因为一旦灌溉停止，这些灌木在所有的树木和灌木丛中肯定是最先受影响的，水一变咸，它们就开始枯萎。胡杨与红柳的生命力则要顽强得多，它们将继续生存很长一段时间。

3月15日，风势又大起来。虽然风速只有每小时15英里，但寒冷仍然使我们对它极为敏感，因为风穿透了我们单薄的春季服装。早晨七点钟的温度为零下1.1摄氏度（30华氏度）。到了下午一点，温度计仍然停留在6.8摄氏度（44.2华氏度），因此即使我们一半时间都在行走，仍然很难保持身体的温暖。而在刮着西风的营盘，我们曾经记录到21.4摄氏度（70.5华氏度）。完全可以设想，这一温度差别在某种形式上同亚洲大陆不同地方的地表升温或热度差有着紧密的关系。1897年，同样是在这个季节，我在蒙古东部旅行时曾经历了严冬里刺骨的寒冷与厚厚的积雪。另一方面，沙漠地区的中央形成了一个气压槽，它像一个进口阀那样作用于周围那些较为寒冷的地区。这种大气气压的不均衡在春天最为突出，但随着夏天的到来，它会逐渐消失。正是由于这些原因，春天罗布泊地区会有如此猛烈的东风与东北风的风暴。

现在我们离开了库鲁克河，转而向库鲁克塔格山脉的余脉行进，寻找阿不都热依木知道的一个泉眼。我们急于到达那里。现在我们与雅丹布拉克（Yardang-bulak）仍然隔着一个山包，这山包由粗糙的晶华岩石组成，中间夹着辉绿岩的岩脉，整体上风化得很严重。但是，穿过又一个荒芜的地带之后，我们就在坐落着那个泉眼的小山谷里扎下营来。在这个巴掌大的地方，芦苇长势旺盛。因为这里是能够找到水草的两个地方之一，我们决定让牲口休息两三天。这附近还有三眼类似的泉水，虽然它们附近没有任何值得一提的植被。我们这个泉称作阿其克（Achik），意思是"苦泉"。另外三眼泉水的名字分别是玉卡尔基（Yukarki）、托蒙基（Tömönki）和雅卡（Yakka），意思分别是"上泉"、"下泉"和"最外边的泉"。阿其克雅丹布拉克的泉水流淌在低坡之间的一个天然水道里，但是覆盖在三四英寸厚的冰层之下。所以我们必须先把冰融化掉，然后才能使用那泉水。但是一旦融化后，它的水质极佳，完全没有任何矿物质的怪味，尽管如果把液体比重计放入泉眼中，它会显示这冒泡的泉水的具体比重为1.012。

我们的向导阿不都热依木是一个顶尖的野骆驼猎手。他利用自己的第一个休息日去打猎。当他离开十四个小时后返回时，他说在托蒙基雅丹布拉克看到一头大个子公骆驼，他的枪弹给这头骆驼造成重伤，但是那家伙还是跨过了库鲁克河，最终逃匿在沙丘之间。阿不都热依木声称，野骆驼受伤后总是钻进广阔的沙漠中；他还相信，自然状态下，当这些动物感到死亡来临时，它们会走进沙丘之间去死。他的理由是：他在库鲁克塔格的群山里从没有见到过一头野骆驼的骨骸。也许野骆驼的本能告诉它们，如果它们注定要与死神进行长时间的搏斗，在沙漠里要比在山里更容易得到不被骚扰的宁静。阿不都热依木还说，他也观察到一群野骆驼的脚印，包括一头年长的公骆驼、两头母骆驼和四头小骆驼（*tailaks*）。它们前一天下午曾去"下泉"喝水，也许是在我们接近时逃走的。

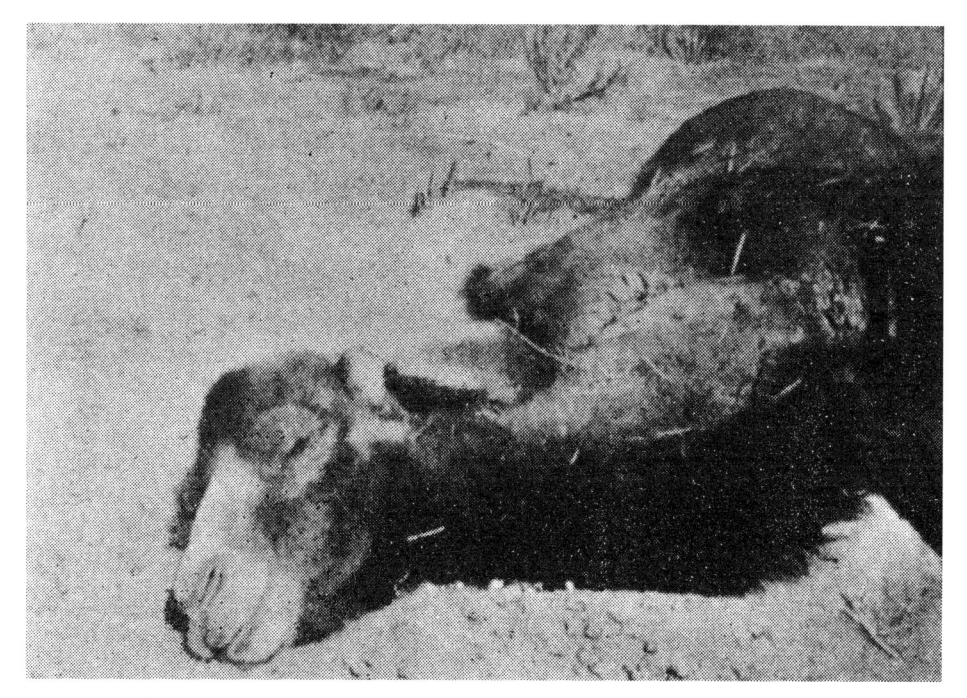

图 98 切尔诺夫打到的野骆驼

切尔诺夫要更幸运一些。一大清早我就听见他激动地,但同时又是非常小心地让人把狗都拴住。接下来是一片死寂。再后来从离营地很近的地方传来连发五响的枪声。一头骆驼逆风来到泉水旁,没有怀疑有任何危险。切尔诺夫和霍代·库鲁向它开枪,但只是轻微地打伤了它。于是这头骆驼转身向东边逃去。我们的哥萨克跟了上去。这头牲口不时停下来,好奇地看着追它的人。切尔诺夫从五百步的地方再次朝它开枪,击中了它的肩膀。接着这骆驼慢慢地朝南边跑去,跌倒了两三次,然后又站起来,最后在离营地 1.25 英里的地方倒下。

这原来是一只年轻的母骆驼。它的皮毛上覆盖着人所能想象到的最细最软的驼毛。因为这正是野骆驼褪毛的季节,驼毛几乎自动脱落下来。我手下的人把这些驼毛采集起来编成绳索。然后他们把骆驼切开,它的肉受到极大的欢迎,因为我们的羊肉储备已快吃完,而且其味道在过去几天里变得非常腥膻。阿不都热依木声称,如果一头野骆驼在哪里被杀死,其他的野骆驼就会在很长的时间里避开那个地方。

晚上,切尔诺夫射死一群很好的野雉,我们发现它们的味道也过得去。在炎热的天气里，如何保证自己有足够的新鲜肉类在中亚是一个很不容易解决的问题。我已经同吉尔古依·帕万及其他几个了解雅丹布拉克的猎人安排好，让他们带五只绵羊以及家禽和鸡蛋在那里等着我们。但是到这时为止，我们还没有他们的消息，实在是等不起了。回来后，我们才知道，他们倒是按时出发了，但在沙漠中迷了路，在风暴中有三只羊走失了。当他们最后抵达雅丹布拉克时，另外两只羊已经累得半死。当这几个人根据我们的营火判断我们已经来过这里并离开时，他们便转头返回铁干里克。不过，他们没有来倒也不是什么了不起的事，因为我们一旦抵达喀拉库顺湖，相对来说就应该算是到了丰饶之地。

22 野骆驼

阿不都热依木告诉了我许多有关野骆驼习性的情况。这些信息和我于1896年从克里雅河的老骆驼猎手那儿了解到的信息完全一致。在春季,野骆驼需要每周饮水一次,虽然它在冬天两周不喝水都没有问题。夏季,它只要能够吃到多汁的草,就可以半个月不喝水。它在冬天没有水不能坚持更长时间,因为它在那个季节所吃到的食物太缺乏水分。野骆驼知道如何到达最近的泉水,其准确程度就仿佛是通过地图和指南针来导航一般。全咸的水它也可以喝,而且似乎还很喜欢。大风刮来时,如果它正好在红柳或芦苇中间,或在它吃草的地方附近有藏身之处,猎人可以走到离它30步以内的地方。一般来说,如果距离超过50码,猎人们就不会朝它射击。

野骆驼最强的感觉是嗅觉。阿不都热依木声称,如果雅丹布拉克有个人,野骆驼从欧伊寇鲁克(Oy-köuruk)就能闻到他的气味,这两者之间有13英里。一旦起了疑心,它就会像风一样逃之夭夭。库鲁克地区的野骆驼与它在克里雅河的同类有一点很相似,那就是它对营火的烟有一种说不出的恐惧,而且凡是人去过的地方(哪怕只有很少几次),它都会躲开。而且野骆驼对背上有驮鞍的家养骆驼也有一种强烈的厌恶。其实即使家养骆驼卸下驮鞍之后,野骆驼也能根据它的陌生气味将其辨认出来。另一方面,一头年轻的骆驼,在还没有被训练为可以役使时,曾有一两次从阿不都热依木的父亲(辛格尔的艾合买提)那里逃走,加入一群野骆驼,而且并没有受到它们的敌视。有一次,阿不都热依木的兄弟在类似的情况中射杀了他父亲的一头骆驼,错把它当成一头野骆驼。这里我可以顺便提一下,据普热瓦利斯基说,在喀拉库顺湖的沼泽地东边,库木塔格(Kum-tagh)的沙漠里,野骆驼十分常见。

如今，即使那里能看到野骆驼，也是十分罕见的。这也许是由于湖泊干涸，也许是因为那地方仍然存留的水塘都距离有人居住的地区太近。

野骆驼不会接近一个猎人曾经扎营的地方，除非过了很长时间以后。一般来说，野骆驼在任何一片草地一次只待两三天，然后就挪到下一个。它们到泉水来只是喝水，绝不会在那里停下来吃草，无论那里的草场多么诱人。我的信息提供者坚持说，野骆驼的本能告诉它，在泉水边遭受人类骚扰的风险最大。天一黑下来，野骆驼就在一堆红柳旁地面松软的地方卧倒，直到太阳出来才会动弹。它吃所有的绿色植物，虽然它最喜欢的食物是与根部分离被风吹到一起的干草团。因此野骆驼喜欢去地形与风很容易使得这种干草团聚集的地方。它还显示出一种肯定能够找到自己的草场的奇异本能，沿着一条直线从一个草场走到另一个，哪怕两处之间隔着几天的路程，而且这里的地貌也没有什么能够为它指路的明显标志。

在生育季节，即12月、1月和2月这几个月，公骆驼彼此遇见时都会凶猛地争斗，无论是在它们的草地上，在泉水边，还是在沙漠里。被打败的骆驼经常自己离开，而战胜者最多可能会有八头母骆驼追随。如果两头旗鼓相当的骆驼发生冲突，它们只有到其中一头或两头骆驼完全失去战斗力后才会停止搏斗。它们用牙齿给对方造成严重的伤害，时常从对方身上撕下一大块肉。实际上，你很难看到一头没有被某个难看的伤疤毁容的成年公野骆驼。

经常能看到形只影单的野骆驼，成双成对的也不罕见。但一般会有四到六头野骆驼形成一个群体。十二到十五头的群体就极为罕见了。一群骆驼的首领总是一头大个子公骆驼。家养骆驼的孕期是一年，而野骆驼的孕期据说是十四个月。据估计，一头家养的母骆驼从三岁起直到十四岁时为止，每隔十八个月便可以生一头幼崽。幼崽哺乳四十天后就可以吃草，但在以后的一年多时间里仍会继续吃奶。实际上，要到出生一个半月后，小家伙的嘴才能够得着地面。这些情况显然也适用于野骆驼。

家养骆驼一直可以工作到二十岁。据说野骆驼能活到五十岁；但这很令人怀疑，应该说基本不可能。不过，阿不都热依木有一次在一头老年公骆驼的肋骨肌肉中发现一粒蒙古步枪的子弹，从其形状来看，它至少有四五十年的历史，因为蒙古人已经有那么长时间没有使用这种形状的子弹了。据他说，山区的骆驼比塔克拉玛干的骆驼更难猎杀。切尔诺夫提出，那是因为山区的猎人们使用的火药引子效力较差，武器也不够好。结果是子弹的穿透力不够，往往没有碰到要害器官就停下来了，因此野骆驼才得以在没有受到真正伤害的情况下逃脱。

雅丹布拉克与哈密地区之间任何地方都有野骆驼的踪迹。但是它从来不去营盘至吐鲁番的商道以西的地方。我们的第7号营地（3月13日）可以被视为它在库鲁克河床里所到的最西边界。在库鲁克塔格山区，野骆驼主要出没在六十泉附近及其以东的地方。不过，野骆驼是一种停不下来的动物，在一个广袤的地带里过着游牧生活。一年以后，我获得了确定野骆驼活动范围的更多信息。

阿不都热依木猎杀野骆驼已有六年历史，其间射杀了十五头骆驼，这说明猎取这种动物并非易事。有一次，他父亲试图捕获一头小骆驼，然后驯养它。但是那小家伙刚一出生，它的母亲就起了疑心，把它夹在她的下巴和脖子之间，然后飞快地逃掉，速度极快，想追上她根本不可能。

在我结束有关阿不都热依木的叙述之前，有必要介绍一下他的家人。他是艾合买提·帕万（Ahmed Pavan）的儿子。他父亲在辛格尔已经住了四十年，在那里生了四个儿子，其中三个都已结婚。这等于说，那个小村里的所有居民都是艾合买提的家庭成员。老大是村里的站长（*karaulchi*），这是由蒲昌的安办任命的一个职位。他负责向上汇报本区内任何违法的事情，或任何值得注意的事情。他父亲艾合买提是吐鲁番人，拥有两百只绵羊，他让阿斯干（Asghan）区的一个蒙古牧人替他看管这些羊，每年生下的羊羔在两人之间平分，艾合买提得到够他编织三张厚毡毯（*kighiz*）的羊毛。那个蒙古牧人自己拥有一大群绵羊。

除了绵羊，艾合买提还有二十七头骆驼，并倒卖骆驼，价钱低时买入，价钱高时卖出。他还拥有两匹马和十头奶牛。在辛格尔，他还种植小麦、玉米、瓜类、洋葱和其他蔬菜，那里的土壤极为肥沃，因此他有把握每年都有收获。而在其他区，人们在某些年里必须让土地轮休。他从泉水形成的辛格尔里克（Singherlik）小河获得灌溉用水，它与苏盖提布拉克的溪流一样大。艾合买提和他的家人对辛格尔这个地方极为依恋，不会为了世界上任何其他地方而放弃它。

阿不都热依木是个健壮、英俊的小伙子，性格乐天，极为可靠。但是我最看重的是他的诚实，以及他的信息的可靠性。如果他无法回答我向他提出的问题，他就说不知道。很多人在面对这种情况时的一般反应是随机编出某种答案。阿不都热依木以令人赞叹的娴熟技巧管理着他那八头骆驼，照管一切，像个苦力一样帮着装卸，像野骆驼一样从一个泉眼到另一个泉眼之间引路。他像老虎一样健壮灵巧，看着他肩上斜挎着那支看上去笨重不堪的步枪翻身跃上骆驼真是一大享受。一般来说，我每天晚上都会把他唤进我的帐篷，催着他给我讲他的经历。我试图劝说他与我一起旅行，但他太想回他在山里的家乡了。

3月18日出发时，我们带上了装满了冰块的七张山羊皮和两个麻袋，另外还有两个装满芦苇的麻袋，我们计划到了下一个荒芜的营地时把芦苇分给我们的骆驼吃。但是，第一晚我们决定在雅卡雅丹布拉克停下。它就在附近，这样我们就能充分利用那里的芦苇来喂牲口。

突然，前卫停了下来，阿不都热依木翻身跃下他的骆驼，背着枪在地上匍匐前进。我悄悄来到他的身旁，从我的望远镜中看到一群野骆驼，包括一头大个子黑色公驼（*bughra*）和五头颜色浅一些的骆驼。黑色的那一头刚刚站起，正在朝各个方向伸着头，疑心满腹地嗅着风。其他骆驼中有三头正卧在那里反刍食物，而另外两头正在吃草。我和猎人们（切尔诺夫与霍代·库鲁也加入了伏击队伍）在大约半英里外的一个有利地点躲藏着，从那里我们可以看到这群骆驼的每一个举动，却不会暴露自己。与此同时，阿不都热依木沿着台地悄悄地前行，切尔诺夫也在朝着那个方向靠拢。但是风正好从我们这边刮向骆驼，而那头大个子公骆驼显然怀疑情况不大对头。他走到母骆驼卧着的地方，停下来，嗅了一遍又一遍，一直把头对着我们，然后又往远处走了走。与此同时，其他骆驼（包括两头成年母骆驼和三头一岁大的小骆驼），没有察觉到任何不对劲。

枪响的回音传来。但是这一枪没有打中目标。距离太远。公骆驼被这声枪响惊动，飞快地逃跑。母骆驼们迟疑了一刻，立刻跳起来，奔驰而去，在身后扬起尘土。大公骆驼单个跑着，其他骆驼聚在一起，离它右边约一百步的距离。我用望远镜追踪着它们，看着它们在几分钟之内变成很小的黑点，再后来只有扬起的灰尘才显示出它们逃往哪个方向。它们跑得很快，一次也没有停，因为它们已经闻到旅队的气味，充分意识到它们面临什么样的危险。起初，它们是朝西南方向跑，后来逐渐地绕了半个圈子，转向东南方。阿不都热依木认为它们最后很可能是前往六十泉。

在雅卡雅丹布拉克，地面上的每一个方向都有野骆驼的脚印，那里的芦苇小绿洲显然是它们在沙漠那一角落的一个主要进食地点和休息站。

第二天早晨，我们刚走了很小一段路，猎手们就又停下来，用手指向南边。那里可以看到一头骆驼孤独地在死红柳丛中陷入沉思。三支步枪立刻向它开火，三声枪响在回荡。但是距离毕竟太远了，那家伙轻快地颠颠儿跑向东北方。这也就是说，它从我们前进的路线横穿而过，来到我们的左边，然后突然停住，看看是谁在打扰它。切尔诺夫又朝它开了一枪，打伤了它，尽管那伤不重。虽然他骑马又追了一阵，但这骆驼还是逃进山里。它显然是一头被更强的对手打败的孤独公骆驼。

这一段时间，库鲁克塔格一直在我们左边。山坡上无数的溪流与沟壑纵横交错，它们都是因雨水而形成的。右边则是蜿蜒的库米克河（Kumik-daria），它有一片死树林和台地。它的河床有246英尺宽，12到16英尺深。从这个地方开始再往前，地面上散布着大量的螺壳（椎实螺，学名 *Limnaea*），很容易就可以装满一篮子。这说明这条河原来旁边有外溢湖泊。这一点明确无疑，因为淡水软体动物不经常光顾快速的水流，而只喜欢有很多植被的安静的湖泊和潟湖。

这以后不久，我们跨过了河床，向东南方走去，目的是看看那个方向的沙漠是什么样的。山脚下的地面碎石密布，难以行进。当然，雅丹矮了一些，而且溪水也深不过1英尺左右，但它们的数量太多，很容易绊住骆驼。

3月20日是幸运的一天，天气晴好。库鲁克塔格的连绵山脊历历在目。随着我们往东进发，它也越来越高。极目所至，那边的地貌仍呈现出同样的特征。但是因为海市蜃楼的作用，山坡的下部似乎被提升到高于它们实际的高度。

我们常常几个小时都看不到老河床，然后我们又会在某个河弯与它相会。现在的地貌极有可能是数个水文时代的结果。沿着最低的"sai"展开的那切削极深的台地实际上是过去某个时代一个大湖的湖岸，这个大湖的面积后来逐渐地缩小。这里留下的螺壳说明了这一地区过去曾在水下有多深。河口向前推移的幅度与湖的西岸向东移动的幅度基本相当，在向前推进的过程中流过较小的湖泊和盆地，正如塔里木河下游现在所发生的那样。这种情况我们在更下游的地方定将看到。这也解释了为什么只有小段的老河床才清晰可辨。

我们行进的过程中，沙漠变得越来越荒芜。我们时常跨过往南走的野骆驼脚印。野骆驼来阿伏鲁库勒湖的可能性还是有的，尽管罗布人自己很少到这里来。现在我

图 99 六十泉的冰

们又一次沿着河道走，它的轮廓极为鲜明。在这里，河道宽为308英尺，深度为21英尺，两岸仍有死树林。也就是说，这是一条"化石"河流。如果你切断塔里木河的某一截，让河水流走，树林枯萎，你就会得到与我们此刻沿着库鲁克塔格山麓追随的这条河同样的效果。

这一带地貌特征变化极小。群山看上去像是一串小山岗，山脊呈贝壳形。死树林比原来少了，仍然站着的树木与过去相比要罕见得多。我们的右边是一片雅丹的海洋，地面上遍布着无数的螺壳。奥尔德克发现了一个陶瓷罐，一个上了釉的有阿拉伯风格装饰的大盘子的碎片和一个巨大的黄铜锅的碎片，它的边缘向下水平弯曲。那个盘子是中国人制作的。显然过去这里曾有过一个建筑物或居民点。不管怎样，这附近显然在某一时期曾有人居住。

最终，库米克河消失了，我们进入一个原来曾被古罗布泊覆盖的地带。当然，树林也没有了，但螺壳却比任何时候都更多。现在的雅丹由五六英尺宽、3英尺高、坚硬的黄色黏土构成的土脊组成，它们按着东北—西南的走向成排地横向排列着，一眼望不到边。在这些土脊之间是同样数量、同样深度、同样宽度的平行沟堑或谷地。

这一特殊构造的地理位置似乎说明，它完全是这里占主导地位的东北风造就的。在这东北风里，流沙像一把锉刀一样在容易塑造的黏土上工作着，这一点可以从这些长长的"座椅"的表面上看出来。它们都明确无误地显示出曾经受到风的磨砺。当然，这里没有聚积的流沙，这是由于湖泊是最近才消失的。马可·波罗曾说过，需要一年才能穿过罗布泊的沙漠，这句话里的夸大成分其实并不是太多，如果你考虑到，在他那个时代，喀拉布伦湖和喀拉库顺湖这两个湖泊并不存在，因此存在一个从塔克拉玛干一直伸展到满洲里的连绵不断的沙漠也是很可能的。

在12号营地，有一些死胡杨树仍然屹立，这是曾经位于罗布泊北岸的一个小树林。

我们在离这个营地不远的地方发现了一些很厚的蓝灰色瓦片，它们曾经是一个有小耳朵的陶土大容器的一部分。这已经是我们第三次遇到这些干涸的水道附近曾有人类居住的证据。地面上很多地方都覆盖着盐结晶体，这说明随着水不再进来，这个湖泊逐渐盐化起来。如果不是因为风把表面锉平，这些结晶体无疑会比现在更多。

我们下一个目标就是找到阿提米西布拉克，或称六十泉。于是我们朝东北偏北方向进发，爬上库鲁克塔格最外缘的山脊，把整体平坦但局部不规则的沙漠地表甩到身后。傍晚，一阵劲风从北面刮来，漫天彤云密布，很早就暗下来了，而我们还没有找到那个六十泉。于是，行走了23英里后，我在一个完全荒芜的黏土荒原上停了下来。这已是连续第五天没有找到水了，羊皮囊里剩下的那一点也已变味了。由于我们的肉类储备也已耗尽，那天晚上我们都因伙食不足而困扰。次日早晨，风速仍然达到每小时24英里。破晓时分，我走出帐篷，看到的是一幅非常凄凉的景象：一条山脊伸向东北方；在东南方，地表的轮廓渐渐融入瀚海，在遥远的天边有一些微不足道的小山和长长的一串低矮山岗。无论往哪个方向看，地面上都覆盖着一层碎石，没有任何植物的踪迹。一切都那么沧桑、令人沮丧、荒凉！远处那些小山是如此微不足道，中国人甚至没有在他们的地图上将它标出来。他们唯一有所描述的是位于非常遥远的北方的大山①。

这一天，我们的向导是阿不都热依木的兄弟麦里克·阿洪（Melik Ahun）。他带路带得不错。刚走过一个高地，我们立刻感到前面的地势豁然开朗，中间有片黄色的地带。这就是伟大的六十泉绿洲。啊，那是一幅多么令人鼓舞的景象啊！

阿不都热依木和他的兄弟两人都过着露天的猎人生活，这使他们眼力敏锐，立刻就注意到有一群野骆驼在绿洲的东缘吃草。而我，即使凭借望远镜的帮助，也很难看到那些动物。我们这位经验丰富的骆驼猎手指示旅队绕道从一个低矮的山脊后面走，然后他在切尔诺夫的陪同下，向绿洲上的芦苇滩匆忙赶去。我也跟着他们，想看看伏击的结果。我们跨过流入六十泉的那条小河（它正如我们的向导一个月前所预告的那样，覆盖着漂亮的大冰块），在芦苇和红柳丛中匍匐前进。这小小的绿洲突然就到了尽头，而我们已经爬过它的大部分。这时阿不都热依木在几座红柳墩后面停了下来。

我们伏击的那一群野骆驼与上次一样，也是由一头颜色发黑的大个子公骆驼和五头毛色较浅的组成。也许它们就是我们在雅卡雅丹布拉克看到的那一群。年老的公骆驼与另一头骆驼正在吃草，其他的卧在地上，头朝着我们这边，也就是背风

---

① 此处指东天山。——译者

图 100　在六十泉打到的野骆驼

的那一边。我们现在距离它们只有三百步，而风恰好从它们那边往我们这边刮，因此它们无法通过嗅觉和听觉来察觉我们的接近。当然，我们非常小心，以避免被它们看到。我不禁想到，这样偷偷地接近这些高贵的动物去伏击它们真是一种懦夫行为。

其实我最感兴趣的是尽可能多地观察野骆驼在自然环境中的行动与习惯。但我无法禁止我的手下射杀它们，因为那样会引起不满，冒犯整个旅队，最终导致不愉快的后果。此外，猎杀野骆驼是阿不都热依木的职业。猎人们对动物没有丝毫的同情，如果我禁止我手下的人射杀骆驼，他们会觉得这是对他们本人的敌视行为。而且，这样一个场合对猎人来说也是一个庄严的时刻。我可以从我手下人的举动中看出这一点。他们激动得双眼放光，除了正在伏击的猎物以外，什么也看不到，听不到。但每次他们没有击中目标时，我总是松一口气。我承认我同情的是那些骆驼，而不是猎人。

阿不都热依木让我们就在原地等待，他绕了一大圈，为的是穿过芦苇之间的一个缺口而不被骆驼察觉。然后他像一头豹子一样悄悄地消失在草丛里。我们既看不见也听不到他往哪里去了。与此同时，我充分利用这个机会来观察骆驼们的行为。那两头正在吃草的把头贴近地面，但当它们的嘴里塞满时会时而抬起头，用它们那强有力的颌部慢慢地反刍着，干芦苇在它们的牙齿间沙沙作响，同时它们的目光扫过远处。不过，它们没有显露出任何不安，显然根本没有怀疑到将要发生什么。

阿不都热依木的步枪发出砰的一响，五头骆驼开始往我们正藏身其中的灌木丛慢慢跑来。然后，它们意识到这里可能潜伏着危险，又突然转身朝山上飞驰过去。

两头正在吃草的骆驼中较年轻的那一头倒下来。一粒子弹击中它的腹部，当它企图站起来追赶它的同伴时，另一颗击中它的脖子。

当我们走近它时，它正屈膝卧在地上，嘴里还嚼着芦苇。它支起后腿企图站起来，但前腿支撑不住，朝侧面倒下。它表情镇定地接受了命运，没有一丝惊讶和恐惧，只是当我们抚摸它的鼻子时才企图咬人。它与辛格尔的家养骆驼十分相像，刚

图101 在六十泉打到的野骆驼头部

图 102　家养骆驼，它 1896 年加入我的旅队，1901 年死在西藏

开始褪毛。我从各个角度为它拍照之后,阿不都热依木用刀猛地一挥,割开它的喉咙,鲜血如泉水般涌出。几次抽搐之后,这个几分钟前还在泉边芦苇滩中宁静祥和地吃草的沙漠之子就走进永恒的牧场。其他野骆驼都早已不见踪影。阿不都热依木极为喜悦,他将给他的老父带去大量骆驼肉作为惊喜。

死去的骆驼是一头四岁的公骆驼。正如家养骆驼一样,它的前牙可以相当确定地显示它的年龄。它置身于由一头大公骆驼率领的骆驼群这一事实可以用它的脖子上有一个很厉害的咬伤和它仍很年轻这些事实来解释。它两三个月前曾遇到一个猎人,我们在它前面那个驼峰里发现一颗子弹,它的毛发上挂着的凝固的黑色血痂则显示子弹穿入的地方。

晚上,我们把从辛格尔带来的骆驼蹄子拴住,白天也有专人盯着它们,否则它们就会离开,自己返回辛格尔。它们有高度发达的方位感,可以从一个月路程以外一个完全陌生的地点自己找到回家的路。阿不都热依木声称,我们在那石头沙漠露营的那个黑夜,是他的骆驼带着我们径直走向六十泉。如果不是我命令停下来,它们就会一直走到泉水才停下来。

在不同的年份,库鲁克塔格山脚下的野骆驼数量也会不同,这取决于那里和鲁克沁(Lukchin)地区的猎人是否给它们带来太大的压力。我们来的那一年,库鲁克塔格地区有很多野骆驼。

23

古罗布泊

我们把帐篷支在泉水附近的红柳与芦苇中。长时间在沙漠中穿行之后,这里让我们感到非常诱人。看到骆驼和马匹在丰茂的草地上尽情玩耍,一次又一次地回到冰块旁舔舐,我们的心里也十分喜悦。因为前面还有一次沙漠之旅等待着我们,大家觉得最好让它们在这里待几天以恢复体力。不幸的是,我们自己却缺少给养。我们倒是有很多大米白面,但是没有其他东西;仅仅是面包与米饭毕竟太单调了。穆斯林们喜欢吃骆驼肉,但我和切尔诺夫都无法下咽。有两三群野鸭子从头顶飞过,但没有在我们这处泉水落下来。

来自辛格尔的人们这时急于动身回家,但我成功地与他们达成以下的安排。麦里克和他弟弟将带着四头骆驼留在六十泉,阿不都热依木将带着四头骆驼与我一起往南边去,帮助我们的骆驼运货并驮运冰袋。我无法说动他从那里再往前走。他对沙漠有一种恐惧,虽然他从未在里面穿行过。

从3月23日直到27日,我们一直停留在这个绿洲,这是我到过的绿洲中最美丽的一个。的确,经过我们从雅丹布拉克开始的强行军之后,休息是必要的。虽然大气躁动不安,这并没有给我带来任何不便。我的帐篷下摆一圈都被厚厚的一层芦苇与红柳团团围住,随你狂风在外面怎么嚎叫,我在这舒服的避风港里什么也感觉不出来。

我利用这个假日来进行一系列的天文观测和读书。空气中飘动着一丝春天的气息。3月25日午间,温度计上显示17.2摄氏度(63华氏度)。不过前一天夜里还只有零下7.1摄氏度(19.2华氏度)。阿不都热依木向我介绍了许多目前这个地区的地理信息，包括许多泉眼的名字及它们各自的情况。一年后，我有机会核实他的信息的准确性，发现这些信息都非常可靠。他说六十泉以东，他只知道有三个泉，它们都没有名字，而且离这里都是只有两天的路程。他是在追赶一头受伤的骆驼时发现这几个地方的。后来这三个泉我都找到了，而且都是在关键时刻。他还告诉我他所知道的库鲁克塔格所有的老路，还说这些小道沿途都有他称之为"ova"的石堆标出，这显然就是蒙古语里的敖包（obo）。这些老路中有一条通往西南偏南方向，经过辛格尔，它也许就是中国收税官去罗布泊地区所走的那条路。

完成了准备工作（包括收集大量的冰块，将其放入四个芦苇做的口袋）之后，我们于27日一早再次出发。我的意图是从北向南跨过罗布荒漠，以便清楚地了解这个古代湖泊的范围，并寻找那个湖盆曾经存在的证据。我们最近沿着库鲁克河的河床的旅行，以及它并没有流入一个湖中这一事实，都证明中国的地图是准确的，而且冯·里希特霍芬（Von Richthofen）[①]及我本人关于这一有争议的问题的观点也是正确的。现在需要做的只是给那个湖泊原来覆盖的地带勾画出一个轮廓。

我们面临的这次旅行不太可能会遇到什么危险。在喀拉库顺湖，我们应该能找到猎物，更往西应该能找到罗布渔人。而去那里只需要一周。所以虽然携带的水应该不够，我们死于口渴的可能性还是很小的。我们用清澈的冰块把那几个口袋装得满满的。我们尽可能不让它们照到太阳，但在旅程的最初一两天，我们还是损失了足足两桶的量。

出发后不久，我们看到一群野鸭子落在一条小河上，河水就从左边的一个侧谷中流淌出来。切尔诺夫带着他的双管猎枪悄悄接近那些野鸭子，打下其中五只。这些鸭子又肥又嫩，为我们可怜的食物供给带来最受欢迎的补充。这些水鸟来自喀拉库顺湖，因为正如奥尔德克与阿不都热依木解释的那样，那个湖泊上已经挤满水鸟，晚到者只能掉头飞往巴格拉什库勒湖，而这就要经过六十泉与辛格尔。

那一天，我们走了18.5英里，出了山区，走进单调的沙漠，那里的黏土构造形成三个不同的地层。最低的一层是我们沿着走的那条水道。中间那层覆盖了整个沙

[①] 费迪南德·冯·里希特霍芬男爵（1833—1905），德国探险家，1877年首次提出丝绸之路的概念。是第一次世界大战时期德国头号王牌飞行员"红男爵"里希特霍芬的叔父。

漠的一半，是普通的雅丹，其中有些高达6到8英尺。第三层包括红色黏土形成的小型台地、宝塔和金字塔，高于地面50到60英尺。在我们走的那条路的东边这种结构最多。这些奇特的结构排成长列，极像堡垒的废墟，有两三次我们得走近仔细看才敢确认它们不是废墟。值得记录的是，宽阔的雅丹土梁之间的沟堑与且末沙漠中的巴依尔走向完全平行。这两种洼地都是因盛行风向的作用而形成的。

库鲁克塔格山没有明确地往东面延伸。那里充其量只有一个孤立的山群。所以我已经感到有理由怀疑是否真的存在我们地图上标出的那道一直往那边延伸，穿过亚洲腹地的大山脉。一年后我所做的考察证明，它只是一道微不足道的山脉。

沙漠里寸草不生。连一棵朽木都没有。有时我们遇到螺壳，但不像在更西边那样多。

28日，我们向西南走了13.5英里。在那天的行程中，湖盆显出与之前不同的特征。螺壳多了起来，它们之间有稀薄的沙土带，厚度不超过1英尺，死树林又开始频频出现。现在在黏土沉积只有两个层次，显示出过去湖泊的不同时期和不同水位。随着风对黏土的侵蚀，螺壳的位置也越来越低，直到地面上有些地方因它们而变成一片雪白。我们捡到一个小铁杯。陶器的碎片多得我们都懒得去注意它们。一个向两面（南偏东60度和南偏西60度）延伸的死树林带标志着罗布泊古代湖岸的一部分，显示出那个湖泊曾长时期稳定在这里。

就这样，我们在黏土构成的土梁之间行进，而水一直在往下滴——以令人担心的速度从我们的冰袋中滴下来。下午三点钟左右，在前方步行寻路的奥尔德克和切尔诺夫突然停下来，喊话过来说，他们遇到两三座房屋的废墟。是我们沿着走的那条水道把我们径直带到这里，才有了这个奇异的发现。如果我们往东或往西走上两三百英尺，就根本看不到它们。的确，它们与普通的死树林是如此相像，只有近前仔细地看，才能看出它们实际是罗布泊北岸的人类居所。

我们自然要停下来扎营。我开始匆忙地对那个地方进行勘测。那里过去曾有过三座房屋，但是它们那巨大的房梁和立柱、房顶和外墙都已向里倒塌。木料在岁月和沙暴的作用中已经严重腐朽，而且已经部分埋在沙子下面。整个建筑物中唯一仍然保持原来位置的部分是地窖的横梁。根据这些横梁，我很容易就能画出房子的平面图并测量它们的各种长度。

图 103　沙漠中的房屋废墟

有一个情况可以显示这些房子已经有一些年代了，即它们屹立在黏土构成的土堆或土梁上。这些土堆或土梁有8.25英尺高，与房子的平面图有着完全相同的外缘和面积。起初，房子无疑是盖在地面上，但是地面变得干燥后，它的土就被风卷起刮走，只留下那些上面盖有房子的地基。这些建筑物周围有很多陶瓷容器，以及类似那些一般被放在佛像前和佛教寺院其他地方的小杯子。我们还捡到一些铁斧以及两三枚中国钱币。

对三座房子中最东边的一个进行了挖掘工作后，我们出土了一些精美的木刻，它们曾被用来装饰墙壁。有一个是士兵的样子，头戴帽盔，手持三叉戟，另一个人头戴花冠。其他图案包括雕花、卷轴、镂空、莲花，都雕刻得颇有艺术感，可惜因年久而毁坏。我挑选了一些不同花样的样本随身带走。

我们所在的地方南偏东58度方向还有一座塔楼。我同切尔诺夫与阿不都热依木一起去了这座建筑，看看能否在那里有什么偶然的发现。那个土堆形如拱顶，部分已经坍塌。它的功能也许是一个路标或信号塔。这座夯土塔楼与其他三座类似的建筑彼此之间相隔三四英里，组成一个图形，近似狮子座的四个主要恒星组成的图形。但是我们没有找到任何其他古建筑的废墟。当我们辗转返回我们那巨大的营火旁时，天已全黑下来。等我们花了三小时上上下下翻过横在我们路上的无数雅丹，最后抵达那里时，已经被折腾得精疲力竭。

不管怎样，我们算是幸运，遇到"撒满煤渣之路"的延深地带，即沿着罗布泊北岸从库尔勒到沙州和北京的古道。

阿不都热依木在此地将离开我们。他的薪酬已经涨到1.5银锭（12英镑），这是一大笔钱，但如果考虑到他的优秀服务和他提供给我的有价值的信息的话，也不算过分。我派霍代·库鲁与他同行，将我们发现的木刻带回，让他无论用什么方式，将它们从辛格尔带到土拉萨尔干乌依。这项任务他完成得令我十分满意。第二天一早，阿不都热依木和他的同伴出发返回北方。他们希望一天就能抵达六十泉，因为我们无法从我们携带的水中分给他们哪怕一滴。虽然这地方很有意思，但我不敢在这里停留超过一天的时间。这次出发时，我们的旅队人数已经大大减少，我现在身

图104　"它们屹立在一个土丘上"

边只有切尔诺夫、费苏拉和奥尔德克，四头骆驼、一匹马和两只狗。

我们出发时已经很晚了，因为我又回到废墟再做进一步考察，占去半天时间。我拍了几张照片，用卷尺测量了几个方向的长度，对一些细节画了素描。从供奉用的杯子及最小的那个建筑的装饰来看，它应该是一座庙宇，其墙壁宽18.25英尺，长21.5英尺。

大一点的那座房子长172英尺，宽59英尺，较长的那面墙坐落在南偏西22度到北偏东22度的一条线上。它的主要立柱从土堆上伸出来，而土堆本身已经处处受到风的侵蚀。这建筑物被划分为大小不同的几个房间；其中一扇门的门框仍然在原来的地方。埋在沙子下面的木料保存得尤其完好，而暴露在空气中的部分则严重腐朽、松软，往往在末端已经残破。在上梁的方形榫眼（立柱的榫舌就从那里嵌入）周围，我们在一些地方还能看到标出榫眼轮廓的炭笔印。这些立柱中有些装饰得极为精美，而且雕刻成仿佛一些圆球和圆盘串起来一般。

一个外间也许曾被用来当作羊圈，因为它的地面上覆盖着1英尺厚的羊粪。当然中国人的确用羊粪做燃料，但在罗布泊北岸这种木柴充分的地方，这样的节约似乎多余。整个房顶都躺在房子的西侧，是它无法抵御的东风把它吹到那里的。所有的木料都来自附近的胡杨木。主要的房梁为13英寸×8.25英寸。从地面的轮廓来看，这两座建筑物与几乎被完全摧毁的第三座一样，都曾经屹立在一个深入湖中的半岛上，或位于两个湖泊之间的某个地峡之上。从这一点我们或许可以推论，原来那个罗布泊的轮廓与如今那个喀拉库顺湖的轮廓一样变化多端。

这些房子的用途是什么？建造这些房屋并住在里面的是谁？我最初的印象是这些房子是通往敦煌（即沙州）的一个奥尔塘（*örtäng*，意思是较大的驿站）。不过我不会在这里讨论这些问题，而是留待后面一章里同它们所引发的问题一起讨论。而我这样做的理由很快就会呈现给读者。

当我和切尔诺夫测量那些房子时，另外两人从一大清早就开始搜寻附近，但是没有找到任何重要的东西。因此我们给骆驼装上行李，继续我们前往西南方向的旅行。实际上，我们除了往那个方向走以外，也没有什么选择，因为雅丹与风蚀刻出来的沟都是那个走向。过了一段时间，两头的"地峡"越来越低，开始出现一些小小的沙丘。腐朽的树林很常见，但树木是一丛丛地出现的，这无疑标志着古代湖泊

图105 切尔诺夫和阿不都热依木在沙漠里的一个夯土塔楼边上

的岛屿。这与喀拉库顺湖真有天壤之别!这里一棵胡杨树也没有!无数的螺壳铺在地面上,而芦苇与灌木的尖茬对骆驼的软脚掌而言可不那么舒服。有一天如果喀拉库顺湖干涸掉,那里也会出现类似的芦苇茬。

沙子很快就又消失了,但它只不过是外缘的一窄条。这里曾经湖水荡漾,植被繁茂,如今却一片死寂、荒芜,干得一滴水都没有。行进了12.5英里后,我们在一个略微低洼的地方停下来。那里有两三棵胡杨树还在垂死挣扎,因此我们希望能够在这里挖出水来。但是当我的手下准备开挖时,却发现把铁锹忘在废墟了。需要为此负责的奥尔德克立刻提出由他回去把铁锹找回来。

我真不太愿意让他一个人去完成这样一个危险的任务,因为此时正值每年路遇沙尘暴风险最大的季节。但是我们的水储备已经很少,没有铁锹就无法找到水源。于是我很不情愿地让他去了,要求他绝对沿着我们走过的路线走。他出发之前,我让他睡了几个小时的觉,告诉他返回时务必要朝着正南方向走,那样的话他迟早就会遇到喀拉库顺湖的湖岸。我们无法原地等待他,但为了方便他走得快一些,我让他带上了马。吃饱了一顿米饭和面包后,他于半夜左右出发了,独自一人穿过沙漠。

我所担心的事情在他出发两小时后发生了。两点钟,我被东北方向刮来的一阵强风惊醒,次日这风又持续了整整一天,扬起飞沙,使空气中充斥着尘埃。能见度极差,而且最糟的是,我们来的路上的脚印很快就会消失。不过我坚信,风暴来临时奥尔德克会明智地返回,而不去管那把铁锹的命运。

不过,对于朝着西南方向行进的我们,这风暴却是桩好事:它从我们背后刮来,推着我们往前走,同时也缓和了太阳的酷热。这时沙漠比以往任何时候都更加荒凉,朽木树林几乎完全消失,除了偶尔有一个小小的巴依尔外,漫漫黄沙一眼望不到头。但这时沙丘还只有16英尺高,不过我们观察到它们在西面与西南面越来越高,那是风挟走沙子的方向。我们经过的死芦苇也都朝那个方向弯着腰,仿佛它们被一个巨大的刷子压平了似的。

我们在扎下第18号营地的那个地方偶然发现两三块木材。正当我们忙着准备过夜时,奥尔德克赶上了我们。他牵着马步行,手里拿着他的铁锹。穿过36英里的艰难地形使他人困马乏。休息了一小时左右,奥尔德克过来向我报告了极为重要的消息。

在风暴中,他偏离了我们的路线,迷失方向,但最后来到一个地标塔,在那附近他发现了几座装饰着大量木刻壁板的房屋。他还捡回一些陶器杯子、铁板、斧子、金属碎块、钱币和其他几样东西给我们看。他还拿了两块木刻壁板,是他所能拿动的壁板中最好的,然后又去找他之前发现的那三座房子的废墟,最后终于找到。但他无法让那匹马拉上那些壁板,这牲口固执地拒绝让他把它们放在它的背上。因此他只得自己背着。实际上,他的肩膀被固定壁板的绳子勒出血来。抵达第17号营地后,他又试图将这些壁板绑在马上,但是那家伙挣脱了,朝沙漠里狂奔而去。在费了好大力气终于追上它之后,他实在太累了,就把壁板留在那里,骑着马来追赶我们。黏土上骆驼的脚印仍然清晰可辨,虽然已经被沙子埋住不少。

这个报告使我立刻明白了一点,即我必须更改明年的计划。与此同时,我命令可怜的奥尔德克次日早晨回去取那些壁板。我们出发前他把它们取回。那些壁板保存完好,上面刻有花卉与花环的浮雕。我真想立即返回,尽管那样将愚蠢透顶,因为我们的水只够维持两三天了。而一年里最热的日子正在迅速到来。不,我必须彻

图 106　废墟中的切尔诺夫

图 107　仍屹立的门框

底更改我的计划。我必须不惜一切代价去看这些废墟，但那个夏天本来是要在西藏度过的。因此我必须在下一个冬天返回罗布泊。但是这里有一个很重要的问题。这平坦的沙漠里没有任何东西可以作为地标。我在这个极为千篇一律的地区还能找到那个地方吗？我对此毫不怀疑，因为我对自己的地图有强烈的信心。奥尔德克声称，只要我能把他带到六十泉，他就一定能再次找到他所发现的废墟。我是多么感谢那把铁锹啊！进一步说，我是多么感谢奥尔德克忘记拿这把铁锹啊！

罗布荒漠比且末沙漠更为荒凉。我们在且末沙漠的某些地方好歹还找得到草地和水，但在罗布沙漠要想挖井找水将是徒劳无益。我们还是看到了螺壳和被风打磨得光滑的古旧瓦片。3月31日夜里，我们露营在一棵死红柳树旁，尽管近一段时间沙子仅仅以带状的形式出现，那里的沙丘却有20英尺高。骆驼们已有五天没有喝水了，因此非常疲倦烦躁。但我们距离喀拉库顺湖还有35到40英里，必须加快速度往前赶。

第二天早晨我们出发时，我像往常一样走在队伍前面，转向正南。每一个方向都是荒凉的沙丘，那种我已见过无数次的荒漠凄凉景象！不过，一个鸟蛋的碎片显示，我们正在接近一个比上帝完全遗弃的地方多少好一些的地方。我爬上一个小沙丘顶上，实在太累了，就一头栽倒在地上休息一会儿，用我的望远镜朝地平线扫视一番。除了沙子还是沙子——沙脊！可是，停！那是什么？在西南方向的远处，有一大片水面，在沙丘与雅丹之间流动着！沙漠中间的水？我不敢相信自己的眼睛。那一定是海市蜃楼！

但是，我立刻跳起来，尽快往前赶去。不对，那不是海市蜃楼，而真的是一个湖泊。它以匪夷所思的方式绕来绕去，形成小溪、湖湾、港汊、小岛、狭长水道和地峡。事实上，它是一个迷宫般的水网，只有在无数沙丘与风蚀的台地中间高度平坦的地形上才能形成。除了在松软的滩涂上生根的几小丛红柳苗与几十株芦苇秆之外，这里与我们刚才经过的地区同样荒芜。不过看起来这里似乎刚被水淹。湖泊的轮廓主要是由雅丹台地所决定的。有一两处沙丘塌下来，被水冲走。

我沿着高度破碎的湖岸继续朝西南方走去。湖面很快就缩小了，急剧变窄，但须臾间又开阔起来。湖水带一点咸味。不过我们的牲口都能喝，而且还挺喜欢。过了一段时间，湖岸折向北方，我们也只得沿着它走，因为看不到任何适合涉水的地方。

图 108　奥尔德克的发现，摄于一年后

硬蹚过去骆驼就会陷入泥沼。湖面往东北方向伸出几根长长的"手指"，每一个都迫使我们绕个大圈。我们的右边有时出现一些封闭的小小潟湖和池塘。地面很潮湿，在小心翼翼的骆驼的蹄子下面下陷，十分讨厌。实际上，这就仿佛走在铺于水面上的一层印度橡胶上，当你往前走时，泥巴会在你的前方"起伏颤动"。

这一片地区没有任何生机。这个湖泊大量平行的巴依尔和雅丹——沙丘之间的谷地、风犁出来的条陇——似乎（也的确）全部是东北—西南走向。在很多地方，水下可以清晰地看到雅丹的脊部。

这个湖泊不可能标志着喀拉库顺湖的开端，否则它就会有大量的芦苇。那么它来自何方呢？湖水中较低的含盐量说明它形成的时间并不长。如果时间长，芦苇籽就会很快地长出来，因为它们追随水的速度快得令人难以置信。我能够假设的就是这里的水来源于西尔格恰普干的新岔道，托格达辛长老曾向我提过它。

但是，尽管这一新的发现有助于解决复杂的罗布泊问题，此刻它对我们毫无帮助。我们那一刻最需要的就是为牲口找到草地，为我们自己找到肉。我们剩下的给

图109 奥尔德克的一些发现，右侧标尺长一米，以显示比例

养只有大米和茶叶了，不足以缓和我们的饥渴。我们无法按原计划向南进发，却被这个出乎预料的湖泊挡住。这倒是挺适合4月1日的一个玩笑！

由于湖水一直向西面延伸，我决定等一等，看是否能够找到一个可以涉水过去的地方。很明显，我们面对的是一个新近形成的塔里木河支河道，我们必须想法渡过去。虽然看不到任何水流，但是这里有一条新近形成的水线，这说明由于冬季塔里木河水位下降，水面下降了3.25英尺。那些环绕着这个湖泊，有时甚至在湖里形成小岛的高大沙丘说明，当湖水初次淹没这一地区之前，它们就已经坐落在这里了。否则这些沙丘的走向就会非常不同，也就是说，它们不会出现在这个湖的南面和西南面，而现在这两个方向的沙丘最高。

4月2日，切尔诺夫找啊找啊，终于找到一个能够涉水过去的地方，那里的沙质湖底很坚硬，水深约3英尺。骆驼们在水里很高兴。我们一旦蹚过湖水，就走进高高的沙丘，那个湖很快就消失在我们的身后。我们在一处穿过一个巴依尔，它的底部散布着裹着芦苇秆的圆柱状结晶体，还有石膏晶体粘在我们的赤脚上，因为我们经常光脚走路。沙子越来越多。我用调平镜测量了一些最高的沙丘，发现它们有25到35英尺高。

我手下的穆斯林们有些不满。他们认为我们甩在身后的那个湖就是喀拉库顺湖。的确，我本人也开始猜测情况是否如此。如果它是喀拉库顺湖，那么我们就已经迷路了。那些可怜的骆驼，费力地走过沙丘，不断地往后张望，似乎它们也在心里问我们为何要离开这样一个舒适的地点。高温令人难以忍受，太阳正对着我们的脸晒过来。不过，我们并没有陷入想象中的困境。地貌很快又发生变化，沙子越来越少，我们来到一片死胡杨林带，然后又遇到一片活着的红柳丛。我们面前是一个16英尺高的小山。我让费苏拉随我一起爬到顶上去看一看喀拉库顺湖。结果，正如我所料，它就在我们的西南边、南边、东南边和东边——一片又一片碧蓝的水面，有些大一些，有些小一些，被一条条黄色的芦苇带彼此分开。

我们在一个从第一个大片湖面探出来的高坡上扎下营，尽量挨着水边。营地的入口对着东北方。我的床铺刚一放好，我立刻趴下来，用我的望远镜观察大雁、野鸭和天鹅，它们蜂拥在水面上。对一个在沙漠里旅行的人来说，很难想象比这更美好的图景了！可惜的是这些鸟离湖岸太远；但是从它们钻入水中的样子来看，显然湖水不深，水质极清。

在这里，我的帐篷帆布在湖面刮来的一股清风中飘动着。这与沙漠那令人窒息漫天沙尘的风真有天壤之别！我一边惬意地躺在那里听着湖水拍打岸边，一边总结着这次远征的结果。我们确认了老罗布泊湖盆的存在，我们发现了一个古代的聚居地，并遇到了一个在沙漠中游移的新湖泊——而这一切都是在没有损失一个人或一头牲口的情况下取得的。

但是，我斜穿过湖面获得的湖岸轮廓数据不够充分。在这种地面高度差太小的地方，沸点气压计和无液气压计都没有太大用处。这进一步加强了我本来已有的决心：对这湖盆进行一次详细的勘测。这是准确地测定罗布泊与喀拉库顺湖之间在水平线上的微小差别的唯一办法。在我上一次的中亚旅行后，我一直坚持罗布泊是一个游移的湖，将我的推论建立在整个地区的水平面几乎相同这一事实上。

24 泛舟喀拉库顺湖上

4月3日，东北方向刮来劲风，后来风速达到每小时22.25英里。这个湖对我有一种不可抵御的诱惑力。经过沙漠那令人窒息的沙子和灼人的酷热，没有什么比在它那清爽的涟漪上随波漂荡、勘测水深更能让我满足的了。但是我们没有船。不过，我们有羊皮。如果把羊皮绑在一个架子上，我们应该能建造某种筏子。它应该能承载我们顺风漂过湖面。这个湖从东北延伸到西南。因此我们只需找到一个合适的出发点。我与切尔诺夫和奥尔德克出发沿着湖岸走，把我们的造"船"材料放在一匹马的背上。

抵达一个伸进湖中的小岬角后，我们停下来，把木架用绳子紧紧地捆在两根柱子上，然后把这个框架放在六张山羊皮上。奥尔德克已经把它们都吹鼓起来。然后切尔诺夫和我登上船去，每人骑在一根柱子上。当切尔诺夫坐下来时，这东西差一点翻过去。而当我加入时，那些羊皮都浸入水中，把框架也拉下来一点。于是我们就半裸地坐在那里，双脚悬在水中。我们的脊背就是我们的帆。我们径直向营地出发，它位于南偏西60度的远方，眼神好的人就可以看见。成百上千的野鸭子看着这奇怪的东西过来，吓得纷纷飞起，叫声一片。当大浪头拍过来时，我们不得不互相抓着，以保持平衡，避免翻船。过来的每一个浪头都打在我们头上，所以我们很快就湿透了。这次航行持续了两个半小时。湖水这时既不完全是淡水，也不完全清澈，因为风向迫使它流出死水区，把它吹向西边。在我们露营的湖岸，湖水上涨了6英寸。我们测到的最大深度为12英尺。

我们营地对面的湖水很浅。于是奥尔德克蹚了很长一段水才把我们拉上岸。

我们都冻僵了，几乎难以走到火堆旁。我立刻无法控制地剧烈发抖，上牙打下牙。我丢开湿衣服，在火边把自己烤干，然后爬进被窝。但即使喝了一大杯滚热的咖啡，而且换上了暖和的衣服，过了整整1小时后我才停止了颤抖。

落日时分，彩霞满天，尤其是北面的沙丘被染上一层橙色的亮光。与此同时，风力增加，变成一个全面的沙尘暴。波浪猛烈地拍打着湖岸，溅起的浪花直接泼到我的帐篷上。我决定最好把它挪到离湖面更远的地方。鉴于风暴持续肆虐，我们决定让骆驼再休息一天。喀拉库顺湖的北边与南边的地平线上都像着了火一般，一片金黄。但东北方向却是一片金属的灰黑色，这不仅说明湖水往那个方向延伸很远，而且说明它旁边没有流沙。

4月5日，当我们再次出发时，我希望我们不需要走很远就能遇见库木恰普干（Kum-chappgan）河畔第一个有人住的村庄。风力仍然很强，温度计上显示只有8.1摄氏度（46.5华氏度），的确是非常冷。但是下午天气又转暖，阳光正对着我们的脸晒着。湖边一圈都是芦苇，我们右边的沙丘离湖岸很近。湖面上到处是野鸭、大雁、天鹅、潜鸟、海鸥和燕鸥，还有很多乌鸦。有不少野兔，甚至也经常看到刺猬。毫不夸张地说，湖岸布满了狐狸、鹿、猞猁和野猪的脚印。大约两个月前，几个猎人曾走到冰上来，他们的脚印在潮湿的黏土上依然清晰可见。

我们前进的路线被湖面伸出的大量的狭长湾汊挡住，它们彼此之间又有沙漠带相隔，每一个都迫使我们绕行。螺壳与干枯的芦苇不仅出现在湖岸沿线，而且在很远的地方也能看到。它们也许都来自遥远的过去，比湖泊本身还古老。接下来我们跨过一条小溪，它的流量为每秒123.5立方英尺，最大深度为2英尺8.5英寸。水面正在持续上升，这从一条接一条的小河从湖中流入两旁的小洼地就可以看出。在第22号营地，我们第一次体验到蠓虫的骚扰。

第二天，我们在相同的条件下继续旅行。我徒步疾走，决心不遇到人就不停下来。这倒不是因为我们渴望有人做伴，而是因为我们需要鱼、需要鸡鸭和蛋，更重要的是，我们需要一条船，以便我能够探究湖面实际有多大。接近黄昏时，我看到伸展向南方那无边的沼泽地里升起一股浓烟，于是派奥尔德克去看看他是否能够找到点起那堆火的人。

他近晚时分带回来八个罗布渔人和一大堆我们迫切需要的食物——大雁、40个

图 110 从喀拉库库顺湖北岸看过去的景色

鸡蛋、大量的鱼、面粉、大米和面包。

7日那天，罗布人带着我们来到库木恰普干。大风又刮起来，风速每小时31.5英里。在这样一个风暴持续的过程中，温度并没有很大的变化，温度最低时是12摄氏度（53.5华氏度），正午是14.6摄氏度（58.3华氏度），然后在下午一点变为16.6摄氏度（61.9华氏度）。我们没有抱怨太热的理由，而且蠓虫都被风吹走了。

抵达库木恰普干之后，我们在那条支流与吐逊恰普干之间的分叉处扎营。我们在1896年建造的小屋还在，就如我们离开时那样一点也没有变。那地方周围的一切也都如旧。夜里，大雨来临，雨点打在帐篷上砰砰作响，这在世界的这一角落可不常见。睡在外面的人们赶紧钻进离他们最近的芦苇棚（sattma）。

第二天早晨，来了两位老相识，即阿不旦的努梅特（Numet）长老和托克塔·阿洪（Tokta Ahun），他是那位彬彬有礼的老人昆齐康长老的儿子。他父亲是两年前去世的。后来证明，努梅特长老在很多方面都是一个非常有用的人。我让他去做的第一件事就是照管骆驼和马匹，把它们带到米兰（Mian）的牧场，在那里照看这些牲口，最后当我们准备前往西藏时把它们完好无缺地带回来。此外，我请他帮我们寻找粮草和带我们返回土拉萨尔干乌依的向导，我计划乘独木舟完成那一段旅程。

我们利用在库木恰普干的逗留做了两次远途的船上旅行。一次是去1896年我去过的那些地方，一次是横渡吐逊恰普干湖，沿着它的南岸前行。到那时为止我还没有去过那一片地区。我们乘坐两条独木舟出发，切尔诺夫和我坐在大的那一条上，有三个人划桨；费苏拉带着补给坐在较小的那一条上，有两个船夫。雨后的芦苇很湿，当我们像鳗鱼一般从中划过去时，好几个人都被搞得浑身湿透。

和我上一次，也就是四年前看到这个由湖水、芦苇和沙子组成的洪积地区相比，它的外观已经发生了彻底的变化，其特征已经无法辨认。1896年那个湖面开阔、没有芦苇的湖泊现在已经完全为芦苇所覆盖，而它们的旁边形成了新的湖泊，有新的名字。库木库勒（Kum-köll，沙湖）和英吉库勒（Yanghi-köll，新湖）这样的名字则是不言自明的。这一次我们在湖上测到的最大深度为16和17英尺。具有一定意义的是：这些深度是在一个新近形成的叫托亚衮（Toyagun）的湖泊中测出的——这证明喀拉库顺湖旁曾存在过更深的洼地，而湖泊本身较老的部分则逐渐变浅，上面长满芦苇。

图 111　喀拉库顺湖上芦苇之间的水道

在回来的路上，我们的船夫空手抓住一只美丽的大天鹅。我们先是看见它在芦苇荡边上的空旷水面上游着。但我们刚一接近，这鸟就钻进水里。接下来船夫们急速转动他们的船桨，我们飞快地划到根据水面上的涟漪判断那天鹅很可能重新出现的地方。果然，当它浮出水面时，我们就在它的身旁。为了逃命，它被迫一头扎进芦苇中。但这一来却送了它的命，因为在芦苇中它无法张开翅膀飞起来。独木舟立即冲向那天鹅。尽管水深及腰，老亚曼·库鲁（Yaman Kullu）还是从船上跃进水里，然后用双手把他的猎物拖进独木舟。那只天鹅吓坏了，趴在那里像死了一样，脖子瘫了下来，耷拉着脑袋。我们立刻把它打死。我们附近还有一只死天鹅，被缠在芦苇中。它几天前受了伤。我们抓住的正是它的配偶，我们算是帮它从悲伤中解脱出来了。湖面上到处都是野鸭子和大雁。

4月10日，我测量了塔里木河流入湿地之处的水量：每秒1 049立方英尺。1898年，同一季节同一地点的流量为1 784立方英尺。很明显，这一差别的部分原因是新近形成的西尔格恰普干支流，另外也是由于我上次来这里以后，库木恰普干以上的河流主干分离出一些天然水道。

库木恰普干这个地名来源的那个沙丘高度为33.5英尺。湖泊的最大深度为17英尺。所以50.5英尺（33.5+17=50）应可视为整个下罗布泊盆地的最大落差。

11日，我们开始了对喀拉库顺湖南部的第二次独木舟探险。这一片水面与北边的水面有根本的不同。例如，最大深度为6.25英尺，但在航行的后半截，深度为1英尺或更小。湖底是细腻的黄泥，铺在黑色的淤泥或蓝色的黏土上。用桨一碰，它就会像墨水一般在水中散开。湖水太浅独木舟无法漂浮时，人们干脆跳出船，用绳子拖着走。但是很快这种办法也不灵了，我们只得原路返回。黑色的淤泥有4英寸深，但它的下面是一层很薄的坚硬盐层。紧挨着阿不旦至沙州的沙漠之路的北边就是一片开阔但很浅的水域，称为萨特库勒（Sateh-köll）。它芦苇很少，水底没有藻类。无论是鸟类还是鱼类都不到这里来。夏天它会全部干涸，湖底就变成了一片坚硬裂开的黏土层。这是喀拉库顺湖正在回头向北游移的另一个证明。芦苇秆上的印记清楚地显示，自从我们到这里六周前冰化掉以后，水面降低了近10英寸。

次日我们划船去了阿不旦，驼队正在那里迎接我们，他们的营地设在塔里木河左岸，那里的流量为每秒3 295立方英尺。因此，这条河在库木恰普干到阿不旦这么短的距离内就失去了2 246立方英尺的流量。塔里木三角洲如它的许多支流形成的湖泊一样，正在往上游移动。这条河现在的水位是春天的冰融化后最高的，与秋天开始结冰时的水位一样高。夏天的水位要比这低9英尺。

阿不旦地区向北边走不到一天的路程，最近形成的支流刨进了一片沙漠，这支流在西尔格恰普干附近从下塔里木河分叉出来。除了阿不旦的猎人外还从没有人去过那里，我决定去绘制那里的地图。但去那里只能靠独木舟。骆驼们把几条独木舟像雪橇一般从我们与它之间的那条沙地上拖了过去。然后我带着仪器上了一条独木舟，而切尔诺夫则带着给养与辎重上了另一条船。但是他那条船装载过多，来到较开阔的湖面时湖水就灌进船舱。托克塔·阿洪、老亚曼·库鲁，以及其他两位船夫也随我们同行。

这是一次很艰难的航行。黑沙暴呼啸着掠过芦苇，迫使我们尽可能躲在芦苇滩后面挡风的地方。在水面开阔的地方，湖面上的任何一点波浪都有可能淹没我们那

图 112　将独木舟拖过一个沙嘴

脆弱的小船，使它沉入湖底。在密密麻麻的芦苇丛中，白天就像黄昏一样光线暗淡。不时有一条鱼跃出水面。天鹅与大雁在我们接近时匆匆逃去，有两三次为此而丢下它们的蛋。

　　只要我们能够看出水流的方向，顺流而行，一切都不成问题。但最后我们找不到水流，很快就陷入一个芦苇荡、红柳丛、洪积滩、岬角和水边岩石形成的迷宫。我们在这里用了三小时寻找出路，最后不得不原路返回。后来我们又一次在曲折的水道中迷路，只得再一次原路返回。再后来，我们硬是使独木舟从噼啪作响的芦苇荡中挤了过去。我们钻出来后，把船从两个湖盆之间长满芦苇的条地上拉过去。我们爬上每一个沙丘去观察周围的地形；但是由于沙暴，这里尘雾迷茫，我们唯一能看到的就是分不出头绪的灌木与水的丛林。

　　因为找不到通道，我们最终将芦苇点燃。一幅辉煌的图景立刻出现在灰蒙蒙的雾霭中。火舌扑向带着雨滴的芦苇。芦苇啪啪地崩裂，将浓密的黑烟送上天空。风暴撞上这些烟雾，将它们吹得七零八散，把飘在后面的残烟如一片破碎的寡妇面纱一般撒在无边无际的湿地上，那里散布着长满芦苇的水道形成的迷宫。空气中充满了烟尘，当我们在浅浅的湖水中跌跌撞撞地把我们的独木舟拖进火苗在芦苇中凿出的通道时，我们的身上不但湿漉漉的，而且黑黢黢的。

最终我们又找到了水流，它现在非常湍急，船夫们不得不使尽全力划桨才能逆流而上。我们费了好一阵工夫也没能找到一个合适的露营地点，因为附近的岸边都很潮湿，最终只得将就一些，在两三座红柳丛根系形成的土堆下铺上干芦苇。与此同时，风暴鞭答着河面，直到上面满泛白沫。

第二天一早，没有什么情况能鼓舞大家继续前行。北边的天空被风沙搞得一片灰暗，水面的波动使人很难判断水流的方向。我们出发时已是十一点钟。我们划向西北方，穿过一连串长条形状的湖泊，然后来到一个显然是河床的地方，因为水道已经窄到30英尺，而水流的速度达到每小时2英里。然后是一个地形复杂的三角洲，当地人称其为托库孜塔里木（Tokkuz-Tarim），意思是"九条河"，因为河在这里分为九个河汊。

幸运的是，我们沿途穿过的最大一个湖泊是南北走向。它的东岸被高高的沙丘遮挡，所以我们贴着那里走，也能避点风。想直着穿过湖面根本就不可能，因为湖面上已是白浪滔天。我们更多的是靠运气而不是凭本领才在对岸找到河流的另一端起点。那以后，水道改了方向，来自西南方的水流被风抵消。在第30号营地，我们刚刚走过的那条支流的流量为每秒374.5立方英尺。

我们第二天的旅程也是同样复杂。风仍没有停下来。夜间温度最低时降到零下0.3摄氏度（31.5华氏度）。我们一直紧贴着湖岸，不过那使我们经常走进死胡同。托克塔·阿洪在某个地方找到一个年轻的牧人，他成了我们的向导，直到我们抵达一个渔人的小屋（sattma），在那里我们又找了一位老渔民替代他。这位老人在他的独木舟上带路，如果没有他的帮助，我们是无论如何也找不到河口的，因为它完全被芦苇遮住。再往前走了一段，他领着我们穿过了一条只有一码宽的水道，直到我们来到一个近2英尺高的小瀑布。在那里，我们必须上岸，拖着独木舟穿过芦苇丛，然后在瀑布下面再把独木舟放入水中。

这个瀑布以及同一地点的另一个瀑布似乎说明西尔格恰普干的支流比河流的主干有更大的落差，因此主干必然流淌在一个较高的水平面上。这一切都解释了这条

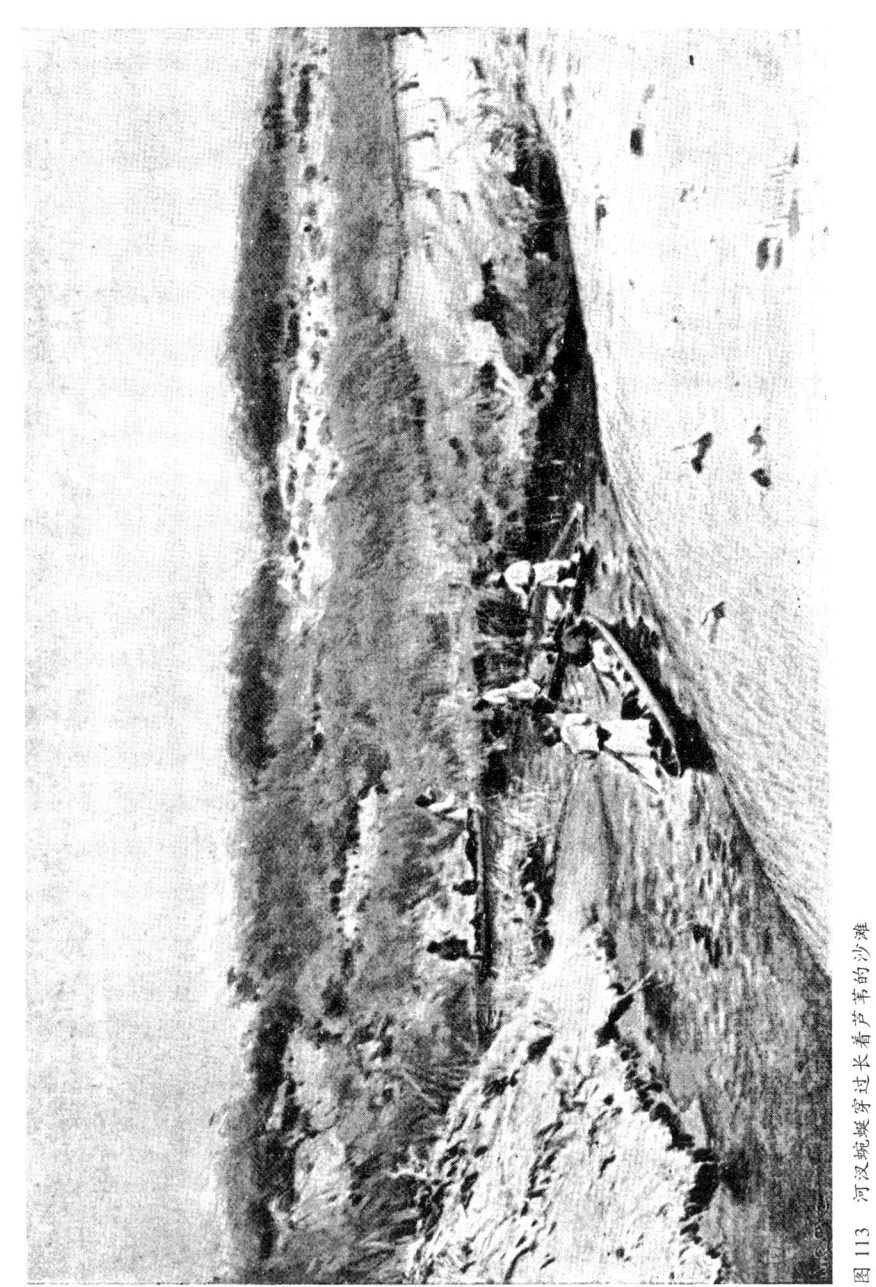

图 113 河汊蜿蜒穿过长着芦苇的沙滩

河为何倾向于向北流,然后注入那里的平坦洼地。在一个几乎所有的点都处于完全的水平面的地区,一码的高度差别是一个很重要的因素。

我们在叶肯奥依(Yekken-öy)发现了一个只有四个棚子的小村子,里面有十多个居民,都是老人和妇孺。村里的男人们都去若羌播种耕地去了。他们谋生的其他一个主要方式是捕鱼、抓野鸭子和掏野鸭蛋。村民们共拥有150只绵羊和几头母牛。他们是四年前从车格里克乌依(Chegghelik-uy)迁移到现在这个地点的。他们告诉我,从他们的湖上向东流去的那条新支流只有七年的历史。4月18日,我们身后跟着一长串本地人的独木舟,向西南划去,沿途穿过一连串的湖泊,其最大深度也不过15英尺。这些湖泊都有一个特点,即它们里面的水同时朝着东西两个方向流去。大部分水是向东流,少部分往西流,在西尔格恰普干注入塔里木河。我们时左时右地划着进入了一条小溪(kok-ala),它蜿蜒流入塔里木河,在那里它那清澈的溪水立即被那条大河的浊流吞没。

在塔里木河下游一点的地方我们在西尔格恰普干停下,那条伟大的河流在那里一览无余地展现在我们面前。它河道笔直整齐,河岸上是一排排带给人们树荫的可

图114 西尔格恰普干的塔里木河

敬的胡杨树。在这里，从叶肯奥依流出来的两条水道将每秒198立方英尺的流量归还给塔里木河。而后者现在的流量达到每秒3 828.5立方英尺。这是我到那时为止给这条河测出的最大流量。

4月19日夜里，温度再次降到零下4摄氏度（24.8华氏度）。这在每年这个季节是很少见的。我挑选了费苏拉和奥尔德克以及小狗玛什卡随我一起出发，经我上次来发现的那些湖泊划船回铁干里克。重走过的地方的确有点讨厌，但鉴于这一段时间水文关系发生了变化，这时间也不会完全浪费。因此，我们将尼亚孜库勒湖（Niaz-köll）甩在左边，划船穿过琼库勒（Chong-köll），这名字的意思是"大湖"，对此它当之无愧。实际上，我们在那条弱不禁风的独木舟上不敢离开湖岸太远。那以后，我们沿着一条很大的支流逆流而上，它切入一片纯沙地，被称作拉吉里克河（Lailik-daria）。它的流量是738立方英尺，比流出叶肯奥依的湖泊的那两条水道多165.5立方英尺。沿着东边这条支流进行一系列同样的测量，我将能判断它的真实特征是什么，并确定它为沿途各个湖泊提供了多少水量，多少水量因蒸发而消失，多少被地面吸收等等。

在我上一次见到它后的四年里，萨达克库勒湖（Sadak-köll）的面貌完全改变了。它不仅填满了沙子与洪积物，而且长满了芦苇。一条湍急的水流就从中穿过。我上次躲避暴风雨的那些小屋还在，而那里的居民也基本还是同一些人。他们立刻就认出我来，非常友好地欢迎着我。他们称那个有着26个居民的村庄为麦尔德克提克（Merdektik）。这是因为这村子就坐落在一条新支流的河口上，而那条支流从麦尔德克库勒湖（Merdek-köll）流出。它经过东边一个相当大的湖泊，在这里的流量达到每秒83.5立方英尺。这又一次显示，罗布泊的整个水文系统正在向北移动，回到它古代的湖盆。

这村里的一位渔民划着它的独木舟领着我们在湍急的水流中逆流而上。两岸生长着胡杨树；这些树上长出春天的新叶，十分美丽，尤其是在它们身后光秃秃的沙漠那金色的光芒映衬之下更是如此。水流的速度随着深度的变化而改变；有时流速为每小时2.5英里，波浪翻滚地冲向立在水里的胡杨树。我们在库拉克查（Kulakchah）停下来吃早饭。在那里发现了我在1896年结识的五户人家。

自从我上次来这里之后，当地的牧羊人在河上修了一座桥，由椽子、树枝和芦

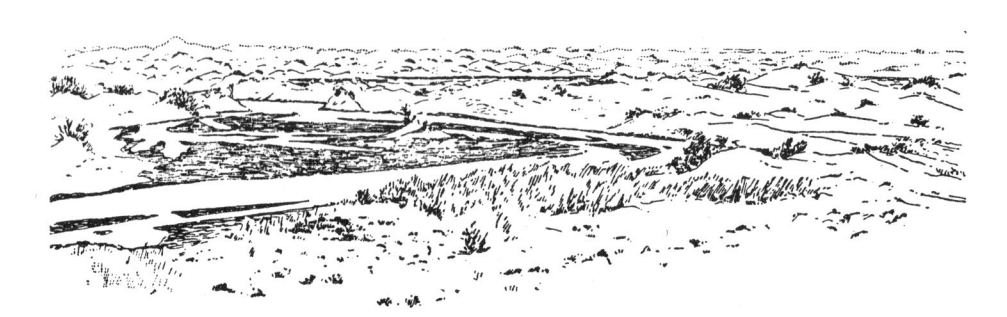

图 115　麦尔德克库勒湖伸向沙漠的河汊

图 116　依列克河上的桥

苇制成，这样夏天他们就可以赶着牲口过河了。这桥很低，即使一条装满货物的独木舟上的人也仅仅是擦着边才能勉强过去。不过，这桥将横梁与树干倒映在那黑墨水般的依列克河（Ilek）上，倒也是风景如画。那河水其实是完全透明的。

我们就这样在茂密的树林与难以穿透的芦苇丛之间以每小时4英里的速度划着船往前走，最后在日落时赶到库木切克（Kum-chekkeh）。在那里我们再次受到1896

年结识的老朋友的欢迎。其中一人第二天陪我去麦尔德克库勒湖绘制地图。这个湖从依列克河得到每秒钟247.25立方英尺的水量，在某些地方深达24.25英尺，也就是说比喀拉库顺湖要深得多。

在库木切克以上，这条河两岸树林茂盛，风光绮丽，林水交融，很有些公园的感觉。河水的流量是每秒950立方英尺，越往上游水量就越大。这是因为在叶肯奥依方向的下游，河畔湖泊与潟湖分走大量的河水。

我考察了阿尔卡库勒湖（Arka-köll）与塔耶克库勒湖（Tayek-köll）。在两者之间的河心，我发现了整个塔里木河流域所测到的最大深度，即41.17英尺。阿尔卡库勒湖某些地方深达23到26英尺。我们曾与驼队在1896年横穿塔耶克库勒湖而过，它是一片十分开阔的水域，湖心深度有18.75、22.5和31英尺，或者说两倍于喀拉库顺湖任何地方的深度。当我回到营地时，我的帐篷里满是蠓虫，毫不夸张地说我不得不用烟把它们熏出来。

4月27日早晨破晓时分，我们离开了这个环境恶劣、蠓虫纷扰的地方。我们

图117　依列克河上我们的独木舟

依然在老朋友依列克河上逆流而上。它与其说是河，还不如说是穿过芦苇的一条窄窄的水道。西边的芦苇一眼望不到边。但是东边的芦苇很快就变成硬地，上面生长着胡杨林。来到苏依萨里克库勒湖（Suyi-sarik-köll，意为"黄水湖"）以后，我们折向西方，扎进又一个令人讨厌的芦苇荡。我们通过一个维护得很差的恰普干（*chappgan*，"水道"），从里面穿了过去。我们这芦苇的隧道里面又黑又闷。被不间断的风暴吹弯的芦苇横在狭窄的水道上，上面满是灰尘和流沙。在有些地方，它们形成了一种桥，人可以在上面走很远。总的来说水有6到7英尺深，通过无数的芦苇杆形成的迷宫渗透进依列克河。那天晚上我们在谢特拉尔村扎营。我们曾在前一年冬天来过这里，故而我得以在穿越且末沙漠时绘制的地图上找到一个连接点。

次日，我带了两个人随我一起去喀拉库勒湖走一趟。那时一场糟得不能再糟的大风从东北方向刮来。当我们绕过最大的一片水面，围着芦苇荡或贴着它的边（那里浪小一些）往前划时，天暗得犹如黄昏一般。这湖上有几个漂浮小岛，是芦苇根与黏土、泥土和湖底漂上来的藻类混合在一起而形成的。有些浮在水面上。另一些

图118　依列克河边的胡杨

图119 在苏依萨里克库勒湖的芦苇丛中

一半在水面以下。本地人称其为"*sim*"。有些大得足以经得住一个人。总之，这说明水生植物是使这些开阔而水浅的湿地升高的一个因素。

这个地区的水文情况太复杂了，没有一张详细的地图就很难了解得一清二楚。所以这里我就不再赘述。我让切尔诺夫做我的助手，对每一条流入阿尔干河与依列克河的支流和水道进行了测量。测量的结果有一点很有意思，即塔里木河如今往其东边那个湖泊水系注入的水量远远超过我于1896年到那里考察的时候。

4月29日，我率领一批新换上来的船夫和独木舟往西和西北方向横渡其维里克库勒湖这个大湖。它与那附近其他的湖泊一样，大部分被芦苇与莎草填满。这个湖泊极为辽阔，我们即使站在一个高高的沙丘顶上也看不到它的西岸。它那波浪起伏似的芦苇荡在远处消失在茫茫的雾霭中。

次日，我的老向导吉尔古依·帕万和谢尔达克·帕万（Shirdak Pavan）加入了我们的行列。他们给我带来帕尔皮·巴依的死讯。5月1日，我带着新换上来的独木舟和队员，包括吉尔古依和谢尔达克，再次出发。我们沿着孔雀—塔里木河向西北偏西方向进发。在达尔吉里克（Darghillik），我们在森林里发现十几个小屋的遗址。在阿古柏统治时期之前，吐鲁番的长老经常来这里为中国皇帝收集进贡的水獭皮。中国官员则经过上依列克河畔的吐鲁番—科布鲁克来这里。他们会给当地的长老和居民带来赠送的面粉。在罗布泊开始有农业之前，这是一种极有价值的商品。

在迪尔吉（Dilghi）的营地，我们测量了一条流入其维里克库勒湖的水流，其

图120 夜晚宿营中我们的独木舟

图121 铁干里克的桥

图122　卡尔马克欧吐格（Kalmak-ottogo）的景色

流量为每秒 2 977.5 立方英尺。但是，仅仅几天之前，我们测量过一条以每秒 3 214 立方英尺的流量溢出这个湖泊的水流。这一现象初看起来似乎很奇怪，但其实这是符合自然规律的：水流已经开始减少，故而作为一个调节水量的水库，这个湖泊在一段时间内溢出的水量会超过流入的水量。

5月4日，我们在铁干里克老纳赛尔长老家附近扎营，从他那里听到有关我们大本营的详情。5月5日我们在铁干里克待了一天，因为第一支旅队在切尔东的率领下刚从土拉萨尔干乌依抵达这里，其中包括费苏拉、毛拉·沙、穆萨、库特楚克（Kutchuk）和十个罗布人，还有阵容强大的三十五匹马、五头骆驼和五只狗，人畜都状况极佳。我命令他们沿着商旅大道前往阿不旦，从那里直接前往藏北[①]的祁曼（Chimen），寻找一个合适的营地，原地等待我的到来。同时他们必须确保牲畜们能

---

① 斯文·赫定所指西藏，实际是包括青海以及部分新疆地区在内的广义"藏区"，与现代意义上的西藏自治区不同。

够经得住等着它们的夏季艰难旅程。切尔东用突厥语来表达自己的意思还有不少困难，那是当地的通用语言。不过他每天都用它来讲话，学得很快。

我在铁干里克停留期间，若羌的安办江大老爷在返回驻地时路过这里。他是一个教养良好，态度和蔼，彬彬有礼的中国人。他后来成了一位对我帮助很大的朋友。

5月6日，我们最后一次更换了独木舟和船夫，开始顶着强劲的水流（流量为每秒3 383.5立方英尺）向英格可力进发。

当我们最后抵达那设在孤独的胡杨树旁的著名营地时，所有的人都等在那里迎接我们。西尔金向我通报了我不在时这里发生的一切，并交给我他每天做出的气象日志，以及他对河流变化做出的观察和记录。我不在时，众人在市场那里支起了一顶很精巧的小蒙古包，我随后就住在那里。哥萨克们住在芦苇棚子里；伊斯拉木·巴依和图尔杜·巴依住在帐篷里。我的老朋友，那艘渡船，还拴在码头上，但很快就要继续它的航程了。

25 暴风雨中勘测塔里木河下游湖泊

就这样,我完成了本人历次探险链条中的又一个新的环节,翻过了历次旅行中新的一章。不再需要英格可力的基地;现在是将我的辎重,无论是能动还是不能动的,运送到一个条件很不一样的新地区的时候了,也就是说,需要将它们转移到地球表面最令人目眩的山脉喜马拉雅山与昆仑山之间那片条件极为恶劣的高原。

我在老总部度过了十天,一是为了得到极为需要的休息,二是为了做出各种安排。例如,我同库尔勒的卡尔梅特把账结了。他为我们提供了马匹和大量的粮草。当他离开我时,我交给他一包发往欧洲的信件。

这些天里,我的哥萨克们一刻也没有闲着,忙着对渡船的结构进行极为明智的改动。现在我们需要用它来完成我们在塔里木河上顺流而下的旅行。在前甲板上,他们建造了一个普通的小屋来取代帐篷。它与我的暗房一模一样,只是立柱外覆盖着白色的毡子。两扇毡帘构成前墙,其中右边的那一扇位于我的写字桌前,只在夜间才放下来。他们还在桌子上方装了一个小小的遮阳帘为我遮挡太阳,因为我们将向南边旅行。挨着左舷的长墙完全用木板制成,其顶部附近装了各种钩子以悬挂衣服和仪器盒子。这里还放着我的三个箱子,其中一个用来作为我的餐桌。我的床就放在对面的墙边,那墙上有一张毡子织成的大幅挂毯。除此之外,房间里尽量保持空气流通。气象观测站仍然在原来的位置上。我只需将钉在后墙顶上的毡子短帘掀开,就可以从小屋里面读到仪器上的显示。屋顶有七根圆材,上面覆盖着毯子。其中一根上用铁丝挂着一个极为原始的"灯盏"。

在后甲板上,哥萨克们为自己建造了一个类似的毡子与木板组成的小屋,在里

图 123　重建后的渡船

面放满了他们的东西，如他们的旅行箱、床铺和衣服。西尔金在这里有他自己的小工作桌，上面放着他的几个无液气压计、一块手表、他的温度计、测量流速的仪器、卷尺和书写用品；从这里到阿不旦，他一直担任我的抄写员。

哥萨克们刚完成改造渡船的工作，我立刻交给他们一个新的问题来解决。我的朋友罗布渔人和独木舟划桨人们异口同声地说，如果没有船桨，就不可能顶着风在水上旅行。因此我很想使他们惊讶，在他们面前拿出相反观点的确凿证据。于是，我刻了一个小模型。哥萨克们以它为准，用胡杨树凿出一条挂帆的独木舟，船体的形状具有数学的准确性。我无法将我那条英国小艇用于这个目的，因为它别的都行，就是不能抢风行驶。在新船的底部我们用铁夹子固定住一个假龙骨，在那下面挂了两三个铁条，那是为了一个完全不同的目的在沙雅买的。然后我们用绷得像鼓一样紧的皮将它盖住。一个可以随时起落的桅杆用助杆固定在船的前甲板上。我们的铁匠做了一个第一流的舵，然后把它缠在一个船首柱子上，使它可以在两个桨叉之间移动。为了使船走得更稳，我们在它的底部绑了两袋沙子。它最多仅可载一个人，而且它窄得只能勉强在后端坐下一个船夫。的确，我们的"帆船选手"只能靠把两腿架在船帮上来尽量掌握身体的平衡。

当地人坐在那里看着我们工作，感到很有意思，很新奇。当船造好了，在大风中试航进入河上一片宽阔的水面时，他们大声地发出惊叹声。这条船顶着风行驶自如，可通过舵板随时改变方向；但它并不是一条很干爽的船，船帮一般都在水下，所以操纵这条船就像坐在一个澡盆里一样。

5月17日，所有的穆斯林都去拜祭帕尔皮·巴依的坟墓，宣读祷文，向他们的老伙伴告别。那以后，这附近所有的居民都被叫来；所有凿刻木头的、拉水的、提供稻草的、放羊的或做过任何其他事情的人，都结了账，拿到了钱。

次日早晨，当我走出我的小屋，那九头骆驼正站在那里等着装货，而货已经包好，绑在驮鞍上。我最初是打算让他们夜里就出发，以便躲开牛虻。对那些可怜的牲畜来说，这些牛虻真是可怕的折磨。尤其当它们刚褪毛时（我们的牲畜此刻正是这样）更是如此，因为这时它们几乎是全部裸露着身体，极为敏感，就像刚出生的乌鸦一样，脑袋上有一缕毛，驼峰上有两三缕毛。但是因为它们刚休息了很长时间，也许在开始时会爱玩好动，我们觉得最好让它们最初两三天里在白天走；那以后，等它们开始安静下来,再让它们夜里继续往前走。旅队由伊斯拉木·巴依、图尔杜·巴依、霍代·库鲁和两位罗布人开路。切尔诺夫负责护送他们到山里。

为了阻止狗儿们追着旅队走,我们把玛什卡、尤达什和两只小狗崑玛伦基与玛尔其克(它们俩都成长得很好)拴起来。这些狗是我最心爱的,所以我让它们在渡船上陪着我。所有其他的狗都随旅队一起走。尤尔巴斯的体侧被一只野猪严重咬伤,所以我们由它自己挑选。它趴在我的老棚屋里舔着自己的伤口直到痊愈。后来当我试图进入拉萨时它一直追随着我。

驮着高高的行李的骆驼和穿戴各种颜色衣物的人成为一道风景线,他们从一大群围观者中间走过,骑马的罗布人和长老紧随其后,排成一长列穿过芦苇和灌木林。

骆驼声刚一消失,我、西尔金、奥尔德克和两三个船夫就乘坐两条独木舟出发去探究格尔麦凯提湖(Göllmeh-ketti,意为"丢失渔网的湖泊")。我们正在测量它的水深时,风力增强,接近狂风的规模。浮尘使黄昏提前到来,这种浮尘像流苏一样挂在沙丘的顶上。浪头打在我们的独木舟上,溅起浪花。我们赶忙把它们拉上岸来,倒出积水,继续航行。由于湖水太浅,我们被迫与湖岸保持相当的距离,但是波浪打过船帮,使我们浑身湿透。西尔金的船立刻沉了下去。人们赶紧跳出来。瞬间过后,我们看到他们泰然自若地把船拉上干地,然后拧干衣服。不久,我们在另一条船上也经历了类似的灾难。这是因为我们这只轻型的独木舟像一只果壳一样被抛来抛去。随着船里面最终积水太多,我们的沉没也只是个时间问题。因此我们转而顺风行驶,在一片沙地的浅水中搁浅。从那里我们走到岸边,上身没有弄湿。然后,我们脱掉衣服,将它们和其他物品摊在被太阳晒暖的沙子上晾干。我的手下都躺下来睡着了;但我一直没有睡着,等着天变好一些。但风暴并没有减弱,而且我们也没带干粮,再说我必须回到渡船上去给我的精密计时器上弦。所以我让两位船夫将独木舟划到湖边,而我则继续步行测绘。

夜里,东南方刮来的风极强,拴在锚上的渡船差一点漂走。我们凭着沙格杜尔点起的一堆火找到回家的路,尽管最后一段路周围一片漆黑。过去几天里,河水上涨了几英寸。当地人告诉我,除了融冰引起的春汛外,河水会在当年晚些时候再度上涨,虽然不会涨得那么厉害。那是在沙枣花盛开,小野雁离开妈妈的时候。这种浮动也许与大气压的分布有关。对我们来说,只要水量增加就是好事。5月16日,

图 124　塔里木河边的孩子们

流量增加到每秒 2 592.5 立方英尺，比 5 月 7 日少了 790 立方英尺。大洪水一过，水位急速下降。我们一刻也不能再等了。因此，19 日我让大家出发。我新雇用的船夫，阿克·卡沙（Ak Kasha）、萨迪克（Sadik）、托克塔·阿洪（Tokta Ahun）和阿塔·克尔根（Atta Kellghen）似乎都是信得过的老实人。一位罗布人驾驶我的英国小艇。那条小帆船则与大独木舟绑在一起，由另一个罗布人驾驶。我们把从拉吉里克买来的那条较小的补给船和其他的独木舟送给了英格可力的居民。大渡船的船长（*kemibashi*）是奥尔德克。老阿克萨卡尔·帕万央求与我们同行，被安排在我的写字桌前面。

附近的妇女聚集在我们废弃的棚屋里，透过芦苇叶看着我们。我们的渡船刚离开时，男人们还沿着河岸陪着我们走了一程，直到最后他们一个又一个离开，分头回家。他们肯定会怀念我们营地的繁忙景象。

第一天，我们一整天都因逆风而速度减慢。河流拥抱着高高的沙丘。我这次新的旅行目的在于测绘塔里木河下游以及与它平行的湖泊（尽可能多地将它们包括在内）的地图。尽管这已是我第三次来这个地区旅行，但这次我们与我前两次的路线相交的地方只有阿尔干、西尔格恰普干和阿不旦。在英格可力我们听到有关河流的传言，令人不安。据说这条河在东边更远的地方分成几股新河道；据说河里水很少，不足以使我们的渡船漂流到塔里木河的终点。但是不管情况是否如此，我决心不到万不得已就不放弃。

5月20日，我带着以前那些船夫前往卡鲁纳力克库勒（Karunalik-köll），结果当日天气极佳，成为一次各方面都非常成功的旅行。因此我能够按照系统的路线测量水深，在湖面上左右穿梭，这就使我得以获得足够的数据来画出等深线。在湖的进口处我观察到一个有趣的现象，即河水以每秒81.25立方英尺的流量流入这个湖泊；这也就是说，在过去的二十四小时中，仅这一个湖泊就从河里分走700万立方英尺的水。这能够在一定程度上显示塔里木河水系有多大量的水消失在蒸发和沙子的吸收之中。浑浊的河水呈扇形分布在湖面上，而湖水本身则是一种碧绿或碧蓝的颜色，虽然远不如山里冰川湖那种饱和度极高的纯蓝色。

图125　妇女儿童好奇地注视我们

卡鲁纳力克库勒湖包括两个椭圆形的湖盆，形如数字8，在这些独特的沙湖以及无水的巴依尔中，这是很普遍的一种形状。因此它们有同样的名称，如"bolta"的意思是峡地或连接两个盆地的狭窄通道，"mojuks"的意思是伸向水中的岬角，而"kakkmar"的意思是这种岬角旁边的小湾。这两个湖盆最深的洼地都紧挨着东侧陡峭沙丘的脚下，在这一点上它们与巴依尔是一样的。因此，多数的胡杨树（如果不是所有的话）都屹立在同一边，而且往往被沙子压住，这使人纳闷为什么它们居然还活着。但是它们早晚会死的，因为东风持续不停地推着沙丘往西移动。红柳与沙枣也时而出现。芦苇则长满西岸，虽然是在干地上。

根据调平镜的测量，湖边最高的沙丘顶上高于水面293.5英尺；但同时我测到比这还高出30到50英尺的几个点。塔里木河右岸的沙丘在这里达到300英尺以上的高度。我所测到的最高峰在其西端以陡峭的坡度过渡到旁边一个洼地，它属于托格拉克力克库勒（Tograklik-köll）及其巴依尔。这些巴依尔就如我们前往塔提让与且末时穿过的那一串巴依尔一样，似乎一直伸展到沙漠的腹地。

下午我们顺流而下直到乌鲁格库勒（Ullug-köll，意为"大湖"）的入口，然后就在那里露营。流入这个湖的水道（acha）的流量为每秒236.5立方英尺。岸边的芦苇清楚地显示，在去年秋天洪水期间，这个湖的湖面升到比我们来时要高出4.5英尺的水位。这也就是说，当时这个湖比现在要大得多。湖水中到处是鱼，不过正常的捕鱼季节要到河面下降，将湖泊水源切断后才真正开始。在这里，渔人们不是像他们在长满芦苇的湖泊中所做的那样，将渔网悬挂在水道之上。而是由两条独木舟在水浅的地方拉着一幅宽为60寻左右的拉网。首先它以一个半圆形伸展开，然后一条船向里转，与渔网形成一个角度很大的圈子；然后其他船夫用桨猛击水面，把鱼赶进圈子里。接下来他们把网拉回，一棒子将鱼打死。当然刮风时这样捕鱼是不可能的，因为独木舟会晃得很厉害。乌鲁格库勒湖畔的动物以鹿和野猪为代表，但后者仅仅偶尔到这里来。西尔金射死一只正往河边走的野猪。我们所看到的禽类只有鹰、燕鸥和几只小型涉禽。这里没有野鸭或大雁的食物。

这一系列湖泊像悬挂在一个树枝上的树叶一般靠在塔里木河的右岸，是河边衍生的寄生湖，因为它们的生命来自塔里木河；一旦河流改道，它们的生命也会结束。到了秋天，这些湖泊只有一半的水，需要河水重新流入。所以每年这条河都会分流

图 126　塔里木河右岸的沙丘

出大量的河水,如果不是因为有这些湖泊,那部分河水就会流入喀拉库顺湖。因此,不难设想,在这些湖泊还不存在的时候,罗布地区的湖泊比现在要大得多。这些湖泊的出现与扩大是造成更下游的湖泊逐渐消失的一个原因。

　　船上的生活就像我们秋天沿着塔里木河顺流而下时一样祥和。哥萨克们觉得非常享受。他们坐在他们的小屋外聊天,乘独木舟围着渡船转,划到岸上在溪流的小水湾里打野鸭子。当他们一天的工作完成时,他们就以钓鱼自娱。实际上,我们几乎完全以野鸭子和鱼为食物,尽管我们也能从岸上的牧羊人那里得到羊肉和鲜奶。沙格杜尔担任我的厨师和贴身仆人。我们的船长奥尔德克在发布命令时总是大喊大叫,但在其他方面他工作得非常出色。每当我们停下来过夜时,哥萨克们都会与我一起在船上睡觉,而穆斯林们总是在岸上睡觉。每天下午我让人给两只小狗洗澡,这场表演总会令旁观者看得非常开心,尽管这对两个小可怜来说是件很可恶的事情。

　　5月23日,我们走了一段比平日远得多的路。下午,我们正要测量流速,纳赛尔长老、吉尔古依·帕万、谢尔达克·帕万和特米尔尚雅(Temir-shang-ya)划着他们的独木舟从上游下来。这个特米尔尚雅是个臭名昭著的坏蛋，因此立刻被我打发走。他不仅通过特别训练的恶棍们从卡尔梅特那里偷了一些布匹和其他物品，而且还欺压他所在地区里的人们。实际上，尽管他乞求我不要那样做，我还是向若羌的安办举报了他。安办剥夺了他的职务与地位。

我在这里补充一下，只要我们住在罗布泊地区，那里就享有和平与安定，因为我不能容忍这里贫困但诚实的居民遭受任何不公正的待遇或侵害。我这样说或许不算是过分自大吧。所有受到侵害但缺乏维护自己权益的手段或力量的人都来找我帮忙。这使土拉萨尔干乌依成了一个著名的法院，因此也在某种意义上成为那个地区的首府，我想这对蒲昌、喀喇沙尔和若羌的中国安办不见得是件好事。在较为严重的案件中，我一般会写信给这些先生，提醒他们如果不按照我的要求去做，对他们来说可能会有不利的后果。事实是，罗布泊地区的百姓从他们的长老与安办那里得到的伤害要超过来自蠓虫和牛虻的伤害。

我们现在雇了九条独木舟组成的一支船队来为我们通过这些新近形成的湖泊组成的复杂水系开道，这一水系从柯佩克乌依（Keppek-uy）开始，里面长满了芦苇。多亏有顺风帮忙，也多亏我手下的那些人，库尔班杰伊利（Kurban-jayiri）和希赛克库勒（Syssyk-köll）这两个湖泊我们没有遇到任何麻烦就过去了。他们放下篙杆，拿起船桨，把渡船划过非常开阔的水面。但是在水面的另一端，我们又一次驶入一个芦苇隧道，那里的芦苇有13英尺高，像树篱一样把我们夹在中间。我们在这里差一点就被完全卡住，渡船有一刻既不能往前，也不能向后退。不过，船被卡在那里时，倒是有一点值得庆幸，至少我们是在阴影里，而且很凉爽。另一方面，空中满是牛虻，极为讨厌。我的耳朵里不停地响着它们的嗡嗡声。它们砰砰地打到我的地图纸上；它们大摇大摆,像邪恶的小魔鬼一样折磨着我。当然，我可以用一顶蚊帐来保护自己，但我实在不好意思用它，因为其他人都半裸地站在水里，嘴里一句抱怨的话都没有。日落时，折磨我们的这群家伙不见了踪影，但立刻就有蠓虫和蚊子来接替它们。每年的这一季节，你在罗布泊地区二十四小时都不会有一刻的安宁。

脱身出来进入图瓦达库库勒（Tuvadaku-köll）真不是件容易的事，因为我们要通过的水道窄了整整6英尺，何况水又太浅，弯弯曲曲；而且很不幸的是它偏偏是唯一的通道。二十个人用了整整两小时去挖深水道，砍下两边的芦苇；即使这样我

图 127 点燃芦苇

们也只能使渡船一英尺一英尺地慢慢移动。为了减轻工作量，我们把芦苇用火点着，直到整个湖面的边缘都升起舞动的火舌、吐着浓烟的烟柱。但是，这种方法只能用于下风的那一面，因为我们那易燃的船也有被烧掉的危险。如果它的甲板上层结构着火，这条船将像引火药一样燃烧起来。不过，经过一天的艰难努力，我们最后在叶肯力克（Yekkenlik）这个小岛放下锚，它就坐落在同名的湖泊中央。

另一方面，我们5月25日去贝格力克库勒（Beglik-köll）的短途旅行极使人感到生机勃勃。虽然在夜里温度最低才降到16摄氏度（60.8华氏度），早晨却令人感到十分清爽。身体适应温度变化的能力真是出乎人的意料之外。我曾有过在温度低至零下10摄氏度（14华氏度）时还感到相对温暖的体验。贝格力克库勒非常宁静，很难设想它也能被滔滔大浪搅成白茫茫一片。太阳十分烤人，尤其是当我们朝着正南方向走的时候。我只有靠往我的白色衣服上洒水才能使自己保持马马虎虎的清凉。我们在这个湖过了一整天，这还只是测量了它那众多湖湾中的两三个。其中一个我是从一个沙丘顶上测绘的，从那里我可以鸟瞰整个湖面。我的脚跟可以感到沙子的灼热，这使我后来一边把双脚悬在独木舟外一边抽烟时更感到格外的清爽。

但是好景不长。我的老朋友吉尔古依，也叫库尔班（Kurban），指着湖东面的高耸沙丘的顶峰，突然冒出一个问题："Kara-buran？"（黑风暴）。一根黑色的柱子从地平线升起，向我们这边倾斜过来。它的顶上有一个颜色略浅的云冠。渐渐地，其他类似的柱子在第一个柱子的两边徐徐升起，直到它们排成一长列，犹如巨大的手掌，手指伸向天空。接着它们慢慢地彼此接近、交融，形成一堵连绵不断，上端呈锯齿形的大墙，每时每刻都在继续升高。对于将要发生什么，不应该存有任何疑问了。

经过权衡利弊，罗布人主张留在原地。但是我当然不能同意。倒不是因为我们缺乏补给，也不是因为我不愿失去我的小屋的舒适，而仅仅是因为精密计时器需要在通常的时间上发条。吉尔古依·帕万认为在湖的西岸等着风暴过来不是件好事，因为那里没有任何遮挡。吉尔古依·帕万是个很小心谨慎的人。他不知道什么是害怕，而且在真正的危险面前从没失去过冷静。他对这个位置观察了一两秒钟之后，建议我们应该在那个狭窄的水道口里寻找避风之处。这就是那个为贝格力克库勒提供水源，早晨让我们用了整整两小时才得以通过的水道。但为了抵达那里，我们首先要跨过大半个湖，路上还要穿过一个宽阔湖湾开口的那一面，这个湖湾伸进它西面的沙地。最好的方案应该是立刻沿直线到湖的东侧，在那里我们应该有沙丘作为屏障。但是，尽管湖面静谧，波澜不惊，所有的人都反对这个方案。距离太远了。我们不可能在风暴开始之前就穿过湖面。因此只有一个办法：我们必须跨过湖湾的湾口，沿着湖的北岸慢慢行驶，在那里的小岛沙洲之间寻找能找到的最佳屏障。

众人拼命划桨，每一刻我都觉得会听到船桨断裂的声音。桨片弯得像弓一样。独木舟的船头溅起白色的浪花。我们行驶的速度极快，接近每小时5.5英里。大家都惊慌失措，不断地发出响亮震撼的"哦，真主！哦，真主！"的叫声。大气仍然一片死寂，但空气中有一种无可置疑的感觉：大自然的震荡一触即发，而暴风正在急速向我们推进。

"现在它已经到沙丘顶上了！"吉尔古依·帕万喊道。话音未落，沙丘的顶部就像被从黑板上抹掉一样不见了踪影。一瞬间，沙山的山坡也消失了。接下来湖岸被一层厚厚的灰黄色浮尘吞噬。"快划，孩子们，使劲划！真主在上！"老人大叫着，

图128　图瓦达库库勒芦苇丛中的渡船

为划船者鼓劲。"真主在上！"是他在一切关键时刻一成不变的口号。

从东北偏东方向刮下来第一阵大风。我们听得见风暴从湖面上席卷而来时发出的呜呜声。水面上顿时浪花翻滚，刹那间，到处是黑沉沉的巨浪。风暴越近，众人越加拼力划桨，直到我敢确定我们的船速不低于每小时6英里。但是我们离北岸仍有近1.25英里远。"来不及了！"众人叫道，"真主在上！"

我把带来的几个仪器放在口袋里。我脱下鞋袜，做了最坏的打算。"来了！"我们的船夫们大叫，企图把桨划得再狠一些。每个人都跪着，船桨划得像蒸汽带动的那样快。就在风暴赶上我们那一刻，如果不是我们把船头转向迎风的方向，我们这条轻飘飘的小船肯定会翻过去。我们完全被笼罩在一片厚厚的尘雾之中。这时西岸和北岸都看不见了。除了四周的汹涌波涛之外什么也看不见，而我们的独木舟像几根漂浮的稻草一样摇摇晃晃地漂入大雾中。严峻的情况明确无误地摆在我们面前。但恰恰是这紧要关头方显出吉尔古依和他的独木舟船夫们的本色。每当一个大浪即将吞没我们时，他们就把独木舟往迎风的方向转一转，以此避过浪尖的大部分，不过当浪花飘过时，每个人都浇了个透。

最后，我们隐约看到北岸的红柳树，大雾里望过去犹如黑色的斑点。接下来一分钟后，我们来到一条伸进水中的狭长陆地后面，它成了一个绝好的防波堤。但我们只是在最后的关头才脱离险境。再有几分钟，那些独木舟就会沉没。

西尔金与纳赛尔长老已经为我们感到非常担心，后者带着两条大独木舟从叶肯力克赶往贝格力克库勒来支援我们。我们在前面提到的那个水道入口处遇到了他和他的船队。他随身带来床铺、温暖的衣服、口粮，这实际上是西尔金送来的一整套装备，以防我们无法在晚上之前赶回去。在这样的天气里在湖中翻船，根本就看不见该往哪边游，多半会有人丧命，虽然除了沙格杜尔以外所有的人水性都很好。实际上罗布独木舟的浮力很小，尤其是当它里面灌满水时。当然我的仪器也会彻底毁坏。

在叶肯力克库勒湖的芦苇荡里找到我们那条渡船真不容易。我们进去时已是漆黑一片，风暴正在发狂肆虐。那真的是伸手不见五指。但是当沙尘把独木舟旁的芦苇折断，将它们像鞭子一般吹到我们脸上时，我们却能实在地感觉到。我不得不用双臂围住自己的脸，以防它被这些又长又锋利，犹如绸带一般的苇子叶割成碎片。

图129 沙暴中的贝格力克库勒

要想用喊声发出警报则是徒劳无益的,所有的声音都被刮过芦苇荡的风那刺耳的呼啸声所吞噬了。我不知道独木舟船夫们是怎么找到路的,但最后我们瞥见了西尔金点起来引导我们的篝火。尽管这火苗被风暴吹得就像一个模模糊糊的白点,难以穿透尘雾,但我们已经很接近了。渡船和其他的船从船头到船尾都安全地系泊在那儿,我们安全了。

  这是我经历过的最糟糕的风暴之一。那天晚上我们没有睡多少觉。前甲板小屋上有几块毡子被吹开,必须用绳子和杆子捆住。我必须把气象观测台搬进来遮挡好。所有那些散布在小屋四周的轻物件开始转来转去,必须捡起来放到妥善的地方。沙尘像雨点一样打过来,穿透毡子,钻进每一个空隙。但我最担心的是火灾,因为渡船的四周都是芦苇。为了防范这一危险,我让一个人整夜在船上和岸上巡逻。

26 夜间在塔里木河上顺流而下

第二天，风暴肆虐了整整一日，把我们困在叶肯力克。但傍晚时分风势减弱，给了我一个乘着新造的小船荡舟湖上的机会。风暴来临时，蠓虫与牛虻都消失了。但是到了5月27日，风平浪静，它们成群结队地从藏身之处飞出来。那一天我们穿过了叶肯力克库勒湖的剩余部分，直到它经过一条跌水瀑布流入塔里木河之处。在这里，有一支十二条船和三十人组成的船队前来迎接，帮我们渡过激流险滩。因为激流滩的中间水流翻腾跌宕，往下一段也是如此，所以我们用绳子将大渡船的两端固定住，从岸上操作让它缓缓而下。我们那只庞大的水怪从一个台阶降到下一个台阶，船头往前探出，直到它被下面涌起的浪头推起。大家都高度兴奋，众人的喊声震耳欲聋。但我们还是使它安全地过来，然后它又继续平稳地在塔里木河上顺流漂下。

这一段河水的流量仅有每秒547.5立方英尺，已经到了干涸的边缘，这是因为一条新的河道拉辛达里雅（Lashin-daria）已经取代了它，分出去拐向东边的湖泊。第二天，我遣散了以纳赛尔长老为首所有我不再需要的人。这样，我们这支大大缩编的船队缓缓地顺流漂下。这一天天气极佳。前一天夜里，温度降到6.9摄氏度（44.4华氏度）。蚊虫没有往常那么厉害。

这一段时间每天的日程如下：破晓时分我被沙格杜尔叫起，然后我开始巡视营地。我向哥萨克们打招呼时说："早晨好，哥萨克们！"他们则敬礼作答，并说："*Starovieh shelajam vasheh prevoshoditelstvo！*"（祝阁下身体健康！）对穆斯林们我一般会说："*Salaam aleikum！*"（愿你安乐！）。然后他们每个人都把这句话轮说一遍，犹如回声一般。接下来是早餐，有鱼、蛋、面包和茶。白天，茶壶基本上放在我的小屋里。而俄式茶炊永远放在哥萨克们的小屋里保温。八点钟吃晚饭，一般包括焖饭、鱼、咖啡和牛奶。白天只要有光线，我们就不停止工作。而晚上的时光则用来将笔记和观察数据写下来。

沙格杜尔表现极佳。我与他的关系越来越密切，对他完全信任。他已经学会与穆斯林们流利地沟通，而且主动说服西尔金教他如何进行气象观测以及读写俄文。我们的旅行完成之前，他已经取得了很大的进步，几次我们分开后，他都能用俄文给我写报告和信件。如果不是这些哥萨克天性正直，我猜想他们在效力于我期间就会被惯坏，因为我给了他们极大的自由。但是他们从没有一刻放松对自己的约束，而且从未疏忽对新头领应有的尊重。

穆斯林里最优秀的人则是吉尔古依·帕万，铁干里克的骆驼猎手。他是一位七十岁的老人，极为正直诚实；有这样一个人在你身边真是个福分。他的位置是船头，我的写字桌前。他在那里负责照看右舷的篙杆。英格可力的阿克萨卡尔，一个高大强壮，六十岁的白胡子老人负责照看左舷的篙杆。我很喜欢听这两个经验丰富的老者聊天，他们谈论着这次旅行将会发生什么，也提到我们离他们在西北方的家园越来越远了，还不知何时才能再回到那里。有几次为了安慰他们，我承诺将负责让他们回到自己家中。吉尔古依·帕万对这条河很了解，每次我开始绘制地图的新一页时，都能请教他河流下次往哪个方向拐弯。这对我帮助极大，否则在开始新的一页时，我就有可能画到图页的外面去。

奥尔德克用事实证明自己是一个非常优秀的人，但因告病已被一条独木舟送回家。天刚一黑下来，我们就把渡船停泊下来。我已经吃过晚饭，正忙着写日记，狗儿们开始叫起来，一条奇怪的独木舟穿过夜色划到船边停下来。我以为是哪位罗布人来拜访我，接着听到船舷走道上的急促脚步声。毡帘被拉开，看啊，站在那里的是一个我熟悉的身影，信使穆萨。他从喀什骑马来，路上走了三十三天，给我带来信件；当他发现英格可力的营地已被废弃，空无一人时，他就捡了一条独木舟，顺流而下来追赶我们。信使的到来总是感觉像放假了一样，因为它恢复了我与家乡和外部世界的联系。我把信件、书籍和报纸堆放在地板上，然后关上舱房，躺下来一直读到次日凌晨三点钟。

我的老领航员，吉尔古依·帕万，像往常一样，告诉我所有突出的地理特征的名称，以及他所知道关于这条河及其历史的一切。他称屹立在一座小山上的一棵孤独的胡杨树为"*Kamshuk-tyshken-tograk*"，意思是"卡姆舒克人定居处的胡杨"。他告诉我一个与它有关的奇怪故事：几十年前，有一群不知哪个民族的人从库尔勒乘着胡杨树制作的简陋筏子顺着孔雀河漂流而下来到这里。他们有五十户人，有妇女和儿童，老人较少，走得很慢，每两三天休息一次。他们极为贫困，实际上完全靠打猎为生。吉尔古依·帕万年轻时曾见过他们。他回忆说他们都是神枪手，基本靠吃鱼和野猪肉为生。他们的首领叫伊文（Yiven，莫非是伊凡？），他曾单独来过这里，就是为了看一看这里是否适合殖民。他们宰羊的方式与穆斯林不同；他们先用木棒猛击那牲畜的头，把它打晕。他们中间的一位年长者被罗布人称为叶嘎拉嘎克（Yeghalaghak，意为"哭泣者"）。他的妻子去世后被埋在前面提到的那棵胡杨树下。在罗布泊地区生活了三年之后，他们已经渗透到远至若羌的地方，在吐鲁番的长老阿舒尔（Ashur）命令之下，他们被原路赶回。他们回去的路上走的是陆路，一天夜里赶上一场黑风暴，结果一个美丽的女孩失踪了。她已经同一个叫埃佛拉尼（Everani）的男人订了婚。这人悲伤得几乎要疯了，花了几天几夜时间寻找他的未婚妻，但是她显然是在风暴中迷了路，所以家人最后只得放弃，任她自生自灭。他们也讲流利的突厥语，自称是在逃难。这个支离破碎的故事是我在罗布泊地区听到有关拉斯科尔尼克人的唯一传说（见第19章）。

　　5月29日的下午，河道再次变得任性起来，分成好几股。在那几条河道中我们必须非常谨慎地选择。最后我们在新近形成的萨托瓦尔迪库勒湖（Sattovaldi-köll）上的一个小岛旁扎下营来。这是我们能找到的唯一的干地。这里的蠓虫比平日更加厉害，因为夜里这些长满芦苇的湖泊要比那些开阔的河岸密不透风得多。

　　次日，我们的路线继续穿过湖泊和狭窄水道组成的迷宫。如果没有当地人的帮助，我们根本就别想通行。不过，夜幕降临时，我们再次在塔里木河畔露营。这里的流量为每秒840.5立方英尺。但这条河变得蜿蜒得令人很不舒服，何况我们还顶着风。划桨与篙杆也起不了多大作用。因此我们直到6月2日的晚上才抵达阿亚格阿尔干（Ayag-arghan），然后在我们曾经两次露营的那个岬角上扎下营地。我们在那里逗留了两天。穆斯林们给渡船来了个大清扫，我则对发源于阿尔干的其维里克库勒湖并汇入塔里木河的两条河进行了测量。它们合在一起的流量是每秒1 289立方英尺。因此在接下来的几天里，我们无须抱怨缺乏水量了。河流的主干从这里开始被称为巴巴塔里木（Baba Tarim），意思是"塔里木老父亲"，流量为每秒2 147.5立方英尺。

我们在6月5日走过的那一段路河道蜿蜒曲折，处处是急转弯；它在茂密的森林中穿过，此时正逢夏季这些森林最美丽的时光。河水温暖，高达23.5摄氏度（74.3华氏度）。西尔金经常从船帮跳入河中去游泳。至于我，我只在半夜和早晨7点钟才洗澡。不过我的房间里总有一大盆洗澡水，所以我可以在检查罗盘方位的间歇冲个凉。哥萨克们每天晚上撒网，使我们经常有鱼可吃。有一天早晨，他们捕到二十多条鱼，每一条都大到足够一个饿汉饱餐一顿。

我们越往塔里木河下游走，牛虻、蠓虫和蚊子就越多。由于它们喜欢聚集成群，那种生活可真没有多少舒适可言。它们很愿意与人做伴，而且争先恐后地想要得到你的关注。与它们搏斗是徒劳无益的，那只能使你处境更糟。被牛虻咬了之后疼得火烧火燎。每天早晨这些"无赖"都会在我的工作桌上趴着厚厚的一层，我不得不叫个人过来，名副其实地把它们"扫"掉。几只狗对它们发起无望的攻击，只是到了夜晚才有机会暂时休战。吉尔古依·帕万声称，这个地方之所以会有多得令人难以置信的蚊虫，是因为这里没有其他动物。总的来说，我们经过的小屋都没有人居住，也看不到任何牧羊人；他们的羊群如果来这里也会被牛虻彻底毁掉。我们也没有看到鹿或野猪。实际上，蚊虫成灾使这里根本不适于居住。每年这个季节从若羌前往库尔勒的商人们都只在夜间骑马赶路，白天则把马匹或骆驼藏在芦苇棚子里面。

在基依依什（Kyiyish）停留片刻吃晚饭并测量河流后，我们在十点钟再次起航，在月光下走了两小时左右。但月亮落下去后，四周一片漆黑，只有高悬在领头独木舟的一根木杆顶上的中国式灯笼发出一小片亮光。夜晚寂静无声，没有一丝风。牛虻也早早地钻进杂草和芦苇中睡觉去了。时而有一条鱼在水面溅起一个水花。偶尔还会听到河水轻轻地拍打着芦苇秆的声音。

哥萨克们坐在"驾驶室"里抽烟，他们把八音盒打开，据说是为了防止两个老头打瞌睡；不过这是一个不必要的措施，因为这两人都知道撞上头顶的胡杨树或搁浅的危险。西尔金点着一个火苗冉冉的大油灯，它把两岸都照亮了。这样他和沙格杜尔就能不时地告诉我岸上的情况。譬如，"右面，茂密的森林一直伸到水边"；"左面，芦苇滩、灌木、小树林，等等"。方位则是我借着领航船的灯光而测定出来的。

就这样，我们在寂静的夜色中沿着这永无休止的河流往下游滑行。我一边工作，一边用口哨吹着八音盒里熟悉的调子，而哥萨克们则不停地抽着他们那短短的泥制烟斗。有时，吉尔古依·帕万认为需要格外小心或提高警惕，就喊一声："Khabardar！"（小心！）此刻我们正迅速接近这条浩荡大河的墓地，望着那一个又一个河湾消失在我的身后，一种伤感不由涌上我的心头。

音乐的新奇劲儿逐渐消失，众人昏昏欲睡。八音盒停止了。灯熄灭了。西尔金用胳膊肘碰了一下阿克萨卡尔，他弓着腰迷迷糊糊地点了下头。但转瞬间西尔金本人也背靠舷墙，鼻子朝天；他的嘴巴大张着，使劲地打着呼噜。他的帽子从头上滑下来，几乎掉到河里，但恰好被他及时抓住。那以后一小段时间，他像一只松鼠一样活跃。两点左右，我对这些可怜的家伙们感到怜悯，因为他们不像我一样有什么自己感兴趣的东西以摆脱睡意。于是我们把渡船停在岸边，五分钟之内甲板上就变得鸦雀无声。

但是我们没能睡多久，另一场沙尘暴又朝我们袭来，把我舱房上的毡子撕裂。次日，风暴又肆虐了一整天，使我们直到夜里十点钟风势减小时才得以出发。我们走了三个小时。6月8日与9日，我们被来自东北偏东方向的一阵狂风所滞留。真是再巧不过了，另一个信使恰好这时赶来，使我在被迫等待期间有事可做。我立刻猜出他带来了重要的消息，因为他不是我事先安排好的信使，而是新加的。彼得罗夫斯基领事通知我，他收到一封电报，其中说道，由于帝国亚洲边疆局面动荡，需要将西尔金和切尔诺夫这两名哥萨克立即调回喀什。这对我和西尔金来说都是一个打击。我们俩就当时的形势讨论了许久，估计西伯利亚边境地区出现了严重的动荡。那时我们对正在中国发生的事件一无所知。① 我立即派出一位快速信使带一封信去祁曼塔格见切尔诺夫，让他一刻也不要耽误，立即返回阿不旦。西尔金当然要等待他的同僚，他们两人不可能分头旅行。既然我们不得不以这种事先没有预见的方式

---

① 斯文·赫定这里所说的"中国的事件"当指爆发于1900年的"庚子事变"及八国联军入侵一事。——译者

图 130　西尔格恰普干附近的塔里木河景色

分手，我很庆幸我已经从英格可力给俄国沙皇写过信，感谢他给我送来这样两位杰出的哥萨克，告诉他这两人为我做事是多么尽力。

6月9日晚上，我们都为沙格杜尔感到十分担心。他五点钟左右出去打猎，到了九点钟吃晚饭时尚未归来。所以我们在沿岸不同的地点点起六堆大火，红色的火光照亮了仍然悬浮在空中的尘雾，十分壮观。可是沙格杜尔仍然没有回来。于是我派出所有的人带着火炬与灯笼四出寻找。我听着他们的喊叫声消失在远方，想到一个独自旅行的人在这些非人间一般的沙丘中可能遇到的包括老虎与野猪在内的种种危险。如果我的四名哥萨克中一下子就失去三人，那将是一个沉重的打击。出外寻找的人一个接一个回来了，但仍然不见沙格杜尔的踪影。不过到了半夜，沙格杜尔本人终于露面，他告诉我，他打伤的一只鹿向西跑进沙漠，他在其后尾随了几个小时，但天色已晚，他迷了路。但是他一直往东走，最后终于遇到那条河流，然后沿河上下寻找，最终看到我们点起的一个火堆。

6月10日，我们继续前行，从左边一个称作图嘎奥尔迪（Tuga-ölldi，骆驼死去之地）的地方经过。这个地名的由来是一头属于一队蒙古朝圣者的骆驼在前往拉萨

图131　车格里克乌依的妇女儿童

的路途中曾死于此地。因为在阿古柏统治时期，他们一般是沿着河道的左岸走，以免受到他手下的人的骚扰。就这样，一件并不重要的事情，本身早已为人们所忘记，却多年来一直保留在当地的地理名词中。如今蒙古人总是沿着右岸的商旅大道行进。

那天下午我们在西尔格恰普干停下来测量河水。4月18日我们曾在这同一个地点测量河水。水的流量现在达到每秒2 412立方英尺。每年这一季节，水位下降得都很快。我们把特别信使送回喀什后，继续我们的夜航，由几条点着灯的独木舟在前面开路。这真是一列美妙的船队，它漂过那寂静的6月夜晚，在火炬的光辉里，在船夫们忧伤情歌的重复曲调伴随下，沿着塔里木河顺流而下。

1896年，我已经测绘了从西尔格恰普干到车格里克乌依这一河段。6月11日，当我们经过阿克库勒（Ak-köll）时，我发现河水离弃了它曾在那里形成的一大圈河湾，从一个狭窄的条地中切割出一条新的水道。但那河湾里仍然积满了水，而几处陡峭与崎岖的岬角充分地显示了洪水决口时的暴烈。

那日的白天里，森林终止了，两岸的地势变得平坦开阔。空气静谧，尽管它仍

图 132 车格里克乌依的马厩

然弥漫着数次沙尘暴之后的朦胧。随后我们看到几条独木舟过来迎接我们。第一条船上坐着车格里克乌依的长老帖木儿（Temir）。我把他请到船上。他告诉我的一个情况是，过了他的村子，这条船就不可能继续前行了，因为下一个湖泊塞米拉库库勒（Semillaku-köll）完全长满了芦苇。尽管我十分期待进山，而船夫们也早盼望着回家，我仍不禁为这条老船只剩下最后这一段航行而感到遗憾。天色向晚时，我们看到远处有火光闪烁，而那天夜里我们就把我们那条忠实的老船拴在车格里克乌依的对面，塔里木河的左岸。

次日早晨我派吉尔古依·帕万穿越几个湖泊去探路。他探明的情况是大船不可能继续前行。为了证实这一点，他带回来一大捆芦苇秆，其长度说明最浅的地方湖水有多深。不过，他觉得如果有二十五个人，就能够在几天内砍出一条可以航行的水道；但我拒绝了这一建议，因为我们前往阿不旦也只需要三天。但是在开始那段行程之前，我希望再用暗房冲洗一次我的照相底片。所以我决定在车格里克乌依再逗留几天，其中一个重要的理由是：这段时间内就能造好两三条独木舟，我们可以乘它们前往阿不旦。

我们在这个宁静的渔村度过了非常惬意和放松的一周。我们就在河左岸的村子正对面扎下营来，村里的芦苇棚子与开放的马厩历历在目，而且可以看到牛群与马匹如何被成千上万的牛虻折磨。小孩子们赤身裸体地在岸边跑来跑去，在独木舟间戏水玩耍。这一日常生活场景的背景则是一个村民的墓地，插着飘扬着旗旛的木杆，似乎在提醒人们"人生有限"。

每天夜里我都要在暗房里工作到凌晨四点钟，而西尔金则是我的助手，为我拿来清水，晾干底片。那一整个星期我们都经历了来自东北方向毫不间断的风暴。在整个春天里受到这些风暴的不停袭扰，目睹了它们那塑造地貌的威力之后，我不再为世界这一角落的沙漠、湖泊与河流处于永远的改变之中而感到惊讶。为了防止尘土渗透进来毁掉我们的照相底版，我们不得不在暗房的里面贴满了纸。就在我们忙着这件事时，外面的风暴咆哮起来。我们躺下来睡觉时，狂风的呼啸与哗啦啦的浪花声在耳朵里回响。当我们早晨醒来时，首先听见的是同样熟悉的声音，首先看到的是充满了沙尘的空气。但是这种天气有一个好处，它把牛虻与蚊子都赶走了，而且使空气凉爽宜人。风暴开始以前，阴影中的温度两次升到40摄氏度（104华氏度）以上，但风暴开始后，温度很少达到25摄氏度（77华氏度）以上，而到了夜间则降到9.3摄氏度（48.7华氏度）和11摄氏度（51.8华氏度）。

哥萨克们用了很多时间打猎钓鱼，但除此之外他们仍有很多时间为我们新的船只做好准备。每条船都由三条狭长的独木舟组成，上面先铺一层木板，木板上又竖起木柱形成的框架，其顶端与一个水平的木条相接，这木条与中间的独木舟平行。木柱又被毛毡覆盖，形成一个漂浮的长方形帐篷。6月18日日落之后，我在大渡船上刚吃完最后一顿晚饭，它就被拆毁。舱房被拆开，所有的钉子都保留下来。毛毡上积累的沙尘则被掸下来。我的木箱被搬到我这崭新的漂浮"宫殿"上。根据我们的计算，它最多能载二十六个人，足够装下我、我的行李和其他四个掌船的船夫。我们把一部分补给储藏在甲板之下，其他的则分别放在几条跟着我们的独木舟上。当然空间比原来小了一些，但我的新住所非常舒适。哥萨克们则住在一条结构类似的船上。

出发之前，我遣散了吉尔古依·帕万、阿克萨卡尔和与他们同来的其他船夫。当晚我们为他们举行了一个欢快的宴会，宰了只羊，还做了大锅的焖饭。除了原来

图133　在三条独木舟上搭帐篷

商定的工资外，我还给了他们几条独木舟，以及足够他们回家路上所需的补给。作为回报，他们按照当地的习俗，祈祷我一路平安。次日清晨日出时，我从彻夜工作的实验室中走出来，他们正站成一排，朗诵晨祷。然后他们踏上自己的独木舟，向我道别，出发前往他们在远方的故乡。我则又回到船上去睡觉。

离开那条老旧的渡船就仿佛与自己亲爱的家道别。它在这几个月里为我提供了一流的服务。我把它作为一个礼物留给了车格里克乌依的村民。他们为得到这个绝妙的交通工具而感到欣喜不已，因为它十分便于他们将牲畜、驼队或商品运送过河。后来我知悉，安办命令将它运到阿尔干，那是商旅大道跨过塔里木河的地方，过去仅有一条破烂不堪的渡船。我们将这条船交出去之前，沙格杜尔用大写罗马字母将我的名字与当时的日期（1899—1900）刻在船帮上。

6月19日半夜，我们的新船队从车格里克乌依出发。长老和若干条船只来护送我们。我们成功地跨越了那几个湖泊，没太费力就穿过了它们狭窄的水道。不过，如果想让那条大渡船强行通过这里却几乎是不可能的。接下来我们在车尔臣河的河

图 134　库木恰普干下游芦苇丛中的奥尔德克

口停下来进行测量。尽管河床很深，具有陡峭的崖岸，而且河水很满，但它流入喀拉库顺湖中的水量不过是每秒141立方英尺。除了一小片十年树龄的胡杨树外，这一片地势极为开阔。

我们在塔里木河上最后一天的旅程很短。风从正东方向刮来，风速为每小时24.5英里，清新凉爽。虽然船夫们从水流中借力不少，却仍然需要划桨才能使船只前行。河面上泛起涟漪，波浪从独木舟之间强行穿过，溅入舱内，使我们不得不停下来，否则舱里就会被水灌满。

在阿不旦我们受到老朋友努梅特长老与托克塔·阿洪的迎接。后者陪同马队与驼队一直走到祁曼塔格，他告诉我新的大本营那边一切都很正常。我的人把我们去年春天留在阿不旦的四头骆驼和我那匹小灰马也一起带到山上来。它们现在都状况良好，彻底恢复过来了。在跨过阿不旦与山脚之间的沙漠途中有两匹马倒下，而所有的狗们，包括泰衮，也都被渴死。我的人还赶着一群羊（五十只）随行，作为我们夏天的食物。携带着我给切尔诺夫那封信的信使早已抵达营地，再有几天那名哥

图 135　去往阿不旦的有帐篷的独木舟

萨克就会赶到阿不旦，随他一起来的还有准备陪我一起前往山区的几个人。

我们在阿不旦期间，开始天气不错，也就是说有风，最高时速可达每小时 42.5 英里。这使我只能待在船上的帐篷里不停地写信。这是一个好机会，能够让两位哥萨克把信件同已经完成的照相底版一起带回喀什。在风暴停息的时候，我进行了天文测量。有一天我正在做这件事，忽然发现一位骑马的人奔向阿不旦的小棚子。但我很快就认出来，原来是哥萨克切尔诺夫。他一接到我的信就立刻启程，在短得惊人的时间里完成了这段旅程。在过去的三十五个小时中他没有合过眼，却像以往一样精神百倍。我邀请他在疾风中与我一起逆流而上，在路上他告诉我有关新总部的一切情况。那将是我们今年其余时间一切行动的大本营。他很不情愿在此时离开我们，因为我们即将开始我的旅行中一个新的篇章。他一直期望在山里度过夏天，对于返回喀什的炎热长途旅行并不积极。两三天后，图尔杜·巴依和毛拉·沙带着四头骆驼和十匹马来到这里。虽然他们离开山里后只在夜间旅行，但骆驼们的脖子与腿上还是都被牛虻咬得流血，不过它们身上其他部位都被毡子保护住了。我们让这些

图136 阿不旦的棚子

牲口们好好休息几天，尤其是哥萨克们需要用来骑往喀什的那几匹马。

现在天气开始变坏。风停下来，接着就是令人难忍的炎热。我们必须十分小心地照料骆驼们。为了保护它们不受那铺天盖地的牛虻之扰，我让人专门为它们清扫出一间牧羊人的草棚，用芦苇将墙壁加厚，并让两人专门守候在一旁，赶走那些难缠的蚊虫。不过到了夜间，我们就把这些可怜的牲口放出来吃草。一天早晨，它们忽然不见了。图尔杜·巴依深知他的骆驼的习性，马上怀疑它们是企图逃离这个可怕的地方。但是众人追上前去，把它们又领回来。原来它们的确是正在返回山里寻找它们的同伴，那里较为凉爽，也没有牛虻的折磨。那以后我们每天晚上都带它们去河里洗澡，对此它们非常享受。在这样炎热的天气里，我在独木舟上的帐篷变得令人无法忍受。盛夏的早晨待在那里面简直像进行土耳其蒸气浴。在外面，空气中则是一片永无休止的嗡嗡声，仿佛远方有一个瀑布。我刚一掀开帘子，帐篷里立刻充满了牛虻。我赶紧洗澡然后尽快穿上衣服。接下来我把带帐篷的独木舟划到右岸，冒着枪林弹雨一般的蚊虫跑向托克塔·阿洪的小棚。那儿的一切都已为我准备好了，里面比帐篷里凉快10度,因为阳光无法穿透它屋顶上的厚厚的一捆捆芦苇。我把所有的箱子与毯子、桌子与床都搬到那里。狗儿们很喜欢这个主意,也过来与我为伴。它们在这里抓捕牛虻时大获全胜。

  时间一天天过去,是我们再次出发的时候了。现在我们等待的只是下一场风暴,使我们能够摆脱牛虻,因为只要天气继续保持炎热,我们就会被围困在这些吸血的蚊虫之中。有一次我们的确试图出发,但没有成功。骆驼们绝望地滚倒在地,将身上的驮包甩掉。我又无法夜间旅行,因为那样我就无法测绘地图。因此我把出发的日子推了又推。只要我们原地不动,一切都没有问题。我们所需要的一切都不缺少。而阿不旦人则巴不得能够帮助我们。况且我们也有很多事情来打发时光。哥萨克们去打野鸭子,划着他们的独木舟四处寻觅。我们最后一次测量了老塔里木河;它的流量是每秒1 543.5立方英尺。这就是说,在过去的两个半月里,河水减少了一半多。整个夏天,它还会继续减少。

罗布人的诗歌

这些天里,我为了自娱,把罗布泊儿女百多年来吟唱的一些著名歌曲记录下来。此外,我还保存了一些喀拉库顺渔民唱的新歌谣。这些罗布人的歌曲都很简单质朴,显示出有限的想象力和天真的生活观念。但它们说明,即使是这些出身寒微的捕鱼人,虽然在亚洲腹地过着如此单调的生活,远离商旅大道,与其他的种族不通消息,却也拥有自己的爱情诗篇,而且他们也与全世界任何其他地方的男男女女一样,无法对温柔的激情和甜蜜的冲动无动于衷。这些歌曲也说明了他们的思维与知识的世界如何有限。不过与通常的情况一样,它们在翻译中减色了很多,而在突厥语原唱和都塔尔弹出来单调旋律的伴奏下,这些粗犷、押韵、富于节奏感的曲调听起来则要美妙得多。我本人一向都很喜欢这些歌曲:那如同一根红线般贯穿着歌词与曲调的伤感旋律表达了一个孤独的人的情感,因此使他的期望也显得格外突出。下面就是这种质朴诗歌的几个例子。

第一首歌是老昆齐康长老的父亲亚汗长老(Jahan)唱过的,因此已经有一百多年的历史。歌里的主人公是一位失恋的妇女:

神灵们把你塑造得英俊无比。当你回到家中时,我如果有翅膀,就会像大雁一样跟着你飞翔,如大雁一般对你鸣叫。你怎知我等了你整整一年啊,在那期间我不曾爱过任何其他男人。我久久地等着你,我的另一半啊;我恳求所有能见到你的旅人一遍又一遍传递我的问候。你招待了遇到的每一个路人,为他们起舞,为他们歌唱,但当你起舞歌唱时我却无法看到。你的双脚一定是被捆

图 137 罗布妇女和儿童

住了，否则你定会来到我身边。你的名字传遍阿尔提沙尔（Alti-shahr）。你应该像玉尔杜兹·旺（Yulduz Vang）那样，不要过于操劳，让别人替你做事。既然你不愿让我做你的妻子，那你就等着我来做你的奴婢吧。我将尽我全力侍奉你，我的朋友和伴侣都劝我来找你。因为你，我整整一年来没有笑过，因为你欺骗了我。我得不到你带来的喜悦。我的泪水如河水一样流淌。神明注定我们无法结合。啊，你的双眼是多么美丽，那长长的睫毛，和那罩在上面的双眉——美得举世无双！

下一首歌掺杂着苦涩与沉思，来自同一个时代，其主人公是一个被情人拒绝的男人：

> 自从你骑马走后，啊！我是如何为你那黑色的眉毛而叹息。如果我能够，我定会在这个月底之前去与你相会，与你一起歌舞，打起手鼓。你还年轻，你的父母把你嫁给一个好人。你比魔鬼还狠心，我的情人啊！你这狠心的人啊！你这狠心的魔鬼，你不懂我的话语！你像天气一样反复无常，一忽儿乌云满天，一忽儿又阳光灿烂。你父母对你宠爱有加，让你穿上柔软精致的衣裳。让我，啊，让我知道你的婚期，我定要来见证！你的母亲比伊玛目帕特玛（Imam Pattmah）还要好，如玉一般纯洁。伊玛目帕特玛爱着你。我们曾经两小无猜，青梅竹马。如今你像欧卡尔鸟（okkar）头上的羽毛来回摇摆，你的美名像长了翅膀一样飞到祁曼。秋天来临时，我们前往塔里木，那时我们就能四目双视。此刻你父母都不在了，但我们给你的将远胜于你父母能给予你的。当你穿上你的衣裳，啊，你将如同萤火虫一般美丽！

昆齐康长老的岳父曾经唱过下面这首歌曲，因此它应有八十年的历史，尽管很可能即使在那时这首歌也已经存在一段时间了。歌中的主人公是一个尚未放弃一切希望的情人：

> 未能得到我的小甜心，这让我悲伤欲绝；我像一只被冻坏了的水獭一样颤

图138 车格里克乌依的八个男孩坐在一条独木舟上

抖着。啊,你身穿的衣裙(khalat)是多么可爱;可我却没有强壮到足以得到它。尽管我没有能赢得你作为我的妻子,但我要路过你的家去望着你。你的乌发是多么可爱啊,如果我得到你,你那可爱的乌发就会铺撒在我的胸前;但是另一个人从我身边夺走了你。如果我知道你的手指上已经戴着戒指,我根本就不会企图与你相识。但十个月后我将来临。当十个月后我到来时,我将问你过得如何,你这使人神魂颠倒的天使,你独守空房。你的乳房犹如灯火一样洁白。当你打开你的长袍时,啊,你那雪白的乳房就展现在人的眼前。你手指上的指甲如同白昼。我是那样热烈地爱恋着你。啊,你如星星一般走在月亮的后面。每当我祈祷你能稍住片刻,你总是乘着你的快马匆匆离去。如今我成了路边的乞丐,永远也得不到你,啊你这所有女人中最漂亮的一个,你比太阳还要美丽!啊,阿桑(Assan),去找到她,转告她我是这样讲的:我将恳求长老把你给我。当我看到湖边你的脚印时，我泪如泉涌，在湖底的沙子上滴出小坑。你就如同一个公主，从银碗里喝茶；我长途跋涉到亚赤（Yachi）①来看你，但除了你的宴会留下的空盘子之外什么也没有看到。自从失去了得到你的权利，我在这世上就如行尸走肉一般活着。但现在我祈祷上苍，让我再活一两年，这样我或许能最终赢得你。我已经遣走我的前妻。让神明使你来到我的身边。你的脚步轻盈得犹如飞翔的山鹰；但是你的丈夫尚未抛弃你，就让我在外面守候着吧。

下面这一首歌来自阿尔干，大约有十年的历史，歌中的主人公使自己陷入困境：

正如塔伊尔汗（Tayir Khan）与素雅汗（Suyah Khan）在同一天夜里死去一般，我们两人也同样没有能得到彼此。塔伊尔汗在娶他的情人之前死在她的村子里。喀拉·巴特尔（Kara Bater）用刀剑猛击他三下，如今他再也不露面了。虽然他没有重伤，但他的罪孽一定深重，所以他还是命丧黄泉。正如没有人为塔伊尔汗之死报仇一样，也没有人在乎我没有赢得你。但既然我已经与你成为情人，无疑会有人来把我杀死。所以后来我又娶了一个妻子，随他们去安排你的命运。如今我后悔当初没有求长老与阿訇把你，而不是另一个人嫁给我。但我觉得如果神明容我不死，没有人会杀死我。更何况哪怕在与全村人搏斗中被杀死，也胜过让我现在那个老婆骑在我身上。

下一首歌是阿嘎查汗（Aghcha Khan）唱的歌，她是一个来自库木恰普干的女孩，在歌中她这样安慰自己：

我的爱人来到这里，万物郁郁葱葱。此时你该播种，你正在用铁锹掘地。如果我知晓大雁的语言，我会问它你的情况。你来到这里，却没有对我望一眼。你再次跋涉回家，阿嘎查汗却没有与你同行。她骑上马鞍，同另一个丈夫离去。

---

① 喀拉库顺旧湖附近的一个村子。——原注

下面是一首失恋情郎的恋歌，若干年前形成于吐逊恰普干：

> 你就如同那白色的精灵。我渴望枕着你的胸脯入睡。当你在晚间的音乐伴奏下翩翩起舞时，你的发带在你周围飘动，那是多么美丽！我坐在我家中，你坐在你家里，但我知道你在想着我。让你手上的雄鹰飞到我身旁。当我躺下睡觉时，我苦苦地想念着你，无法入睡。你的父母拒绝把你嫁给我，却把你嫁给一个来自吐鲁番的长老。人们说，你父母不愿把你嫁给我，是因为他们不喜欢我。我是如此渴望得到你啊，我头晕目眩，仿佛云朵在我周围旋转。你的丈夫是个大人物，但我却被抛弃而忍受孤独。另一个人娶了你；你不属于我。你母亲有大量的面包和玉米种子，她的库房用之不竭。当你母亲早晨烘烤面包时，啊，锅里的午餐已经做好。从我上次见到你，多少时光已经逝去！

这些诗意的倾诉中回荡着同一种哀怨——那个古老又古老的故事，无论你在哪里听到它，它总是那么新鲜。但是与柔情无关的歌曲也饱含伤感。下面是生活在老努梅特长老（他大约出生于1700年）时代的一个青年向他的兄弟唱的一首歌。兄弟两人都来自喀拉库顺，但都搬到阿不旦：

> 回到故乡去吧，看看那里情形如何。我将住在这里捕鱼为生。如果鱼少了，那么我也将回到故乡，在那里捕鱼。我渴望回到故乡。我的思乡之情如此强烈，我简直吃不下饭。这里的人无论好坏，都与我争吵不休，使我吃不下饭。我来到这里，想看一看它是否适宜居住；但我的妻子和小家伙们都住在亚赤。天亮时我将把我的独木舟放入水中，那样不到夜晚我就可以抵达家乡。现在我就踏上回程。我真傻，竟然带来那些我根本不需要的皮子和物件。虽然这些阿不旦的人将有杀死我的念头，但我绝不回头，直奔家乡。如那天上的七星，似那山间的盘羊，我离开了家乡。现在我哭泣。是的，现在我将踏上归程。再见，我这里唯一的朋友。然后我将离开你，返回故乡，那将如一道高山使我们永世相隔。

图 139 阿不旦人，右起第二人是托克塔·阿洪，旁边是他的妈妈，昆齐康的遗孀

一百年前，吐逊恰普干的一位双目失明的老人在下面这首歌里倾诉他的痛苦，如今这首歌在罗布泊地区仍然流传：

> 我的命好苦啊，上帝让我双目失明！我真是不幸啊，如今我看不到芦苇棚，也看不到它周围的绿色芦苇滩。我只能孤独地坐在我的芦苇棚里。啊，我太可怜了！如今我看不到我的朋友，我的骨头变得像草一样软弱无力。自从我失明之后，我的全身疼痛不已。神明的惩罚太严酷了，他让我忍受失明之苦，既看不到芦苇棚，也看不到它周围的绿色芦苇滩。神明啊，你既然让我出生，为何又令我失明？自从我失明之后，我的心就充满哀伤和欲望。愿上苍不让另一个凡人失明！自从我失明之后，我不能走路，只能用双手摸索前行。我的儿女对我叫喊："你能做什么？你既没有打来鱼，也没有给我们带来任何食物。"倒不如让我死掉，也胜于在这世上受煎熬。双目能看见东西时，我也能挣钱；但如今我什么也看不见，什么也不知晓，只能用鼻子来嗅。神明惩罚我太严酷啊，他令我落入这等境地。每当我与我老婆讲话，立刻招来她的恶言相向。双目能看见东西时，我也能吃到上好的腌肉，如今我喝杯茶她都要抱怨。如果我能看得见，我就会像过去一样来到湖上撒下渔网。而如今如果我往那里去，我肯定会找不到路，迷失方向。当我还是个孩童时，我也曾在小事上触犯圣规。想必是那时我父母诅咒过我，愿我遭受失明之命运。以往我都要去撒网捕鱼。但是一个盲人如何能捕到鱼儿？如今我无法为我亲爱的家人打鱼，他们就只能忍受饥饿。我曾相信我的儿子，以为你会在我年迈时照料我养活我，但你现在竟然把我赶出家门。

过去，这些人几乎完全靠捕鱼为生。因此很容易理解捕鱼及相关的小小风波都会成为他们的歌曲题材。下面是这种谈不上艺术的"湖上诗歌"的一个例子，它描述的是发生在喀拉库顺湖上的一件事：

> 风暴袭来时我正在湖上。我的独木舟倾覆过去，现在我躺在这里，我的父母都不知晓。鱼和面包本来是我的食粮，现在都进了湖里的鱼腹。当我的独木

身倾覆之时，啊，我失去了一切。只剩下我的饭锅，感谢真主！我对哪位长者说过不敬的话语？我做了什么不该做的事，使我受到这样的惩罚？我的朋友，他当时也在湖上，与我在一起，他居然什么也没有丢失。想必是真主喜欢他。我在一个口袋里装有三十条鱼，在另一个里装有一打；但它们全都沉到湖底。现在让我赶紧起来，在晚饭吃完前赶回家。我的双眼扫视着湖面上漂浮着的一捆捆蕨草，然后匆匆回家。当我赶到那里时，我的父母责问我："你捕到的鱼在哪里？"我答道："既然你们对鱼比对我的性命还关心，不如你们就把我杀死吧。"来吧，我的朋友，让我们把船拉到岸上来，把它晾干。

了解一下编出和唱着这些歌曲的人们如何写信也是很有意思的。幸运的是我保存了几封这样的信。尽管气质上极为卑微，他们的语言中也不乏诚意和客气的表达。字里行间不难看到我们的旅队在所有地方受到的关怀。我在罗布泊地区逗留期间，曾收到大量的来信，所以我身边总要有一个文书对其予以答复。我的文书把每一封信读给我听，而我则扼要地告诉他应该如何答复。我得到的尊称听起来非常显赫，但同时也很可笑。这些信件的开始都是："真主保佑伟大的国王、尊敬的大人！"哥萨克们习惯于称我："阁下！"我以为这一称呼对于任何人来说都足够高了吧。但是不，罗布泊地区的长老们认为那一称呼过于苍白。对他们来说唯有 *Ullug Padishahim*（"陛下"）才配得上我。不过在两百天左右的时间里，我的确儿乎觉得自己就是罗布泊的国王了。

在阿不旦，我从铁干里克的老纳赛尔长老那儿收到下面这封信：

我们，您最卑微的臣民，纳赛尔长老及我的女婿，以及各色人等，向我们伟大的帕蒂沙（Padishah）①致敬！我们祝愿您在真主保佑之下安全地抵达祁曼；当您抵达这里之后，我们强烈地希望能为您效劳。但是安办正在此地，因此我无法请假脱身。然而我非常期望能来探望您，并拜倒在您的面前。如果您能从祁曼发来一信，使我知道您已安全抵达那里，我将十分感激。作为我仍然活在

---

① 源自波斯语，常见于中亚地区，有"君王""主君"之意。

世上的一个象征，我给您捎去十匹白布。保重，请记住我。

乌鲁格库勒的米拉卜长老（Mirab）在信中这样写道：

您最卑微的奴仆，乌鲁格库勒的米拉卜长老，及其子巴克尔尚雅（Baker Shang-ya）、赛杜拉伊玛目（Seidullah Imam）、买买提·巴基·玛尊（Mahmet Baki Mazin）、萨迪·阿洪（Sati Ahun）、阿拉·库鲁（Allah Kullu），及乌鲁格库勒的各色人等，谨以此信表达他们对图拉（Tura，大人）健康的关切。我们十分愿意追随您，为您效力，但无法这样做，因为我们担心安办会怪罪下来。唯有真主方知我们是否能再见到您。我们希望能有此机会。当我们知悉您已幸福地来到山里时，我们将感谢真主，并将祈祷您能回到此地，使我们得以重逢。

若羌的安办则这样写道：

若羌江大老爷①致信尊敬的德高望重的赫达尼（即赫定）大人。我请求能在这里表达歉意，当我们在铁干里克初次见面时，没有机会表达友好。我们相遇时天色已晚，况且你我各须赶路。但我们不会忘记对方。上苍保佑我们能有幸重逢。我们应该相互走动，相互了解，结为挚友。愿我们彼此只记着对方的好处。无论您在何方，请给我发来一信，约定相会时间。请允许我们通知您，我们已经收到卡尔梅特的来信，非常感谢您关照我们监视盗贼，勿使其走脱。现已找到盗贼手中的赃物并了结此案，将依法妥善处理有关事宜。若有其他要求，务请告知。惟公务在身，无法前去探望，但已知您将前来此地。故送上大米100斤（150磅）并白酒两瓶，此致，勿忘。

按照礼节，由于我没有表示邀请，所以他无法来拜访我。他送来的白酒我又让

---

① 此处原文为"Jan Daloi"。因书中经常有"大人"等口头尊称，估计此处 Jan Daloi 应为"江大老爷"的音译。这位清朝官员自然不会在信中称自己为"大老爷"，但或许斯文·赫定的中文并没有好到使他可以意识到这一点，抑或他的文书在给他读信时用了这一尊称。——译者

来人带回。我的旅队中严禁喝酒。总的来说，对于中国人的礼貌，无论是口头的还是书面的，都无需过分认真。但对于江大老爷，我的确没有什么可抱怨的。一年之后，他被乌鲁木齐的总督撤职；据若羌的谣传，这是因为他对一个"洋鬼子"表现得过于殷勤。而当时在这亚洲的腹地，我们还没有听到任何关于义和团运动的消息。

第五编

在藏北：高海拔的群山、
　　　　湖泊和泥沼

28 翻越阿斯腾塔格山脉

最终我们不愿永无休止地等待那一直没有到来的风暴。我的大部分时间被用来读塞尔玛·拉格洛芙（Selma Lagerlöf）和海顿斯坦（Heidenstam）①②的书和学习佛教的神话。但牛虻们并没有松懈它们对我们的围困，而风并没有来临，使我们有机会突围出去。最后我失去了耐心，决心不惜代价，在6月30日晚上出发。我下令让驼队走陆路，沿着那条七小时的路线绕过沼泽地，我让他们在尤勒阿列力希（Yollarelish）与我会合，那里是个分叉口，一条路通往沙州，另一条则拐弯通往西藏的群山。同时我计划乘坐独木舟跨越我在4月份已经跨越的那几个湖泊，并在尤勒阿列力希这个我在上一次探险时已经在地图上标注过的地方继续开始我的地图测绘工作。

6月30日是一个繁忙的日子，我们需要装货、结账，并送两位哥萨克前往喀什。除了让他们带走我发往欧洲的信件之外，我还给了他们每人两个银锭（相当于16英镑），并承诺将向他们的最高统帅沙皇本人强力推荐他们。他们还带了一封我给若羌的安办江大老爷的信，要他立即往我的新总部发送3000斤（相当于30头驴子驮包或大约2吨）玉米。

下午五点，我们开始装货。骆驼们刚一来到外边，立即被成群嗡嗡叫着的牛虻包围。不过，它们耐心地忍受着痛苦。每一头牲口装货完毕后，立刻有四个人被派去拿着巨大的芦苇扫帚保护它。一切就绪后，图尔杜·巴依翻身上马，领着驼队一

---

① 两位备受欢迎的杰出瑞典小说家；后者也是著名的诗人。——原注
② 拉格洛芙（1858—1940），瑞典女作家，1909年诺贝尔文学奖得主。海顿斯坦（1859—1940），瑞典诗人、小说家，1916年诺贝尔文学奖得主。

路小跑而去。

接下来轮到马队。但是它们发起一阵骚乱，尥蹶子，甚至滚倒在地，结果我们必须用更多的绳子来捆住货物才能防止它掉下来。不过，最后马匹也跟在骆驼们的后面离开了，照料它们的是毛拉·沙、库特楚克和昆齐康长老的儿子托克塔·阿洪。

将要载着我前往会合地点的那条舒适的大独木舟已经装满了补给，放好了毛毡、火柴等等，还有油灯；剩下来的事就是同我那两位忠诚的哥萨克道别了。我热忱地感谢他们为我效力，衷心地握手之后，看着他们跃上两匹黑马，沿着通往若羌的道路远去。他们希望能在次日早晨赶到那里。他们随身携带着我致沿途各位安办、长老和领事代理的介绍信，计划走山路经过柯帕（Kopa）与索尔噶克（Sourghak），然后走夜路经和田与叶尔羌前往喀什。

当我与我的船夫动身时，周遭已经一片漆黑。但是我们顺流而下，速度不慢，将黑暗中的两岸匆匆甩到身后。在库木恰普干，我仅仅为了换船夫而做短暂停留。我们再次出发时，月亮已消失了。但夜空晴朗，群星如钻石一般闪烁在游移的湖泊上空。微弱但清爽的风吹过芦苇。值得庆幸的是，我在塔里木河上度过的最后一夜没有蠓虫的骚扰。

晚上十一点，我们离开吐逊恰普干，由一个乘坐小型独木舟的人领航。他在黑暗中左盘右转，熟练地穿过那由又高又密的芦苇组成的迷宫，跨过潟湖与湖泊，穿过恰普干和狭窄拥挤的水道。那本领真让人赞叹不已。其他的船夫们则一刻不停地划着桨，没有半分迟疑，也从不停下船来，似乎他们的独木舟是行走在看不见的铁轨上，不可能偏离。没有人讲话，他们只是划桨，不停地划桨，动作非常协调一致。但是夏夜的微风无法穿透那些密不透风的芦苇荡，使人感到热得压抑，又憋又闷。沼气从沼泽地的死水中升起。我不时地打起盹来。凌晨时众人为了保持清醒，开始唱起歌来。萨特库勒湖比4月份时要浅得多。人们不得不跳下船来，拖着独木舟往前走。很快，我们就被迫放弃那条大独木舟，而改用较小的那一条。但很快它也无法浮在水面上了。我们只好蹚过淤泥涉水上岸。

接下来我们在黑暗荒野的静寂中等待了两三个小时。但最后我们终于听到远处传来喊声。渐渐地声音越来越近，于是我们点起灯去迎接他们。原来是沙格杜尔和托克塔·阿洪带着马队过来了。他们比驼队走得快，因此我们还要再等驼队。我觉得最好利用这一时间吃早饭；但湖岸寸草不生，那些罗布人需要划船往湖里走很长一段路才能得到一铁罐清水和几捆芦苇来烧水，然后我才能准备我那简单的早餐。

破晓时驼队赶到。它们在黑夜中迷失方向，被一条驴子蹚出来的道路误导，转弯过早。它们没有停下来就接着赶路。我们其他人也赶紧吃完早饭，在它们之后上马出发。

这地方完全是一片荒凉。沼泽地的北面至少还有一些沙丘，而不单单是一马平川的沙漠。死树林则证明过去一度存在生命。但这里什么都没有：地面如同铺就的道路一般平坦，由坚硬粗糙、一度位于水下的碱土构成。唯一打破单调地貌的是我们走的那一条蜿蜒小道。

我们离开湖岸，路线与其形成一个锐角；当太阳升起，在荒滩上洒满光芒与温暖时，我们可以看到身后的地平线上悬着一条暗暗的带子，那就是塔里木水系的最后几个湖泊。旭日异常灿烂辉煌，一道道光柱透过明亮精致的云朵，后者如面纱一般悬挂在太阳前面。云朵的边缘被后面的光芒照亮，犹如熔化的黄金，而中央则被染成万紫千红。空气清澈而宁静，天空则是一尘不染、透着珍珠白的淡蓝色。

但是更为美丽的是那幅群山的全景。一道道山峦在倾斜的，几乎是横向而来的光线中轮廓极为分明。颜色从浅蓝一直过渡到紫色，在银色的点染中徐徐变幻。因为距离使然，这种过渡来得十分缓慢。所以这些山峦给它们脚下的干涸荒原提供了一个和谐与魔幻的背景，正如一个暗淡压抑的夜晚之后，日出显得格外瑰丽一样。

但是太阳并非完美无瑕。它刚一升到荒原的东边之上，空中就充满了无数牛虻，它们铺天盖地，尾随着移动的马匹和骑手。离午间还有很久，天气就已经热不可耐。我们渴望着夜晚快点降临，把我们从这些折磨中解脱出来。

就在沙漠的边缘，在群山的外缘渐趋平缓的地方，我们在墩里克（Dunglik，即"山岗"的意思）的小小绿洲上扎下营地。那里的高度是海拔3 415英尺。因为阿不旦位于海拔2 750英尺的地方，我们在穿越荒漠的过程中爬升了665英尺。马匹被带入一个新近盖起来的棚子里，但骆驼则被放到外面的稀疏草地上吃草。经过夜行军，我们都已十分疲倦。至于我本人，刚走到第一个红柳丛我倒头便睡，在那里一直躺到我的头感到太阳的炙烤。那以后我钻进帐篷，几乎全身赤裸着坐在那里工作着。那里有一口井，10.75英尺深，里面的水略带咸味，但这并没有阻止牲口们饮用。我们自己则用从湖里带来的水,把它浸入水井。那里面的水温为14.3摄氏度(57.7华氏度)。这使我们带来的水保持清凉。我每隔一会儿就从一个水桶里倒水冲个凉。遮阴处空气的温度升高到40.1摄氏度(104.2华氏度)。

次日凌晨3点钟,我被叫醒。油灯与蜡烛已经点燃,我的早饭也已端来,有茶、鸡蛋和面包。然后我们给牲口们装货,等到一切就绪,东方已经破晓。四点半我们出发时,天已大亮,牛虻又开始了它们繁忙的一天。它们成群结队地在我们周围嗡嗡叫着,在路上追着我们走了1英里。它们那充满了鲜血的身体在初升的太阳里真是红得耀眼。我一个人就打死了两三百只粘在骆驼赤裸的皮肤上的牛虻。啪的一声,鞭子一甩。啪的一声,这吸血鬼胀鼓鼓的身体就爆裂了。但是不久我们就远离有植被的地方,它们不敢再继续跟着我们,所以那一天剩下的时间里我们总算是摆脱了它们的骚扰。

我们现在跨过了通向山峦的"*sai*",它开阔而铺满石头。这是一个完全荒芜,寸草不生的地方,没有昆虫,也没有其他生命的迹象。只有砾石和沙子,薄薄的一层铺在柏油路一般坚硬的土壤上。左面是一窄条植被,那是墩里克的绿洲。右面则是群山,缓缓地展开,它们那红黄色的轮廓渐渐变成彼此分开的山链与山谷。我从几个不同的地点测量了每一个突出的山峰的方向,将它们在我的地图上一一记下。我们身后远处的地平线上是塔里木河湖群的模糊黑线。它们的后面是一道低低的尘雾,那应当是罗布泊地区的沙漠了。

一路遇到若干小型的金字塔形石堆,间隔不等。那是为了在不间断的风暴中标明道路而堆起来的。亚洲人认为他们有责任对道路表示一定程度的感谢,因此每当经过这些石堆时就往上添加一块或更多的石块。没有这些石堆,他们就无法找到泉水与草场。而当一位旅人幸运地逃脱风暴后,他就会知恩图报,想一想那些在不那么有利的条件下走过同一条路的人,因此他会尽自己一份力使道路的标记更加清楚。

天气之炎热从蒸腾的热气与暖风中就可以感受出来。我知道我们离第一个泉眼塔特勒克布拉克(Tattlik-bulak)还有很长的路程,因为过去我每次跨过昆仑山北坡脚下的这个砾石斜坡时,都发现它极为宽阔。但是我很快就能进山的希望,却注定会落空,因为当我们来到两座高大的石堆(道路两边各有一个)时,托克塔·阿洪告诉我一个很"安慰人"的消息：即我们才走了一半，可我们已经以旅队通常的速度持续地走了整整七小时。

两只小狗崽玛伦基与玛尔其克才五个月大，出发后不久就疲倦不堪了，于是我们把它们放在一头骆驼背上的一只篮子里。当阳光变得烤人时，我们用一张毛毡盖住它们；从那以后直到营地，都没再听见它们出声。到营地后，它们从藏身之处跳出来，还算是活蹦乱跳，虽然身体有些僵硬。玛什卡与尤达什对炎热就更敏感了。当我们开始那一天下一半路程时，它们已经显得筋疲力尽了。尽管我们给了它们两三次水，它们仍经常落在后面，必须让人把它们抱起来。最后，我们把它们放在骆驼背上。但它们不喜欢那种旅行方式，每当骆驼开始走时，它们就挣扎着跳下来。于是它们又落在后面。沙格杜尔又骑马回去找它们，随身还带了些水。他走了很长时间以后才带着尤达什回来，沮丧地报告说玛什卡已经死了。当他找到这两只狗时，它们都躺在一个干涸的山沟底部一片阴凉的台地上。他把身上带的所有水都给了玛什卡，它贪婪地大口吞下。然后他在尤达什身上拴了根绳子，牵着它，同时他把玛什卡放在身前的马鞍上。但是他还没有走多远，那只狗开始表现得很奇怪，咬马的脖子，然后无力地把头垂下。我们最好的一条狗就这样死去，只得把它留在路旁。但是我们一滴水都没了，我担心最糟糕的事会发生在尤达什身上。经过几番努力，我终于把它牢牢捆在一头骆驼的驮包上，它就在那里因为"晕船"而半死不活地晃来晃去。

不过其他的牲口和众人都顺利地经受了这次旅程的考验。为了逃离低地上的酷热，这次强行军还是值得的。我厌倦了骑马，下来走了几个小时。这一片的地貌仍然未变，根本就察觉不出我们是在上坡，一整天我们右边都是同一些山峰。但是天色渐晚时，地面开始变得更加破碎，我们来到由砾石、石片、沙子和黏土形成的小山包之间。再往前，可以看到裸露的石头，淡绿色的片岩与花岗石久经剥蚀，已经变得很脆。我们的路径沿着一条陡峭如削的干涸山沟向上伸展。多条天然水道从两边汇入这条沟，多条现在已经完全干涸的水流曾经深深地切入山沟两侧的岩壁。这条路蜿蜒向东，经过无数山脊、山岗和沟壑。

透过山沟一侧一个狭窄的缺口上方，我们看到红柳沟（Hunglugu）的小溪、绿洲和避风处。在我们经过这样的一天之后，这是一幅十分令人宽慰的景象。我们抵

图140 小狗崽玛伦基与玛尔其克

达那里所做的第一件事就是让狗儿们去喝水。它们简直欣喜若狂，一会儿喝水，一会儿咳嗽，一会儿在草地上打滚，快活地叫着，然后又没完没了地喝水。

这里植被丰茂，主要物种是高贵的红柳，它们长得都有乔木大小。还有草地和芦苇，以及多种其他植物；而在山沟的外延，耸立着一片古老峥嵘的胡杨树。但我们没有在这里停留，而是继续往上面走去。小溪越来越大，紧贴着从右边锁住山沟的岩壁。我们找到了马队。他们一整天都在我们前面很远的地方，在塔特勒克布拉克一片美丽的红柳林子里扎下营地，旁边有一只由七匹驴和七只羊组成的小小旅队，那是努梅特长老前一天从阿不旦派来的，为我们带来一些给养。

经过十四小时行军穿越酷热的荒漠后，我不知道还有什么能比在这样美丽的一个绿洲上宿营更惬意的了。这里是我过去住过的最舒适的营地之一。在那个红柳林的边上，我的小蒙古包第一次搭起，有床，有地毯，还有箱子，那真是又整洁又舒适；它是如此诱人，使我不再怀念我那老渡船和它舒适的舱房。沙格杜尔、图尔杜·巴依和毛拉·沙在红柳树下支起白色帐篷，其他人则在一个凉亭一般的树丛中扎下营地。九点钟,空气的温度为20摄氏度(68华氏度),水温为12.8摄氏度(55华氏度)。所以,经过途中的酷热,我的日常淋浴非常使人精神焕发。我们现在海拔6 408英尺,高于阿不旦3 658英尺。

我下令7月3日在塔特勒克布拉克("甜泉")休息一天,这使大家都很欢喜。我们不再需要抱怨酷暑了,因为尽管太阳在午间仍然很热,西南方向刮来的阵阵微风却带来凉爽。不过这风并不像低地的风那样持续稳定,而是一阵阵的,有时狂烈得几乎要掀翻我的帐篷,但有时又极为轻微,消失在一片死寂之中。这条沟的左面被一道直立的岩壁锁住,它由砾石组成,而泉水就从这岩壁的石缝里涌出。水很清凉,透明如水晶一般,温度为10摄氏度(50华氏度)。滴水形成的小溪直接流入山涧,那里的水被灰尘与泥土搞得多少改变了颜色。这条山沟本身有50到200码宽,似乎在猛烈且持续的暴雨之后会被水填满。小溪之上岩壁的顶部有一处石堆,架在两三个木杆上。其中一个上面刻着"P.斯普林加尔特(P. Splingaert),1894"和"C. E.博

图141　塔特勒克布拉克的红柳

图 142　我的蒙古包的骨架

南，1899"。前者是被称为"凌大人"的比利时籍中国官员。①

这里的植被十分茂盛，但物种数量很少。动物则包括几种小鸟，还有蚂蚁、蜘蛛、飞蝇、虱子和甲虫。我们也看到了两三只牛虻，但它们显然是我们的骆驼带来的。如果我们没有失去大家都宠爱的玛什卡，那就一切皆大欢喜了。我们再次出发时，我让人把帆布小艇缝在一张毛毡里面，以防止它被磨坏。而蒙古包则由一匹马来载运，因为它们现在比骆驼走得更快。所以，从这时开始，当我每晚抵达营地时，总能看到我的"房子"已经准备完毕。

这条路沿着山沟上行，贴着小溪边，在黑色页岩形成的悬崖之间，它们往往通过一层层砾石与沟底相连。在我们前进的过程中，植被逐渐消失。红柳正在开花，它们那一树树纯紫色的花朵给这个灰褐色的单调山谷带来一分生气。我们多次跨越这条小山涧，天渐热起来时，能有它伴随着我们真是一件美事。在冬天，整个山沟

---

① 见《穿过亚洲》，第二卷，920 页。——原注

都会被冰塞得满满的。旅行的人就会避免走这一条路，以免他们的牲口跌倒摔断腿。实际上，我们的确看到一头属于一支蒙古朝圣者旅队的骆驼躺在溪边。

天上多云，我们原本应该有一段很愉快的旅程，但有大群的蚊子追赶着我们，它们有个很招人讨厌的喜好，专爱在我们的耳朵和鼻孔里作业。它们造成的痛痒使皮肤变得敏感，最后使人痒得无法忍受。

那天晚上，当我们抵达巴什库尔干（Bash-kurgan，意为"沟口的堡垒"）的小草场时，我的流动酒店已经在路边支起来，放进家具。但是在我进去享受十分必要的休息之前，还有几件事需要做。首先，我拿出气象测量仪器；然后，把白天采集的地质标本贴上标签存放起来；接下来绘制地图，并写下笔记和观察数据。到了此时，晚餐已经做好。随后，九点钟是查看气象仪器数据和沸点温度计的时间，此外，还得给精密计时表上弦并在它们之间做比较。那以后，我会出去与我的狗儿们玩一会，给它们喂食。我一天的工作很少能在夜里十一点之前完成。在那之后，我一般会躺下来看半个小时的书，然后睡觉。山里的空气新鲜、浓郁，对人体健康有好处，它使我得到受之无愧的良好睡眠。晚上九点，温度降到12.1摄氏度（53.8华氏度）。仅仅是两天的路程就会产生如此之大的变化！

那天夜里，温度降到0.1摄氏度（32.2华氏度），次日早晨，我们打开了装着冬衣的包袱。

我决心不急着前往我们的新大本营。于是我们又拿出一天来在巴什库尔干休息。这个地名取自于一个小小的中国城堡废墟。它坐落在一个孤零零的山头上，那是另外三条山沟汇入长长的塔特勒克布拉克山沟的地方。

由于这一沟槽穿透阿斯腾塔格的低矮山脉，当我们抵达巴什库尔干时，我们已经在山脉的另一边了。接下来的一天，我们爬上这座山脉的主峰，但我们无法一口气就翻越它，因此在巴什尧勒（Bash-yoll）停下来过夜。那是坐落在一个中国堡垒的废墟旁的一片小草场，有一眼极佳的泉水（温度为5.8摄氏度，或42.5华氏度）。

7月8日，我们的旅程很长，一路荒凉不堪。因此我们带上了水。道路两旁上方悬着犬牙交错的陡峭岩石；但地势渐渐开阔起来，最后我们来到一个平坦易登的山口。很奇怪的是，这个山口的名字就叫达坂（Davan，即"山口"）。直到此时，这条道路一直是往东走；现在它转向南方，尽管也有一度沿着一道深槽在悬崖峭壁之间伸向东方。我们在那里看到两头野骆驼，但是它们飞跑着逃走了。这是我在亚洲腹地看到这种动物的第三个地区。因此，根据我后来收集的情况，我现在可以勾画出一幅它们的分布图。

在山口的顶部有轻度的露水；但是当我们下到将阿斯腾塔格山脉与阿卡吐塔格山脉（Akato-tagh）①隔开的宽阔平行山谷并跨越它时，天上降下及时雨，而响雷则在群山之间回荡。这个山谷是一个纯粹的荒漠，没有一丝生命的迹象。经过十三个小时的骑行之后，我们来到一片无名的高原，这里既没有水也没有草，不过一丛丛的荆棘倒是可以用来做柴禾。

---

① 今亦称阿喀祁曼塔格山，属于东昆仑山系北列，位于阿尔金山以南，祁曼塔格山和尕斯湖以北。——译者

出发去西藏 (一)

7月9日早晨，晴空万里。前一天夜里，温度降到0.7摄氏度（33.3华氏度）。我们行进的顺序是这样的：驴子与绵羊最先出发。毛拉·沙与库特楚克带着马匹紧随其后，而他们总是比旅队其他人要早得多地抵达下一个营地。他们的后面是图尔杜·巴依和毛拉带领的驼队；而断后的则是我、沙格杜尔和托克塔·阿洪。托克塔·阿洪对这一地区十分了解，因此他充当我的向导。当我测量山峰的方位或采集地质标本时，沙格杜尔牵着我的马。不过我会让他把这些标本用报纸包起来。这一切使我们比其他人要晚上一两个小时才能抵达营地。

西南方向有一大片雄伟的山峦，山顶上终年覆盖着积雪，它们被称为里维齐明山（Illveh-chimen）。山峦的这一面有两个小盐湖，乌尊硝（Uzun-shor）与喀拉库勒（Kalla-köll）。在阿卡吐塔格山脚下，我们在一个小泉眼与水池边休息了1小时。这泉眼的名字非常简单，就叫布拉克（Bulak，"泉"的意思），泉水清澈异常（水温为12摄氏度或53.6华氏度）。而我们那些渴极的牲口前一天没有水喝，这时就让它们喝个够。泉水的周围有一片郁郁葱葱的草地，但面积很小。就在我们短暂停留的那一会儿工夫，天气骤变，乌云密布，一场大雨倾盆而下。很显然，我们已经进入典型的西藏气候带，在这里，日晒、刮风、下雨之间只有短短几分钟的间隔。

离开泉眼后，我们沿着一个干涸的沟壑朝西南方走去，遇到一场来自那一方向

---

① 斯文·赫定所指西藏，实际是包括青海以及部分新疆地区在内的广义"藏区"，与现代意义上的西藏自治区不同，后文亦如此。

的狂烈风暴。不是雨，而是风卷起沙尘柱，推动它们像刀一样向我们迎面扑来，直到皮肤感觉十分疼痛。风暴犹如一道由多个龙卷风形成的灰黄色的密实大墙，使我们包围在密不透风的尘雾之中，周围的地貌被完全遮住。除了眼前的道路之外，我们什么也看不见。我唯一能做的就是骑在我的马鞍上。当我企图记笔记时，纸页似乎都要被撕掉了。但是，两小时后，这狂风就如它突如其来的开始那样突如其来地结束了，仿佛我们刚刚蹚过一条疾风形成的河流。风暴刚一过去，空气立刻澄净下来，与风暴之前一样纯净透明。这与低地的风暴完全不同！但我们很快就发现确凿无疑的证据，这些狂暴的山间风暴的确挟带着流沙；因为在阿卡吐塔格的双马鞍形平坦山口，我们发现了一些微型的沙丘，那是由西南风形成的。

我们朝东南方跨越了阿卡吐塔格山，从山的地形来说，它的南坡是阿斯腾塔格山北坡的重复。沙子与砾石形成的斜坡（sai）逐渐下降到一个宽阔的山谷，它由西向东展开，在南面为另一道山脉挡住，即祁曼塔格山。随后这一砾石的构造为卡吉尔（kakir）所取代，那是黏土质的泥巴下雨之后在水中的水平沉积。我们在那里发现两匹马的白骨，那是切尔东与费苏拉旅队的马，死于上来的路上。最后，我们望见一个小湖的岸上有顶蒙古包，我们在上面的"sai"那里，从很远的地方就看见了。这湖的名字也很简单，就叫库勒（Köll，意为"湖"），半径大约为三分之一英里，四周为草地所环绕。

奇怪的是，即使在这一高度，蠓虫与牛虻又光临到这里来与我们做伴。前者甚至一直陪伴着我们离开祁曼塔格的主营地。风刚一停下，它们就蜂拥而至。马匹与狗儿们最遭殃，骆驼的皮太厚，使它们那脆弱的吸管难以穿透。夏季蠓虫的骚扰在山里能持续两个半月。你可能会认为它们的幼虫根本无法熬过这个海拔高度的严冬，但它们偏偏就能活下来。

7月10日，我们继续往东南方向走，斜穿过山谷，途中跨越了几道深沟；在洪水期间，这些深沟里的水汇入一条较宽的小河，它在更东面的地方流入柴达木蒙古人地区边界上的尕斯淖尔（Ghaz-nor）①。我们在一些青草环抱的泉水边上停下来，

---

① 今青海省海西蒙古族藏族自治州与新疆维吾尔自治区若羌县交界处的尕斯库勒湖，维吾尔语称湖为"库勒"，蒙古语为"淖尔"，藏语为"错"，三者含义相同。

此地位于一条称作铁木里克（Temirlik）的沟壑边上。次日，蠓蚁的肆虐使我的天文测量成了一次火的洗礼。它们一般是心怀恶意地等我双手都被仪器的螺丝占着后再出击。

在我下一阶段的旅行中，铁木里克（海拔 9 715 英尺）成为一个重要的中心。即使是现在，也有几个人来到我们的营地拜访我。一时间我们这里来了四位来自博卡雷克（Bokalik）金矿的淘金者，他们在山里已经待了两三个月寻找黄金，但是没有找到任何值得一提的东西，现在正在失望地返回和田家中的路上。我们在这里还被驮玉米的马帮赶上，这些玉米是我从若羌订购的。赶着马帮的五个人给我从安办那里带来一封十分客气的信。最后，从我的大本营还来了几位信使，他们告诉我那里一切情况尚好。我们距离大本营还有两天的路程。送信的人中有一个名叫霍代·瓦尔第（Khodai Värdi），他的名字意思是"神明所赐"，但其实他是一个非常难以相处的英格可力人。他后来企图对我搞一个很不幸的恶作剧。另一位是一个叫阿尔达特（Aldat）的，来自且末。他曾在山里猎杀牦牛，然后把牛皮拿到克里雅去卖。他是一个品行端正，相貌英俊的年轻人，他在这些荒山野岭中像一个现实中的宁录（Nimrod）①一样生活。他秋天带着充足的弹药、火枪和皮衣上山，然后一整个冬天都在打猎，既不带帐篷也不带口粮，只是靠吃打到的牦牛肉，喝融雪形成的泉水为生。

夏天，他的兄弟们带着一队驴子上来取走他积攒的牦牛皮，把能用的部分割下来，拿到且末去。伊斯拉木·巴依雇用了他，是因为他对直到阿尔卡塔格（Arka-tagh）山脚下的这一片山区很熟悉。不过他从未到过那道山脉的南面。我十分喜欢阿尔达特，建议他在我们下一次西藏之旅中陪伴我们。他毫不迟疑地就同意了。我觉得他的生活方式很奇特，同时也很有意思。我问他，如果运气不好，没有能打到任何猎物，没有食物时怎么办。他说："我只能挨饿，直到我找到一头牦牛。"他在哪里过夜呢？在石缝和沟壑里，有时在山洞中。难道他不怕狼吗？不怕，他有火药与火绳，而且到了晚上总是点起一堆火烤牦牛肉吃，他相信他的火枪。他从来没有迷过路吗？哦，当然没有。他不可能迷路！他知道每一个山口，在每一座山谷里都打过无数次猎。

---

① 《圣经·旧约》中诺亚的曾孙，擅长捕猎，根据《圣经》以外的传说，宁录与修建触犯上帝的巴别塔有关。——译者

图 143　孟达里克（Mandarlik）的大本营，山谷方向

至于孤独一人地生活，他从未觉得那是什么问题。除了他的老父与兄弟以外，没有谁值得他牵挂。

这是多么永不停息四处流浪的精神！我无法想象还有比藏北更会使人因单身独处而感到凄凉的一个地方。白天还好过一些——但到了夜晚！你感到寒冷刺骨，而黑暗的山峦将你锁在其中，使你感到自己被包围在各种能想象到的妖魔鬼怪之中！阿尔达特的人生的确是"危险、贫穷而伟大"的一生。甚至在他已经过世很久以后的今天，我仍然无法理解他是怎样忍受那一切的。直到此刻，他对我来说都始终是一个谜。我的周围有我需要的一切：仆人、哥萨克保镖、守夜的人和看家狗，但是，当暴风雪袭击我的蒙古包、狼群在山里嚎叫时，我仍时常感到一种深深的孤独涌上心头。

在这次前往祁曼塔格的路上陪伴我的每一个人都注定在某一方面有出色的表现。图尔杜·巴依是我雇佣过的最优秀的一位穆斯林。当他照管骆驼时，我总是彻底放心。沙格杜尔则是怎么赞扬也不过分的一个人。我真不知怎样才能充分描述他是如何为我效劳的。所有的事情他都能学会；他从没有任何疏忽，而且不需要提醒。

有他在身边，生活总是愉快的。他还有一个地方尤其招人喜欢。我特别赞赏他在危险关头的大胆无畏，和他接到真正困难的任务时那种泰然自若。后来他有两次显示出为了我他愿意付出自己的生命。当你身边有这样一个人显示出如此无私的忠诚时，你本人也感到高尚起来。所以，我与这位布里亚特哥萨克人结成好友一点也不奇怪。在他的故乡，他原来信仰的是喇嘛教，但现在他将其抛弃。这不是我的过错。我从未想过要改变任何亚洲人的信仰。但是在我的旅队中发生了很多事，它们使沙格杜尔以及所有其他亚洲人有机会认真思考一些过去他们在梦里都不会想到的事情。

  阿不旦的托克塔·阿洪是一个极为诚实的好人，理解力极强。事实证明他是个极为有用的人。我已经说过，他随着马帮与驼队来到铁木里克，现在当我们出发前往孟达里克的新总部时又第三次加入我们。他们最近因为蠓虫的肆虐从铁木里克搬到那里。因为他将在我们后面的一次探险中起到突出的作用，关于他我在这里就不再赘言。关于库特楚克也是这样，读者们后面会对他有更多的了解。他也是一个好人，而且非常有用，是个亚洲版的斯文·杜夫瓦（Sven Dufva）①。毛拉·沙也随我们一起去了藏北。下面只剩下毛拉需要介绍一下。他的外号叫"医生，"是个五十岁的小矮个，很逗乐，是个身体单薄，满脸皱纹的老汉，却没有任何胡须。因此我们常与他开玩笑，问他其实是否是个老太婆，或至少是个蒙古人——这在先知的忠实信徒心目中可不是一个褒义词。他的声音又尖又响，而且他很喜欢自言自语，尤其是在晚上。不过，他总是充满幽默，而且很有自知之明，所以大家都喜欢他。我们后面对毛拉会更加熟悉，因为他参加了我的第二次罗布泊探险。必须把这个人与毛拉·沙区别开来。因为后者也参加了这次探险。

  晚上我们经历了一次西面刮来的狂烈风暴，它几乎要摧垮我的蒙古包，我们赶紧把它的四周都重新固定住。

  7月12日，我们前进的方向是正东，还没有走多远，就离开了有植被的地区，我们骑马穿过坚硬且寸草不生的砾石荒漠，虽然我们的左边一直都有一条颜色很浅的草地，它一直伸展到盖满阿卡吐塔格山脚下的乱石堆。那里有两三群藏野驴（kulan）

---

① 这是一种"缺乏头脑"，但在一场英雄式的战斗中"泰然自若"的人。他出自当代芬兰知名诗人鲁内贝格（Runeberg）的著作《少尉斯塔尔的故事》（Fänrik Ståls Sägner）。——原注

图 144　孟达里克上方看到的祁曼塔格主峰

在好奇地望着我们。我们经过库姆特鲁克（Kumutluk）的泉水，它覆盖了山谷大部。然后我们马上就在东北方的远处看到尕斯淖尔那个大湖。在其西端，湖面宽阔浑圆，但是愈往东北就变得愈加狭窄，直到最后它的水注入一条小溪。由于四周环绕着危险的沼泽地，这个湖只有一处可以接近。湖边在某些地方白如霜雪，而湖水则如卤水一样充满盐分。在它的前面有一个小小的淡水湖叫阿依克库勒（Ayik-köll），这是因为据说熊常来吃那附近灌木上的浆果。这个湖里长满了芦苇，大雁不计其数，它们就在这一地区过冬。尕斯淖尔却完全没有植被。尕斯淖尔以南是海拔9 768英尺的其格里克（Chigghelik，意思是"灯芯草之地"）；蒙古人称其为敦都那木克（Dundu-namuk），意为"中间的泉水"。那里生长的灌木丛、芦苇和灯芯草产生了铺天盖地的蠓虫和蚊子，它们对我们的折磨远甚于我们在塔里木河沿岸遭受的任何蚊虫之扰。因为它们咬过后的皮肤仿佛得了湿疹一样肿起来。

现在我们距离大本营只有一天的路程。我们沿着路从孟达里克的山沟里向上走去。它是夹在25英尺高的砾石和沙砾台地之间的一道深深的沟槽。再往上，我们遇到一条晶莹清澈、潺潺流淌的小溪。我们进入横切祁曼塔格山北坡的这一缺口时，把最北边的凸出石峰甩在身后，进入花岗岩的地带，这里奇形怪状的巨岩从两面向彼此越靠越近。往身后看，我们可以通过一个宽阔的大门式山口望见尕斯淖尔。抵

图145　我们在孟达里克的大本营，山谷方向

图 146　孟达里克上方的景致

达山沟的一个开阔地带后，我们放开马匹、骡子和骆驼，让它们去吃草。切尔东、伊斯拉木·巴依和费苏拉步行来迎接我们。一小时后，我们就舒适地在新的营地上安顿下来。

　　开始第一次西藏探险之前，我们在孟达里克（海拔11 277英尺）的山沟里休整了一个星期。这个地方极佳，水草丰茂。我们的营地就坐落在清凉的小溪左岸的一个台地上。这小溪唱着歌顺着山沟跳跃而下。但是在上游下过雨后，它就会变身为一条洪流。哥萨克们与裁缝阿里·阿洪（Ali Ahun）这个闲不下来的人一起住在大蒙古包里。在它的后面，沙格杜尔用木板搭建了一道栅栏以保护气象仪器不被骆驼搞坏。有些穆斯林住在两座宽阔的帐篷里，其他的人则睡在用装玉米的麻袋与骆驼的驮包围出来的挡风障碍后面。我自己住在小蒙古包里，那前面放着我所有的大箱子。它们紧挨在一起，上面覆盖着一张白色的毡子，以保护它们不受经常性的雨水侵蚀。从沟里往上看的景象极美，背景是祁曼塔格山的主峰，上面的雪坡闪闪发光。已经在山里放牧了两个月的骆驼膘肥体壮；实际上，旅队的所有牲口看上去都状况良好。五十只绵羊还剩下四十二只，我们又从裘尔哈克（Jurkhak）离我们最近的蒙古人营地上买来三只狗。

　　沙格杜尔前往那里去看望那些蒙古人，受到他们友好的欢迎。他们承诺将卖给

图 147　从孟达里克出发

我们所需的一切牲畜，并希望我能去做客。一天切尔东顺着沟骑马上山，遇到一群约五十只牦牛，他打死了一头上乘肥牛。我则进行了天文与其他观测，去附近走走看看，为我们接下来的大型探险做好准备。我们一共拿出够七个人两个半月的口粮，将其绑在驮鞍上。两只箱子里盛放了仪器与我的个人物品。

我把伊斯拉木·巴依留在大本营担任旅队领班，让费苏拉负责照管来自阿不旦的四头骆驼，让霍代·库鲁、卡迪尔和霍代·瓦尔第照管马匹，让阿里·阿洪做裁缝，让沙格杜尔担任保卫和气象测量工作，负责每天三次进行测量。来自奥什的穆萨（Musa）将与我们一起走到库木库勒湖（Kum-köll），他带着的六匹马将用来减轻其他牲畜的负重；但是在库木库勒湖他将与我们分手，同托克塔·阿洪一起回来。阿洪要求让他在米兰度过夏天，因为他在那里种了麦子。但我要求他在两个半月后重新加入我们，来时另带六头骆驼。

我在选择参加我计划中的探险的旅队人员时非常小心。它由以下人员组成：切尔东将担任我的副手、警卫和厨师，并负责我的帐篷；图尔杜·巴依将担任七头骆驼的驼队领班；毛拉·沙负责十一匹马和一头骡子；库特楚克在我泛舟湖中时担任船夫。

有个来自克里雅的人叫尼亚孜（Niaz），是个淘金者，我们在山里偶遇了他，他将给其他穆斯林打下手，而阿富汗人阿尔达特在他的地貌知识范围之内将担任我们的向导。尤达什自然与我们同行，而且一般会睡在我的帐内。但我们只带了另外两只狗，即玛尔其克与一只长得很像狼的大大的黄色蒙古狗。我们还带了十六只绵羊，由淘金者尼亚孜在旅队后面驱赶和保护。

30 翻越祁曼塔格、阿拉塔格和卡尔塔阿拉南山

我们又一次离开有人居住的地方，朝着世界上那些尚不为人所知的地方前进。我们很快就离开我们右边的那个主山谷，进入一条小一些的山沟。它没有水，却零零星星地散布着长草的山岗，后面是高大的黑色岩石，上端参差不齐。从那条山沟出来，我们翻过一道较小的山口，沿着一条猎人与寻金者常走的路走向东南方，穿过一片片广阔起伏的草场。我们的右边是一幅壮丽的山景，有几乎垂直的悬崖。然后经过另一道山口之后，我们开始顺着墩萨依（Dungsai）沟徐徐下行，那里的溪水一直没有干涸，因为它发源于常年不竭的泉水。但是，尽管我们左右盘旋，在山岗与山口之间上上下下，总的来说我们是在往较高的地区爬升。从前面提到的第二个山口往下的下坡虽然对马匹来说毫不费力，但对于骆驼来说就太陡峭险峻了。它们只能从砾石上滑下去。

在卡尔亚卡克（Kar-yakkak，意为"落雪的山沟"），山峦开始带有更多高山特征，那里的海拔是13 072英尺。一条清澈的小溪从散布在沟里被水冲刷得光滑的花岗岩巨石上涓涓流下，苔藓和青草间生长着美丽的小花。我们有大量燃料，它们是野牦牛粪和藏野驴粪。遇到的两三个牦牛头骨说明，这一带曾经来过猎人，而附近的一个山洞里的灰烬则显示他们曾在那里过夜。某些地方有旱獭(*davaghan*)掘出的地道。当我们接近时，常常看到这些灵巧警觉的小型啮齿动物坐在它们的地洞口上。山鹑在山坡上叽叽喳喳地相互呼唤着，切尔东打下来两只，它们成了我的晚餐。

我们在这条迷人的山沟的上端扎下营地。的确，我们还没有走完一天的路程，但是对于刚上路的牲口来说，当它们承载大量负重时，最初不应让它们劳累过度。

但随着时间流逝，它们的负担自然会越来越轻，因为我们采集的地质标本虽然数量很可观，却事实上并不会太多地增加行李的总重量。

快到下午时，一阵东北风骤然而起，厚厚的乌云如潮水般涌入山沟；再往前，云团凝结为持续的大雨。当我们离开孟达里克时，烈日炎炎，空气中充满了飞舞的蠓虫；而此刻已是阴冷的秋天。次日清晨，当我走出蒙古包时，冬天的感觉迎面扑来：厚厚的雪花从天而降，覆盖了整个大地。7月中就进入严冬，而且是在亚洲的腹地！夏天尚且如此，不由得你不对冬天产生一定的敬畏。

原以为我们可以等天气好转后再出发，但雪没有停，而那一天也就白白浪费过去了。有时雪花变成雪片，然后又变成雪霰，打得蒙古包上啪啪作响。不过温度始终保持在冰点之上，午间雪开始融化，使帐篷的每一条接缝都开始滴水。营地周围的黏土地变得又滑又粘脚，使人觉得自己是在一个鸭塘的泥里划动脚蹼。

对这个昆仑山系的第四道平行山脉稍有了解，就会看出它与前面的三道极为不同。尽管这里的山峦没有终年积雪，并显露出浑圆与风化的外形，但祁曼塔格这道山脉具有典型的高山特点和充沛的降水，因此植被茂盛。就在后面不远的地方，我们还要走十三到十四个小时才能从一个泉眼赶到另一个；而在这里每行一步都能看到水。

尽管7月22日仍在下雪，我们决定不再等待。到了中午，虽然山顶上仍是一片晶莹，但积雪大部分已经融化。在下面的山坳处，落下来的是羽毛一般又大又湿的雪片，它们一碰到地面就消失了，使地面又湿又滑。但是在上面的山岗上，则是又轻又圆的雪霰。对于骑马的人来说，还是后一种更好，因为雪霰很容易滚下去，而雪片却会粘在人身上，把人弄湿。永远有水在往下滴，从我们的帽子上滴落，我们的手被弄湿后冻僵了，而我的地图纸也被泡皱毁坏。我们无法远望，看不到山峰的轮廓与走向的全貌。不过，北面的天气好转过一两次，使我们看到——仿佛通过一个隧道——阿卡吐塔格山那浑圆平拱形的山脊。

我们那一天的行军路线是从东南方绕向西方的一个大圈，绕过了祁曼塔格山的一个巨大山结，沿途跨过无数的沟壑。当我们赶到海拔13 117英尺的亚普卡克里克萨依（Yappkaklik-sai）时，大家都很高兴能够停下来。那里有荆棘灌丛，但牧草很差。躺在地上，只有一层毯子在人的肋骨与泥巴之间相隔，这可不是一件惬意的事儿。随着夜间气温降到冰点以下,雪非但没有融化,反而变得越来越厚,尤其是因为整个晚上雪越下越大。奇怪的是,有时我们头顶上十分晴朗,可以看到星光灿烂,而我们的周围却是大雪纷飞。不过,好在雪落下来不再融化,倒是给蒙古包盖上一层温暖的毯子。温度降到零下4.8摄氏度(23.4华氏度)。

第二天早晨,我被营地上的一片可怕的躁动吵醒,我急忙跑出来。原来牧羊人尼亚孜和整个羊群(只有四只例外)都不见了。雪地里的脚印清楚地显示,漆黑的半夜这里曾有狼群光顾。我立刻派出所有的人去追赶这些夜袭者,切尔东手握步枪骑马而去。大约十点钟他们带着尼亚孜与一只羊回来。他们在山里发现有九只羊被撕咬成碎片,而另一只则彻底失踪。

尼亚孜的说法是这样的:他如往常一样蒙着一张毡毯紧挨着羊群睡觉,除了四只羊以外,其他的都没有拴住,因为如果你能阻止几只羊走开,其他羊也会挨着它们不动。半夜他被蹄子踏在雪上的声音和羊叫声吵醒,但由于暴风雪的呼啸他听不清楚。不过他立即跃起身来,发现三只狼正迎着风往前爬,马上就要对羊群发起攻击,将它们赶出营地。尼亚孜竟然愚蠢到没有想起来叫醒其他人,而是跟着羊群冲出去,一整晚都在后面追赶,结果最终只救下来一只。狼群的攻击计划非常狡猾,狗儿们都没有听见。我们的蒙古狗事前已经跑走;尤达什正在我的蒙古包里睡觉;而毫无经验的玛尔其克正在众人的帐篷后面像一只刺猬那样蜷着身睡觉。众人诅咒着天底下每一只狼。但这又有什么用呢?我们已经失去了一半肉的补给。

离开这个倒霉的营地后不久,我们正在走进山口,忽然惊讶地发现那只失踪的绵羊穿过山岗走来,吓得已经神不守舍了。看到我们后,它停下来,仔细地看了我们一会儿,显然在揣度我们究竟是朋友还是敌人;但看到它的五个同伴后,它不再犹豫,匆匆地加入了它们的行列。显然它整夜都在游荡,幸运的是它与被杀死的那些羊走散了。

那一天十分晴朗,积雪很快就融化了。我们现在已经接近祁曼塔格山主山口的顶部(14 007英尺)。爬到上面后,一幅壮丽的景象展现在我们眼前。从东到西横跨我们的整个视野,伸展着另一道山脉——阿拉塔格(Ara-tagh),从山顶直到山脚下完全覆盖着白雪,尽管只有西南方向的几座山峰上是终年积雪。祁曼塔格山与阿拉塔格山之间是一个宽阔的横向山谷,名字就叫卡依尔(Kayir,意思是"黏土泥巴山谷")。一条小河从中间穿过，流向西边。后来我们考察了它的归宿。小溪的南面是宽阔的草场，星星点点到处是一群群藏野驴和藏羚羊。

至于祁曼塔格的山形构造，我现在只能说它是非对称的。祁曼山谷位于海拔9 715英尺的地方，但卡依尔山谷的海拔却为13 731英尺；因此我们刚刚爬上了通往藏北高原的又一个大台阶。从北面看，祁曼塔格山看似一座巨大的山脉。而从南边望过去，它看上去很不起眼，这是相对高度的微小差别造成的。

在这个营地，我们也经历了一次与羊有关的小事故。我进行完气象观察后正像往常那样在营地里转悠，忽然发现六只羊里只有两只被拴着。但鉴于狼群有可能也在这附近寻找猎物，我让人将其他的羊也拴起来。但是当他们试图拴那四只没有拴着的羊时，这些家伙忽然疯跑起来。虽然天色已晚，人们还是纷纷跑出去追赶。他们的喊声很快就消失在山岗之间。最后切尔东带着两只羊回来，那是他用套马索抓住的。但是其他人直到两小时后才回来。他们不得不把那些可怜的家伙们赶进山沟，然后用陷阱抓住它们。从那以后，我们始终都把羊拴住，直到渐渐把它们宰杀完毕。

次日是一个大晴天，碧空如洗，没有一丝云彩打破它的宁静。我们准备冲击西藏边界诸山脉的新屏障——阿拉塔格山（意思是"中间的山脉"）。我们顺着一条小沟往上走，跨过一条发源于一个自然泉水的小河。海拔14 348英尺的阿克绰卡阿依吐色（Ak-chokka-aytuseh）山口上面给我们提供了一幅类似昨天的广阔全景，只不过我们现在所望着的是另一座山脉，即卡尔塔阿拉南山（Kalta-alagan），它与阿拉塔格山之间相隔着另一个横向山谷，它在西边与前面提到的那个山谷彼此相连。在那里，两条从这些山谷流下的河流相汇，合流后的河水穿过祁曼塔格山，流入祁曼塔格山谷。

从山口上下来的那个横断山谷在侵蚀台地之间深深地下切。

我的旅队总是超过我，把我落下一大段，因为我总被耽搁，不是在各个山口和两边的侧谷入口处进行观察，就是在采集地质标本、照相或画素描等等。道路仍然是时上时下，直到我们爬上一个浑圆的山口；然后道路又跌进另一个山沟，它深深地夹在两边的山坡之间。天近黄昏，开始变冷，我们都期盼能够看到袅袅的炊烟，因为一般来说那表明旅队的先头部队发现了一个适于过夜的地方。

但是道路继续向前伸展，我们仍然看不到帐篷的任何迹象。植被消失了，我们爬上更寒冷的地区。显然旅队已经前往下一个山口，尽管流淌在我们身边的那条大河显示，卡尔塔阿拉南的山口还有很远。我们开始猜测那些人为何继续前进，而不在燃料与水草都很多的地方停下来休息。最后小路绕过悬崖上突出来的一个肘部，进入一个狭窄的侧沟，它显然是通向一个更近的山口，但那里除了石头中间的两三个水池外，没有任何水。天已全黑下来，我什么也看不见，自然无法继续工作。怎么办？当然我们可以骑马继续前行；但我不能在我的地图上留下一个空白，尤其不能在这样一个重要的地点，因为我们即将翻越一个最重要的山口。因此我干脆就原地停下，让托克塔·阿洪继续赶路，直到他赶上旅队，然后带着我的蒙古包和箱子再回到这里。

与此同时，切尔东与我在寒冷与黑暗中的滋味可并不好受，那里的海拔有15 263英尺。九点钟，我们如往常一样进行了气象观测，并记录了沸点温度计的读数。而由于风太大，这使我们花费了很多时间，而且只是在用一件斗篷挡住油灯后才能进行这项工作。把它完成之后，我们除了等待也做不了别的。于是我们蜷缩在一起以相互取暖，彼此交流着在同样情况下的体验。切尔东在这方面除了外贝加尔的演习外没有多少可夸耀的，但我曾在波斯的豺狗中过夜，在喀拉库勒湖岸上几乎冻死，在塔克拉玛干的诡异沙漠中有无数个夜晚彻夜难眠。

天太冷，实在难以入睡；而霜越来越重，我们身边没有毛皮，为了避免冻坏，只得保持运动。不过我们骑行了十一个小时，而且那期间还做了很多工作，大自然终于施展了威力，使我们越来越困，不想动弹。然后我们又爬到两个大石头之间，那里还算是可以挡点风。不知过了多长时间，我们两人都被远处一声长长的狼嚎惊醒，我们立刻跃身而起，将我们的马拴住，它们正在我们身旁不耐烦地用脚踏着地面。切尔东举起枪做好准备。哪怕我们能够点起一堆火，情况也不会这样糟糕。但是我们在周围找了个遍，却没有发现任何牦牛粪或灌木丛。此外，天黑得很，我们只能用手摸索。保持血液循环的唯一办法是跺脚拍手。

经过五小时的艰难等待，我们最终听到砾石上摩擦的声音。这是库特楚克和托克塔·阿洪。他们带来了两匹马与蒙古包。半小时后图尔杜·巴依也带着骆驼载着我的箱子和做好的晚饭赶到这里。这几个人都责怪毛拉·沙。阿尔达特告诉他山口另一边的一个小泉眼附近有片很好的草场，于是他就带着马匹不停地往前走。他们用一个麻袋带来燃料，于是我们很快就点起一堆火。我可以向你保证，经过十七个小

图 148　两个角度看藏野驴幼崽

时的"斋戒禁食"之后，等我在早晨三点终于吃上我的晚饭时，那可真是狼吞虎咽。当我们躺下休息时，荒山上已然破晓。

由于前面一天一夜的折腾，我们都很疲劳，第二天上午直到十点才出发。走完前往第14号营地的剩下的路程后，我们赶上了旅队的其他人，沿着平缓的斜坡走上海拔15 703英尺的阿夫拉斯（Avras）山口。我们就从那里翻过了卡尔塔阿拉南（意思是"卡尔塔的狩猎地"）山脉。从这里往南看，一幅极为广阔壮丽的景象展现在我们面前。这已不是一道独立的山脉，而是一个山的世界，需要几个月时间才能解开它的奥秘。东南方的远处是巨大的雪山群，它们似乎属于那些寻常的东西走向山脉中的一个。离我们更近一些的正南方，与前面提到的那列山脉相连的，是另一个独立的高大山群，或山结，它也是完全覆盖在终年积雪之下。在西南偏南的方向，我们看到另一道山脉的白色光芒，显然坐落在连接库木库勒湖的山谷溪流以南。南边的地平线上，是一串雪坡和冰川或者棉花一样的云彩，实际上很难将它们彼此区别开来。不过我的推论是，那是昆仑山系的最高山脉阿尔卡塔格山的巅峰。

一道干涸的纵向山谷从山口通往开阔的平地。在那里一个低矮山岗之间的小泉眼旁，我们看到了旅队的营地。我把穆萨和毛拉·沙狠狠地骂了一通，责备他们前一天不该让大家走那么长的路。

7月26日，我们转向正西，与我们过去几天走过的路线成直角。这也就是说，我们的方向是库木库勒湖的上湖，通过望远镜从远处可以看到它，虽然它后来又被较低的山岗和起伏的地面挡在我们视线之外。一条开阔的横向山谷沿着巨大的卡尔塔阿拉南山脉的南麓展开，我们就顺着这道山谷走下去。这个山脉不仅不时有伸向这山谷的余脉和分支，而且这些分支上偶尔还有雪峰。山谷的另一面是一道宽阔的沙地，我起初还以为它是与那些大山脉平行的一小列山岗；但是当我们走近时，我才明白它是由纯粹的沙丘组成，颜色与塔克拉玛干的沙子一样，而且发育得也同样很成熟。所以，正如在沙漠里一样，这个海拔12 000英尺到14 000英尺的地方也同样存在着形成"瀚海"的总体条件。从铺满砾石的松软谷底（那里零星散布着荆棘丛与其他可燃的植被）到这个沙地地带的过渡极为突然。沙丘的顶部呈南北走向，似乎是这里主导的西风造成的。

沙地一直在我们左边，而卡尔塔阿拉南山脉一直在我们右边，这使得这一天的行军异常单调,虽然有大量的藏野驴在缓缓向西倾向湖泊的荒原上吃草嬉闹。旱獭经常出现,它们往往将前爪抱在胸前坐在那里,等到狗儿接近时,它们就飞快地钻进洞里。野兔也很多,野鸭子则从我们的头顶上向湖面飞去。蠓虫又来骚扰我们,但是日落后不久就消失了。那天一整天都是夏天的天气。温度上升到20摄氏度(68华氏度),炎热不堪,因为空中没有一丝风。我们只是因为喘气困难和每使一点劲就心跳才意识到这里处于高海拔。

阿尔达特和切尔东骑马向一群野驴走去,它们一共有三十四头,但人一走近,它们就都跑掉了,只留下一头母驴和它的小驴。但是那两人接着往前冲,那母亲最后放弃了她的孩子。小家伙生下来才四天,它没有试图跑掉,而是安静地站在那里,直到两位猎人把它捡起。阿尔达特把它放在身前的鞍子上,把它带回来。我们又把它包在一张毡子里,放到一头骆驼的背上——它对这种旅行方法倒是很适应。我们在第15号营地以完全相同的方式又抓住另一头小藏野驴。

我们到了营地后,就让它们在帐篷与货物之间随便吃草,当我们拍拍它们时,它们没有表现出任何畏惧。我极想用奶粥把它们养起来,直到它们可以独立谋生,据说它们出生三周后就可以独立。但是当我征求托克塔·阿洪的意见时,他说它们活不过五天;他至少有八次曾经试图养大野驴,但每一次都以失败告终。听他讲完后,我下令将这两头小驴带回到逮住它们的地方,这样它们的妈妈可以再找到它们。切尔东和阿尔达特已经上马准备执行我这道命令,这时托克塔·阿洪说那没有用。他的经验是,一旦一头小野驴被人的手触摸过,它的母亲就会把它当成瘟疫一样躲着它。她似乎也并不想念自己的孩子或为它感到悲伤,而是会随着她的族群,躲避她曾失去孩子的那个地方。

如果有一匹母马,我敢说我们定能把这两个小俘虏养大。人们告诉我,祁曼山谷每年都有大量的小野驴丧命。这是因为,在它们生命的最初几天里,它们无法在遇到危险时跟着它们的母亲一起跑掉。这样被抛弃后,它们不是饿死,就是被狼群撕成碎片。只要小野驴跟得上,成年野驴无疑是可以保护它们的后代的,否则野驴的数量就不会增加。

与此同时,我们无微不至地照顾着我们的俘虏,它们很快就学会了吸吮那马马虎虎的米粥。但是它们的厄运已定,到了晚上它们渐渐憔悴起来,渴望能够喝到母亲的乳汁。我下令将它们杀掉。穆斯林们得到它们的皮毛，并吃掉它们的肉，据他们说肉味特别嫩又十分鲜美。但是在这些小家伙被杀死之前，我从各个角度给它们拍摄了照片。其中一只高35.5英寸，另一只高35.75英寸。它们的头大得不成比例，而四条腿同身体相比也长得荒唐；但这是它们最先使用的身体部分，对它们来说也是最重要的部分。身体本身非常短小集中，一点也没有成年藏野驴身体那种高贵与和谐的特点。我们抓住的小家伙太幼小，不懂得害怕人类、骆驼或帐篷。但是如果它们再大一个星期，它们就不会让自己被抓住，也不会在明明可以跑掉的情况下却不跑掉。当我们伸出一只手指时，它们就会贪婪地吸吮着，这说明它们都很饿。

7月26日夜里，温度降到只有1.5度，不过第二天是个晴好温暖的日子。这些东西横向的山谷当然相对来说属于高海拔地区的低地，总的来说比更高的山区有更温暖的气候。

第二天，我们接着往西走，骑马走到沙地地带边缘附近；在我们的右边，一整天都是一连串湿地、沼泽地和水池，它们彼此之间都多少相互连接，或至少通过小水道相互连接。它们四周都有丰茂的水草，但地面却极具欺骗性，甚至危险，无法承受一个人的重量。这些水坑有些长几百码，其水源都来自地下的泉水。它们渗入沙子的下面，在底下汇合成一条溪流，在库木库勒湖东端注入其中。这些小河中有六条具有相当的规模，其中一条流量达到每秒70立方英尺。经过沙子的过滤，水质清亮得犹如水晶一般。

我们仔细地瞭望，寻找库木库勒湖，最终在西边看到它，像一条银色的缎带一样闪闪发光。这一天温暖无风，蚊子十分讨厌。此外，一种称为"*ila*"的牛虻折磨着马匹，钻进它们的鼻孔，使它们紧张不安。为了保护自己不受这些蚊虫的骚扰，野驴们吃草时把鼻孔紧贴在地上，而藏羚羊则在每天炎热的时候躲在沙地地带的深处，只到晚上才下到草场来。牦牛们也是这样保护自己，但是在沙地里会走到更高的地方，因此我们一整天都看不到它们的影子，尽管到处都有它们的脚印和粪便。四点钟，一场狂暴的雹子夹着雨点横扫过来，牦牛们知道这会赶走它们的敌人，于是呈小群出现在沙丘顶上。首先是一头母牛带着它的小牛犊，顺着陡峭的沙坡从上滑下来；但一看到我们，它立即转身跑回原地。那以后，三十多头野牦牛在一个高高的沙丘顶上排成一排，毫不畏惧地望着旅队。我停了下来，用我的望远镜观察了一段时间。野牦牛真是一种奇妙的动物。在黄沙的背景下，这一群野牦牛像黑煤一样显得十分突出。它们正在前往湖边草场的路上，发现前面的路被我们的旅队挡住。我们几乎能看到它们真的是在享受打在它们的肩头上那清新的雨水。生活在这一地区的野牦牛从来都是夜里吃草，而当太阳升起时就回到沙丘中，在那里一直待到晚上，或一场暴雨吸引它们下来时。

沙坡的颜色因下雨而变深。人们会觉得这样一场暴雨一定会把沙丘变成一片泥沼；但实际上雨水甚至没有改变沙丘那刀刃般的轮廓，只是在表面上形成浅浅的小水池。沙丘从山谷中央折回，变得越来越低。现在湖在我们的右边；它的南岸延伸到北偏西60度。这里已经有十四头大个头野牦牛在吃草。在我身旁骑马的切尔东无法把眼睛从它们身上挪开，最后央求我允许他试一试他的运气。他像一只猫一样悄悄爬向一头强壮的公牛，后者只是站在那里，一动不动，狠狠地盯着他，丝毫没有任何惧怕的迹象。切尔东觉得那种眼神不太妙，决定还是不要逞一时之勇。我叮嘱过他，猎杀野牦牛时一定要小心，如果他一定要去，也不要一个人去。这是因为野牦牛一旦被打伤，很可能会转过身来袭击猎人。

在稍远的一处地方，切尔东看到一只孤独的狼崽，只有四个月大，于是他纵马追过去，将它逮住。来到营地后，他把这个俘虏拴住，但狗儿们对它根本就不在意。不过众人对它却使用了所有他们可以想到的"最亲切的"语言；他们无法忘记被狼群撕成碎片的那九只羊。托克塔·阿洪警告我要看好羊群；因为母狼的巢穴一定离这里不远，它绝不会忘记幼崽。如果幼崽受到伤害，它会对羊施以报复。他本人曾两次逮住过狼崽，每一次成年狼都杀死了他的一头驴子。狼群们不会去骚扰成年野驴，因为它们永远也追不上野驴。但是它们有时会把小野驴逼到松软的沼泽地上，然后咬住它们的喉咙，直到它们死去。我们希望能够把这只狼崽带走，把它养大。但是它比我们想象的要狡猾得多，夜里把绳子咬断，脖子上带着半截绳子逃走了。穆斯林们希望当小狼长大后绳子会把它勒死。但是我觉得更可能的是，它的母亲会在那之前就将绳子咬断。

第16号营地位于海拔12 737英尺的上库木库勒湖的湖畔。这是我们所能期望的最好的营地了，有足够的牧草，大量的燃料，而且湖里的水也清凉。北面是雄伟的卡尔塔阿拉南山脉，它那刀刃一般的嶙峋外缘一直伸到山谷里，而它本身则伸向西边，一眼望不到边。南边的山峦则完全笼罩在云雾中。次日早晨，我的小船已经装好，停在湖边；我带上库特楚克，借着一阵稳定的微风，扬帆驶过湖面。我们带上了蒙古包和我绘制地图与测量水深所需要的仪器等等。但是我们还没有走得离岸太远，一阵骤然而起的狂风将帆桁折断，我们只好划船回去修理，将其捆住，并用红柳木片加固断裂的地方。然后我们朝着北偏东13度方向的一个雪峰划去。这个湖比我预期的要浅；最大深度也只有12.25英尺。我们在北岸附近一个直径大约为35码的砾石小岛上登陆。

此刻东边的天空显得情况不妙，山谷里到处是厚厚的云朵，扬起的沙尘如同烟柱一般扫过沙丘。因此，我们觉得最好还是等一等；果然，暴风雨席卷而来。我们尽可能蜷缩在船的后面，用它来挡住袭来的暴雨。但是尽管湖面上如同开了锅一样到处是惊涛骇浪，我仍然无法抵抗降下船帆继续前行的诱惑。不过我们保持着高度警惕，因为对风来说这平坦的山谷就像一个漏斗，使它得以从湖面上席卷而过。我们尽可能待在浪尖上，以避免船舱灌满水。但是狂风愈加暴烈，桅杆似乎马上就要被刮断。最后我让库特楚克把船帆卷起来；但即使桅杆上什么都没有，我们仍然被风吹着走得飞快。我只能偶尔测量一次水深，因为我们走得太快了。但是我很快就测得流速，并测定了方位。

这样，我们很快就抵达湖的西端，发现它在那里缩小成一条小溪，载着外溢的湖水，最后流入大盐湖阿雅克库木湖（Ayag-kum-köll）①，它位于更西边的地方，我们将在另一次探险中与其相遇。在这里，库木库勒湖非常浅，深度很少超过3.25英尺；而平缓升起的南岸湖底连接着泥泞的湖岸，那上面的水被我们的船桨搅成黑色。这一片湖面上到处是野鸭子与大雁。后者卧在它们的蛋上面，不愿飞远。但当我们试图划船接近，用桨袭击一群大雁时才发现，它们都是潜水的行家。

但是我们的返回可不像出发那样雄赳赳的。我们拼力划桨，但风又刮起来，片刻间又开始下雨；结果我们都成了落汤鸡，当然这也是因为湖水偶尔也会浇我们一身。不过，最终我们看到我们的帐篷，虽然它们距离还远。实际上我们又用了两三小时才抵达那里。我在湖面上的短途探险从来运气不好。无论天气在我出发时有多么好，它总是在我返回之前变成一场暴风雨。

---

① 意思是"下沙湖"，也称阿雅格库木库里。

31 翻越阿尔卡塔格

7月30日，我派托克塔·阿洪与穆萨带着六匹马返回大本营，尽管这多少会加重那些留下来的牲口的负担。除了我本人外，现在我们的队伍有六个人，即切尔东、图尔杜·巴依、毛拉·沙、库特楚克、尼亚孜和阿尔达特，七头骆驼、十一匹马、一头骡子、五只羊和两只狗。那一天的路程有23英里，对着西南偏南方向走，穿过了单调的开阔地带。早晨，库木库勒湖盆地笼罩在潮湿、密不透风的迷雾中。卡尔塔阿拉南山完全消失了。空气温暖无风，到处是蚊子，它们一整天都忠实地追随着我们。我们急于抵达这些可恶的家伙无法生存的高海拔地带。到了那里之后，我们要等到它们在严冬里死去之后才会回到它们的生存环境。

库木库勒湖的湖面犹如照相玻璃板一样闪闪发光，但它很快就消失在我们身后的雾霭之中。在犹如岬角一样伸入山谷的沙丘之间，我们发现了坚硬的地面和一系列小小的盆地，它们每一个中间都有一个咸水池子。沙丘地带消失后，我们走过一片略微起伏的地表，其间零星散布着小片的草地。最后我们抵达一条叫作皮提勒克河（Pettelik-daria）的小溪。它夹在疏松黄土形成的台地断崖之间。此河流向西北，最终汇入阿雅克库木湖，流量约为每秒353立方英尺，最大深度为2.5英尺。但是图尔杜·巴依和毛拉·沙在试图找到一个合适的过河地点时，差一点就连人带马丧生于河底的淤泥之中。这条河的河床现在只有十分之一的地方有水。但两岸上的水迹显示最近河里的水曾经涨满过。如果是那种情况，那就根本不可能涉水渡过了。

第二天的路程是我们在这高海拔地区的第四段路，通往东南偏南方向，与前面的一段路一样长。再次涉水过河之后，我们发现一道小山脉挡住前面的去路，它也许是阿尔卡塔格山的一个支脉。大气又变得清澈起来，在东南偏东方向我们可以看见楚拉克阿干山（Chullak-akkan）那晶莹的巨大雪峰。我们从阿夫拉斯山口曾经看到过它。沙丘地带仍然伸展在我们左边。这荒原上有无数的藏羚羊，但我们的猎人虽然竭尽全力，却未能打下一只。这一地区有时会有淘金者和野牦牛猎人光顾，所以这里的动物学会了时刻警惕，它们很小心，从来不让我们离它们太近。现在我们已经出了阿尔达特所了解的地域。他从来没有到过这么南的地方，其他人也没有。所以从现在起，我必须自己承担起为驼队领路的责任。

我们朝着山脉中的一个缺口走去，有一条山沟似乎可以通向那里。但进入山沟之后，我们才发现那里根本没有水。不过，沟的右边（即西边）有一个凹入处，我们在那里发现了一小片嫩绿的草地和一小眼泉水，它提供的水足以满足我们的需求。

8月1日，我们往东南偏南方向走了18英里。总的来说我们是在朝着南边走，因为我急于以垂直的角度翻越那一道又一道的山脉，除了进行地理观测以外，也为了建立一个地质剖面图而收集材料。我的计划是尽可能往南走，直到我们的粮草用掉一半时再回来。在作这个计划时，我有意不考虑一个重要的因素，即牲口的体力到回程时已经极度削弱，行进的速度会大大减慢，因此需要花费更多的时间。我并没有忘记这一点。但对我来说，最重要的是尽可能往南推进。无论是用什么办法，我们总能带着驼队回来。即使作最坏的设想，我们也能自己走回来。我希望我们也许会从一个牧草充足的地区返回，这样牲口们就能在走上归程之前先好好休息一下。但我没有想到回程对它们来说将是那样艰难，也没有想到为了把我们驼队的剩余部分安全地带回家，我们需要付出多大的代价。

强行穿越那道陡然升起，挡住我们去路的花岗岩大墙，这绝非易事。不过，尽管用了整整一天，最终我们还是成功地完成了这个任务。这是阿尔卡塔格山脉的平行山脉。穿过蜿蜒的峡谷与山沟，翻越山岭与次级山口，我们摸索着爬上这道新山脉的分水岭之后，登上了山顶的主要隘口。从那里，我们可以看到一道高耸入云的山脉，它黢黑如墨，但山顶上有雪。我认为这就是阿尔卡塔格山，1896年我遇到的那座难以翻越的山脉。我担心，这次翻越将如上次一样艰难。这座新的大山屏障脚下有一道横向山谷，我们就在那里一条小溪边扎下营地。这里的海拔是15 217英尺。

那天天气甚佳。我们没有遭受任何蚊子与牛虻的袭扰。但是到了七点钟，雨点开始拍打在蒙古包上。我走出帐外，发现整个大地都在茫茫烟雨中，一座山也看不见。马匹被成双地拴在一起，低着头；它们正半睡半醒，雨滴顺着它们的身体流下来，啪啪地从它们的驮包与马鬃上滴下。骆驼们为了保持温暖而挤成一团；尽管它们呼吸沉重，却似乎享受着休息的时光。营火在众人的帐篷前冒着烟。切尔东在准备我的晚餐，毛拉·沙则已经把其他人的饭做好。过了一会儿，库特楚克和尼亚孜把马放出去吃草。我们让它们整夜都待在外面，但告诉守夜人一定要盯着它们，保证它们不要走得太远。天不亮，骆驼就看不见东西，因此没法出去吃草，整夜在原地卧着；但我们会给它们几把玉米作为它们的晚餐。尤达什在这种糟糕的天气里很小心，轻易不出去，而是蜷缩在我的帐篷里。玛尔其克的脚磨破了，在过去的一两天里一直被放在一头骆驼的背上。它在那里以一个杂技演员的技巧，颇为优雅地适应着它的"坐骑"那摇篮一般的动作。当外面一片漆黑，雨点如箭一般斜射过来时，我很高兴能爬进我那灯火通明的帐篷里。

第二天，因为我打算做一次天文观测，我们原地未动：当你不停地被横扫而过的冰雹与天上飘过的云朵打断时，这是一个很需要耐心的过程。那天早晨似乎兆头不对，从半夜起就一直在下雪，一直下到九点钟，将仅有的一点点草地都埋在一层白雪下面。所以，尽管我们的牲口刨了一整天，到晚上回家时它们仍不过是半饥半饱。群山显露出不同的颜色：有时雪坡在乌云的背景前闪烁着强烈的白光；有时远方的天空清澈晴朗，而雪坡则变成一种冰冷的铁灰色，浓重的乌云遮挡住了太阳。昨天，那夹杂着冰川的终年积雪显得分外突出，轮廓分明；今天它们却都躲在新落下来的白雪之下。

8月2日的夜晚是我们一段时间以来最寒冷的一个夜晚；温度降到零下5.2摄氏度（22华氏度）。清晨，所有的水潭与小河都覆盖着一层薄冰，但后来天气转晴时都化掉了。不过，阴影的石缝中的冰一点也没有融化。今天，牲口们首次露出疲劳的征候；所以一匹马身上的负担被卸下来；上坡时，一头骆驼显得无精打采起来。下一道山脉有一处显得比其他地方更低，我们就从那里翻山过去，来到一个宽阔的山谷，那里有成百上千的藏羚羊，这种动物个头不小，体型优美，刺刀般的尖角伸向天空。它们顺着山坡轻快地向上奔走；在这种缺氧的空气中，它们运动起来显然毫不费力。

图 149 在切尔东去找山口的时候旅队进行休息（1900 年 8 月 3 日）

从这一延伸地带又伸出两个山沟，一个朝南，另一个通往西南。我们选择了第一条，因为那沟里有条小溪流淌而下。但它很快变得狭窄陡峭起来，在它的尽头陡然升起一座白雪覆盖的大山，拦腰挡在我们的面前。往那个方向的前进道路显然已被挡住，于是我派切尔东去前面探路。等他那会儿工夫，我照了几张相。但他很快就回来了，报告称骆驼不可能从那个方向过去。所以我们绕回去尝试另一个山沟。后来，当旅队绕过一个陡峭的小岭时，我与切尔东骑马来到它的顶峰，发现它的另一面也同样陡峭。从这里我们可以望见不远的一个山坡上有四五十只藏羚羊正在吃草。我们对旅队中的人打手势，让他们把这些羚羊赶到我们这个角落来；但藏羚羊们也很聪明，它们沿着山坡往上跑开，很快就不见了踪影。

山沟很快折向西南偏南方向，伸向一条没有积雪的山口。我骑马在前。这个上坡陡峭得有些危险，我在山口上面——这里是我们迄今为止到达的最高点，即16 280英尺——等了半个小时之后，旅队的其他人马才慢慢地挣扎着穿过碎石满地的斜坡朝我走来。另一边的前景也不乐观，一大片峰丛、山岭和白雪覆盖的山峦扭成一团，向南方迤逦而去。显然我们还没有抵达阿尔卡塔格山的顶峰——我们只不过翻越了它那众多东西走向的平行山脉之一，因此还没有遇到最艰难的障碍。

最后，其他人也踉踉跄跄地爬上山口，来到我身旁。可怜的骆驼们，它们的四条腿真的是在身子下面颤抖！它们的鼻孔张得大大的，渴望更多的空气；它们的眼睛转向南方，里面带着疲倦和麻木的神情，仿佛它们在这荒山构成的世界里已经放弃了能够再饱餐牧草的任何希望。从山口的顶峰，我们左右盘旋着穿过怪石林立的山坡，走进一个通往西南偏南方向的峡谷，它是从黑色板岩、斑岩和闪长岩形成的坚硬石壁中切割出来的。小溪流经其中，旁边唯一的植物是苔藓，直到我们从峡谷出来，进入与它相连的一个横向山谷。那里有一些草丛（*yappkak*），人们把它们收集起来做晚上营火的燃料。流入这个山谷的溪水是我们离开塔里木河之后遇到的最大一条溪流；有213英尺宽，最深处达23.5英尺，流量为每秒954立方英尺。它的发源地似乎在三座浑圆的大山中，它们在东南偏东方向并排而立，犹如三角帽一般。这条河流向西南偏西，左岸是25到35英尺高的断崖。若不是有一条从它上面绕过的小侧谷，这道障碍我们恐怕是无法越过。此后我们走进一条横向山谷，进入它南边的一条山沟之后，就在那条大河的一条小支流旁扎下营地。那里的海拔是15 693

图150 山口的景色，向北偏东80度方向看（1900年8月3日）

英尺。再高一点的地方，可以看到十三头硕大的黑色牦牛正在吃草。起初它们并没有看到我们，但是当我们一停下来开始支起帐篷，这群牦牛的首领就警惕起来，于是它们以密集的队形向阿尔卡塔格山的方向奔去。它的主峰现在正压在我们头顶，有一种阴沉沉的震撼力。翻越这一道山后，再往前地势就该开阔起来。

次日，我们决定原地休息，这样可以给切尔东和阿尔达特一个机会去寻找一条距离我们最近的翻越阿尔卡塔格山的山沟。他们报告说，我们在其入口处宿营的这个山沟无法穿越；因此我们在8月5日沿着横向山谷走了一大段路，来到一条深深切入地面的水流面前，一条颇有规模的溪流注入其中。我们在这里再次折向南方。我停留了一小段时间，将主要的地理特征标在我正在绘制的地图上。从那里开始，这个横向山谷向西一直延伸，一眼望不到头。但是在一定距离以下，我看到一条交叉的山谷或缺口，在那里这条河也许会切割并穿过我们前一天翻越的那道山脉。我的观察地点位于谷底上方很高的地方，提供了一幅震撼人心的全景。这既是因为它那巨大的尺幅，也源于它的超凡景色。这条河分为几条河道，蜿蜒着流过浅灰色的碎山石，间或被大片的冰挡住。我能听见汩汩的流水声。从阿尔卡塔格山脉探出的一道道山脚如斯芬克斯一般面对着北方，它们那岩石构成的爪子悬在水边。但是这苍凉的美丽景象很快就被云雾与冒着蒸汽的雨帘所笼罩。我们将这一景象甩到身后，继续顺着冷气逼人的山沟往上艰难地走去。

山沟的东面被一道白雪覆盖的大山锁住，但是它的另一面却较为开阔。不过，很快这里也开始下雨，狂风怒号。接着，当我们尽快地搭起帐篷时，毛拉·沙骑马继续向前去确定这条山沟究竟通向何方。如果那里没有可能翻越的山口，那么整个旅队继续前行只能让牲口们徒劳无益地感到疲倦。其实我们的牲口已经开始掉膘了。切尔东的黑马拒绝进食，看上去很糟糕，这使可怜的切尔东很不安，因为他与那牲口感情极深。他把这匹马调教得极为出色。当他唤它名字时，这匹马就会过来，把它的头搭在切尔东的肩膀上。这个矮小的布里亚特哥萨克颇有点杂技演员的天分。他可以当他的马走动时在马鞍上用手撑着倒立，并如同杂耍一般从马的臀部跳下去，或从马的一边翻筋斗跳到它的另一边，而这匹马一点也不会受到惊吓。难怪切尔东把它视为掌上明珠，看着它生病十分难过。我们剩下的那四只绵羊倒是非常了不起的动物。它们像狗儿一样随着旅队一直走下来，毫不费力地爬上最陡峭的山坡，对

图151　阿尔卡塔格的平行山脉之一，从19号营地望去

我们给它们找到的那可怜巴巴的稀疏草地似乎一点也不在意。

到了这时，我们已经习惯于这里的极高海拔。我只要坐在鞍子上或帐篷里不动，就不会有任何异样的感觉。但是任何动作，例如用一把地质锤敲打一块石头，都会造成气短和心跳加快。不过，能够摆脱蚊子与牛虻是个很好的改变。取代它们的是一种大黄蜂，每当太阳出来时，它们也出来在空中穿梭着，发出管风琴一样的低音。它们具有生存在这些高寒地区的能力，浑身包裹在厚厚的黄色茸毛形成的外衣与油脂里。

这个营地没有草场，把牲口们放出去也没有用。我们没有食物给它们，尽管这种待遇实在说不过去，但我们唯一能为它们做的就是用水与冰浇在身上洗个澡。

毛拉·沙出去六个小时后回来报告说，我们这条山沟尽头处那个山口可以通过。但山口另一边的情况如何他并不知道，因为他的视野被一场正在袭来的暴风雪挡住。果然，当我们次日早晨离开这个不适宜停留的营地时，整个原野上又都为白雪所覆盖。但是上午晚些时候，太阳露出脸来，积雪开始融化。这条沟沿着一条缓坡渐渐

图152 1900年8月3日的山口,向北看

爬上山口。沟底到处是黑色的板岩碎石，它们在马蹄下嘎嘎作响；沟的中央有一条晶莹的潺潺小溪，一路从两旁接纳了许多更小的支流。

这是一个浑圆平坦的马鞍形山口，即使骆驼也能轻而易举地爬上来。凭借着照相机的支架，我为沸点温度计搭了一个棚子，发现这里的高度为16 996英尺。因此此时我们脚下正是地球表面上最高的山脉之一。我们的脚下展现着1896年我跨越的那条横向山谷。在它的另一面是一道高耸入云的山系，峰顶终年覆盖着积雪和霰，短短的冰川向四周辐射，远远望去犹如一个海星。它的北坡有三条宽阔的冰川，被黑色堆积物形成的巨大冰碛拦腰斩断。除了几个黑褐色的尖峰外，光秃秃的石头山体几乎全部覆盖在冰雪之下。每一个冰川都产生一条小河，它们流淌下来，最终汇入那条从东往西穿过山谷的河流。

费力地用了几天时间走上较高的地区之后，再往下走可真舒服。牲口们脚步更加轻快，众人也因有望在某个山坳里找到草地而情绪高涨。于是大家沿着山口与下个山谷之间的纵向山沟匆忙走去。阿尔达特在这山沟下面的尽头处惊起一只藏羚羊，便用他那笨重原始的前膛装填火枪打下一只来。这为我们的餐桌添加了一道佳肴，使我们能够让剩下的那三只绵羊再多活几天。

我们没有继续往下走到山谷底部的那条河边（它的两岸看上去是光秃秃的一片灰色），而是转向西方，在一片长着薄草的缓坡上扎下营地。阿尔达特在这里打到一只大个头藏羚羊，这使大家都很高兴，因为它够我们吃几天的。在这高海拔的地方，米饭不是很开胃，而焖饭做出来则成了一种味道索然的糊糊。除非万不得已，否则我们不愿杀掉那些绵羊。不幸的是，切尔东只带了很少的子弹；而起初我们一点也没想到要节省弹药；所以后来我们只得依赖阿尔达特的枪。幸亏他有足够的弹药储备。

图 153 阿尔卡塔格格的最高峰，海拔 16 996 英尺

32 在西藏的高原上

这样，我们终于爬上大自然为了守护西藏的秘密而在它北面筑起的那道堡垒般的大墙。我们早就把半开化的野牦牛猎人与愚昧的淘金者踏出来的小路甩在身后，一头扎进一个完全是未知世界的地区。唯一的例外是我将在某一地点横跨我自己上次走过的路线、以及威尔比（Wellby）①、洛克希尔（Rockhill）②和邦瓦洛走过的路线。向导阿尔达特的地貌知识现在已经用尽，我的地图从这一地点开始仅仅标出我们实际路线两旁的一个狭窄地带。但我希望我计划要走的其他路线将使我能够对这一地区的地貌结构获得一个清晰的概念。

我从早到晚有很多事情要做，少有闲暇。如果有的话，我也是利用那段时间来阅读盖基的《大冰川期》（*Great Ice Age*）③、汉恩的《气候学》（*Klimatologie*）④与科恩的《佛教》（*Bhuddismus*）⑤。虽然这里的地貌荒凉得与人们想象中的月球一般，我们过着非人的生活，但是我们从每天的发现与观测中也受益非凡。这是一种非常享

---

① 英国驻印兵团上尉，1896年初和马尔科姆中尉组成探险队沿北纬35度自西向东横穿羌塘的北部，大部分是在无人区内。著有《穿越西藏无人区》（*Through Unknown Tibet*）一书，尽述探险的历程。——译者
② 威廉·W.洛克希尔（1854—1914），曾任职于美国驻华使馆，离职后于1888年率探险队穿越康藏地区，著有《喇嘛之国》（*The Land of the Lamas*）。——译者
③ 詹姆斯·默多克·盖基（1839—1915），苏格兰地质学家，英国皇家学院院士，以其著作《大冰川期及与远古人类之间的关系》闻名于世。——译者
④ 尤里乌斯·F.汉恩（1839—1921），奥地利气象学家。1866年创办奥地利气象学会气象杂志，担任主编20年，后又主编德奥两国气象学会合办的气象杂志，1877年任维也纳中央气象台台长兼维也纳大学教授。估计斯文·赫定此处所指的著作为汉恩所著的《气候学手册》（*Handbuch der Klimatologie*）。——译者
⑤ 约翰·亨德里克·科恩（1833—1917），荷兰语言学家和东方学家。——译者

受的感觉：也许我们是首批踏上这片群山的人类，这里没有也不曾有过任何道路，看不到除了野牦牛、藏羚羊与藏野驴的蹄子印以外的任何脚印。这是一个无人区；所有的河流、湖泊与山峦都没有名字；除了我以外，可能还没有别人曾经见过这里的湖岸、河岸与雪原；在这一天，这里就是属于我的王国。这真是一种享受：如一条身后不留下任何涟漪的船，行驶在世界屋脊那波涛汹涌的"高高的海洋"上，翻越这些巨大山岭形成的一条条波浪，这实在是太棒了！只不过，覆盖着青藏高原的滚滚波涛是固定在石头中的；一切距离与方向都具有如此巨大的规模，你可能接连走几个星期，却发现周围的地形一点也没有变；发现自己仍然被包围在同一个山的世界之中。能够挺立在永无休止的暴风雪中也是非常奇妙的一种体验：那些大气中的反叛者掠过永远处于大风咆哮中的荒原，如嬉戏一般用它们飞驰的炮弹（噼里啪啦的冰雹）轰击着山体的侧面。

那天夜里我走出自己的帐篷，天空彤云密布，云朵的边缘偶尔露出月亮那银色的光辉。苍白冰冷的月光洒在空旷原野那广阔的冰川上。人们都已进入梦乡，旅队的牲口都牢牢地拴好，营火已经熄灭。唯一打破这肃穆的夜晚的是那条小溪，它在一片片页岩之间潺潺流过，唱着它那支沉思的歌。孤独的夜默默地守望着荒山旷野，在它的四面八方有无数的问题像幽灵一样飞来飞去，等待着答案。我神游到遥远的南方喜马拉雅山的山顶上，飞越它们来到印度那令人窒息的丛林。从这里往西，我们的群山一直连接到帕米尔高原。当太阳在这里升起时，它已经把无限的光芒洒向"中央之国"及其西部边疆的群山上。北面是亚洲的腹地，我们对那里多少有些熟悉。但是在西藏这里，我们是孤零零地站在一片未知的土地上。极目远望，却看不到任何人类燃起的篝火或留下的足迹；我们来到的是地球上一个无人居住也无法居住的地方。我觉得自己像一个悬在无边荒野中的尘埃原子，仿佛我能听到地球正无休无止地沿着它那永恒的轨道疾驰而过的飕飕声。

8月7日，我们沿着横向山谷继续往下走，希望能找到我在1896年发现的那些湖泊中的一个。这时切尔东的马已经奄奄一息：它不停地摔倒，需要苦苦挣扎才能站起来。但是，只要它还有胃口，我们就尽力救它。切尔东用蒙古人的方式来给它治病；即在它的耳朵尖上放血，并从它的眼皮上割下几小块腺状结缔组织。这似乎使它恢复了一些元气，可以一次走长一些路了。起初我觉得最好把它杀死，但图尔

图 154　27 号营地，把自己晒干。左至右为阿尔达特、尼亚孜、库特楚克、毛拉·沙、图尔杜·巴依和切尔东

杜·巴依认为这匹马的命可以救下来。我下令让毛拉·沙带着它慢慢在我们后面走，而旅队则按照通常的速度行进。由于我们没能找到湖泊，我决定再度折向南方，翻越那道前面提到的从冰川覆盖的山群开始一直往西延伸的山脉。我们现在跨越的那个横向山谷非常狭窄，溪流几乎干涸，在它的南侧，就在冰碛之下，有一个流沙带，像在库木库勒湖旁一样，堆积成巨大的沙丘，它们往往彼此不相连接。它们的形成十分有规律，呈月牙形，凹面朝东。在其中两三个沙丘的怀抱中，有冰川探出部融化的水形成的月牙形小湖。我们涉水蹚过几条小溪，它们的水呈红色，很多泥沙。其中一条的流量为每秒106立方英尺。但小湖里的水则是透明的，颜色碧蓝，与黄沙形成鲜明的反差。我们就在这样一条小溪旁扎下营来，处于那布满冰川的山群西肩的阴影之下。我们已经围着这个山群转了半个圈。可是这里的草地比往常要差一些。

五小时后，毛拉·沙赶了上来。他把切尔东的马留在距离营地数英里的地方，它与早晨的情况相比没有什么变化。但是当切尔东去找它时，这头牲口已经死了。

图尔杜·巴依顺着我们将要翻越的那条纵谷骑马往上，晚间回来后报告说那山口没有危险，而在山口的另一边有一个大湖①。不过他没有看到任何草地。次日的上坡路平坦而坡度不大，山口也没有给我们造成多大的困难，但一头骆驼放弃努力，我们只得把它的驮包卸下来。在山顶上（16 805英尺），我们看到的仍是我们过去多次看到的那幅景象：在我们脚下展开着一道东西走向的横向山谷，后面是一道覆盖着终年积雪的山脉。我判断，这道山脉就是可可西里（Koko-shili）山脉。这道新的横向山谷的底部多半被一个新的湖泊填满，它向东西两个方向延伸着。旅队如往常一样，远远走在我的前面，但是他们没有直接向那湖泊走去，而是向它的西边远远绕去。他们之所以这样做，不仅是因为希望能够找到草地，也是为了避开环绕着湖泊的那一条松软危险的沉积带。那天夜里我们就在它的西端扎下营地。这是从阿不旦开始算起的第24号营地（海拔16 497英尺），也是我们到此为止挑选的最糟糕的一个营地。这里既没有一片草，也没有任何形式的燃料；即使我们拆开一个木箱

---

① 根据斯文·赫定的地图判断，似应为库水浣，由于此处地质条件多变，很多湖泊的形状及位置、咸淡水状况可能会因地震等原因发生变化，与今日有所不同。

用来点火，也只能换来一点点热茶。每一头牲口则只能得到一把玉米。我们刚把营地安顿好，一场来自西边的暴风雨就劈头盖脸地袭来。开始只是雨，后来变成冰雹，最后则成了倾盆大雨，直到我的蒙古包的毡子全部被浇透，雨水渗透进来滴到我身上。然后，到了夜里雨又变成雪。骆驼们正在褪毛，冻得直发抖，于是我们把两三张毡子盖在它们身上。有意思的是，新驼毛在山里比在温暖的低地长得要快一些，它们对周围环境的适应真是十分奇妙。

那道新的山脉位于我们营地的西南方，看上去似乎很低，不难翻越。的确，同我们已经翻越的那些山脉相比，我们相信那将是轻而易举。它的北坡甚至不是坚硬的岩石，而是一些低矮浑圆的山丘，我们怎么也无法预想它会给我们带来任何麻烦。但实际上，这是我们到此为止所遇到的最困难的地形。首先，抵达这些山岗就没那么容易，因为脚下到处是泥沼，马匹在里面一直陷到肩部，需要极度小心才能使它们避免没顶之灾。但我们以为，只要到了山坡的脚下，地面就会变得坚实起来，能够承受我们的重量。起初一切还算顺利：地面由黄色的黏土构成，遍布石块与页岩石片，上坡的坡度也不大。我们遇到的唯一麻烦就是一头对所有山口都持有根深蒂固的反感的大个头骆驼在这个山脚下卧下来不走了。我们让图尔杜·巴依留下来带它上去。爬到第一个山脊顶上后，我们沿着它向东南走去，两边都是剥蚀严重的断崖。我沿着一条野牦牛踩出的路在前面带路。这条路最初还有坚实的地面，但是再往高处走就消失在一片雨水渗透的烂泥中。我的马每走一步，都会溅起泥汤来。最后它陷得太深了，我想最好还是下马牵着它走。当然，其实我应该做的是原地返回，但下一道山脊看上去简直就在眼前，十分诱人。不过，当我的一只靴子牢牢地陷进泥里时，我知道最好还是停下来等其他人。众人喘着气赶上来。那些永远耐心顺从的骆驼挣扎着跟在后面，每一步都陷进1英尺或更深的烂泥。但它们那又宽又平的脚掌比马蹄要好一些。前者之一倒了下来，我们只得给它卸货，把它扶起，然后再把货给它装上。

在这样的高海拔走在一个地地道道的泥沼上，使我们上气不接下气，感到异常眩晕。即使当我们用散布在沼泽地里的大块扁平石片作为踏脚石时，情况也同样糟糕。因为每当我们踩上这些石片时，它们就会陷下去，留下一摊水。我们可以听到碎石下面流水潺潺。所以我几乎幻想，我们正走在一条地下河之上，它随时可能张开大嘴，将整个旅队吞没。我不禁想到，这一片山岗就像一摊黏稠的液体或浓粥，早晚会摊成一个平面。这种构造是由不断的降水造成的；雨水渗入地面，使它犹如一块海绵；只有很少的水涓涓流入地表的溪流与小河中被带走。缺乏根部相互交织的植被也有助于产生这种后果。在两三处地方，页岩的边缘伸出地面，划破了骆驼的脚掌。在一个地方，若不是我们及时把两匹马的驮包卸下来，将它们拖起，它们真的就会被埋在烂泥里呛死。最后情况坏得令人实在无法忍受，我便派切尔东去前面探路。他回来说这个山脊后面还有一连串山脊，一直通向南方，上面都有斑斑点点的融雪，这当然会使前进更为困难。

这是应该返回的信号。在这段倒霉的路段，我们除了漫无目的地爬到海拔17 219英尺的高度之外，还失去了至少四匹马；更糟糕的是，我们严重地削弱了牲口们的气力，却一无所获。寻找了一小会儿，我们发现了一个天然的水道或沟壑，在顺沟而下的溪流里面走下山去。只有这个方向的地面坚实到足以承受我们。但是抵达山下的横向山谷后，才发现地面一点也不比上面更好。几条小溪流入我们顺其流而下的那一条，直到汇流后的水量达到每秒283立方英尺。最后我们来到它右岸的一片草地上扎下营地，这里的海拔是16 441英尺。我们决定让牲口们在这里（第25号营地）好好休息两天，它们真是太需要休息了。

就连这休息也是够奇怪的！早晨倒是天气不错，但我正要观测一下太阳时，天上开始阴云密布。没过一小会儿，我手下人把我的床铺、毡子和毯子都搬出来准备挂在绳子上晾干，而这时西边的天空暗下来。我们赶紧手忙脚乱地把所有的东西再搬进去。就这么一会儿工夫，一场冰雹席卷而来，乒乒乓乓的声音在我们耳边响起，周围犹如遭到子弹扫射一般。这一切过去后，我总算开始了我的太阳观测，但就在完成的那一瞬间，我看到一场新的暴风雨袭来，与前一次同样阴沉沉的，但剧烈程度足有七倍。先是一阵狂风，然后是雹子和雨雪。我在西藏很少看到比这更糟糕的天气。天上每分钟就有几次雷鸣电闪。雷电都很接近地面，就在我们脑袋顶上。雷鸣的回响就如山崩地裂一般。耀眼的闪电使我们不由自主地颤抖着，而当响雷轰鸣时，我们真切地感到地面在脚下颤动。处于大自然痉挛的中心，充分暴露在它那不受羁绊的狂暴力量面前，这使人产生一种庄严的敬畏感。我们停下手边的工作，望着它、听着它，感到奇妙不已。狗儿们可怜地号叫着。人们的帐篷被撕开，他们能做的也只能是将它们再拴紧。大地上铺满一层冰雹与雪，可怜饥饿的马儿们只得从那下面寻找勉强维持它们生命的食粮。

不过第二天的天气倒是好一些：太阳出来，雪化了，而冰雹的风暴只是到了下午五点才光临。一头骆驼和一匹马显露出筋疲力尽的迹象。当我们于8月12日继续向东南方向前进，翻越那条"泥泞山脉"时，图尔杜·巴依带着两头不驮行李的病骆驼走在前面（当然这就加重了其他骆驼的负担）。尽管如此，由于那头痛恨山口的大骆驼不停地需要卧下来休息，它走得极慢，我们很快就超越了它。

现在我们的左边有一串泥土的山岗；右边远处有一道红色的山岗，两者之间的地面几乎难以察觉地向东南方徐徐升起。但我们的面前没有高山。不过我们走过的地面却是糟糕得要命：一大片韧性十足的黄泥滩，里面像海绵一样浸透了水分。虽然在某些地方地上有薄薄一层碎石，看上去还算结实，但牲口们仍然是每走一步都要陷到膝盖那么深，而且每条腿都要交替着从那黏性十足的烂泥中拔出，真费了九牛二虎之力。实际上，这里的地面是如此松软，每出现一个深深的脚印，立刻就会有水从周围渗出来，将其填满。如果牲口们没有陷得比4英寸更深，就算是运气非常之好了。在那无边无际的烂泥潭中，如果能来到这样一个相对的安全岛，我们都为牲口们感到欣慰。但我们的喜悦永远是短暂的：它们很快又会陷到齐膝盖深，深一脚浅一脚，摔倒在地。而我们也只得一次又一次地卸下行李，把它们拉起来，然后再装上行李。这真是一片该诅咒的土地！海拔16 000英尺的高度缺少草地与燃料，这一点很容易理解；但是究竟为什么地面无法承受我们的重量呢？它为什么威胁着要吞没整个旅队？这里就没有一片三便士硬币那么大的干地；到处都浸透着水，从里到外无处不在。实际上它就像一个水刚被抽干了的泥泞湖底。说实话，我很惊讶我们那些牲口居然愿意从这里面走过去。我本来以为它们会卧下来，绝不往前再走一步。那头对山口有根深蒂固的反感的大骆驼完全有理由拒绝给自己增加这一负担。塔克拉玛干沙漠的腹地的生物也许都不会比这片极其讨厌的山地荒野少。所有的人都必须步行。我们的心脏狂跳，仿佛就要炸了一般，真的是上气不接下气；而爬上马鞍就等于让马儿一头栽倒在地。它行走的样子就仿佛每一只蹄子上都沾了一块大石头那么重的黏土，不将其甩掉就一步也迈不出来。我骑马向前去看看前面的地形如何。但是驮行李的牲口却很不情愿踏进它们前面的牲口留下的脚印里，而是宁愿自己蹚出一条来，尽管这样做对它们一点好处都没有。

我们就这样一小时又一小时地向前推进。搞不好这里就可能成为我们覆亡之地！我们就像一支入侵的军队一样向前推进，破釜沉舟已无退路，现在正位于敌人的境内，危机四伏。但是这样一个匆忙的举动有其特别的魅力。我们走得越远，回来的路上遇到的困难显然就会越大，但正是这些困难吸引着我们继续前进。我们总是在纳闷，我们是否能克服这些困难？但谁都没有一刻想到要掉头返回。

非常奇特的是，在阿卡吐塔格山与这一地区之间相对来说这么短的一段距离，自然条件会有如此巨大的差别。在那里，我们也许要走一整天才会遇到一个可怜的泉眼；而在这里，我们随便找个地方踩一脚，脚印里立刻就会被水填满。

西南方有一个孤零零的锥形小山，它与我们左边的泥泞山脊之间形成一个低矮的马鞍形山口，这是这一地区的分水岭。我们上坡时遇到一只孤独的狼；不过它一看到我们立刻就逃之夭夭。我们在这里失去了那头讨厌山口的大骆驼：它没能抵达马鞍状山口的顶上，在日出之前就死了。我们刚一到山顶（海拔16 769英尺），每天都来的暴风雨就如期而至。响雷轰鸣着，犹如巨人在打保龄球，或远处一个炮台正在开火轰击。虽然才刚下午四点，天色就已经黑得像秋天的夜晚。马匹为了避开迎面而来的冰雹斜着走。我们在锥形山的南面匆忙将帐篷支起来。那里（海拔16 654英尺）的地面虽然泥泞，但却有一小片草地；但是完成我们的工作之前，大家都淋了个透。暴风雨持续了两小时，然后太阳从云里探出脸来；但是我们仍然在阴影中，阳光就在东面的山岗上戏耍，仿佛在嘲弄我们。由于地面相对温暖，冰雹很快就开始融化，众人在我的蒙古包周围挖了一条沟渠，来引走雨水。

8月14日，太阳终于出来。前一天夜里，温度降到零下3.2摄氏度（26.2华氏度），结果早晨地面被冻得硬邦邦，牲口蹄子踩出的窟窿都覆盖着一层薄冰。但是我们的庆贺为时过早。正午之前，地面变得像往常一样松软，犹如海绵一般。不过，这一天我们总算是离开了这道可恶的山梁，它带来的麻烦真不少。从我们翻越这条山脊的那个平坦浑圆的马鞍形山口，我们看到脚下又有一条横向山谷，在南面被又一道巍峨的山脉挡住。西南方向是一个巨大的冰川覆盖的山群；东南方有一个湖泊①，它

---

① 似应为勒斜武担湖。

图 155　27号营地西南冰川覆盖的山脉

的另一面地表隆起，最后连接到一片白雪覆盖、海拔很高的山地。那湖泊的水发源于一条来自西面的溪流。沿着山谷往上，也就是说在西南方，地面带有一些绿色，因此我们转而向那里走去；这是因为我们现在最需要的就是牧草。

刚一到那里，我们立刻停下来，因为地面是干燥坚实的沙子，牲口们发现自己在青草之中那种高兴劲儿让人看了也非常喜悦。尽管那草地十分稀疏，我们还是在沙子上摊开所有的被褥和每一块毡子，让它们在强烈的阳光下晒干；但是帐篷与蒙古包则像往常一样，只有支起来才干得最快。

第二天是8月15日，这是十五年前我第一次来亚洲旅行出发的日子，我觉得庆贺这一纪念日的最好办法就是在这个怡人的地方休息一天。看到牲口们的体力得到恢复，我很庆幸我们这样做了。虽然下了几个小时的雨，天气总的来说还不错，温度升到15摄氏度（59华氏度）。在这阴沉沉的荒山里，这里真是一处绿洲。既然牲口与人的体力都有明显恢复，我同意再让大家休息一天。其实人们除了烤面包、洗衣服和收集燃料之外，也没有其他的事情可做。燃料来自一种称为"yer-baghri"的小植物，它那干干的茎干顶上长着一撮叶子。

8月17日，我们开始攀登下一道山脉，在路上蹚过那条从西南方冰川流下山谷的溪流，它每秒流量为250到280立方英尺。我们从一条纵谷里开始爬坡，我们的牲口很快就对这坡度有所感觉。翻越了三座次级山口后，我们抵达主山口。它地势平坦，上面有两个水池。在我们右边，也就是西边，是覆盖在冰川与雪坡下的山群。东边有一个平顶山，其边缘笔直得犹如比着一把尺子画出来似的。它的顶上也许铺满多孔的凝灰岩，那在这些地区十分常见。我们沿着一条易行的水溪从山口上下来，沿途穿过一些浑圆的赭色砂岩；但山沟很快缩窄成地道的沟壑，它在两三处变得如此狭窄，我们只得从里面爬出来，登上侧面的山岗。最后，我们来到一条冰川溪流，它的流量为每秒350立方英尺，水质多泥，使我想起瑞典果汤（nypon）。由于溪流边上长着稀疏的草，而沙质的地面至少不潮湿，于是旅队就停下来过夜。在这里射杀一只藏羚羊时，阿尔达特的火枪不幸损坏，一颗螺丝崩掉了，差一点打在他的脸上。幸运的是他又找到这颗螺丝，用铁丝和皮条把它绑住，因此如果需要，这武器还是能用的。

第二天大部分时间都在下雨，然后又下了一整夜，直到次日早晨7点钟我们出发沿山谷下行时为止。小溪的流向几乎是正东南方，流速为每小时差不多3.75英里。我们沿着它走了18.5英里。我们不在乎它把我们带到何处去，只要能让我们走到较低的地方，找到牧草就可以。清早，众人非常意外地发现一件穆斯林式样的旧衬衫，还有一段绳子和一个上面有缺口的细木头橛子，就像那种用来固定牲口驮包的橛子一样。无法确定这些东西是一支蒙古朝拜者旅队还是威尔比上尉留下来的。但后一种可能性不大。威尔比与马尔科姆（Malcolm）是于1896年我在西藏时从西向东横跨藏北的，即从拉达克到柴达木，他们的路线就沿着我本人的路线南边一点的那条山谷，与我的路线平行。几年后，威尔比上尉在布尔战争中阵亡；而马尔科姆中尉也负了重伤。

8月20日，我们朝着正东南方走了17英里，经过略微起伏但缓慢下倾的原野，一路极为顺利。总的来说，地面很平坦，水不是顺着任何一种轮廓分明的水道流走，而是积在地表上大量的小泥坑里。草地的状况逐渐转好，直到它比我们到此为止在藏北所见到过的最好的草地还要好。草里还夹杂着丰茂的野葱，这是骆驼极爱吃的一种草本植物，而且也给我们的汤添加了不错的味道。

现在的地形变得截然不同：开阔得一眼望不到边。当然，天边有一两处山尖，但它们显得极不显著。实际上这里是一种高原地形，包括广阔的台地。三头正在水潭边吃草的大个子黑色野牦牛对着我们狂奔而来，显然以为我们是老相识。但到了距离我们几百码的地方，它们发现认错了，掉转身去，笨重地颠颠跑走。我们的面前有两个较小的湖泊，但当我们企图从它们之间穿过时，就被一条将它们彼此相连的水道挡住，它宽为6.5英尺，深为5英尺。绕过两个湖泊中较为靠南的一个，我们发现更靠东南的地方还有第三个湖泊①，面积很大，背依低矮的拱形山包。由于它较近的那片湖岸有良好的草地，我们就在那里停下，建立了第30号营地。

8月21日全部用来休息和进行天文观测。天气甚佳，温暖和煦，阳光下苍蝇嗡嗡叫着。我们把帐篷扎在离湖岸稍有距离的地方，这里的沙质小山把雨水都吸收了，地面一点也都不松软泥泞。岸边的一长条地势很低，地面上遍布小碎石粒。湖水又咸又苦，但幸运的是我们在附近发现了一眼清泉。我们也不缺少燃料，因为遍地都

---

① 应为西金乌兰湖。

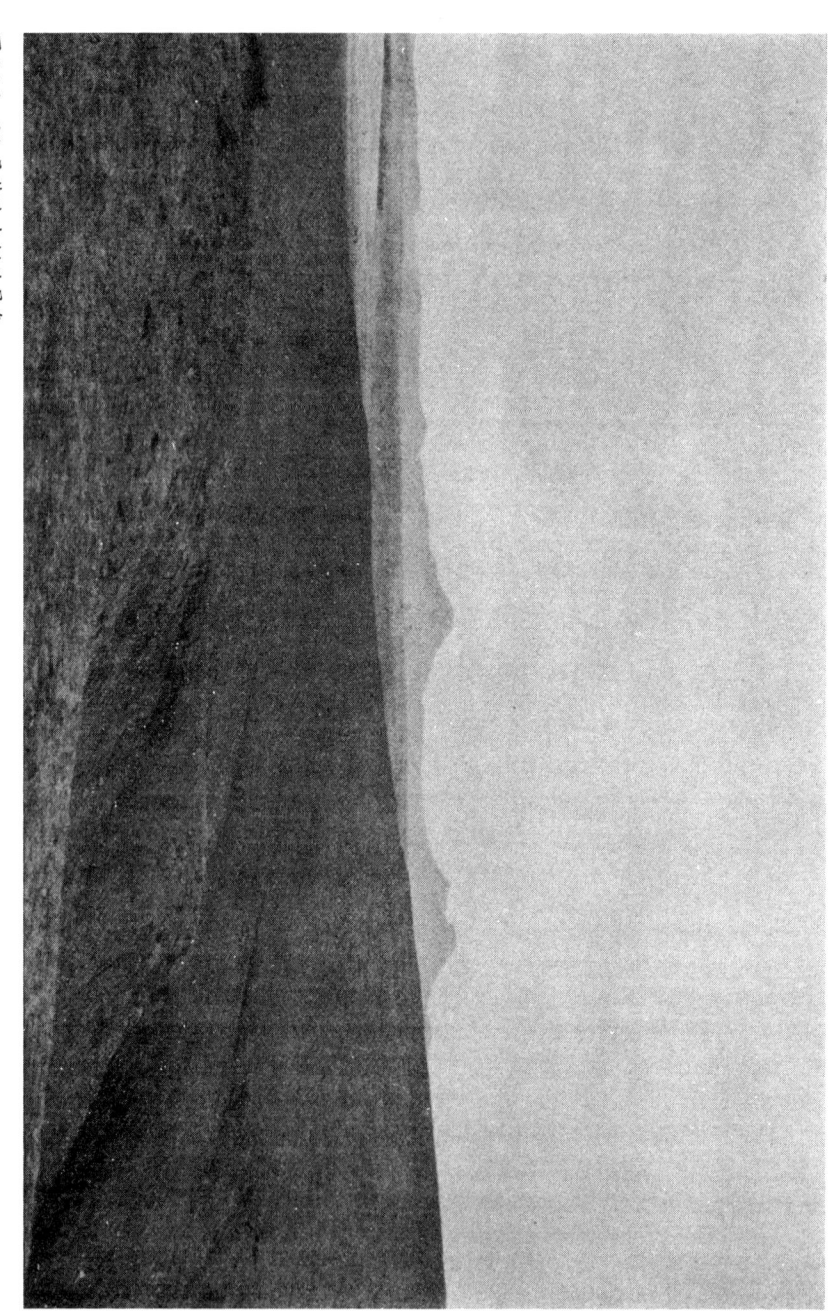

图156 28号营地南侧的景色

是灌木，而且长得比别处更大一些。两三个人正抱着一大捧这东西往回走，忽然听见一阵怪异的嚎叫声；这使他们大惊失色，声称这是人的叫喊声。但是刚从外边打猎回来的阿尔达特解释说那是狼群发出的声音。早就到了该吃点鲜肉的时候了，因为我们几乎全靠大米与面包为生，尽管我本人还有几听罐头食品，而切尔东每天用绿豆、野葱和李比希汤料（Liebig's extract）为我烹制一种好喝而有营养的汤。我发现这种汤料在旅途中非常有用，它分量很轻，占空间极少，具有相对来说较高的营养价值。

33

盐湖上的历险

8月22日,我做出以下安排。库特楚克将送我斜穿大湖,对着南偏东50度那座大山峰划船过去。与此同时,旅队将先向西然后向南绕过湖泊,直到他们走到那座山峰的脚下。鉴于他们在路上恐怕会被我们几天前循着的那条相当大的冰川融水形成的河流(它在湖的西南角流入该湖)挡住,我派毛拉·沙骑马先去探路。他晚上返回,安慰我们说,那里没有什么阻碍,但同时又报告说,更西边还有一个湖泊①,也是一样大,显然从冰川得到融水。因此,因为我们将花费很多时间测量水深和进行其他观测,我假定旅队将轻而易举地在我们之前抵达会合地点。我让切尔东到达后点起一堆大火,用它作为给我们指路的灯塔。

那是一个温暖晴朗的日子,湖面如镜子一般,碧蓝的天空上只飘着几朵棉花一般的淡云。旅队还在装行李,我们已将小艇准备妥当,放入船帆、双桨和救生圈,以及所需仪器。我们比旅队出发得早一些,后来我们看到它绕着湖边拖了长长的一列。

湖底到处都覆盖着一层盐,在接近湖岸的地方有0.75到1.5英寸厚。盐铺在红色的泥巴之上,被我们赤裸的脚踩碎;我们不得不拖着船走了足足1英里远,然后才能使它漂起来。即使离岸边已经那么远了,湖水仍然只有20英寸深。我们首先驶向东南偏东的一个小岛,库特楚克是在撑船,而不是在划船;而且每一次船桨触到湖底都会发出一种仿佛触到了石头的声音。这个宽阔的大湖其实是个十足的大盐盘

---

① 应为永红湖。

子，没有一丝生命的迹象：没有水鸟，没有湖中的动物，也没有藻类。湖岸本身有湖水拍打的地方也是寸草不生。只是在高于水面数英尺的沙山上才有一些草。它的西部有一些碎石堆成的奇特小岛，呈半圆形。

我们驶向的小岛形如一只梨子，梨柄指向北方，它高于水面的部分最高超不过16英尺。这是一片处女地，覆盖着上好的牧草；但其他生命的唯一迹象是一只鸟的骨骼。不过，这里给我提供了绝佳的视野。东西两个方向都一望无际。西北方则有个巨大的山结，上面覆盖着冰川，两三天前我们正是在它旁边露营过夜。南边的主要地貌特征是低矮和线条浑圆的山梁；正北方是我们刚刚翻越的山脉，上面间或耸立着雪峰。小岛被一条狭窄的蓝色黏土带环绕；但那之外则是一层盐。它那参差不齐的表面透过清澈的湖水历历在目，过了一会儿，库特楚克无法继续撑船，只得改为划桨，这当然多少减慢了我们的进程。

探测这个湖泊的水深得出的结果完全出乎我的预料。它的湖底几乎完全是平的；它的最大深度仅仅略微超过7.5英尺，或只有喀拉库顺湖的芦苇荡水深的一半。多处探测出来的深度之间差别还不超过1英寸。因此这只是盐床上面薄薄的一层水。我随身带来几百寻长的测深线，但发现我们那7英尺长的船桨（上边带刻度）就足以满足我们的需求。在东面，这个湖似乎延伸了很大的一段距离，但这只是幻影产生的视觉错觉；因为到了下午较晚的时候，东岸就显露出来，虽然不是很清楚。

总的来说我在这个盐湖上度过了美好的一天。天气晴好无风。附近山峰上飘着的几朵白云都倒映在湖面上。在这条件恶劣的地区，久违的阳光十分和煦。我们很欣喜地享受这夏天的先兆，梦想着它那短暂的舒适。经过阿尔卡塔格山里那些湿淋淋的日子后，终于能让我们的脸沐浴在热乎乎的阳光下，感到身上干干的，这也着实令人高兴。同时我们也很高兴能逃脱毒虫的骚扰，在较低的地区，它们与夏日的太阳总是如影随形。我们的周围是一片死寂，空中一只嗡嗡叫的苍蝇都没有，水中没有跳跃的鱼儿，湖泊犹如化学溶液一般毫无生气。空气中那不安的精灵休假去了，当然只是为了一场新的爆发而作准备。实际上，那一天就像一个安息日一样宁静。

透过澄净与稀薄的大气，这风景有点虚无缥缈的感觉。我只能将这湖景比作一个身披白色与天蓝色绸缎"帝国"长袍的新娘；就像最轻盈的水彩调出来的淡淡色彩，一切都如此透明，犹如在一个幻影或依稀可记的梦中。除了小艇周围水是绿色以外，

图 157　图尔杜·巴依和库特楚克，以及收起来的小艇、测深线、救生圈（摄于铁木里克）

其他地方湖水都倒映着天空的淡蓝。

经过旅队缓慢与拖拉的节奏，这种旅行方式十分美好。我在船头的位置就如一把安乐椅一般舒服，我就在那里作出观测、画出素描，恰如几个月前我在塔里木河上的大渡船那样。不必为辨别方向而操心，看一眼我们前往的那座山就足以控制我们的航向。库特楚克边划边唱歌哼曲；他不是双手荡桨，而是一边划一下。桅杆与船帆都拴在船的中段，以免碍事。我没带皮衣或外套，如果我冷了，我当然可以用另一支桨划一阵儿。但是我感到很暖和；气温为14摄氏度（57.2华氏度），而水温则为17.1摄氏度（62.8华氏度）。我为存在的乐趣而兴致勃勃，完全忘记了大雨与冰雹。

水中含盐量极高，落在船上的水滴都会像硬脂酸一般变硬；水分蒸发之后，只留下一个薄薄的白垩色的空心球，一般都会碎掉。我们用来探测深度的船桨看起来仿佛被刷成白色，我们的手也被染成白色，变得粗糙起来。我们的衣服则从头到脚都被溅起的浪花染上白色的斑点。而测量流速的仪器则完全覆盖在结晶体之下，闪闪发光。船舷与船底都仿佛刚装运过面粉。最初几个小时，我们还能看到旅队沿着西岸徐徐而行，那以后，我从望远镜里还不时能够看到他们按照平日的次序正常行进。他们在绕行，而我们则是沿着一条直线前往会合地点。所以我们的路线分开了，旅队渐渐消失在山岗的后面，然后我就看不见他们了。

一英里又一英里，湖水的深度始终保持在6英尺。一小时又一小时，库特楚克不停地往前划着，但我们离南岸的距离似乎并没有缩短。接近下午时，淡云开始在天上聚集，明亮的湖面仿佛铺上了一层大理石。只有湖水拍打在库特楚克的船桨上发出的声音打破了这海拔15 634英尺的西藏"死海"那阴沉沉的寂静。

四点钟，太阳又露出脸来，这时湖面似乎向西伸展得最远，这一效果当然是因为落日光线的角度低而造成的。我没有看到旅队，但他们离我们很远，而且可能被山岗挡住了。下午晚些时候，南岸一带湖面上阴云密布，我们听到一种什么东西流动的声音，而且它越来越近。库特楚克以为那是附近某个地方的一条小溪注入湖中发出的声音。但很快我们就意识到一场暴风雨将要来临。风从东面刮来，使我们很难划桨前行，但风势越来越大，我们升起船帆，转向西南。然后我们就乘风破浪飞也似地向前冲去，湖面上白浪滔天，惊涛拍打着砾石的湖岸。我们担心锋利的碎石会将小船的帆布船体割破，但最终我们及时降下船帆。库特楚克跳入水中，将它托起，而我则用桨推，我们的船就这样毫发无损地登岸了。

这时已是黄昏，我们赶忙爬上最近的山岗去寻找旅队。但无论是人还是牲口都毫无踪影！这一带一片寂静，荒无人烟，孤独得近乎怪异，仿佛你正走入一个千年来人迹未到的修道院废墟。库特楚克找来一大捧柴火——这里到处生长着灌木丛，我则在山岗之间继续往上走，但被两三道小河与潟湖挡住，湖里面覆盖着冰一般的盐，上面仅有薄薄的一层水。在一个山岗旁有一个已经发白的野驴头骨，而离那儿不远的地方我们又看到一只熊的脚印。我大声喊叫着，然后倾听着，然后又喊起来，却始终没有回应。旅队显然不在喊声可以传到的距离之内。

当我回到我们登陆的地方，天已完全黑下来。库特楚克已经找来一大撂柴火，我反正也没有其他事情可做，便给他帮忙，扩大我们的柴火堆。很明显，旅队遇到意外的阻拦，无法抵达会合地点，否则他们至少会派一两个人骑马来告诉我们他们的位置；当然对我们来说更重要的是他们可以给我们带来食物、水和暖衣。起初，我们想利用顺风往西边航行；但是再考虑一下，又觉得在黑夜里那样做太冒险，尤其是在越刮越厉害的暴风中。另外，不管怎样，绕湖而行也许比我们预期的要远得多，所以旅队真的来不及现在就绕过来。

因此最好还是尽可能使我们自己这一晚上舒服一点。我们选了一块平地，堆起我们的柴火，将所有的东西都从船上拿出来，并将小船拆开，把两个半扇的船体直立着插在地上，使它们看上去像两个哨兵岗亭一样。这成了非常有效的挡风屏障。我们刚做好准备，大雨就来临了。随后，我们将这两个半扇船体以45度角相互支撑着，使它们成为我们头上的一个屋顶。我们用救生圈做枕头，凑合着打了个盹。九点钟，我给精密计时器上了弦，并做了气象观测。同时库特楚克点燃了火堆。然后我们坐下来聊了几小时的天。如果能有一杯热茶和一片面包，或哪怕一杯热水，那就要好得多了。这件事给我一个教训，上路时一定要带上食物和多余的衣服。

我们用尽所有的燃料后，该是睡觉的时候了。这时小艇的两个半边又成了很方便的用具。我们将船帆铺在砾石地上，虽然这感觉起来并没有软多少。然后，我将救生圈一半埋在地里，把身子蜷缩起来，躺了下来。库特楚克将半扇船体斜盖在我的身上，然后用船桨做铁锹，铲来砾石与沙子堵住所有的缝隙。船底离我的头部上面只有一两英寸，我在里面就仿佛躺在棺材里的一具尸体。而库特楚克在外面又挖又铲的，更容易让人产生这种联想。那里面空间太小了，我想翻身都极度困难。

在水面上过了一整天，又没有吃晚饭，我自然感到很冷。但是在那舒适的"帐篷"里，我很快就暖和起来。库特楚克本人也同样把自己搞得舒舒服服的。这条船真棒！首先它载着我们在湖上走了一整天，然后它又为我们提供了一整夜住所。稍后雨点如鼓槌一样敲打在绷紧的帆布上，更使我们感到"帐篷"里格外舒服。我们聊了会儿天。透过双层的帆布墙，库特楚克的声音听上去仿佛来自坟墓，而我本人的声音也空荡荡的，有一种陵墓的感觉。但是大自然很快就行使了它的权利，我们两人都陷入沉睡中，无论是狼还是熊，或是我们那不守时的旅队，都被我们抛至脑后。

有两三次，我因隐隐的寒冷而醒过来，但最后晨光从船体下面透进来时，我惊讶地发现已经是七点钟了。我唤醒库特楚克，他过来帮我打开我那"棺材盖"，哈，太阳果然已经高高地悬在地平线上。我们都冻僵了，赶紧又去找来一堆柴火，用我们仅存的两三根火柴将火点起。火给我们带来新的活力。强劲的东风又持续刮起来，我决定出发去寻找他们。我们将船体合起来，拼好，下水，上船，升帆，用一支船桨做帆桁，另一支做船舵，像一只燕子一样贴着水面沿湖的南岸疾驰。风很大，波浪翻滚，小船摇晃得很厉害。坐在船头的库特楚克有些晕船。我则忙着测量水深、流速和在地图上标出我们的路线。一小时左右，我从望远镜里看到湖的西端有两个白色物体，周围是一片黑色的小点。我认出前者就是蒙古包与帐篷，而后者则是我们旅队的人畜。

三小时后，我们到达目的地。切尔东与阿尔达特涉水而来，兴高采烈地将我们的船拖上岸。正像我猜测的那样：旅队被一条宽阔的河流挡住，它发源于更西边的一个大湖；水太深，无法蹚过去。图尔杜·巴依在几个地方尝试过去，但发现水太深，他的马踩不到河底，在水中漂起来。那以后他们又原路返回，在我们找到他们的那个泉水边扎下营。他们在一座小山岗上燃起一堆火当作灯塔，让它烧了一整夜，希望我们在湖上可以看见。由于他们急需新鲜的肉，阿尔达特打了一头藏野驴。我不在期间，他们给我们那只小狼喂食太多，竟把它活活撑死。

我们上岸后，切尔东给我拿来咖啡与早餐。那天其余的时间我用来完成需要补上的工作。下面的问题是：我们应该朝哪个方向前进？如果我们往西走，需要三天才能绕过那个新的湖泊；东面是我们刚刚跨过的那个大盐湖。往南走，我们会被那条河挡住，它显然是从淡水湖流入盐水湖的。我肯定不会考虑原路返回。在那烂泥高地冻得结实到足以承受我们之前，我是不会返回的。最后，我决心凭借小艇将整个旅队渡过河去。

我同库特楚克划船来到河口，它大约有325码宽。旅队来到它最窄的地方。就在河口之外，我们发现一道河梁（或沙洲），上面的水仅有20英寸深；这十分有利于涉水渡过，只不过它的中间有一个8.5英尺深的缺口。在我们将牲口身上的货物卸下来的那个地方，尽管淡水湖流出来的水流很强，水的含盐量却极高。我们看得出两种水流汇合到一起时变得稠密起来，形成漩涡，就仿佛把一勺糖倒进水里时那样。

两岸都由坚硬的砾石形成。我们将要跨过的那个地方河面有190英尺宽。最难的是将绳子从一边抛到另一边。我们把大部分捆货物的绳子连接起来，将一头拴在左岸，然后把另一头拉向上游，然后，我用力将船划向对岸，库特楚克站在船头，手里拿着绳子的一头，随时准备跳上对岸。但是我们未能抵达对岸探向河里的一个

图 158　将船拖过河

图159 脚踩到了结实的地面

小岬，绳子太短了。于是我们又用绳子把船拉回岸上，在上面又接了一段绳子，然后重复刚才的动作。这一次结果要好一些。就这样，我们将绳子拴在右岸上，然后用力拉，将其拽出水面。

我们试图赶着马匹蹚过河去。但它们拒绝下水，直到我们把其中一匹拉过河。但最难办的是那些骆驼。使它们游过河是不可能的，因此我们没有别的办法，只能用船把它们一头一头地拖着过去。我们强迫一头骆驼踏进河水，将一根绳子套在它的脖子上，而图尔杜·巴依则蜷在船尾，将骆驼的头托在水面上。与此同时，我拽绳子将船拖过河。可是，这头骆驼不愿付出任何努力，只是像一截树干那样漂在水上。它全身的重量与河水的全部力量都落在我的手上。我只得使出全身的劲儿。如果我一松手，一切都会坠入湖中，骆驼也就没命了。不过，我最后总算是使它来到脚下能着地的地方，然后它终于屈尊也使了点力气。

我们这样把第三头骆驼渡过河后，绳子开始变得松弛，坠入水中。我们把它与另一根绳子合起来又拉紧，但第一根绳子又断了，于是我们又得全部重来。这时我

图160　35号营地的盐湖，从西北方向看

图 161　刚游过河的骆驼

的手已经磨出很多水泡，于是切尔东将剩余的三头骆驼拉过河去。我们剩下的最后一只羊习惯于跟随骆驼，就自己游过河来。

我们一共用了十四趟才把行李都拉过河去，然后就在我们上岸的地方扎下营来。这是我到那时为止在西藏中部与北部见到的最大的一条河。它的流量为每秒1 678立方英尺。它的源头很可能在西边很远的地方，其流域汇集了那一地区所有的冰川溪流。一些小型水生动物被水流从淡水湖载往盐水湖；不过当盐分对它们而言过多的话，它们就会立刻死去。

有两三匹马和一头骆驼的脊背被擦伤，我们就让它们在接下来的几天里不负重行走。我最喜欢的灰马也需要休息，因此我骑了另外一匹。通常我都会训练我的坐骑在我需要测定方位时站在原地。我只要把手放进口袋里去拿罗盘，我的灰马就会站在那里一动不动，直到我完成测量。

现在我们爬上贴着两个湖泊南岸的小山岗，它们土质松软，没有一点坚硬的岩石。隔一段时间，我们就会在山岗的坡上发现肥美的草地。再加上这里既有泉水，又有大量的燃料，使我们很想在这里停下来。但是牲口们的体力还算充沛，所以我们继续前行。翻过一道低矮的山梁，我们遇到另一个湖泊①，它尽管没有明显的出口，却是一个淡水湖。

在湖西南面的山岗上，我们看到十八头野牦牛在吃草，而它们的上面还有一大群，总数超过一百头，老幼皆有，在地面上形成黑压压一大片。我们正在观察时，东西两个方向的天空同时暗了下来，空中响起滚滚惊雷，如同狮子的吼声一样，警告我们要小心一些：一场暴风雨即将来临。冰雹席卷而来，野牦牛们在暴雨中都不见了踪影，阿尔达特也肩扛他的枪匆匆爬上山谷另一侧的斜坡，从我们的视线中消失。我们没有管他，沿着湖边继续前进，在离南岸1英里左右的一个小水塘边扎下营来。晚上九点钟左右，我们听到黑暗中的喊声，我派人出去看看是怎么回事，其中两三个人遇到筋疲力尽的阿尔达特，他正背着一大块牦牛肉和一条牦牛尾巴跌跌撞撞地走着。阿尔达特的猎物是一头发育良好的小牛犊，一枪就被他打倒。

第二天是个星期日，我们全天休息。阿尔达特与库特楚克骑马回到前者打死那只野牦牛的地方，取来一大堆牛肉。这大大地补充了我们那可怜的食谱。切尔东给我切下来几条肉，味道不差。当然了，这是一头肉嫩的小牛。

8月27日，我们折向正南，很快就跨过一条小溪，水温不低于20.3摄氏度（68.5华氏度），里面有大量小型甲壳类动物。那天晚上，我们把营地设在一个大湖②的岸边，那里草地太好了，不能错过。实际上，它西岸的山岗上覆盖着堪称丰茂的牧草。湖水比重为1.021；但不远处就有一些淡水的泉眼。次日，我们沿着湖泊的西南角绕行，跨过一道扁平土坡形成的山梁，再次被一个溪流、水洼和其他水体组成的迷宫挡住。其中一个相当大，内有红色浑浊的激流。毛拉·沙在两三处地点尝试跨越，但水太深，他只得返回。结果我们再次被一条无法逾越的河流挡住。我们正要沿着它的北岸去上游方向寻找一个可以涉水过河的地方，却看到我们那熟悉的宿敌又来威胁我们。虽然刮着东风，但西方的地平线上迅速地暗下来。铅色的浓云从大地上滚滚而来，就像一张巨大的捕鱼围网。或者更确切地说，是像一支两翼同时向前推进的军

---

① 似应为节约湖。
② 应为乌兰乌拉北湖。乌兰乌拉湖由三个相连的湖组成，分别为北湖、西湖、东湖。

图 162 35 号营地的蒙古包，向北看

队，势不可当。乌云左翼的边缘是血红色的，而右翼的边缘则黑如墨水。最前方的尖兵们在暴风雨前的赛跑中形成最奇特的密集队形。而当这一切正在发生时，东边的原野却处于灿烂的阳光之下。但是来自西方的那张可怕的网离我们越来越近，渐渐地将我们包围起来。我们赶紧决定原地扎营，但特别注意不与溪水挨得太近，因为暴雨有可能造成河水从两岸溢出。大家七手八脚地搭起蒙古包的架子。刚把两三张毡子盖在上面的横木上，暴雨就顷刻来临。毫不夸张地说，冰雹从大地上席卷而过。每一粒雹子打在身上都很疼，仿佛气枪射出的子弹。搭建庇护所成了一场竞赛。

第二天早晨，天气不像有好转的意思，直到中午时分我们才准备好测量溪水和考察一下挡住我们去路的那一片复杂的水系。北边是我和库特楚克扬帆驶过的那个大盐湖，南边则是另外一个面积相当大的湖泊①，它就像我前面提到的那个淡水湖一样流入那已成了我们特殊的朋友的大盐湖。在它的下游，这条新的河流扩大为两三个广阔的盆地。我们不知道溪流将向哪个方向流去，就进入这几条支流中的一个。但当然很快我们就被迫原路返回。它的尽头有大约五十只大雁，看来是在前往印度过冬的途中停下来休息。但是我们刚一走近，它们就都飞走了。只有一只钻进水中，我们跟上前去，追了它近一小时，它潜水的时间越来越短，直到我们终于离它只有12码的距离。我开始用船桨朝它投掷，这是我手边唯一的武器。它几次被船桨打得局促不安，最后终于在准确的一击后倒下来，成了我们菜单上一道深受欢迎的新菜。

最后我们发现，这条新的溪流汇入那条从淡水湖流向盐水湖的宽阔河流。我们登上另一边的河岸之后，爬上一座小丘，发现自己几乎完全被大片的水面包围。我们正站在一个伸向正东的半岛的最前端。我们的北边就是那个已经多次提及的大盐湖，而南边则是我们刚发现的那个淡水湖。伸入水中的条地当中有一道低矮的山岗，它的南坡下面显然有大片的上好草地和无数野生动物。在返回营地的路上，我下决心要在这些新发现的湖泊上扬帆航行。

---

① 应为乌兰乌拉西湖。

图163 35号营地的盐湖,向东北看

34

西藏的湖区

第36号营地现在成为下一步行动的大本营。我把图尔杜·巴依、阿尔达特和尼亚孜与所有的骆驼和四匹疲倦的马匹留在那里,而我与切尔东、毛拉·沙和库特楚克带着七匹马、一匹骡子和狗儿们开始了一次新的短途探险。我们带了一个星期的粮草,除了毡子与毛皮外只带了绝对必须的物品。在这个湖区,船当然是少不了的。我把我的仪器都装入一个大尺寸照相机袋。至于蒙古包,我们只带了一半,也就是说下半部分,和几张遮顶用的毡子。众人用几个橡子和两三张毡子制作了一个遮雨棚,以备坏天气时用。马匹蹚水过河时,仅仅把它们的驮包下部弄湿了。随后,我们轻而易举地把零散的行李放在船上渡过了河。

我们还没有走很远,就被连接两个湖泊的水道挡住,我们不得不将货物卸下来,让马匹游过河去,用船把行李拉过去。把行李重新装好之后,我们立即开始了真正的旅程,绕过淡水湖的北岸。不过,我们很快就来到一个小山岗以陡峭的坡度伸进水中的地方。不,其实是悬在上面。所以我们不得不从它们上面爬过去。宽阔的水面从我们左右两个方向延伸开来。

我们在一条小溪旁支起临时帐篷。它从一个侧谷流出,往上大约三百步远有一群大个子黑色野牦牛正在宁静地吃草。由于它们没有任何逃跑的意思,我以为它们是家养的牦牛,一定属于在附近某处游牧的一群人。但是当我们将马匹放开,让它们吃草时,它们慢慢地移向那群牦牛所在的草质较好的草地,这时牦牛们就开始嗅来嗅去,转身盯着我们,然后一路小跑奔向盐湖那边小山岗的顶上。

我的住所十分狭小,切尔东先要把床铺好,然后将可折叠伸缩的圆形幕墙在它周围装好。进入这个蒙古包就感觉像爬进一个狗棚一样;但是一旦进去,我觉得十分舒适温暖,尤其当我让尤达什进来睡在我身旁时更是如此。

尽管夜里温度降到零下5.2摄氏度(22.6华氏度),次日(即8月的最后一天)却是一个晴好的夏季天气,天上没有一片云或一丝风。湖面上平静得如同一个鸭塘。一头藏野驴大摇大摆地过来看我们的马,仿佛它已经知道切尔东的弹药早就用尽。湖的南边有两座山峰,上面覆盖着白雪。在万里无云的天空衬托下,它们如相片一般清晰地倒映在湖面上。再走几个小时就能把我们带到这个湖泊的尽头,但是一个新的伸入水中的狭长半岛①——只有几百码宽——将它与另一个向更东边延伸的湖泊②分开。我们继续沿着北岸前行。

我们走了一小段路,来到孤悬在湖面上方230英尺处的悬崖顶上。我们是沿着一条藏野驴踏出的小路过来的,它离悬崖边太近,走在上面可不是什么享受。脚下的水里可以看到一群很大的黑背鱼,这时库特楚克大为兴奋。于是我们停下来,看看是否能抓上几条。我们把尤达什的金属项圈放在火里加热,然后用铁锤打出一些鱼钩。我们还用帐篷的龙骨制造了一把弓;如果我们遇到野鸭子,或许我们能用箭射中几只。你看,我们生活得像鲁滨逊一样,不得不用我们所拥有的简陋材料尽量满足自己的需要。

那天晚上狂风暴雨,第二天不太乐观。我的蒙古包岿然不动,但是它里面实在太小,穿衣脱衣都很费力。第二天清晨,我走到最近的一座小山顶上,从那里看周围真是一览无余。这一带的水面肯定多于陆地。像一只楔子一样伸向东北方的湖泊犹如在地图上一般在我脚下展开。这里的海拔是15 906英尺。因此我们来到了一个海拔较低的地区。但我们的位置仍然高于勃朗峰的峰顶。与此同时库特楚克把船放入水中,做好一切准备。我刚一回来,我们就划船来到曾看见鱼的那些红色砂岩峭壁下面。

与此同时,旅队沿着湖岸继续前行,我给他们的指令是:在南岸山峰下面停下来,这个位置在我的地图上是用"Oi"字样标出的。我们将船紧靠着湖岸泊下,高大的

---

① 应为分割乌兰乌拉东西两湖的独山半岛。
② 应为乌兰乌拉东湖。

峭壁危悬在我们头顶，似乎随时可能塌下来把我们压在下面。虽然我们有遮挡，因此感觉不到西北风，却可以听见疾风掠过悬崖顶时发出的飕飕声。

我们用船上的一根桅杆做鱼竿，鱼饵是一小块野牦牛肉，一个空火柴盒则成了一个非常顶用的浮漂。鱼儿很快就上钩了，不过我们只钓到四条个头中等的家伙。我们钓鱼可不是为了取乐，而是因为我们需要食物，而我们的收获还不够吃一顿。不过，尽管那一顿少得可怜，我们总算是换了下口味，实属不易，而且那鱼的味道真不错。

就在我坐在船上冥想，享受着阳光与休息这会儿工夫，时间飞快地过去，与旅队会合的出发时间到了。但这时西边暗了下来。刹那间天上乌云密布，一场暴雨即将来临。我们必须在两者之间选择其一：要么在原地等待暴雨过去，但那很不值得，因为这时才刚两点钟，旅队肯定已经抵达目的地了；要么冒险穿过湖面。我选择了后者。库特楚克还没有划出太远，我们就开始感觉到西北风，它助了我们一臂之力。正前方，铁灰色的云彩飞过群山，垂下长长的冰雹雨云，渐渐将它们遮住。我们身后的天空也阴云密布。暴风雨越来越近，湖面波涛汹涌，我们的周围白浪滔天。冰雹骤然袭来，又圆又大的雹子如气枪子弹一样雨点般地落入湖中。一瞬间，船里面白得像白垩。水与雹子、水与雹子，到处都是！湖岸与群山都消失了！我们必须紧盯着水面，因为随着风越刮越大，波浪也越来越高。不过由于这些波浪比船长出几倍，我们只需将船头调到顺风的角度，就能乘风破浪上下起伏地疾驰向前。紧挨着红色砂岩峭壁的南边，测深线测到159.75英尺的深度。这是我迄今在西藏测到的最大深度，但是随着我们接近南岸，水深迅速减少，直到我开始担忧湖面太浅，我们这条小船将像一个果壳一样被抛到沙滩上。

冰雹停止了，但风并没有停。正相反，风愈加狂暴起来，我们离悬崖越远，就越暴露在怒吼的狂风面前。不过，有一个因素对我们有利：我们现在总算是可以看见我们往哪里走，发现我们走了还不到一半路。我们现在转向一个湖岬，希望在它后面找到避风之处。与此同时，浪越来越大，使我们跌入"海"槽时根本看不见岸边。当太阳很快从云层后面露出脸来时，把波浪照得十分怪异，它们像海豚的脊背一般闪闪发光，从蓝变绿，又从绿变蓝，上面覆盖着嘶嘶作响的泡沫，当阳光照射到它们的顶部时就像宝石一样闪闪发光。每次小船颠簸时，包裹着它的帆布就朝里弯曲，

图 164　第一座山

图 165　从湖中央看第一座山

图 166　从湖中看去，风暴消失在远方

图 167　湖上日落

绷得紧紧的,以致任何来自侧面的一击都足以把它打碎。因此我们只得用两支船桨使它左转右旋,以避免浪峰的直接打击。总之,这次航行再次圆满结束。暴风雨过去,风势减弱,岸上的景物也变得清晰起来。我们改变了航向,直奔营地。夕阳十分瑰丽。然后太阳就躲进厚厚的乌云后面,不过它的余晖洒在湖面的波纹上犹如水银一般闪闪发光。

这时我们距离图尔杜·巴依负责的基地已经很远了,是该考虑回去的时候了。根据我的估计,此刻我们距离长江的源头①不应太远,而我并没有完全放弃发现这源头的念头。但是有一点是很明确的:即我们在这一地区发现的三个大湖与长江没有任何关系,而是形成一个自我封闭的流域,没有任何出口。但我不敢绝对地确定这一点,所以决心在9月2日再往南走一段。这使我们跨过起伏的台地以及上面草很稀少、危机四伏的海绵地面。走了16英里后,我们被挡在一条溪水边。这条小溪流入下一个湖泊②——位于前者东南方的一个小盐湖。由于我们的供给迅速减少,马匹也已疲惫不堪,我们只能到此为止。第二天,我们掉头返回,但往西边进发。我们又一次差点就陷入危险的泥沼里,马匹陷进去差不多有2英尺深。一条从我们左边的山峦里流出的大河流向正北,流入我们曾经钓鱼的那个湖泊。我们沿着它的河床行进,因为那里的地面最硬实,利于骑马前行。

那里有数不清的野生动物。我们看到六七群羚羊(*Pantholops Hodgsoni*),每一群都有几十只,不过野牦牛和藏野驴却或者单独行动,或者只形成小群。野鼠、旱獭和野兔十分常见,而大雁与海鸥的叫声响彻湖岸。我们兵分两路,中间隔着50步左右。尤达什在动物中间忙个不停。有一次它赶着三匹藏野驴从我们之间的空当奔驰而过,但我还没有来得及把相机准备好,它们已经不见了。大约一小时后,它又跑去追赶一群藏羚羊,回来时浑身是血,显然是大有斩获。南边的高地上常有狼与狐狸出没。那天途中的后半天,大雪迎面扑来。我几乎看不见走在我前面的马。我们全身都覆盖着一层融化的湿雪形成的铠甲,大块的雪不断地从上面掉下来。毛拉·沙在前边带路,沿着一条野牦牛踩出的小道前行。幸运的是,尽管有雪,这条

---

① 斯文·赫定估计不错,此处距离长江源头之一的沱沱河不远。
② 应为豌豆湖。

小道依然很容易辨认。

我计划次日划船从南向北穿过湖面，以便进行第二套深度测量。但是我们醒来时，天气至少可以称为"十分怪异"。天空极为晴朗，阳光明媚，但是一股强劲的风从北面刮来，波浪轰隆隆地拍打在平台般的湖岸上。划船穿过湖面当然已不可能。我们骑马沿湖西行，那完全是在泥浆里洗澡，这令人沮丧的泥沼！这是一个多么奇怪的被上帝彻底遗弃的地区啊！地面似乎薄得像张纸；而山峦本身则软得像浮石一般。一切都在分崩离析的过程中。天气的多变则到了你能想象的极限。到湖面上去等于去送死。在某些地方，虽然地面可以经得住人，却在马蹄下摇晃，上下起伏，仿佛一层薄薄的橡皮。

最终我们抵达湖泊的另一端，发现它也通过一条水量充足的宽阔河流连着一个更低的淡水湖。那个湖上的大雁黑压压一片，它们正转着小圈进行褪毛后的试飞，为它们前往温暖地区的长途旅行而做好准备。一只孤独的金雕正仔细地盯着它们。我们在河水流入较低的湖泊之处那个喇叭口扎下营地（第42号营地），这里距离我们把图尔杜·巴依留下来的那个地方应该不超过一天的路程。毛拉·沙与切尔东沿着这个较低的淡水湖南岸牵着马前行时，我与我最信任的水手库特楚克开始斜跨湖面。我们出发时天气很晴朗，而且正赶上顺风。但还没有走多远，风势渐强，将我们吹到开阔的水面。但那里的水深都不超过10英尺。大约一小时后，风向变了，总是成为暴风雨前奏的乌云从西边升起。它们分为几股，其中一股翻越南边的群山，后面留下一道白色的雪带，而另一股则匆匆地越过湖面，向我们迎面扑来，再次卷起那永不停息的波涛。这时最明智的选择应该是跑在暴风雨的前面，但那样的话我们就会远离我们的人，因为那条将第二个淡水湖与第一个盐水湖相连的宽阔水道把他们与我们隔开。因此我们决心试试能否顶着风浪用桨划船。西北偏北方向的远处耸立着一座小山，我就是从那里第一次看到这个湖的。我们的船已经颠簸得令人很不舒服，每一个浪头过来都把坐在船头的我浇个透。瓢泼大雨从天而降，使情况更加严峻。尽管我们两人都已拼力划桨，却没有能让船往前走一步。船的前一半常常悬在浪尖上，然后砰的一声砸了下来，似乎要在它那脆弱的表面上开个口子。很快，风向又发生了一个倒霉的变化，因为它转为南风，以前所未有的狂暴刮了起来，掀起第二组浪潮，它们的走向与第一组浪潮形成直角。这两组浪潮在交汇点以两倍于前的高度升起。我们现在全力以赴地试图避开这些水的金字塔，尽可能待在它们之间相对较平的地方；但是，小艇突然悬在一个大浪的浪尖上，没有给我们任何反应的时间。只要我们失去平衡，它就会翻过去。现在我自然是早已放弃任何测量深度的念头。如果能够死里逃生，我们已经算是幸运的了。我们一再怀疑，自己将会被下一个还是再下一个大浪吞没。就这样我们苦苦奋斗了一个半小时，然后暴风雨才平息下来。但即使是那一刻，天上也显得有些狰狞，所有的方向都有暴风雨中心的涡流，犹如一道道乌云的挂幕。它们中多数从我们两侧经过，但有些直接穿过我们所在的湖面。第二场暴风雨来临时，我们离岸上仍然是那么遥远。它往我们的头顶倒下大量的雪花和雹子。尽管它对着我们迎面扑来，我们却一点也没有办法躲避；只要稍一疏忽，我们就会翻船。那一整天，我们就像划桨的奴隶那样拼命。

在第二场暴风过后的暂时平静中，我们赶忙争取点时间，因为天空又在暗下来，第三场风暴随时可能来临。第三场暴风雨给我们带来了瓢泼大雨。第二场暴风带来的雪花与冰雹已经把船体内部染成白色，而在新一轮的暴风雨里，我们在大浪中上下起伏时湖水波涛汹涌，使我们的船里灌满了水。但是这场风暴也过去了，飞越东边那些不友好的群山和情绪敏感的湖泊，继续它那孤独的旅程。

经过八小时的艰苦工作，我们终于来到陆地上。我从没有比这时更愿意双脚踩在坚实的土地上。我爬上一座小山，看到毛拉·沙正牵着四匹马在一个岬角上等待我们。我们划到他那里，然后停下来测量我们一周前跨过的溪流的流量。我们还测量了它的宽度与深度，对它的流速进行了三次测量。这时第四轮风暴又到了。尽管太阳还在地平线上方，天已经黑得像半夜一般，只有耀眼的闪电时而打破这黑暗，照亮湖面与荒山上那怪异的混乱景象。冰雹从天而降，擦着地皮席卷而过；水从湖面上溅起，与冰雹混为一体。我们当时恰好在水道的东边，费尽气力才将我们的小船推到对岸，尽管它不过200英尺宽。不过，这已是那个充满了暴风雨的日子向我们的最后道别。不必说，我们已经受够了。我们把船拆开，把船帆、桅杆、船桨和救生圈装进半扇船体，装好行李，将仪器分装在各人身上，翻身上马，一路小跑往营地奔去。

长时间费力划桨之后，骑会儿马是很好的调剂。月亮透过散开的云朵，用一种奇异的方式同不间断的闪电混合在一起，每一次闪电照亮月亮时，都把它那银色的

图168 挣扎求生

月牙变成黄色。最后我们终于赶到营地，发现一切正常。阿尔达特打了四只藏羚羊，所以我们在下面的两三周里都不愁食粮的供给了。骆驼与生病的马匹在休息中都长膘了。甚至当我们筋疲力尽地躺下睡觉时，一个又一个风暴仍在你追我赶。第二天（9月6日），我们休息了一整天。下午如冬日一般，一丝阳光也没有，冰雹接踵而至。切尔东与库特楚克去钓鱼，其他人则准备着一只藏羚羊的骨骼标本。我忙着记录我们最近出行的测量结果。

也许我关于旅途中发生的各种事写得过多，而我的那些描述对读者来说又过分琐碎，但是我这样做的目的是使读者们能够多少了解一下孤独的旅行者在这些无人居住的蛮荒之地是如何生活的。作为一个整体，这些描述将能完整地显示我们这一小群人是如何度过一个又一个月的时光的。我们的人并不多，而我们的生活状况又十分单调，许多工作都一成不变地重复着。我们的生活完全由时钟控制着。只有我们旅途所经过的地区为我们提供永无休止的变化与多样性，使我们不至于兴趣索然。

至于我挑选的那些手下人，我对他们十分满意。图尔杜·巴依以沉静坚忍的平和态度照管着骆驼们，仿佛它们都是他的孩子。切尔东非常细心，高度警惕，而且十分守时，但同时又是一个很会逗乐的小矮个子，有着他自己独特的生活哲学。毛拉·沙照管马匹的那种仔细真是无可挑剔，但他多少有点寡言少语、不善言辞，性格矜持。在旅途中，马队的一半由库特楚克率领着。他是个二十二三岁的大个子青年，永远乐呵呵的，对一切都很知足，尤其是当他在船上时更是如此，因为他从孩提时代起的大部分时间都是在水面上度过的。没有阿尔达特，我们的情况就会很糟；他为我们提供了新鲜的野味，而且总是在寻找打猎的机会。但是在营地里或旅途中，他更愿意没人打扰他，很少讲话。尼亚孜做的是所有较费体力的工作，如提水、捡柴、早上把牲口赶回来、帮着往它们身上装货。狗儿们享受着它们最美好的时光，因为它们有吃不完的肉，却不需要做除了看家以外的任何工作，而那也只是个闲差事。它们还有一个玩伴，那就是我们剩下的最后一只羊，大家都不忍心把它宰掉。这家伙永远追随着骆驼们，白天与它们一起吃草，夜里则在骆驼身边寻找安乐窝。

35 阿富汗人阿尔达特的最后时光

　　第43号营地是这次探险的一个转折点。我们的粮草不足以使我们继续往南走。我们只带了两个半月的补给，但我们已经跋涉了六个星期。我们还有很多大米，但为了挽救那头已经死去的骆驼耗费了过多的面粉，现在必须十分节省地使用。冬天就要来临，是踏上归程的时候了。绕一大圈，先往西，然后往北，再往东，回到我们在祁曼山谷里的大本营。

　　但是，在离开西藏的这一地区时，我希望翻越一条东西走向的山脉，它的终点是西南方一个终年积雪的巨大山结。经过一天短途旅行，抵达第44号营地（16 038英尺）后，我决定将我们的队伍一分为二，让旅队的大部分人在图尔杜·巴依的率领下沿着伸向西南偏南方向的一道横向山谷前行。我命令他在那个位于山脉终点的山结西北的开阔地带等待我们。我本人将擦着它的左侧过去。我估计，这一短途旅行只需要四天时间，挑选了切尔东与阿尔达特随我一道去。我们只有六匹马，带着一个临时性小蒙古包、够用一周的补给和够用两天的燃料。这个计划带有一些冒险的成分，因为穆斯林们也许会迷路。但是考虑到我们的足迹也许会被冰雹或落雪抹掉，我让图尔杜·巴依等我们一周，如果那段时间过去他还没有得到我们的任何消息，他应该放弃任何搜索的努力，尽量返回我们在祁曼山谷的大本营。他们的补给足以应对不测；至于我们，将由阿尔达特来提供野味。

　　9月8日，两队人马同时出发。在离开了那条几天前挡住我们向南的去路的河流上游之后，我们的路径分开了，很快就被一片低矮的山岗挡住了彼此的视线。我的路线通往西南偏南，穿过相当开阔的地带，只有左右两侧有一些地形上的变化。

我们往前走着，地表的轮廓缓缓升高，地面变得光秃秃的，只有几片苔藓。轻快地骑行了几个小时后，我们来到一串平坦的小山，其间散布着一些小盆地，里面满是清澈的泉水。这些盆地周围都有一圈又短又密的鲜绿色嫩草，柔软得犹如东方地毯。再往南似乎没有任何草地了。既然这里有良好的泉水和大量的燃料（因为野牦牛和藏野驴常来这里），我们就在这里停下来过夜，营地的海拔是 16 316 英尺。除了几条大灰狼以外，这里唯一的野生动物迹象就是两三只乌鸦。天气自然还是那么糟糕。这已是我们连续第十八天受到来自西面的冰雹与暴风雪的袭击了。但夜间如往常一样晴朗宁静，刚到晚上九点钟，温度就已降到零下 2 摄氏度（28.4 华氏度）。

9 日那一天，我们基本保持原来的方向。地面较前要更为崎岖。我们现在已接近海拔更高的地区。在折向正西方向之前，一条水流迫使我们改道而行。它发源于我们正前方那个巨大雪峰的侧面，里面满是烂泥。我们在一片草地上停下来时，大家都感到头晕，而且浑身都冻僵了。营地刚一设好，阿尔达特就提出请求，要去伏击一头他见到正在不远处吃草的大野牦牛。我也随他出去，看着他像一只猫一样沿着山坳悄悄向那毫无察觉的猎物爬过去。由于处于强风的下风口，所以他得以爬到距离野牦牛三十步左右的地方，把枪架起来，然后开火。野牦牛跳了起来，周围泥土四溅。然后它跑了几码，停下来，跌跌撞撞地企图保持平衡，但最后还是倒了下去。然后它又跃身而起，随后像刚才一样倒下来。这样重复了几次，最后一头栽倒在地，再也不动了。这段时间阿尔达特一直趴在他的枪后面，如一尊雕像般一动不动，以免引起那垂死的野兽对他的注意。这时切尔东和我朝它走过去。走路十分困难；我们每次只能走两三步，然后就得停下来，因为在这个极度缺氧的地方，稍微一动就会心跳加速。那野牦牛是一头十五岁的公牛。我们拿出刀子，把它的头割下来，又把它的内脏取出来，然后就把它留在那里，第二天来取。对我们来说它身上最有价值的是脂肪。把那漂亮的牛皮留在那里对阿尔达特来说很不容易。如果他在且末把它卖了，能赚一大笔钱。但是我们只有三匹驮运行李的马，因此无法将其带走。不过，我承诺将为他这一神射给予全额补偿。

9 月 10 日是个艰苦的日子。太阳出来之前，阿尔达特把马赶回营地，它们已经沿着山谷走了很远。然后他又去取那头牦牛的头与脂肪。那天早晨，我们的死敌西风睡过了头，直到九点钟才起来。但是随后就为自己的延误报了仇。我们的营地在海拔16 874英尺的地方，处于一个糟糕的位置，正迎着风，而那风势之大也是到那时为止十分罕见的。这时我们看到，我们必须翻越的那座大雪山的垭口就在我们的正前方。一想到这个我们禁不住打个寒战；它是那样的高，但是它看上去又那样的纯洁无害！

由于阿尔达特没有出现，我派切尔东去找他；但是他们到十一点才回来。切尔东发现那年轻的猎人躺在他的猎物旁，病得无法完成他的工作。这哥萨克扶着他的战友下坡回到营地，把一些脂肪也带了回来。说实话，可怜的阿尔达特看上去情况非常糟糕：他鼻子流血，头疼欲裂；所以我让他静静地坐着，而切尔东和我则把帐篷拆下来，给牲口们装好行李。

地面坚硬；霜度几乎达到11度，而在夜里某一段时间，温度降到零下10.7摄氏度（12.7华氏度）。这是一个明显的征兆：冬天已经来临。阿尔达特病得厉害，没有人帮就爬不上马。我们爬上那个我们将要翻越的可恶的垭口途中，右面是一个接一个的雪峰，我们曾在远处看到过它们，但此刻它们就在我们身旁。我们的左边是一道黑色的山脉，它的上面露出南面的另一座大雪山。阳光刚一强起来，地面就开始融化，然后我们与泥潭的搏斗就开始了。一个又一个小时我们顺坡而上，一次又一次自我庆幸现在已经离垭口不远，但一次又一次发现这都是错觉。我们翻过了一座又一座马鞍形山口，但总是发现前面还有一道方才没有看到的山梁。

马匹一直陷到距毛，软泥地里的板岩碎片使这些可怜的动物滑倒，锋利的石片边缘割破它们的腿。一些巨石有1立方码那么大。有两三个则有小房子那么大。为了温暖一下四肢，我们躲在其中一个后面停留了一刻钟左右。我们那条小路北边约50码左右的地方有两道冰川的分支伸出来，两头野牦牛正以与我们同样的速度行走在冰川的边沿上。尤达什追上前去，把嗓子都叫哑了。但是它们对它连看都不看一眼，虽然它们的确停下来看了看我们。但是，它们最后的结论显然是我们对它们不构成威胁，于是转身爬上一片陡峭的冰碛，那种灵巧真是令人羡慕。考虑到野牦牛的个头和体重、脚下随时可能塌陷，以及这里高度缺氧的空气，它们的这种轻巧真让我惊叹不已。在垭口顶上，气压计显示的高度是17 803英尺，恰好是围绕地球的大气层厚度的一半。

白天，温度计从没有比冰点高出过半度；寒风刺骨，皮坎肩与皮衣都一点用也没有。如果我们可以走路，我们就能轻而易举地保持温暖，但是我们无法走路，只能骑在跌跌撞撞的马上，盼望找到一个马马虎虎能够扎营的地方。我们唯一的安慰是不管怎样我们到了垭口顶上，接下来该往下走了。我们下山的那一条沟通向西南方，塞满了碎石，一条小溪从中潺潺流过。我们就在这条小溪流出山的地方不远处扎下营来。那里的海拔是17 268英尺，即比勃朗峰还高出约1 500英尺！我们只剩下一把柴火，而牲口们则不得不用那里生长的几株可怜的小草凑合充饥。阿尔达特现在已经站不起来了。我们用毡毯把他裹得严严实实，就让他躺在他滚下马来那处地面上。我们劝他吃点东西，但都没奏效；他连一杯热茶都喝不进去，躺在那里呻吟了一夜。第二天一早九点钟，温度是零下3.6摄氏度（25.5华氏度），夜里则降到零下11.9摄氏度（10.6华氏度）。

次日清晨，我们翻越通向西北方的山岗。西南方很远的地方有另外一座大雪山，其东南端形成一长列尖尖的雪峰。那无疑是唐古拉山脉。但是，我们很快来到一条东西向的大山谷，那一带的所有大小溪流都流向它的怀抱。为了不蹚过所有这些溪流，我们决定沿谷底前行。在山脚下的一座独立小丘上，眼尖的切尔东发现了一些黑色小点。他觉得那不是人就是牦牛。我们停下来，隔着草地向它们瞭望。它们正在移动中，所以肯定是活物。但其中一个似乎大得不成比例。也许那不过是一头母牛带着几头小牛犊。

我们受到鼓舞，直接朝着这些神秘物体所在的小山走去。可怜的阿尔达特现在状况如此糟糕，我们必须将他绑在马上才能使他不掉下来。他已经神志不清，不停地乞求我们把他留下。沿着山坡往下走了一段以后，我们发现那小山上的神秘物体是两个人，他们正在捡石头，用它们堆起一座金字塔，或石堆。一小时后，我们的疑问被解开了。那是我们的朋友图尔杜·巴依和库特楚克，他们爬到山岗顶上来寻找我们。没有看到任何我们的迹象，他们已经准备返回营地了。但是决定回去之前先建立一个明显的地标。那个石堆有6.5英尺多高，位于一个显著的位置，应该很容易就被任何寻找方向的人辨认出来。

我们在第48号营地（海拔16 645英尺）休息了一整天，这对所有的人来说都是十分必要的。9月13日，我们继续西行。我很不情愿在队伍中的一员正在患病时继续旅行，但是我们的给养已所剩无几，所以不能停下来。阿尔达特一夜都处于昏迷中，他呻吟着，大声喊叫，用波斯语唱歌。我给他的治疗毫不生效。他已经失去对身体与头脑的控制，如一块破布般瘫坐在地上，双目呆滞。我们把他放在一架临时编制的担架上，架在一头骆驼背上的两个麻袋之间，脑袋下面垫了一个垫子，又用毡毯把他全身盖得严严实实，用绳子把他捆住，以免他掉下来。

翻过山谷的一个低矮的马鞍或门槛（16 756英尺），我们沿着一条溪水的沙质河床前行，在通过泥泞的沼泽地形之后，这对牲口来说是一个受欢迎的变化。切尔东发现一群野羊，有二十只。但是当他企图用阿尔达特的火枪来伏击这些野羊时，它们像一阵烟尘般不见了踪影。我们走的那道山谷通向一个松软红沙形成的台地，上面长满草，西北方很开阔。我们在见到的第一个淡水潭扎营过夜，这里的海拔是16 087英尺。从这时起，我让人在我的蒙古包里无论昼夜都点上火；也就是说，在我们的饭锅盖里撒些灰，上面放一些红彤彤的炭火，然后端进来。如果锅盖正在用着，就用我的洗手盆。在横扫这些丑陋的高原的永无休止的大风中，某种人造的热源是必要的。

图169　为阿尔达特做一个病床

这一片地区地形还是很有利的，几乎是一马平川，地面坚硬。所以，我们得以在9月14日行进了18.5英里。这里地貌的特征是无数的小水池，每一个都成为一个小流域的中心，没有出口，往往也没有任何明显的水源汇入。经过长时间寻找淡水后，我们在一个小小的泉眼旁停下，这周围长着稀疏的草。这一日的天气起初还不错；但到了下午那寻常的冰雹与雷电风暴又不请自来。不过现在与过去不同的是，它们不再从西边来，而是来自东面。我们正在搭帐篷（海拔16 044英尺）的时候，天上开始飘雪花，而且铺天盖地，比我们过去见到的任何一场雪都要大。于是草地很快就被盖住。接着风向又转为东北风，风力迅速增大到每小时20英里。我的蒙古包迎风面雪积得很高。到了九点钟，已经很难进行通常的气象观测，因为不仅四周一片漆黑，而且暴风雪狂暴地旋转咆哮着，眼前什么也看不见。而这时我的马灯又不幸失去了战斗力：三面玻璃被打坏，只能用硬纸板来代替，而第四面玻璃上到处都是裂纹，只是靠一条条纸和胶水才勉强箍住。雪在我们脚下嘎吱作响，我们在外面待上几分钟后就会变成孩子们做的那种雪人。手下人的帐篷与我的帐篷之间只有两三码远，但迎面扑来的大雪使我根本就看不见它。我只是因为听到风抽动着它的绳索的声音才能判断出它在哪里。在一个一片泽国的地方被雪包围，这真是一个奇怪的经历。前景也并不光明，因为这雪融化后将使地面成为一片烂泥潭。九点钟，温度降到零下2.1摄氏度（28.2华氏度），但到了下午一点，它保持在11摄氏度（51.8华氏度）。但是我们现在完全被埋在雪里，帐篷与蒙古包里整夜都很暖和。外面，暴风雪在凄厉地呼啸着，细密的雪花啪啪地打在冻得硬实的毡子上，仿佛永远不会停止。

可怜的阿尔达特的状况使我们的情绪更加低落。他经受着一连串的严重疾病，而我只能说我对这些疾病一无所知。他抱怨心口与脑袋疼，他的双脚变成黑色，如冰一样又凉又硬。我用手给它们搓了一段时间，希望能恢复血液循环，但没有任何效果。他的双脚似乎已经坏死，即使我拿一根针扎那里，他也基本没有任何感觉。这种可怕的状况渐渐地顺着他的双腿往上延伸；那天晚上我给他用热水洗了个澡，他似乎感到好一些。但最使我们惊讶的是他的思维跳跃的方式。在行进中，他总是在喃喃自语，不断地喊着让他的骆驼卧下来。被舒服地放入帐篷内的床上后相当长的一段时间之内，他仍然在用最感人的声调乞求其他人让他的骆驼停下来。毛拉·沙

图170 54号营地,山边的图尔杜·巴依

在且末时就认识他，告诉我们他曾有过一次精神失常，但被某个叫阿卜杜拉赫曼·霍加（Abdurrahman Khoja）的给治好了。这个人是个依善（ishan，意思是"圣人"），他来到阿尔达特父亲的家里，在他身边念了某些祷文，同时让他吞掉一些上面写满《古兰经》文字的纸条。听着这个不久前还生龙活虎的二十四岁青年在高烧中胡言乱语，念叨他在且末的老父与兄弟，真是让人心如刀绞。我们整夜都守护在他的身边，尽全力帮助他。但对于一个垂死的人来说，被放在骆驼背上穿过冰冷的暴风雪，翻越高耸入云的大山，前景实在不好。

马匹被饥饿驱使着去找草，夜里走失；第二天早晨已经很晚了我们才找到它们。积雪差不多有1英尺深，白茫茫的十分刺眼。虽然阳光暖融融的，那一天还是十分寒冷，因为有刺骨的西风掠过雪坡。一次，风只停了喘口气的工夫，你就能感到阳光其实十分炽热，但几分钟后，我们就再次被让人睁不开眼的大雪包围。这一切瞬间就过去了，但是寒风仍在继续。这是冬天与夏天的攻守同盟：一句话，极为典型的西藏天气！

我们现在一直往西北而行，穿过一片还算开阔的地带，因此无须翻越任何山脉。一整天的温度都没有高过冰点，地面始终坚硬。但是大雪盖住了地面下蜂窝般的旱獭洞穴，使得马儿经常踩进去绊倒。现在我们的行程是三天行军，第四天休息。9月16日，我们的营地设在海拔16 395英尺的地方。切尔东把他小心节省下来的几颗子弹用在了一头年轻的野牦牛身上，这给我们带来充足的肉食。牦牛肉并不好吃；但当你没有别的可吃时，你也没有过分挑剔的资本。他还射杀了一只狼，那家伙显然正在盘算我们剩下的最后一只羊。我们停下来时，阿尔达特乞求让他整夜都留在外面两头骆驼之间。穆斯林们认为这些牲口的体温将使一个病入膏肓、元气渐无的人恢复健康与体力。所以我们就给他在骆驼中间布置了一个舒适的地方，并让毛拉·沙与尼亚孜陪在他身边。

9月17日早晨，我被营地上一片可怕的喧嚣吵醒：人们喊叫着，狗儿则狂吠着。一头大熊正从距离帐篷不到五十步的地方溜过去。它留在雪地里的脚印说明它曾经仔细地查看过营地，并围着我的帐篷转了一圈。但是当狗儿们开始袭击它时，它觉得还是躲开为妙。

现在天气不错，但行进仍十分困难：地面起伏，到处散布着各种形状和大小的凝灰岩，它们都有锋利的边缘。很难在它们之间找到一块1平方英尺大小的平地，而每一小块没有石头的地面上都被田鼠或旱獭刨出洞穴。我们的牲口不断地被边缘锋利的石头绊倒，或陷入危险的洞穴中，两头骆驼的脚掌被割破流血。这以后又有一段路是松软的地面，起初它的表面还冻着，可以经得住一头骆驼，但后来它渐渐融化。在一个地方，最后一头骆驼两条前腿都陷进去，尽管我们费尽全力帮它挣脱，它却在泥地里陷得越来越深。最后我想起一个办法，把毡子塞进它的脚下，把两条腿依次拔出，这样我们把它抬到它平常卧下来的姿势。然后，稍作休息，我们促使它奋力一挣，成功地跳到坚实的地面上。它站在那里，淤泥顺着它的腿和身体流淌下来。它浑身上下都被泥浆糊住，四条腿颤抖地站着，气喘吁吁，一脸困惑。我们只得用刀子把泥刮下去。

我们现在到了一个独特的山沟，它向东北偏东约6英里远的一个湖泊伸展过去。湖的对面是一个巨大的山结，上面白雪覆盖。一整天它都在我们的右面，那显然是我于1896年擦着它的北侧走过时称为"奥斯卡国王峰"的那座巨大的雪峰。

山谷底部由台阶低矮的台地形成，上面覆盖着几层50到70英尺厚的凝灰岩，四面八方都散布着凝灰岩石块。大约一小时后，我们抵达又一个类似的山沟的陡峭边缘。下坡很陡，我们用了很长时间才找到一个可以往下走的合适地方。这里有大量的藏野驴和藏羚羊，我们还看到一群野牦牛，共有四十二头。第二天，阳光普照，没有风暴来骚扰我们。上次大雪留下来的积雪此刻都融化蒸发了。下午一点钟，温度升到12摄氏度（53.6华氏度）。

就这样，我们一天又一天缓慢沉重地穿过那荒凉的西藏高原。我们已经有两个月没有看见其他人类了，十分盼望能回到大本营。但是每天我在地图上标出的路程都显示前进的速度是如何缓慢，前面的路途又是多么遥远：我们距离铁木里克还有240英里。

我们的情绪每到第三天都会转好，因为大家都知道"明天我们将休息"。我们是在第54号营地度过9月20日的，那里的海拔是16 133英尺。切尔东用阿尔达特的枪打了一头十五岁的野牦牛。我在人们把它剥皮分解之前，从不同的角度为它拍了照。晚上，切尔东带回来一只藏羚羊，我们又尝试用另一种穆斯林的方法给阿尔达特治疗。我们把病人衣服脱掉，用仍然潮湿温暖的羚羊皮将他紧紧地裹起来。我得

图171 切尔东打的野牦牛,边上是毛拉·沙,图尔杜·巴依(站立者)和库特楚克

图 172 另一个角度看切尔东打的野牦牛

图 173 切尔东的野牦牛的头和侧腹

承认我本人对这个偏方没有太大的信心，但又为自己没有任何办法挽救阿尔达特而感到心痛。过去的一两夜我让他服用了几克吗啡，否则他根本就睡不着觉。

在山谷西边我们下一个停留地点，地面上旱獭洞多得真是如蜂窝一般。有一个老家伙正在山坡上晒太阳，那姿态真让人忍俊不禁。它四肢伸开，活像一个人，或至少像一只猴子，尤达什一下子就扑到它身上。众人养了它两个月，企图驯服它。但它自始至终都完全没有脱离野性。只要有人走近，它就坐在后腿上，随时准备用它锋利的前牙咬住对方。旱獭的牙很有力。据说被它咬了非常危险，而且那咬伤极难痊愈。

凡是有旱獭出没的地方，你几乎肯定会找到熊。因为藏熊几乎完全以这些啮齿动物为食物。它吃旱獭时是连骨头带皮全部吞掉。它不像尤达什那样追赶旱獭，而是一个洞一个洞地挨个拜访它们，直到它碰到一个猎物正好在家时为止。然后熊就用它那强有力的前爪把土扒开，直到它能够抓住自己的猎物。不管怎样，每顿饭前熊都得付出不少气力，因为你总是可以从它搞出来的一大堆土看出熊都到过哪里。几小群藏野驴在这一宽阔的山谷底下奔跑。这些动物优雅完美的形体中有一种极致的天然美。它们会沿着一个半圆形奔跑，与地面呈45度角地倾斜，然后突然转过身来，在不远处排成一列停住。它们的转弯既整齐又精确，仿佛有隐形的哥萨克骑在身上。

这一天，阿尔达特能够骑在马上，尽管我们还是必须把他牢牢地捆住，小心照看。我们都希望他的病况有所好转。但是到了晚上，他的情况又恶化了，每喘一口气都伴随着呻吟。他每分钟呼吸五十八下，即使在海拔15 873英尺的地方，这也是不正常的。另一方面，他的体温极低，而且哪怕你再专注，也察觉不到他的心跳，他的脉搏也十分微弱。他的神智仍然不清楚，不停地说他要出去打野牦牛。虽然违反了既定的日程，我们还是为了他停留了一天，尽管我们只剩下可以维持两三天的面包，而且再开几枪就会用尽我们的弹药。

23日早晨，除了现在每分钟呼吸二十四次外，病人的状况没有什么改善；但我们还是决定继续赶路。显然他已时日不多，但我们无法再等了。于是我们把他放在两袋柴禾之间，在他身下铺上软毡垫，用毯子包住他的双脚，卷起一张毛皮垫在他的脑袋下面做枕头，然后将这一切都用绳子绑在一头骆驼的背上。

骆驼还在伸腿站起时，阿尔达特已经停止了呼吸。他那双阿富汗人的漂亮眼睛

图 174 在阿尔达特去世的营地向南望

凝视着远方那片我们的目光无法企及的国土。他曾穿行在这片高耸入云的高原，以轻快的步履行走在野牦牛踩出来的小径上，而此刻倒在命运的重压下，结束了那苦多乐少的生命。"*Ghetti*！"（意为"他去了"）穆斯林们静静地围着他那奇怪的病榻，喃喃自语着。但是图尔杜·巴依从实际的角度出发，问我应当如何处理遗体。我不愿在匆忙之中把他草草埋掉，而当我下令出发时，所有的人都很满意。骆驼已经驮着他走了几天，而他也算不上一个沉重的负担。我承诺我的人，如果我们每天能走15英里的话将在十八天内抵达铁木里克，这将给我们六天休息时间。因此，他们越来越认真地数着每一个过去的日子，不愿浪费每个小时。

36 回程中奋力翻越西藏边界群山

我们再次出发，朝着下面山谷中的一个大湖①走去。我们这支旅队此刻成了一支送葬的队伍。众人不再说话，而是一言不发，心情沉重。路边吃草的藏野驴和野牦牛离我们的队伍很近，也无人去骚扰它们。闻到死亡味道的乌鸦在我们头上绕着大圈。湖岸坚硬，有利于行进。湖水又咸又苦，水温为16.6摄氏度（61.9华氏度）。同那一季节的平均气温相比，这种高温极不正常。我的猜测是，部分由于湖水的高温，再加上没有风，这一天的下午一点，气温也升到17.5摄氏度（63.5华氏度）。

走过湖泊之后，我们继续向西北方向前行，穿过一片徐徐升起的起伏台地，它上面水道纵横，下面是危险的泥沼。在一条水道旁，我们发现一个蒙古驮鞍上的小木片。它软得像软木塞，如果不是一个从北边来的走偏了的朝拜旅队丢下的，就是威尔比上尉与马尔科姆中尉的旅队留下的。这一天我们在某处跨过了他们的路线。我们停下来后，毛拉·沙与尼亚孜为阿尔达特掘了一个墓坑，其他人则各司其职。他们把一张皮子放在遗体下面，另一张放在上面，然后用铁锹将土撒进去，在坟上面筑起一个长方形的坟堆。我们就这样把死者留在潮湿与危险的土地上永久地安息。这是我经历过的最简单的一次葬礼——没有仪式、没有眼泪、没有牧师或者阿訇的祈祷，只有我为了死者灵魂的安宁所默诵的祷告。作为图格②，我们在坟墓边竖起一根帐篷的支架，在它顶上绑上阿尔达特的一个狩猎纪念品，即一头牦牛的尾巴。穆

---

① 应为若拉错。
② 据斯文·赫定在《穿过亚洲》一书中介绍，图格（tugh）是指绑着黑色马毛的长棍。——译者

斯林的坟墓一般都有这样的东西作为墓碑。但是我还是在一块小木片上用阿拉伯文和拉丁文刻上死者的名字、当天的日期以及我本人的名字，或许命运会引导某位旅行者在阿尔达特的坟墓最后被风夷平之前来到这里。

后来，我得以亲手将阿尔达特的枪、他应得的报酬和他的衣物毛皮都交给了他的兄弟。我们是在祁曼山谷里遇见他的。一年以后，他的老父，艾沙·阿洪（Eisa Ahun），迪尔·买买提·汗（Dill Mohammed Khan）的儿子，在若羌来看望我。知道阿尔达特的母亲已经过世使我放下心来，因为这样她就无须为失去如此英俊优秀的儿子而伤心了。

9月24日，众人比平日更早就为出发做好准备，大家都迫不及待地离开这个令人伤心的地方。穆斯林们在坟墓的周围重复了一段祈祷之后，可怜的阿尔达特就被孤零零地留在这山岗之间的无边沉寂中。除了荒原上的野兽外，没有朝拜者会再到他的坟墓这里来。当我们从西边的山岗走下时，最后一眼看到的是微风中飘动的黑牦牛尾巴。

我们现在果断地走向前面山脉的一道张着大嘴的沟壑，或者说门户。但到达那里并不容易。地面是由松散的红色沙子形成的，上面是许多深槽，约有100到150英尺深，两侧陡立，底下则是危险的泥沼。如果我们掉进任何一个，就全完了。费尽气力后，我们终于到达那个山沟，它缓缓地通向一个双重垭口，我们就在垭口的另一边停下来过了一夜。

次日，我们穿行在一些小型的平行山脉中，经过一系列小垭口或山口。但是，当我们最终满意地看到开阔的原野（即一个与以往相似的东西向宽阔横向山谷）时，一切植被都不见了踪影。虽然我们已经走了整整一天，我们还是坚持斜穿过这道山谷，在它那硬实的谷底上骑行了几个小时，来到一个淡水池，旁边有片稀稀拉拉的草地。那一天我们走了19.25英里。

我们接近阿尔卡塔格山时，周围变得越来越荒凉。9月27日，我们在任何地方都没有看到一棵草，也没有任何其他植被的痕迹或任何有机生命的迹象。我们上上下下，以垂直的角度翻越了一道道山，跨过一条条谷，我们每次下到一条溪流后，都会立刻开始爬上另一边。虽然这之间的海拔变化不超过350英尺，但这一次又一次的重复上坡还是很费力的。经过无数次令人疲劳的绕道与停顿，我们最终抵达下

图175　60号营地，海拔16 769英尺

一道山脉的顶峰，那里的海拔是17 071英尺。它的北面立刻就有一道孤零零的山脊，我们只能从东面或西面绕过它。我倾向于走西面，远远地走在旅队的前面。到天黑时，我在一个海拔16 769英尺的地方停下来等待他们。他们分几小拨陆续到齐，一个个都累坏了，并报告说他们把一匹已经没希望的白马留在后面。那还是我们在英格可力买下来的。除此以外，两头骆驼与一匹马都害了眼病，一边走一边点头，仿佛极度缺乏睡眠似的。

次日早晨我们又进入冬天，不过云很快就散了，风也停了下来，太阳一出，热得烤人。这时黑泡温度计最高上升到70摄氏度（158华氏度）。当我们停下来盯着积雪仔细看时，真的可以看到雪在我们眼皮底下融化。库特楚克又回去接应那匹白马；虽然它那时还活着，但在来营地的路上还是倒下来死了。

我们通过一个两旁被红色峭壁锁住的狭窄峡谷下到下一道横向山谷。这峭壁是由砂岩与页岩形成的。流经谷底的小溪在夜间结冰冻住。只要还在那深深的峡谷中，我们就有挡风之处。但一旦来到开阔地带，大风就朝旅队迎面扑来，而这还只是刚刚开始，很快它就演变成一个最糟糕的飓风，从西边呼啸着刮过来。我们必须坐稳才能避免从马鞍上被刮下来。人也好，马也好，骆驼也好，都不得不弓着腰前行，简直就是趴在风上。整个旅队都被横吹着。马匹的尾巴与我们的衣角都在风里啪啪作响。我们简直喘不上气来，几乎窒息。骆驼艰难地走着，被风吹得东摇西晃。我们面前的山谷完全笼罩在雾霭中，根本就看不清应往哪里走。不过我决定见到第一片草地就停下来，因为在这样的大风中根本就走不远。没有亲身经历过，你便绝对无法想象这是怎样一种情形。这就好像整个大气层都集中在地上这条巨大的沟槽里，如怒吼的大潮一般从里面冲过去。头顶上浓云疾走着，流沙，不，是小石粒，被风从地上卷起来，直接甩到我们脸上。在比较暴露的地方风速达到每小时55.75英里；但是一待我们躲进一些低矮山岗下面，在我们露营的谷底，风速就降到每小时31.5英里。

由于这种反复无常的天气，以及气温的突变，我们的皮肤变得非常敏感。鼻子与耳朵最遭罪，层层脱皮。指甲变得像玻璃一样脆，上面出现裂缝，指尖上则感到持续性的疼痛。

我们有几匹马目前状态糟糕。由于我们只剩下能够维持两天的玉米，我让一个手下人看一看我们是否能省下一些大米给马匹。在这个营地（第61号营地，16 100英尺），我们最小的那匹骡子几乎要不行了，但被切尔东救下。他按照布里亚特的习俗来给它治疗。它浑身上下肿得很厉害，躺在地上打滚。我们的哥萨克用一把锥子用力扎进它侧面的身体，一直插到底。这样气都排出来，但没有流一滴血。然后我们强迫它站起来，用一根绳子套住它的后半身，另一人拉着它的头，第三人用棍子往它身上猛击。每次它尥蹶子，另外两人就往外拉绳子，这样它就不得不往前挣，左右摇晃。你尽可对这种方法随意评论，但对于这头骡子，这个办法真的就奏效了。它不但已经痊愈，而且随我骑马前往拉萨，并参加了向西横穿西藏前往拉达克的旅行，翻越喀喇昆仑山口。当我在1902年5月底在喀什最近一次看到它时，它仍状况一流。

经过一天的休息，我们于9月的最后一天开始以最大的热情翻越阿尔卡塔格山的障碍。我们沿着第61号营地那个湖泊的东岸走向一个看起来似乎适于翻越的垭口，但是被迫绕过从湖泊向西边延伸的一条小溪或水湾，在它的尽头，有一条小河流入。这个水湾几乎是一个单独的潟湖，里面是覆盖着一层薄冰的淡水。但是冰本身盐分很重，融化为水后比重1.0225。西面被一座属于阿尔卡塔格山脉的巨大雪峰群死死地挡住。我们在一条深切进地面的水道中找到一条通往山脉顶部的好路，水道的底部散布着坚硬的碎石，而众多横向的小山沟从两侧汇入。我与切尔东和毛拉·沙在前面领路。下午3点钟，阴云密布，天空暗了下来。这垭口从南面上去很容易，我们没有费力就来到山顶。但是北坡上岩层因横向板块推动而切掉的地方却陡峭得令人望而生畏。

这道山脉高于地球上几乎所有其他山脉，简直就像一座高大的跳板，你似乎可以从那里纵身一跃，跳入茫茫的宇宙。我们爬上顶峰时，暴风雪正在肆虐。我觉得我们似乎迷失了方向。这里的海拔是17 071英尺，我几乎没有任何气力去做那些该做的观测。我的双手已经冻僵，完全失去感觉。旅队半天没有上来，于是我派了两人去看看怎么回事，背对着暴风雪坐下来等着他们。鹅毛大雪在我周围旋舞，而脚下的深渊则成了一个雪片纷飞、烟雾腾腾的大锅。风从垭口的峭壁上掠过，咆哮着、呻吟着、呼啸着。终于，我听见驼铃声一点点接近，这些牲口们犹如幽魂一般从我眼前闪过，我听不见任何脚步声。图尔杜·巴依弓着腰向前倾着，举着一只胳膊似乎是在保护他的脸部：他走路的样子就像一个硬从厚厚的灌木丛中挤出一条路的人。但是我们该如何从垭口的另一面下山呢？这就好像一头扎进一个深不见底的黑暗深渊。

大家都改为步行，以便随时给骆驼助一臂之力。库特楚克在前探路。他下坡的路线左右回转，似乎很没规律。每隔10码或12码，我们就得停下来，用雪擦脸，以免冻坏。我们一忽儿摔倒，一忽儿又滑着下行，把雪带下。一头骆驼绊了一下，翻了半个跟头，但幸亏是趴在地上，不需要我们把行李卸下来。大雪在我们周围狂舞，我们上气不接下气，眼前天旋地转；但我们还是坚持走到山坡开始变缓的地方。当我们在海拔16 330英尺的山坡上停下来时，周围已是一片漆黑。虽然我们的确能从冰雪中获得充分的水，但这里没有一棵草，也没有燃料。实际上，冰雪太多了，地上一片洁白，而天空又不断地往我们这些虔诚的脑袋顶上浇下倾盆大雨。

10月1日太阳出来，终于可以看出昨夜在黑暗中停在一个什么样的地方。天上仍在下雪，周遭一片冬天的景象。出发走下冰冷的山谷时，牲口都已饥寒交迫。因此，刚一来到位于海拔16 074英尺的一片贫瘠草地，我们就停下来了。我下令宰掉最后一只羊。但那仿佛是一把尖刀插入我的心脏，感觉我们是在杀害无辜。

10月2日，我们往北走了18.5英里，先是下坡，直到我们来到谷底的一片硬碎石滩。由于大雪使人睁不开眼，仍然很难看清周围的情况。山谷的坡度平缓，使我们又轻易地熬过一天。空气澄清后，我们看到了远在60英里外的祁曼塔格山。但是次日早晨出发前，那日复一日的西风又夹着风暴来袭，使骑在可怜的牲口上的我们浑身冻僵。透过突出的峭壁与各条山沟的沟口，我们可以看到那后面的原野上暴风雪的前锋你追我赶。

我们沿着一条小溪走着，本应在它刚一结束的地方停止；但是，看到北面远处有一个湖泊（即阿其克库勒湖，Achik-köll），我们希望在那里能找到淡水泉眼。可怜的牲口们都已筋疲力尽。我骑到安迪尔的那匹马与尼亚孜一起落在后面，另一匹白马被留在路上，由库特楚克照看。黄昏降临，然后天黑下来。但是很快月亮就升起来，将它那幽灵般的光芒洒在冰冷的荒原上。我们没有找到水，因此就从湖边经过，把它远远地甩在我们的右边。图尔杜·巴依步行在前面领路，当他最后停下来大叫他遇到一条流入湖中的溪流时，我们都喜出望外。那天我们走了23.25英里，也到了我们的牲口体力的极限。病马们最终还是走到第65号营地（海拔13 948英尺），但是那已经是第二天的事了，因为人们不得不把它们整夜都留在后面。我们尽量精心照看着这两匹马，喂它们大米。

  阿其克库勒湖的盆地很宽阔，尤其是在东西向上。来自西面的一条大溪流注入此湖，我们就在10月5日涉水蹚过这条溪流。那里面漂着许多浮冰。这个盆地被夹在南面的阿尔卡塔格山与北面一条较小的山脉之间。这道小山脉看上去似乎不难翻越。10月6日早晨，整个盆地都笼罩在一片奇特的迷雾中，寒冷而潮湿。透过这迷雾，北面那道山脉如画的轮廓依稀可见，仿佛使用瞬间消失的颜色画在天空的画布上，顶上的白雪则犹如版画中的线条。由于这些暗淡的色调，那山脉显得至少还有一天的路程那么远。

  旅队正在垂死挣扎，我们以送葬队的龟速爬上前面的斜坡。这里有成百上千头藏野驴，藏羚羊则更是不计其数。尤达什抓住了一只藏羚羊，死死咬住它的鼻子，直到切尔东过来把它打死。它的肉给我们那千篇一律的食谱带来点变化，很受欢迎。上坡越来越陡，我们跨过无数的沟壑与垭口，不得不不时停下来让牲口喘口气。有人过来告诉我，一匹马走不下去了。刚把它宰掉，另一匹也垮下来，再也没能站起来。如果牲口的状况良好，翻过这个倒霉的垭口将是轻而易举的事，但我们还没有爬上去，已经又失去两匹马。其中一匹是驮着我先到且末，然后又到六十泉的那匹忠实的小灰马。等我们最后终于爬上这个山口时，眼前的景象一点也没有变得更加令人鼓舞。左右两边都是手臂般伸出来的冰川，我们的面前则是走向纷乱的群山。刚一翻过山口，我们就在一个石块间的缝隙里停下，虽然那里既没有柴火也没有能喂牲口的东西。次日早晨又一匹马躺着死去，脖子伸得直直的，眼睛茫然地凝视着天空，冻僵的身体上盖着一层冰霜。很显然，我们无法继续这样下去。我们每天走的里程越来越短，而牲口们已经筋疲力尽到极点。

  不知什么原因，所有的骆驼都完好无损地走过了这个宿命的垭口。早上我们发现它们一动不动，泰然自若得就像我们前一天夜里离开它们时那样。它们身上都盖了一层厚厚的霜，因为温度一直没有高于零下3.8摄氏度（25.2华氏度），而且刮着冰冷刺骨的寒风。我们顺着山谷向东北方走去，周遭光秃秃的，看不见任何动物。不要说生命的迹象了，就是能移动的，也只不过是那被水冲刷得光滑的大块岩石上流过的溪水。一些岩石有1立方码那么大，它们散布在谷底的水流中。

10月8日夜里，天寒地冻，四野静寂，月华如水。温度降到零下18.3摄氏度（零下0.9华氏度）。一如往常，一股寒气顺着山谷飘下。穿过这个切削严重的山谷，一支状况良好的旅队四天就能抵达铁木里克；但是对我们来说就需要多得多的时间。我们只剩下六小块面包，虽然我们的大米还够维持三四天。看来，我们最后的一两天得忍饥挨饿了。另外如果能找到一点燃料就好了。不幸的是在这一地区一直没有看到野牦牛。

我们在一场咆哮着的暴风雪中继续沿着山谷走下去。很快，山谷就缩为一个峡谷，它的底部挡着许多巨石，它们是从高处跌落下来的，已经多少被水磨砺光滑。事实上，我们蜿蜒地穿过一个深深的纵谷，它从花岗岩中切削穿过，而周遭都是典型的花岗岩地形的景象：奇峰异石，美丽如画。那条小溪大部分都已封冻，但在一些小瀑布附近，我们可以看到透明的冰桥下汩汩的流水。我们多次跨越这条溪水，目的是尽可能多地沿着剥蚀形成的台地在同一高度上行进，而溪水正是流淌在它们之间。冰时常结实得足以承受骆驼，但是，如果承受不了，我们就用棍子与石头将它打碎。骆驼中的老手很从容地走过了这一段困难的道路。由于一些马匹死去，它们的负担现在更重了。

这条沟的名字叫托格里萨依（Togri-sai，意思是笔直的山沟）；且末与克里雅的淘金者对这里都很熟悉，因为这里有黄金矿脉，我们那天途中就曾路过。采矿者似乎一个月前还在那里，但没有迹象表明那以后有人来过这个山谷。在山沟里走了一半，我们来到先头的三座小屋，都是用花岗岩筑成。它们旁边的砾石滩上有许多坑，周围堆积着采矿者挖出的沙土与砾石。这里有几百个这样的土坑，但很少有超过8英尺深的。多数很早以前就被废弃，但有一些似乎就在那个夏天还曾有人挖过。小屋都是临时性的，方形，两边有6到10英尺长，墙壁由未切削的花岗岩石块堆成，石缝之间没有任何灰浆。屋顶顶多用一块布或一张毡子盖在一根木椽子之上了事。有一些小径和通道在这个亚洲版克朗代克（Klondyke）[①]的碎石堆之间蜿蜒着出出进进。有些矿坑旁的桩子上悬挂着羚羊头骨或绑了一片藏野驴

---

① 美国阿拉斯加州的一个地区，19世纪末至20世纪初曾是北美主要淘金地之一。——译者

图176　1900年10月8日在托格里萨依的营地

的皮，这都是所有权的标志。一些地方则是用一圈未切削的花岗岩围起一道矮墙，以标志墙内的所有权。

有些小屋里有原始的炉灶，这是用来烤面包的，淘金者会带着面粉进山。不过他们的食粮还有一部分依赖与他们一起进山的猎人们。他们会以很低的价格把他们打来的野牦牛、藏野驴和藏羚羊的肉卖给淘金者们。淘金者把他们的物件用骡子驮进山来，然后在他们干活的那两个月把骡子们送到山谷里去吃草。我们仅在两个小屋里找到日常生活用品，即几把制造粗劣的耙子，显然是用来将砾石从含金的岩石中分离。还有一个独轮车、两三根横梁、一个用来烤或淘洗金子的木槽。我们毫不犹豫地将这块良好的木柴占为己有。在后面的两三天里我们都靠它来取暖。

一头骆驼不行了，被留在后面，直到第二天早晨我们才能找个机会去把它带回来。我们在寒冷彻骨的天气里行进得极为缓慢。大雪纷飞，霜度达到3摄氏度（5.5华氏度）。在一个陡峭的地方，一头骆驼摔倒，从山坡上滚下去，翻了几个跟斗，但幸运的是它没有受伤。这个不幸的事故浪费了我们一个小时，因为我们为了把它弄上来就必须修一条爬上悬崖的小道。经过这漫长、疲劳但是有意思的一天之后，我们直到夜里十一点才在海拔14 814英尺的地方扎下营来。这时雪云的后面已经高悬着一轮明月。

回到铁木里克大本营

我们留在后面的那头骆驼半夜死去。随旅队一起出来的牲口只剩下六头骆驼、三匹马和一匹骡子。就连它们也都处于十分可怜的状况中。

山谷再次变得开阔起来，经过三层台阶般的台地徐徐升起，它们的高度分别为23、40和50英尺。为了找到草地而往前赶路将是徒劳无益的，因为牲口们都累坏了。我们只得让它们原地休息，将我们最后一个驮包鞍架里的稻草喂给它们。第二天，10月10日，我们沿着同一条山谷朝东北偏北方向继续这缓慢而疲劳的行军。现在我也步行了，为的是让唯一还能用的一匹马节省些气力。河流已经封冻，因为温度已降到零下18.8摄氏度（零下1.8华氏度）。出发时还是晴天，但没过多久那永无休止的西风就卷土重来。我正跨越到山谷的右边去观察地层，恰好看到一些极有意思的岩画。这些画画在一块浅绿色的板岩表面上，不过它现在已经被染成暗褐色，被风吹日晒打磨得光亮。画中的线条是用一种尖锐的工具刻入石头的外层的，而浅色的刻线又衬在暗色的背景之上，所以使它们十分明显。这些画有些部分已经消失，所以其年代一定十分久远。

画里表现的是猎人的生活。这一定是个十分能干的猎人。他似乎既在山里猎杀野牦牛、藏野驴、藏羚羊和狼，又在罗布泊旁打野鸭子、大雁和老虎。这些画里特别值得注意的是：每一幅画里的猎人手里拿着的都不是带着分叉支架的中亚火枪，而是弓箭。而那些长长的箭都有伸向前方的铁刺，犹如海神的三叉戟。

虽然不过是寥寥几笔，却画出了野兽各自的特征，很容易辨认出来。猎手们被表现为处于各种姿势中，站、爬、跪都有，而一个正在对着老虎瞄准的猎手则认为还是骑在马鞍上更为保险。这个艺术品所在的石壁有3.25英尺和5英尺高，而那些画则接近1英尺长。毫无疑问，这些岩画形成于蒙古人还住在罗布泊的时期。他们夏天或许有一部分时间是在山里度过的。我们位于溪流左岸的下一个营地（13 344英尺），牧草还算是好，我发现了这一假设的力证：一个用石片堆成的蒙古敖包。它上上下下都用藏文涂满了喇嘛教的六字真言"唵嘛呢叭咪吽"，意思是："啊，莲花之宝！"

这些人类居住的痕迹使这个地方显得相当有趣。我们下一天就在敖包旁度过。但是就在那一天结束之前，我们的境况发生了一个令人振奋的改变。就在营地附近，切尔东用阿尔达特的最后一点火药打下一只年轻的藏野驴，而这时毛拉·沙又上气不接下气地跑来告诉我，他看见山谷下面很远的地方有两个骑马的猎人。我立刻让他去追赶他们，并不惜一切代价把他们带回来。起初这两人很害羞，但很快就恢复了自信，告诉我他们已经在山里度过了三个月，为淘金者提供藏野驴肉。但是他们没有去过铁木里克，因而也不知道我们不在期间大本营那里情况如何。

八十四天没有见过其他人了；现在突然与人相遇，使我们都重新振作起来。我所做的第一件事就是从他们手中买下两匹马；与我们的马匹相比，那简直就是英国纯血马。一小袋面粉也极受欢迎。但是我们更感兴趣的是那天晚上在营火旁进行的商谈。毛拉·沙已经提出要一路步行去铁木里克，从那里让一支救援队来协助我们。但是现在他不用去了。猎人里有一个叫托格达辛（Togdasin）的，他对这里的山路更熟悉。因此我把刚从他手里买下来的马又交给他，让他去给伊斯拉木·巴依带信。他承诺将于两天内抵达那里。我让他告诉伊斯拉木·巴依带着十五匹马和充足的粮草到苏帕阿里克（Supa-alik）来迎接我们。那里位于祁曼山谷，在铁木里克西边两天路程的地方。托格达辛当天夜里十一点钟出发，带着两个空水果罐头作为信物，以证明他是我派出的信使；这也是向伊斯拉木·巴依暗示，他应该再带来一些同样的罐头。除了一小块藏野驴肉外，托格达辛没有带任何食物。看到前一天夜里的温度降到零下22.2摄氏度（零下4.4华氏度），我可不羡慕他这夜间骑行的使命。但是我向他承诺，如果他能不辱使命，我会给他优厚的报酬。

又走了两天，我们来到托格里萨依，一路主要是沿着祁曼山谷走。高悬在祁曼山谷南面的巨大山脉皮亚孜力克山（Piazlik）插进这个山谷，形成祁曼塔格山的余脉。

图 177 71 号营地边上的玛包，位于下托格里格里萨依

图178 小藏野驴

它在我们的前进道路上伸出一条条长方形的阶梯状山脚,都是由灰褐色或黑色的不规则尖利岩石组成的。10月14日出发时,每个人都情绪高涨;而且尽管大家都要步行,我们的情绪一点没受影响。这是因为,根据我们的计算,当晚我们应该能遇到救援队。

顺着山谷流下的溪流每秒钟流量为177立方英尺,我们一直行走在它的左岸。里维齐明山在我们的左边升起,峰顶白雪覆盖。它的侧面布满无数的干涸沟壑,每一个我们都得跨越,这给我们带来无穷的麻烦。但是翻过最后一道沟壑之后,地面变得十分平坦,行走极为顺利。毛拉·沙向我保证,大约在黄昏时分,肯定在天黑之前,我们就能抵达会合地点苏帕阿里克。但是显然他并不了解这一地区,而随同我们不到两天的第二名猎人现在已经离开我们。天色渐黑,黑得伸手不见五指,但我们仍然没有找到任何泉眼。恰恰相反,我们一直走的那条道路到了头。尽管偶尔能看到灌木丛,却找不到一棵草。不过,幸亏地面坚硬,牲口们走完这一大段路后状况尚佳。

不过,又走了一个半小时后,在前面开路的毛拉·沙和尼亚孜停下来,喊着说他们在远处看到一堆火。这一消息使我们欣喜若狂,加快了脚步,仿佛我们所有的艰难困苦都突然结束了，不再需要竭尽全力。我们继续在黑暗中直奔着那火光走去。它时而变小，时而又熊熊燃起。我走在驮着小船的骆驼旁边，抓着小船，直到我的手冻僵。然后我又走到那牲口的另一边，用另一只手抓着它，让前一只手暖和过来。然后有好长一段时间根本就看不见那火光，我们的希望开始破灭，倍觉疲劳。也许那火是某些淘金者点起来的。我们停下来大声呼喊。又捡来一捧草，点燃一大堆火。但是，没有人呼应我们的信号。我们从手枪里射出两三发子弹，但是那枪声消失在茫茫荒野中，连回音都没有。我们屏住呼吸仔细听着。夜像坟墓一样死寂，火堆熄灭了。

我们围着点起的那堆火待了半个小时，暖和过来，然后离开它继续前行，这时夜色更浓了。实际上，我不禁抬起头来仰望星空，确认我没有突然变瞎了。一小时又一小时，我们闷头前行，拖着我们那些疲倦的牲口。它们倒也没有拒绝跟着我们走，也许它们已经闻到草的气味了。

那火光又亮起来。闷头赶路的人们再一次活跃起来，话也多了。这以后不久，我们来到一片毛尔根（*malgun*）灌木丛，这是附近有水的明确标志。然后那骗人的火光再次变弱，最后彻底消失。众人每隔五分钟左右就竭力呼喊一次，但是这呼声都消失在夜幕里，无人应答。我开始想，我们一定是受到鬼火的迷惑，它闪烁在我们面前，但一挨近就消失了。我们的耐心经受了太多的考验；火光消失了，我们也不再关心它。随后疲劳占了上风。刚一抵达下一个灌木地带，我便下令停止前进，这使大家都很满意。但是，尽管连续走了十二个小时，其实我们才走了26.75英里。

我们全都累坏了。无论是人还是牲口，全都狼狈不堪。实际上，我们疲劳得连营地都懒得设立。众人就原地坐下。我们只剩下一罐头水，那还是从上一条河里打来的。就这样，我们每个人得到一杯茶，再加上火里烤熟的野驴肉，这就是我们剩下的一切了。考虑到救援队也许就在不远处这个微小的可能性，我们让一大堆火燃烧了一个半小时，以作信号。然后大家就昏沉沉地陷入梦乡，头顶上闪烁着冰冷的星星。这时我们的海拔已降到11 388英尺。

第二天（10月15日）一早，大家发现不到200步远就有一条淡水小溪。这里有充足的草料与大量的燃料，作为露营地点再好不过了。所以我们决定白天就待在这里，看情况再说。出去探路的毛拉·沙回来说，昨天夜里那火是一群猎人点的，他们驮着一些毛皮在返回且末的途中，因为不知道我们是何人，所以故意躲着我们。

图179　从祁曼塔格看里维齐明山

因此，我们再一次只能依靠自己了。那么关于救援队我们该怎么想？我们在多大程度上敢相信我们的信使托格达辛呢？切尔东从托格达辛那里得到一把火药和一点点铅弹，整个早晨都出去寻找羚羊，但两点时空手而归。这一地区经常有猎人光顾，野兽们都很胆小，很难靠近。但是他说看到西边很远的地方有个黑色的东西在移动。他开始以为那是一群藏野驴，但此刻他觉得那是一群骑马的人，而且正在往我们的营地方向来。

我急忙拿出望远镜。果然，有一群骑马的人正向我们奔来，后面留下一团烟尘。我们跑到一座小丘顶上，屏住气看着他们。他们还在很远很远的地方，但是从灌木丛的上面可以清楚地看到他们。由于海市蜃楼的作用，他们似乎奔跑在地面上方一点的地方。但左右摇晃的动作显示，他们正在飞奔而来。他们消失在灌木丛后面，但扬起的灰尘显示出奔跑的方向。这一定是我们的朋友，想必是他们没有看到我们点起的信号火光，所以今晨出发，遇到了我们走过的足迹，于是返回来找我们。

看到两个骑马的人从灌木丛里露出来，我们个个兴奋异常。接着出现另外两

图 180 铁木里克大本营，背景是我的蒙古包以及台地上的窑洞，更远处是阿卡吐巴塔格

个人，前面赶着一群马匹，也是全速奔来。很快我就看到伊斯拉木·巴依的皮兜帽，认出了他。他牵着一匹白马，加快了速度，很快就赶在别人前头，翻身下马，对我致礼。他看上去很不错，兴高采烈的，告诉我大本营一切都好。另外三个人是奥什的穆萨、霍代·瓦尔第与阿不旦的托克塔·阿洪。原来我们看到的火堆还是他们点燃的。正如我们判断的那样，他们夜里往西走了，直到遇见我们走过的足迹，于是他们立即意识到，我们在黑夜里彼此错过了。

伊斯拉木·巴依带来十五匹新换的马，个个状态良好。他还带来充足的粮草。三点钟，我们举行了一次极为奢侈的盛宴。他带来的都是好消息。信使雅霍甫（Yakub）已经从喀什到来。我立即撕开来自遥远的瑞典家乡的信件与报纸。我们离开孟达里克后不久，伊斯拉木把营地转移到铁木里克，在一些蒙古窑洞旁扎下营。若羌的安办曾来这里正式拜访我，柴达木普随（Pshui）蒙古人的首领也来过，但他们当然都与我错过。前者带来三十匹驴子驮着的玉米。过去两周，伊斯拉木·巴依与其他人都非常为我们担心，因为我们曾承诺最多两个半月就回来，而且他们知道我们的给

图181 死去的藏野驴

养肯定已经用尽。就这样,我们彼此之间有问有答的,一直聊到半夜我才睡。但是我的手下人在那之后又坐着聊了很长时间。他们围坐在一大堆熊熊燃烧的营火旁,现在有许多双手可以往里面添柴火。阿尔达特的兄弟卡迪尔·阿洪(Kader Ahun)来祁曼看他。令我惊讶的是,他对阿尔达特的噩耗早有心理准备。不久以前,他梦见自己骑行在一片宽阔的台地上,遇到我的旅队。但是当他在人群中寻找他兄弟时,他没有发现阿尔达特。醒来后,他意识到阿尔达特一定遇到不测。沙格杜尔可以证明这不是瞎编出来的故事,卡迪尔·阿洪是在他们获悉我们回来的消息之前很早就把这个梦讲给哥萨克听的。卡迪尔·阿洪当时就说,他觉得阿尔达特已经死去。这是我所有的亚洲之行中观察到的唯一一例心灵感应。

休息了两天之后(其间我还做了天文观测),我们在10月18日向东行进了30英里,穿过荒漠与沙带,让骆驼与我们旅队的剩余马匹在我们后面不载任何货物慢慢跟着走。我很高兴能有一匹休息充分的马骑;而且我们存留下来的牲口能有整整六个月来休息一下,随意吃草,这也使我感到欣慰。它们对此真是受之无愧。

19日,我们沿着一条小溪的右岸骑行。它从一个独立的小山群南麓的脚下流过,不久以后,还没有抵达更东面的那些湖泊中的任何一个,就消失在谷底那光秃秃的碎石滩上。我们来到位于这一荒芜地区中心的一个可怜兮兮的小小绿洲,它名为巴土盖(Bagh-tokai,意为"果树林")。在那里我们遇到八个从博卡雷克前往且末的人,他们带着猎杀的十一头牦牛、四匹藏野驴和两只藏羚羊的皮。我们把能省出来的大米都给了他们,因为他们整个夏天都只吃牦牛肉与野驴肉。我们深知变换一下每天不变的食谱是多么享受的一件事。

10月20日,我们终于折向东北方向朝铁木里克走去。这时我们的旅队扩大成为一个规模庞大的马队。但只是在我们那固执的朋友——西风——向我们致以最后的敬礼之后,我们才最终抵达大本营。

沙格杜尔到半路上来迎接我们。他骑马上前停住,对我行军礼,仿佛他与他的马刚被铁铸成雕塑似的。我们两人都很高兴能够重逢。他有很多情况要告诉我们。他以堪为典范的认真态度进行气象记录,而那些自动记录的仪器没有出过一次差错。我们抵达铁木里克泉时已是黄昏。费苏拉与卡迪尔在那里迎接我,他们都曾与我一起在渡船上探险,他们用手指点着整个夏天都在外面吃草的那六头骆驼。发源于泉

图 182　图尔杜·巴依引导驼队

眼的那条小溪右岸上有几个火堆，火星正冉冉向空中飘去。那正是我们新大本营的帐篷村。大蒙古包旁边有两顶小帐篷，一座芦苇与树枝建造的小屋，用装玉米的麻袋以及所有较重的行李摆成长长的一溜。在这里迎接我的有裁缝阿里·阿洪、信使雅霍甫及一些随意来访的老人，过去我从未见过他们。

小溪的另一边有一个两层的台地。我的小蒙古包已在下一层支好，里面点起炉火。在上一层的立面上，过去蒙古人曾挖出几个窑洞。沙格杜尔已将其中一个改装成一个十分方便的照相冲洗暗房，并将需要冲洗底片的一切工作准备就绪。他知道我会把底片带回。

就这样，我们结束了这段艰难的旅程。现在我们可以心安理得地给自己放两到三周的假了。这次探险获得了非常重要的地理发现，但也带来了极度的艰难困苦与人畜的损失。出发时带走的十二匹马里，只有两匹活了下来；七头骆驼中只剩下四头，而且其中一头两天来一直站在草里，犹如一尊塑像，第三天就卧下来死去，甚至都没有试图啃一口草。最后，最重要的是我们还损失了一条人命。

图书在版编目(CIP)数据

穿越亚洲腹地. 上卷 / (瑞典) 斯文·赫定著 ; 林晓云译. — 广州 : 广东旅游出版社, 2021.6
 ISBN 978-7-5570-2330-0

Ⅰ. ①穿… Ⅱ. ①斯… ②林… Ⅲ. ①游记—亚洲 Ⅳ. ①K930.9

中国版本图书馆CIP数据核字(2020)第185102号

出 版 人：刘志松
选题策划：后浪出版公司
责任编辑：方银萍
出版统筹：吴兴元
装帧设计：彭振威设计事务所
特约编辑：孙　腾　李志丹
责任校对：李瑞苑
营销推广：ONEBOOK
责任技编：冼志良

穿越亚洲腹地 上卷
CHUANYUE YAZHOU FUDI SHANGJUAN

广东旅游出版社出版发行
(广州市荔湾区沙面北街71号首、二层)
邮编：510000
电话：020-87348243
印刷：嘉业印刷（天津）有限公司
开本：889毫米×1194毫米　　16开
字数：510千字
印张：31.5
版次：2021年6月第1版第1次印刷
定价：110.00元

[版权所有　侵权必究]
后浪出版咨询(北京)有限责任公司 常年法律顾问：北京大成律师事务所　周天晖 copyright@hinabook.com
未经许可，不得以任何方式复制或抄袭本书部分或全部内容
版权所有，侵权必究
本书若有质量问题，请与本公司图书销售中心联系调换。电话：010-64010019